湖北省科技支撑计划项目基金（2015BDF057）资助

湖北省人文社科重点研究基地湖北农村社会管理创新研究中心项目基金（HNSKY1318）资助

湖北省农业机械化政策研究

王其和 著

武汉大学出版社

图书在版编目(CIP)数据

湖北省农业机械化政策研究/王其和著. —武汉：武汉大学出版社，2016.6

ISBN 978-7-307-17825-0

Ⅰ.湖… Ⅱ.王… Ⅲ.农业机械化—农业政策—研究—湖北省 Ⅳ.F320

中国版本图书馆 CIP 数据核字(2016)第 103630 号

责任编辑：陈　红　　　责任校对：李孟潇　　　书籍设计：马　佳

出版发行：**武汉大学出版社**　（430072　武昌　珞珈山）

（电子邮件：cbs22@whu.edu.cn　网址：www.wdp.com.cn）

印刷：虎彩印艺股份有限公司

开本：720×1000　1/16　印张：29　字数：416 千字　插页：1

版次：2016 年 6 月第 1 版　　2016 年 6 月第 1 次印刷

ISBN 978-7-307-17825-0　　定价：65.00 元

版权所有，不得翻印；凡购我社的图书，如有质量问题，请与当地图书销售部门联系调换。

目　录

1 绪论 ………………………………………………………………… 1
　1.1 研究背景、目的和意义 ………………………………………… 1
　1.2 文献综述 ………………………………………………………… 5
　1.3 研究内容 ………………………………………………………… 21
　1.4 研究思路及研究方法 …………………………………………… 22
　1.5 主要观点及创新点 ……………………………………………… 24

2 农机化政策理论基础 ……………………………………………… 27
　2.1 农业资源互补理论 ……………………………………………… 27
　2.2 诱导的技术变革理论 …………………………………………… 29
　2.3 制度变迁理论 …………………………………………………… 32
　2.4 农业公共产品理论 ……………………………………………… 40
　2.5 农业弱质理论 …………………………………………………… 45

3 农机化及农机化政策概述 ………………………………………… 50
　3.1 农业机械 ………………………………………………………… 50
　3.2 农业机械化 ……………………………………………………… 52
　3.3 农机化政策 ……………………………………………………… 61

4 行政主导阶段（1949—1978年）湖北省农机化政策
　回顾及分析 ………………………………………………………… 69
　4.1 行政主导阶段湖北省农机化政策概览 ………………………… 69
　4.2 政策背景 ………………………………………………………… 94

1

4.3 主要政策内容 … 96
4.4 政策特点 … 104
4.5 政策实践 … 110

5 机制转换阶段（1979—1994年）湖北省农机化政策
  回顾及分析 … 119
  5.1 政策概览 … 119
  5.2 政策背景 … 147
  5.3 主要政策内容 … 149
  5.4 政策特点 … 156
  5.5 政策实践 … 158

6 市场导向阶段（1995—2003年）湖北省农机化政策
  回顾及分析 … 164
  6.1 政策概览 … 164
  6.2 政策背景 … 174
  6.3 主要政策内容 … 175
  6.4 政策特点 … 177
  6.5 政策实践 … 179

7 协调发展阶段（2004年至今）湖北省农机化政策
  回顾及分析 … 182
  7.1 政策概览 … 182
  7.2 政策背景 … 209
  7.3 主要政策内容 … 210
  7.4 政策特征 … 213
  7.5 政策实践 … 218

8 湖北省农机化科研政策回顾及分析 … 221
  8.1 科研政策概览 … 221
  8.2 湖北农机科研政策的发展历程 … 223

8.3　科研政策内容 ································· 227
　　8.4　湖北省农机科研政策评价 ···················· 231

9　湖北省农机制造政策回顾及分析 ············ 236
　　9.1　农机制造政策概览 ···························· 236
　　9.2　湖北农机制造政策的发展历程 ··············· 238
　　9.3　农机制造政策类型 ···························· 246
　　9.4　湖北农机制造政策评价 ······················· 258

10　湖北省农机营销政策回顾及分析 ············ 267
　　10.1　湖北农机营销政策概览 ····················· 267
　　10.2　湖北农机营销政策的发展历程 ·············· 271
　　10.3　湖北农机营销政策类型、内容 ·············· 273
　　10.4　湖北农机营销政策评价 ····················· 284

11　湖北省农机使用政策回顾及分析 ············ 289
　　11.1　湖北农机使用政策概览 ····················· 289
　　11.2　湖北农机使用政策的发展历程 ·············· 293
　　11.3　湖北农机使用政策类型、内容 ·············· 297
　　11.4　湖北农机使用政策评价 ····················· 315

12　湖北省农机化政策综合分析 ·················· 324
　　12.1　政策要素分析 ································ 324
　　12.2　政策绩效分析 ································ 335
　　12.3　政策问题分析 ································ 342
　　12.4　政策缺陷归因分析 ··························· 353

13　湖北农机化终端政策（基于农机户）满意度
　　　实证分析 ·· 356
　　13.1　数据收集及样本特征 ························ 357
　　13.2　数据分析 ····································· 358

13.3 主要结论及启示 ……………………………………… 373

14 农业发达国家农机化政策借鉴 …………………………… 377
14.1 美国模式 ………………………………………………… 377
14.2 法国模式 ………………………………………………… 383
14.3 日本模式 ………………………………………………… 388
14.4 韩国模式 ………………………………………………… 395
14.5 发达国家农机化政策特点 ……………………………… 399

15 湖北省农机化政策体系完善 ……………………………… 404
15.1 湖北省农机化政策体系完善原则 ……………………… 404
15.2 优化湖北省农机化政策体系目标 ……………………… 409
15.3 明晰湖北省农机化政策主客体 ………………………… 414
15.4 完善湖北省农机化政策的内容 ………………………… 419
15.5 合理选择农机化政策工具 ……………………………… 440
15.6 完善湖北省农机化政策运行过程 ……………………… 448

主要参考文献 …………………………………………………… 454

后　　记 ………………………………………………………… 456

1 绪 论

1.1 研究背景、目的和意义

以 19 世纪中叶蒸汽机动力在农业领域的应用为开端，农业机械在农业领域掀起了一场农业生产方式的深刻的技术变革。这场变革大幅度提高了农业生产率和土地产出率，保障了粮食安全，增加了农民的收入，改善了农民的生存状态，缩小了城乡差别，提高了农村整体经济水平。农业机械被誉为改变世界的十大工程技术之一。发达国家的农业发展历程证明，农业机械是现代农业的重要物质基础，是农业现代化的重要标志，农业现代化要以农业机械化为前提。

中国是一个拥有 13 亿多人口的农业大国，"三农"问题始终是国民经济和社会发展的根本性问题。为了推动农业发展，党和政府十分重视农业机械化问题。从 20 世纪 50 年代初推动农业机械化至今，我国的农机化实践经历了"行政主导、机制转换、市场导向和协调发展"四个历史时期、60 多年的发展历程。在每一个历史时期，党和政府都推出了一系列农机化政策、法规，这些政策和法规深刻影响着各个历史阶段的农机化发展方向、发展速度和发展成效。

2000 年以后，国家先后公布实施了《国务院关于促进农业机械化和农机工业又好又快发展的意见》《农机工业发展规划》《农机工业发展政策》《农业机械化促进法》、《农业机械安全监督管理条例》等一系列法律、法规政策，为农业机械化发展提供了有力的政策法规保障。2004 年以后，国家农机购置补贴资金连年大幅增加，极大地调动了农民购机的积极性，同时推动了农机制造业的发展。2010年是我国农机化发展史上具有里程碑意义的一年。这一年，全国农作物耕种收综合机械化水平首次超过50%，这意味着我国的农业生产方式已经实现了以人畜力为主转向以机械作业为主的历史跨越。2010年以后，我国的农机化事业继续呈现稳步、快速发展态势。2013年，全国农作物耕种收综合机械化率达到59.48%，同比增加2.31%，连续8年保持2%以上的增速。全国农机总动力达到10.4亿千瓦，同比增加1.31%。每百亩耕地拥有农机动力达56.91千瓦，同比增加1.31%，每个劳力拥有农机动力3.9千瓦，同比增加4.05%。农机化的发展有效带动了农机制造业的发展，在整个制造业增速放缓的情况下，农机行业一枝独秀，保持产销两旺态势，全国规模以上农机工业主营业务收入3571亿元，同比增长16%，增幅位居机械工业前列，我国一跃成为世界农机制造大国。农机装备结构进一步优化，先进适用农机具增长较快。大中型拖拉机①达到527.02万台，同比增长8.61%，连续6年超过小型拖拉机的增幅和增量。拖拉机配套农具达3875.82万部，同比增加30.73万部，配套比由2012年的1∶1.68上升到1∶1.7。重点作物及关键作业环节农机具保有量增加较大，水稻插秧机达60.45万台，同比增长17.84%；稻麦联合收割机达113.43万台，同比增长8.49%；玉米联合收获机达28.68万台，同比增长23.06%。其中，尤以乘坐式水稻插秧机、自走式稻麦联合收获机、自走式玉米联合收获机等先进适用农机具增长较快，分别达21.11万台、97.31万台、19.16万台，同比分别增长8.72%、

---

① 在我国农机统计方法中，大中型拖拉机是指发动机额定功率在14.7千瓦（20马力）以上的拖拉机，分链轨式和轮式两种，其中，36.78千瓦（50马力）以上进行专门统计。小型拖拉机指发动机额定功率在2.2千瓦（3马力）以上、14.7千瓦以下的拖拉机，分小四轮和手扶式两种。欧美国家的划分标准与我国有所不同，一般把30千瓦以上的拖拉机称为大中型拖拉机。

8.93%、34.36%①。

湖北省地处我国中部、长江中游、洞庭湖北,与河南、安徽、江西、湖南、重庆、陕西等六地为邻,2012年全省土地总面积1858.89万公顷,域内"七山两土一分水",素有鱼米之乡的美誉。湖北是农机化发展和农机化政策实践的重要省份,有着农机化发展的有利条件和不利因素,与国家的农机化发展脉络一样,历经了计划经济时期的辉煌、机制转换阶段的曲折、市场化阶段的迷茫和协调发展阶段的大发展,在荆楚大地上描摹出一幅遒劲、厚重的农机化发展历史画卷。

湖北是一个拥有农机化光荣传统的农业大省。计划经济时期成为全国农机化运动的一面旗帜。第一次全国农机化工作会议在湖北召开,新洲刘集公社的农机化运动成为时代引领者;湖北省委制定的《关于逐步实现农业机械化的设想》被开国领袖毛泽东主席批阅给其他中央领导人,成为全国农机化政策的催生剂;第一台手扶拖拉机、第一台插秧机、第一台机耕船相继诞生成为农机科技强省的最好注脚;"水田三机"运动是那个时代最具创意的农机化推广模式。机制转换时期,武汉柴油机厂敢为天下先,聘请德国工程师格里希为厂长,拉开了湖北农机工业调整、改革的序幕;科学的春天,春风频吹,湖北农机科技精彩纷呈;适应农村经营体制,破除农机国营的禁锢,小型农机井喷发展。市场导向阶段是湖北农机化发展较为艰难的时期:农机工业遭受重挫,农机化工作失去抓手,农机化率增长缓慢。尽管这样,湖北农机化事业依然负重前行:接连出台两个地方法规,使农机化事业走上法制化轨道;大力培植农机化社会服务组织,农机跨区作业成为荆楚大地上一道靓丽的风景。协调发展阶段,"工业反哺农业、城市支援农村"成为党和政府的共识,"三农"问题成为党和政府的中心工作。为了实现建设农业强省的战略目标,湖北出台了系列支农惠农和农机化发展的政

---

① 中国农业机械化协会网站,http://www.cama.org.cn/njxh/detail.jsp?articleId = 297edff848c5455301491cfaa3f003bc&lanmu _id = 297edff848c078230148c508394b0030。

策,如《湖北省农机机械管理条例(修订草案)》《湖北省农业机械化促进条例》《关于进一步促进农业机械化和农机工业又好又快发展的实施意见》等,这些政策措施有力促进了全省农机化的发展。至2013年,全省各类农机总量突破1000万台(套)大关,农机总动力达到4081万千瓦;水稻、油菜、小麦等主要农作物耕种收综合机械化水平达到61%,水稻机插秧水平超过32.5%,位居全国第3位;油菜机收765万亩,机收水平达41%,位居全国第1位;水果、茶叶、烟叶、蔬菜、食用菌生产加工机械化全面推进,机械化防治病虫、机械化养鸡、养鱼和秸秆粉碎还田、综合利用取得新的进展;建立农机专业服务组织7573个。① 农业机械化的跨越式发展,有效缓解了青壮年劳动力短缺的突出矛盾,有力保障了农业稳定发展,挖掘了粮食增产潜力,引领了耕作制度改良,推动了农业技术集成、节本增效和规模经营,加速了农业现代化进程,为实现粮食产量连年增长做出了重要贡献。②

目前,湖北正处在工业化、城镇化和农业现代化的重要时期,农业机械化正面临着难得的历史机遇。大量农村劳动力向工业和城镇转移,导致从事农业生产的青壮年劳动力急剧减少,为农机的使用提供了巨大的成长空间。土地流转制度的深入推进,土地流转比例越来越高,为中大型农业机械的应用提供了用武之地;现代农业本身的建设需求为农机化发展提供了强劲动力。在我国的经济发展历程中,农业机械从来没有像今天这样被农民所渴盼,农机作业从来没有像今天这样被生产所需要,农机制造从来没有像今天这样被现代技术所支撑,农机购买从来没有像今天这样被国家政策所鼓励。农业机械化正处于良好发展势头,面临着难得的历史机遇。③

---

① 孟静,邓洁琼,昭雄,等. 农机化,真来了. 湖北日报,2014-04-29(13).
② 张桃林. 以农业机械化支撑和引领农业现代化. 中央人民政府网站,http://www.gov.cn/gzdt/2012-07/26/content_2192131.htm.
③ 郭玮. 农机化发展面临历史机遇. 人民网,http://finance.people.com.cn/nc/GB/10905600.html.

同时，湖北省还是全国 13 个粮食主产区之一，湖北省粮食生产能否实现稳产、增产，对国家粮食安全至关重要。普遍认为，在国家和湖北省粮食连续多年的增长后，下一阶段的增长潜力来自于农业机械化和种子科技，也就是说，未来农业和粮食增长的重要潜力之一是农机装备运用的进一步增长。

农机化发展，一靠政策，二靠科学。政策对农机化的巨大推动作用毋庸置疑，农业机械化政策的制定和实施直接影响农业机械化技术发展和农机装备水平的提高。目前，湖北正处于农机化深入发展的重要时期，搜集、整理、研究湖北省 60 多年农机化政策的变迁历史，分析影响要素，总结演变规律，对于理性预测和制定农机化发展政策，指导湖北省未来农机化发展道路，具有重要的理论参考价值和现实指导意义。

本研究将以湖北省农机化政策为研究对象，尝试从政策变迁角度研究湖北农机化政策的产生和发展；从政策过程角度研究政策的设计、实施、控制和评价；从农民（农机手）的角度研究农机化使用政策的满意度；尝试把"政策文本"与"政策实践"连接起来，探讨政策体系缺陷对政策执行、政策评价造成的不利影响，分析政策制定过程中存在的问题对政策体系构建造成的影响；从科研政策、制造政策、营销政策和使用政策的协调性出发，探讨全省农机化政策的设计和再设计。在此基础上，力图构建科学、完善、高效的湖北农机化扶持政策体系，为湖北农机化政策研究提供新的视角，为湖北农机化政策实践提供借鉴，为政府相关部门进一步优化和完善农机化政策体系提供参考，以有利于农机化相关产业协调、健康、又好又快发展。

1.2　文献综述

1.2.1　国外研究综述

农业机械化对全球农业的促进作用毋庸置疑。美日学者研究了美国 1960 年前 80 年农业生产状况，发现农机化对农业有巨大推动作用：美国农业生产率增长的70%来自农业机械的贡献。① 通过文献分析发现，发达国家基本于20世纪中叶实现了农业机械化，相关学者对农机化研究的先期成果主要集中于20世纪中前期的发达国家，近期的研究主要集中于发展中国家，且国外学者的研究更注重于数理分析，目的在于更有效地解决农机化现实问题。与本书相关的研究主要集中在农机化发展和农机相关政策两个方面。

（1）对农机化发展的研究

农机装备投入与产出效益关系一直是衡量农机化有效发展的关键问题。国际上对合理使用农机、优化管理农机、推动农机化发展的研究较为充分。1999年，Abell M.等对农业劳动力和农机使用水平的关系进行了研究，认为农机使用率的高低在很大程度上受农村富余劳动力数量的制约，富裕的劳动力数量越大，农机使用率就越低。② John Kerr 2003年对埃及的农机化进行了研究，按照线性规划模型测算出一定耕地面积所需拖拉机的数量，认为埃及应当发展小型农业机械，这样有利于就业，同时获得更多收益。③ 2004年Krishna Sreni S.和Thong Sawatwong P.合作对农机使用与劳动力转移的关系进行了研究，认为农机的使用在一定程度上会导致劳动力的短缺，反过来又会刺激农业生产对农业机械的大量需求。④ Orachos Napasintuwong等2005年分析比较了其他技术的投入，认为农机化的私人支出比公共支出要多很多，但增长速度均呈现逐年下

---

① 芮敏丽. 中国农业机械化与提高农业国际竞争力研究. 北京：中国农业大学博士论文，2003：4.

② Abell M., Cedillo P. Mechanization in Asia: Statistics and principles for success. Agricultural Mechanization in Asia Africa and Latin America, 1999, 30 (4): 70-75.

③ John Kerr. Price policy, irreversible investment, and the scale of agricultural mechanization in Egypt. Research in Middle East Economics, 2003 (5): 161-185.

④ Krishna Sreni S., Thong Sawatwong P. Status and trend of farm mechanization in Thailand. Agricultural Mechanization in Asia, Africa and Latin America, 2004, 35 (1): 59-66.

1.2 文献综述

降趋势，且公共支出能降低资本成本，而私人支出会增加资本成本。公共支出在降低鲜活作物及其他产品的收益的同时会增加谷物的收益。① 2005年Eugenia Serova和Olga Shick联手对农机运用与对经济发展的关系进行了研究，发现为了提高国家或地区的农业生产率，政府会推出有关非农领域就业机会的政策并强调其实施效果的重要性。②

国外对农机化对农业生产贡献的研究主要集中在全要素生产率研究方面，而对偏要素生产率研究则较少涉及。全要素生产率一般用于解释技术进步、结构变化、总量变化等要素对经济的影响，进而为科技开发方向、产业结构调整、确定经济增长速度提供依据。③ 增长速度方程、边界生产函数分析、综合要素生产率指数和生产函数法（如柯布-道格拉斯生产函数、固定替代弹性生产函数、C-D函数等）是他们的主要研究方法。柯布-道格拉斯生产函数是应用最广泛的方法之一，是由美国经济学家P. H. Douglass和数学家C. W. Cobb在20世纪20年代后期创建的，为农业生产贡献领域的研究奠定了较为完善的理论基础。经首届诺贝尔经济学奖获得者J. Tinbergen进一步完善后应用于实践。此后，美国的Solow将相关经济理论和C-D函数结合建立了索洛模型，在技术进步对农业的贡献率研究方面做出了卓越的贡献。尔后的研究成果更是层出不穷，1961年Arrow创建了EES（Eonstant Elasticity of Substitution）

---

① Orachos Napasintuwong, Robert D. Emerson. Institutional and socioeconomic model of farm mechanization and foreign workers. Selected Paper prepared for presentation at the American Agricultural Economics Association Annual Meeting, Providence, Rhode Island, July 24-27, 2005: 1-21.

② Eugenia Serova, Olga Shick. Markets for Purchased Farm Inputs in Transitional Agriculture: Russia's Example, Paper prepared for presentation at the XI International Congress of the EAAE (European Association of Agricultural Economists), The Future of Rural Europe in the Global Agri-Food System, Copenhagen, Denmark, August 24-27, 2005：1-13.

③ 朱志猛. 黑龙江省农机购置补贴政策实施与优化研究. 哈尔滨：东北农业大学博士学位论文, 2013: 8.

生产函数；1973 年 L. Christensen、D. Jor. genson 和 L. Lane 创建了超越对数生产函数；1978 年 A. Charnes、W. W. Cooper 和 E. Rhodes 共同创建了数据包络分析（即 DEA 模型：Data Envelopment Analysis）方法。DEA 模型包括 C^2R 和 C^2GS^2 两个模型，实践证明，运用这两个模型测算出的农机化对农业生产的贡献率更符合现实状况（在考虑技术进步的情况下），他们在农机化对农业生产贡献的研究领域建树卓越。

（2）对农机化政策的研究

对农机化政策研究的重点在补贴政策方面。农业补贴政策是政府通过财政手段对本地区生产、流通、使用和贸易进行转移支付的宏观政策，目的在于保护本地农业，实现农产品结构和总量的平衡，保证从事农业的生产者公平生活，促进农业健康、可持续发展。国外尤其是发达国家和地区历来重视对农机化的补贴，通过建立一套有效的补贴制度和补贴保障机制，实现对农机购置者和使用者的补贴。对农机购置补贴政策的研究主要集中在三个方面。一是分析政府财政体制中的农机补贴。2002 年 Marion Desquilbet 和 Herve Guyomard 分析了农机化对农业生产以及农业机械化推广对农机化补贴机制的有效性，认为财政补贴对农机化发展具有促进作用，且长期作用比短期作用更为显著，因此，应长期坚持财政对农机化补贴。他们还进一步认为，在市场垂直一体化背景下，税收、补贴和公共支出是具有补贴再分配效应的机会成本，所以，政府应该确定最佳的税收和补贴原则。① 在非完全竞争市场背景下，Kala Krishna 和 Marie Thursby 1991 年研究了各种政策的最优水平，研究结果表明，相关市场的协调行动是最佳税收和补贴政策制定的前提条件。② 二是对财政补贴政策项目的绩效研究。2004 年，Chantal Le Mougl 先将农机购置补贴环节细分，再通过每个补贴环节的实际

---

① Marion Desquilbet, Herve Guyomard. Taxes and subsidies in vertically related markets. American Journey Agriculture, 2002, 84 (4): 1033-1041.

② Kala Krishna, Marie Thursby. Optimal policies with strategic distortions. Journal of International Economics, 1991, 31 (3-4): 291-308.

绩效来确定不同环节的财政补贴效率。他通过建立经济模型、利用实际经济数据对农产品价格补贴、土地补偿性补贴、强制性生产支付能力和无强制性生产支付能力四个项目进行了分析，结论是产品供给弹性与土地利用、土地需求弹性与农产品生产销售存在密切相关性。除了影响政策实施效果外，四个项目中没有占绝对优势的项目。① 三是关于农机购置补贴政策对公共品供给机制的影响研究。这类研究一般将农机购置补贴视为公共品，认为政府统一的财政供给可以弥补自然环境等制约因素对农业生产造成的损失。1998 年，Alfred Greinerl 和 Horst Hanusch 计算了政府利用税收进行的投资补贴、转移支付和公共投资等政策福利效应参数，在平衡增长路径下，经济增长的最大化与社会福利的最大化并不同步。② 2002 年 Troy G. Highmoor，Andrew，Tim Schmitz 对补贴投入品对资源配置的影响进行了研究，他们利用帕累托最优标准对补贴政策的有效性进行了判断。

另外，还有一些学者对农机化政策的其他特性进行了非集中性研究。Cole R. Gustafson 等通过研究后提出了较有代表性的观点：农机投资水平主要受土地、使用期限、机具年限、农机手的技术水平和经济环境的影响，利率、税收、补贴和价格支持等政策只会影响农机的购买时间，不会改变农机投资总额。③ 如果农机投资者是理性的经济人，那么，农机补贴政策不会是购机的决定因素，仅仅是影响投资者购买的因素之一。此外，一些社会因素如社会习俗、威望等也会影响投资者的购买决策。有调查数据表明，有些农户把

---

① Chantal Le Mougl. Impacts of alternative agricultural income support schemes on multiple policy goals. European Review of Agricultural Economics, 2004, 31 (2): 125-148.

② Alfred Greinerl, Horst Hanusch. Growth and Welfare Effects of Fiscal Policy in an Endogenous Growth Model with Public Investment, International Tax and Public Finance, 1998, 5 (3): 249-261.

③ Cole R. Gustafson, Peter J. Barry, Steven T. Sonka. Machinery investment decisions: A simulated analysis for Cash Grain Farms. Western Journal of Agricultural Economics, 1988, 13 (2): 244-253.

拥有拖拉机视为一种社会地位的象征，此时，社会环境如习俗和文化是影响购机决策的重要因素。① Polnfret R. 对中亚前社会主义阵营的一些国家针对棉花生产所推行的农机化政策效果进行了评价。研究发现，这些国家由于受自然资源及经济等因素限制，相关要素比例并不适合于农业机械化的开展，最终的结果就是不切实际地大力推行农业机械化导致了高达 10 亿美元的经济损失。② 还有学者研究发现，在政府政策的推动和引导下，农机化的发展减少了对农业劳力的需求。③ 也有学者持不同观点，如印度学者 Verma S. R. 就认为，农业机械化的运用不会对农村人口就业产生太大的影响，有的地区还出现了对劳动力需求增加的现象。他分析了这种现象产生的原因：农机的大量投入促进更为密集的作物种植模式，而这种模式需要大量的农村劳动力来完成种植任务。密集的作物种植模式恰好弥补了机械替代人力所造成的对劳力需求的减少。④ 学者 Napa Sintuwong 和 Emerson R. D. 一起创建超对数成本函数，从政治经济学的视角对农机化政策进行了评估。评估的结论是：生产规模不同导致生产者从农业机械化政策中获得的利益不同，对农机需求及相关技术服务需求也不尽相同。比如在美国的政治生态环境下，议员和利益集团的游说会对农机化政策的制定和实施产生巨大影响，这既可能使规模大的生产者获取更多利益，也可能影响到农

---

① Gordon R. Foxall. Farmers' tractor purchase decisions: A study of interpersonal communication in industrial buying behaviour. European Journal of Marketing, 2000, 13 (8): 299-308.

② Pomfret R. State-directed diffusion of technology: The mechanization of cotton harvesting in Soviet Central Asia. The Journal of Economic History, 2002 (1): 170.

③ Collins E. The rationality of "surplus" agricultural labour: Machanization in English agriculture in the nineteenth century. The Agricultural History Review, 1987, 35: 36.

④ Verma S. R. Impact of agricultural mechanization on production, productivity, cropping Intensity, Income Generation and Employment of Labor in Status of Farm Mechnization in India, 2008, 3, http://agricoop.nic.in.

业机械化制度和政策的变迁。①

总体上看,农业机械化发展水平是与国家的经济发展密切相关的,农机化发展水平折射着经济发展的水平,经济发展水平决定着农机化发展水平。对农业机械化的研究过程也会与经济发展的历程一样,经历一个萌芽、启动、加速、维持与回落的过程。农机化发展加速,农机化研究也会随之加速,反之亦然。目前,经济发达国家都已深度实现了农机化,相关研究也随之进入回落阶段。而发展中国家的农业经济和农机化正处于大力发展阶段,相关研究也不断呈现升温态势,大量研究成果不断涌现。目前,发达国家的研究重点已经从农机化发展研究转移到农机安全生产、安全作业、行业规划、农机化对生态环境的影响等方面,而发展中国家的学者们仍然在关注农机化的需求、农机化的作用、发展模式、影响因素和发展战略等。尽管国外学者运用了多种数据分析模型、从不同的角度分析评估了农业机械化政策的实施效果,但是这些方法和思路与国内农机化理论和实践差异很大,只可借鉴不可照搬。

1.2.2 国内研究文献综述

我国学界对农机化的研究集中在两方面,一是农机化发展研究。如农机化发展环境、发展水平、发展路径、影响因素、农业工业、农机贸易、经济效应及贡献等方面的研究。二是对农机化政策的研究,如政策回顾、政策分析和政策绩效等。

(1) 农机化发展问题研究

中国农业大学杨敏丽、白人朴两位学者联袂对农机化发展问题进行了深入研究,取得了系列成果。一是对影响我国农业竞争力的因素进行了研究。他们从影响我国农业国际竞争力的竞争环境和竞争能力两个因素进行分析,认为农业生产要素是影响农业竞争力的最根本要素。在传统农业向现代农业转变的历史阶段,农机是农业

---

① NapaSintuwong, Emerson R. D. Farm mechanization and the farm labor market: A socioeconomic model of induced innovation. The Southern Agricultural Economics Association Annual meeting, Mobile, Alabama, USA, 2003: 55.

生产要素中影响农业竞争力的关键因素。同时，农机化水平是形成国际竞争力的核心能力。因此，农机化发展水平也决定了农业竞争力的强弱。农机化过程是技术进步和新陈代谢的过程，因此，增加对农机化的投入将产生内生增长的良性循环和收益递增效应，从而实现农业的竞争能力提升。他们据此提出了应走一条与新型工业化道路相适应的能有效提高我国农业竞争力的新型农机化道路，选择一条技术进步与劳动力资源优势相结合的、多样化、综合性、优质高效性的组合型农机化技术路线。[1] 二是采用有序样本的分类方法对农机化发展水平进行区域分类研究。该研究先将不同地区农机化发展分为不同子样，让分类达到某种目标下的最优，再根据模型将不同省（市、区）的农机化发展水平划分成四种类型，最后指出四类地区由农机作业、收益、结构、经济规模和文化等各因素所形成的综合水平具有显著差异。[2] 他们还根据自己建立的农机化发展阶段的划分依据，提出了以农机作业为基础、效益为核心、能力为保障的农机化发展评价指标体系，建立了发展阶段模糊评判模型，利用此模型对我国及各地区农机化所处的发展阶段进行了综合评判，并深入地分析了各地农机化发展的状况。三是从提高农业劳动生产率和劳动者素质、保障农业经济发展、促进农村劳动力转移、提高农民收入和促进经济良性循环等层面，阐述了农机化与农业现代化的关系，分析了农机化的现状和不足，提出了促进农机化发展的对策和措施。[3]

杨印生，刘佩军等利用 DEMATEL 模型，基于因素相互之间影响关系的视角，对东北地区农机化发展的影响因素进行了定性分析，并在定性分析的基础之上进行定量的系统辨识，从而找出了主

---

[1] 杨敏丽，白人朴. 农业机械化与农业国际竞争力的关系研究. 中国农机化，2004（6）：3-10.

[2] 杨敏丽，白人朴. 中国农业机械化发展的不平衡性研究. 农业机械学报，2005，9（36）：60-63.

[3] 杨敏丽，白人朴，等. 建设现代农业与农业机械化发展研究. 农业机械学报，2005，36（7）：68-72.

要影响因素并对之进行了系统分析。① 李宁，舒坤良等采用 DEA 分析模型对全国 30 多个省市、全国平均机械化发展的相对有效性进行了系统分析，对东北地区的农机化发展水平进行界定，在技术有效和规模有效分析的基础之上，提出了东北三省进一步发展农机化的对策建议。② 杨印生，刘子玉等在对当前农机化发展中存在的问题进行深入、系统研究后，明确提出了促进我国农机化发展的总体思路，在此基础上采用系统工程的相关理论构建了一个与我国国情相符的农机化促进体系。③ 杨印生，郭鸿鹏等非常及时地分析了农机市场中的新事物农机作业委托对我国农业机械化事业的影响，提出了农机作业委托的制度创新、模式创新及具体举措。④ 林万龙，孙翠清分析了农业机械私人投资的影响因素，得出结论：影响农机私人投资的主要因素有农民土地经营规模、农户家庭经营性收入水平、农机存量及农业生产的专业化程度等四项因素。⑤ 杜江，王雅鹏则从劳动力资源、土地资源两个因素入手，分析了两者对农机化发展的影响。⑥ 郝庆升对我国农业机械化的动力机制进行了较为深入的研究，认为使用农机带来的经济效益是农机化发展的内在动力，而政府对农业、农机科研及农机制造等领域的大力扶持是发

---

① 杨印生，刘佩军，李宁．我国东北地区农业机械化发展的影响因素辨识及系统分析．农业技术经济，2006（5）：28-33．

② 李宁，舒坤良，杨印生．东北地区农业机械化发展非均一综合评价．农业工程科技创新与建设现代农业：2005 年中国农业工程学会学术年会论文集第一分册，2005：53-56．

③ 杨印生，刘子玉，盛国辉．我国农业机械化促进体系的构建．农业机械学报，2005（11）：79-82．

④ 杨印生，郭鸿鹏，谢鹏扬．农机作业委托对我国农业机械化发展的影响．农业机械学报，2004（3）：193-194．

⑤ 林万龙，孙翠清．农业机械私人投资的影响因素：基于省级层面数据的探讨．中国农村经济，2007（9）：28-35．

⑥ 杜江，王雅鹏．我国农业机械化发展影响因素分析．农业经济，2005（3）：17-19．

展农机化的外在动力①。邱立春，崔国才等采用回归分析模型对辽宁省朝阳地区和昌图县农机化发展的年度统计数据进行分析，在此基础上，构建了农机化系统因素的分析模型，量化分析了影响农机化系统的诸因素，得出了农村经济发展水平、劳动力转移程度等因素是影响农机化发展水平的主要因素的结论。② 彭代慧，祝诗平从土地、劳动力、农机产品等因素分析入手，提出了农业机械化的对策、举措。③ 楼文高，王延政按照农机化发展水平的评价指标体系，构建了基于 BP 神经网络结构的农机化水平综合评价方法，并运用该方法对河南省某个年度的农机化发展水平予以系统评价。④ 白冬艳则利用因子分析法对我国农机化发展水平进行了评价。其具体方法是：选取一系列能够反映农机化作业水平、效益水平及保障水平的关键指标进行因子分析，再结合各项指标数值，建立农机化发展水平的评价方程，最后计算出我国 31 个省、市、区的农机化发展水平评价值。计算结果表明：因子分析法是以数据本身的内在联系为依据的，有效避免了其他方法人为赋权所产生的系列误差。⑤ 骆健民等以浙江省农机化的发展现状为研究对象，构建了浙江省农机化发展水平评价体系，确定了浙江省农机化发展水平的评价标准。其主要方法是通过专家调查法确定各评价指标的权重，再利用相关年份的农机化统计数据，测算出浙江省历年农机化发展水平。实践证明，该评价结果与浙江农机化发展实际情况基本一致，

---

① 郝庆升. 论农业机械化发展的动力机制. 农业现代化研究，2001（1）：51-54.

② 邱立春，崔国才，王铁和. 逐步回归分析方法在农业机械化系统分析中的应用. 农业机械学报，1997，28（1）：98-101.

③ 彭代慧，祝诗平. 影响我国农业机械化发展因素及对策. 农机化研究，2007（7）：66-68.

④ 楼文高，王延政. 农业机械化发展水平的人工神经网络评价模型. 农业机械学报，2003，34（3）：58-61.

⑤ 白冬艳. 用因子分析法评价我国农业机械化发展水平. 农机化研究，2006（9）：1-5.

为指导浙江省农机化发展政策的制定提供了科学依据。① 刘超，白玲认为影响农机化发展的因素众多，地区间存在巨大环境和发展差异，农机化发展水平评价比一般性的概念性综合评价更为复杂。他们建议采用模糊评价与 AHP 评价相结合的方法对农业机械化发展程度予以综合评判。② 李辉，钟绵生对 2006 年我国 31 个省、市、区的农业相关统计数据进行了分析，证实农民收入增长与农业机械化投入之间存在内在关联性，并通过大量计算得出了农机购置投入每增加 1%那么粮食产量就相应增长 0.103%的结论。③

（2）农业机械化政策研究

政策研究中，最近十年兴起的针对农机购机补贴政策研究是大热门。在 CNKI 中输入"购机补贴政策"主题词检索，共获得 16930 条结果，涉及政策机理与机制、政策绩效、政策与农户行为、政策问题等方方面面。王娇，肖海峰利用数学规划模型（PMP），从财政补贴对农民收入和粮食产量的影响的角度对采集的河北、河南和山东省 5 个县的 340 个农户的数据进行定量分析，以便获得我国农机补贴、良种补贴和减免农业税政策措施的实施效果。通过研究，他们得出两点结论：一是从农户收入角度看，三项政策的实施对农户种植业收入的提高都具有促进作用，尤以农业税减免的效果最为明显，而良种补贴由于受补贴粮食品种数量的限制以及补贴额度较低等因素的影响，对农民增收作用有限。二是从提高粮食产量的角度看，农机与良种补贴对粮食产量的提升都有一定的促进作用，且补贴额度同粮食产量存在正相关关系，并表现为边际收益递减效应。④ 吴海华对近几年来我国农机购置补贴进行了区

---

① 骆健民，郑文钟，何勇. 浙江省农业机械化发展水平评价. 浙江大学学报：农业与生命科学版，2007，2（33）：217-221.

② 刘超，白玲. 基于项目多样性的农业机械化评价方法. 农机化研究，2010（8）：24-27.

③ 李辉，钟绵生. 农业机械化对农民农业收入增长的计量研究. 经济研究导刊，2010（16）：51-52.

④ 王娇，肖海峰. 我国良种补贴、农机补贴和减免农业税政策效果分析. 农业经济问题，2007（2）：24-29.

域研究,并通过回归预测模型和生产函数建立了农机化水平发展模型,构建了较为复杂的农机化变动水平与农机净值变动、农业劳动力变动的关系模型,在此基础上构建了农机购置补贴效益分析框架模型。① 针对农机购置补贴缺乏量化评价的问题,在比较了 DARE 评分法、相对比较法、线性加权函数法、神经网络法等常用绩效评价方法优缺点的基础上,任朝军选择了定性与定量相结合的 AHP-模糊综合评判方法,构建了农机购置补贴绩效评价的层次指标体系,采用 1-9 标度法求各指标的权重,建立评判集、通过模糊评判矩阵进行模糊综合,并由此建立了基于 AHP-模糊综合评判的农机购置补贴绩效评价数学模型,再以 VisualBasic6.0 为开发平台,开发了农机购置补贴绩效评价应用软件。② 祝华军对农机购置补贴与农机财政投入问题进行了深入分析,计算出了农机化发展水平与财政投入的相关程度,并进一步提出要补贴重点机具品种、补贴资金标准以机具零售价格的 30%为宜、改进补贴方法、补贴对象以农机专业户为主等建议。③ 朱志猛在其博士论文中对黑龙江省农机购置补贴政策进行了系统深入的研究。他在介绍我国农机购置补贴政策演进历程、设计机理、执行效果及黑龙江省农机购置补贴政策实施现状的基础上,运用 DEA 方法对政策的综合效率、技术效率和规模效率进行了计算,分析了影响政策效率的主要因素,提出了优化黑龙江省农机购置补贴政策的基本对策和建议。④

国内学者对政策其他方面的研究较为零散。李焕章对政策效用进行了研究,他运用格兰杰因果检验法对农业产出增长和财政支农支出增长之间的关系进行了验证,并采用生产函数模型对我国财政

---

① 吴海华. 我国农机补贴效益研究. 北京:中国农业大学硕士学位论文,2005.

② 任朝军. 基于 AHP-模糊综合评判的农机购置补贴绩效评价研究. 西北农林科技大学硕士论文,2007:5.

③ 祝华军. 农业机械化发展对财政投入的依存度研究. 农业工程学报,2007,23(3):273-278.

④ 朱志猛. 黑龙江省农机购置补贴政策实施与优化研究. 哈尔滨:东北农业大学博士学位论文,2013.

支农中各类支出的边际产出效应进行测定，然后按各因素效应大小确定了财政支农支出的优先序。结果表明：科技三项费用边际产出效应最高，其次是基本建设支出，生产性支出和事业费的产出效应最小。他还进一步结合公共支出函数模型对省级政府财政支农支出中产生的政策失灵、结构偏差的体制性原因进行探讨，提出在财政支农资源有限的条件下，为了增加财政支农支出的效果，应加大对农业科技投入力度、适度增加对农业基础设施投入、适当压缩农业事业费支出的基本对策。① 杨秋玲、檀学文对农业政策的内在特征进行了研究，他们采用一个地区农业政策的规范分析，对1998—2003年北京市农业政策进行分析，重点分析政策内容、国家政策的衍生性、政策自主性和体系化的演化规律，总结了政策效果不佳的原因及政策调整的限制条件。② 一些学者对国外的农机化政策进行了研究。如杨敏丽等对美国、加拿大、德国等发达国家的农机化法律法规及支持政策进行了研究，发现不同阶段政府对农机化的财政投入及优惠政策有所不同，指出我国正处于基本实现农机化和加快发展工业化的关键时期，国家应加大对农机化的扶持力度，加大财政投入是该阶段农机化发展的重点，提出我国应主要在农机化立法、加大购机补贴力度、减免农机企业税收、出台农机用油优惠政策等方面加大力度，促进农机化发展。③ 黎海波介绍了日本农机化立法、财政信贷扶持政策等内容，认为其推出实施的土地改良法、农业补助金制度、农业机械银行制度对我国具有借鉴意义。④ 单爱军等比较、分析了日本、韩国、德国等发达国家农机化促进政策，提出了促进我国农机化发展应加强农机化管理政策、产业政策、服

---

① 李焕章. 财政支农政策与中国农业增长. 扬州：扬州大学硕士学位论文，2005：20.

② 杨秋玲，檀学文. 1998—2003年北京市农业政策评价. 北京农业职业学院学报，2003，3（19）：16-20.

③ 杨敏丽，等. 国外农业机械化法规及支持政策. 中国农机化，2005（2）：3-6.

④ 黎海波. 日本农业机械化的国家扶持政策. 山东农机化，2005（7）：24.

务体系政策及科技政策等政策建设的观点。① 有的学者对农机化发展阶段进行了研究。如赵勇将我国农机化发展分为三个阶段。第一阶段，1949—1980年是行政推动阶段，主要特点是国家通过行政命令和各种优惠政策推动农机化事业发展；第二阶段，1980—1994年是农民参与农业机械化经营阶段。该阶段允许农民自主购买和使用农业机械，农机化投入中国家投入份额不断减少。第三阶段，1994—1999年是市场化发展阶段，以国家确定的"以市场为导向，围绕农业和农村经济发展目标，发展农业机械化"的方针为主要特征。② 舒彩霞，廖庆喜重点研究了20世纪80年代以前我国农机化发展政策，发现这一时期农机化的开发研究与生产推广由国家主导，集体和个人服从国家的意志，农机化工作泛政治化。国家高度的行政集权推动农机化工作，农机产品实行配给制，农机科技落后，农业机械化水不高，技术进步动力来自国家的推力，各农机主体没有内在动力。③ 朱显灵对我国1950—1960年的农机化政策起因和具体过程进行了研究，但其研究重点在拖拉机、抽水机等机械的研制上。④ 其他内容的研究如刘翠莲系统梳理我国农机化政策后提出了推进农机化发展的政策措施：建立农机化发展基金，加大对农机化的投入；减免农机生产、经营税费；建立绿色通道，保障农业生产的顺利进行。⑤ 米华，黄西连研究了1950—1953年我国国营机械化农场建设的主要政策和措施，指出投资、加强经营管理、规划土地和培训人员是当时关注的主要问题，并进一步指出该时期

---

① 单爱军，孙先明，于斌. 发达国家农业机械化促进政策对我国的启示. 农机化研究，2007（4）：164-166.

② 赵勇. 新中国五十年农业机械化发展道路研究. 北京：中国农业大学硕士论文，2006：15.

③ 舒彩霞，廖庆喜. 我国农业机械化技术进步的内在机理研究. 农机化研究，2003（3）：18-19.

④ 朱显灵. 中国农业机械化的起步（1950—1960）. 合肥：中国科学技术大学博士学位论文，2007.

⑤ 刘翠莲. 论保护性耕作在敖汉旗的推广应用前景. 农村牧业机械化，2005（2）：12-13.

农机化政策的主要弊端是没有理顺农机化过程中的示范与推广的关系、种植业机械化与农业的其他产业机械化的关系没有界定清楚。① 针对2020年国内生产总值比2000年翻两番目标对农业机械化的要求，杨敏丽，白人朴对农机化水平与农业机械净值、农机化投入之间的关系进行了研究，发现财政投入对农机化投入具有带动作用。他们还对实现2020年我国65%的农机化目标所需的财政投入进行了测算，探讨了财政投入政策的可行性。② 此外，李安宁还对我国的农业机械化政策类型进行了研究，他把农业机械化政策分为四类：农机生产扶持政策（税收优惠、支持农机技术创新、新产品开发和技术改造、鼓励利用外资等）；农机推广应用支持政策（价格补贴、农机作业服务特别是跨区作业支持、信贷支持、组织技术试验、示范、培训、推广、安全监理等）；农机对外贸易政策；市场发展与监管政策。③

有关该选题的研究成果主要集中在学术论文方面，专著较为少见，主要有：《中国农业机械化重要文献选编（1949—2009）：农业卷》。该书收录了新中国成立60年以来的263篇重要文献，涵盖中央的法规、政策文件，领导人的报告、讲话、书信等内容，是研究农机化政策的重要参考文献。④《中国农业机械化科技发展报告（1949—2009）》，全书共分三编130多万字，重点描述了我国农机化科技的发展历程及主要成就、农机化科技的重要作用、经验的总结及对未来的展望，内容较为丰富，数据较为翔实。⑤《当代中

---

① 米华，黄西莲. 论建国初期我国农业机械化政策. 和田师范专科学校学报，2005（5）：14-15.

② 杨敏丽，白人朴. 农业机械总动力与影响因素关系分析. 农机化研究，2004（6）：45-47.

③ 李安宁. 我国农业机械化政策现状与思考. 中国农机化学报，2006（6）：7-9.

④ 中国社会科学院，中央档案馆. 中国农业机械化重要文献选编（1949—2009）：农业卷. 北京：中国物价出版社，1998.

⑤ 农业部农业机械化管理司. 中国农业机械化科技发展报告（1949—2009）. 北京：中国农业出版社，2009.

国的农业机械化》,全书内容分为四编,第一编回顾了新中国成立以前我国农具的使用情况,记叙了1949—1986年这30多年间我国农业机械化的产生、发展、成就和失误等方面的内容,以宏观政策为主线描述农业机械化的发展过程;第二编根据我国农、林、牧、副、渔等各业的不同特点和不同的发展背景,按类别对机械化发展情况进行综述;第三编按照我国的行政区划对机械化发展情况分地域予以描述;第四编介绍了农业机械的经营管理情况。该书从发展阶段、行业类别、行政区域和经营管理等几个角度实事求是地回顾了农业机械化发展的历程,为对这一段历史感兴趣的人们提供可供思考、辨析和判断的史料。① 《当代中国的农业机械工业》,全书分三编20个章节,介绍了从新中国成立到1986年我国农业机械工业的发展历程,重点篇幅放在农机的制造业,其他方面的介绍很简略。② 《中国农业百科全书:农业机械化卷》,由何康、刘瑞龙和卢良恕等主编,是一本类似于辞海的书,收录了与农业机械有关的大量条目,其他方面着墨很少,是一本基础的工具书。③

关于湖北省农机化政策的研究文献,经检索发现,除了本课题组前期的两篇阶段性成果外,还没有针对湖北农机化政策哪怕是单项政策的研究文献。大量其他方面的研究或总结材料中偶尔会提出一些政策建议和措施,但均较为零碎不成体系。

以上研究成果,基本能够反映国内外对农业机械化政策研究的内容、方法和结论。通过甄别、归类、分析,我们发现,在以往的政策研究中存在如下瑕疵:一是定性研究较多,定量研究较少。定性研究过于宏观和粗放,结论的可靠性不高,指导性不强;二是宏观研究多,中观或微观研究少。在现有研究中,研究国家农机化政策的多,研究地方或区域政策的少,针对性和可操作性差;三是单

---

① 《当代中国》丛书编辑部. 当代中国的农业机械化. 北京:中国社会科学出版社,1988.
② 景晓村,李本,鹿中民,等. 当代中国的农业机械工业. 北京:中国社会科学出版社,1988.
③ 何康,刘瑞龙,卢良恕,等. 中国农业百科全书:农业机械化卷. 北京:农业出版社,1992.

项、阶段性政策研究多，整体、全程性政策研究少。研究集中在某个单项政策（购机补贴政策、燃油政策）上，少有考虑其他政策对该项政策的综合影响。研究集中在农机化发展的某个阶段，少有对农机化政策发生、发展进行全程审视的，难以把握政策演变的内在规律性；四是从政策的供给角度研究多，从政策需求角度研究少，且对政策中间需求者研究多，对政策终端需求者研究少，政策研究不平衡。鉴于这些原因，本研究将以湖北省农机化政策为研究对象，从历史的角度研究湖北农机化政策的产生和发展，从政策管理的角度研究政策的设计、实施和评价，从农民（农机手）的角度研究政策的满意度，力图构建具有湖北特色的农机化扶持政策体系，为政府相关部门提供政策决策参考，以推动湖北农机化事业又好又快发展。

1.3 研究内容

本研究涉及的研究内容主要有以下几个方面：

湖北农机化政策阶段研究。拟在综合考虑经济体制、标志性的政策、农机化发展水平等因素的基础上，对湖北省农机化政策阶段进行划分，然后分析各政策阶段的主要特点，以探寻农机化政策的演变趋势。

湖北农机化政策类型研究。拟按照农机化价值链的延展顺序，将政策分成科研、制造、营销、使用四个大的部分。科研又分为支持类、管理类、改革类政策；制造又进一步细分为产业政策、支持政策和管理政策；营销又分为流通政策、推广政策、外贸政策；使用政策又分为组织政策、扶持政策、管理政策。然后再归纳各类政策中的代表性政策。

湖北省农机化政策实践成效研究。拟收集新中国成立以来湖北省农机化发展情况的数据，从农机装备水平、农机化水平、农机工业发展、农机化组织建设等方面展示政策实践成效。

湖北农机化政策存在的问题及成因研究。一是从政策设计（匹配性、协同性、导向性）、政策实施（政策解读、执行力）、政策评估等方面总结、归纳政策存在的缺陷；二是从农机化政策理念、农机化管理体制、农机化执行监督制度、农机化政策执行主体素质等方面探寻政策问题成因。

湖北省农机化终端政策满意度研究。拟使用主成分分析法，分三步实施：第一步，问卷设计和抽样。采用里克特5级量表设计问卷；采用分层抽样和等距抽样的方法实施抽样。第二步，问卷调查。课题组及聘用人员采用入户访谈的方式分期分批对1200个样本户进行访谈。应用SPSS13.0软件对样本数据进行信度和效度分析。第三步，主成分分析。用该方法对设定的各变量进行分析，最后获得主成分和政策满意度结果。

发达国家农机化政策研究。借鉴发达国家和地区促进农业机械化的经验和措施，对加快湖北农业机械化发展进程具有十分重要的意义。拟根据发达国家土地规模及农业机械化制度的特点，将发达国家农机化分为美澳加模式、欧洲模式、日韩模式并进行研究。

完善湖北农机化政策体系研究。通过上述多个方面的研究结论，拟从政策体系完善原则、政策实践运行机制完善、农机科研政策措施、农机制造政策措施、农机营销政策措施、农机使用政策措施等着手进行对策研究。

1.4 研究思路及研究方法

1.4.1 基本思路

通过文献研究，发现问题和不足，结合湖北省农机化发展需求，提出本研究课题；采用科学的方法，多渠道、多手段收集新中国成立以来湖北省农机化政策；按一定标准对收集到的政策进行甄别，再采用内容分析法对入围的政策文本进行阶段性研究和类型研究；采用定量与定性相结合的方法对各阶段、各类型政策的设计和绩效进行分析；采用主成分分析法对采集的数据进行终端（农机手、农民）政策满意度实证分析；分析发达国家尤其是日韩农机化扶持政策特点，以期为湖北农机化政策提供借鉴；最后，综合以上所有分析结论，提出湖北省农机化政策优化目标、原则和政策措施（见图 1-1）。

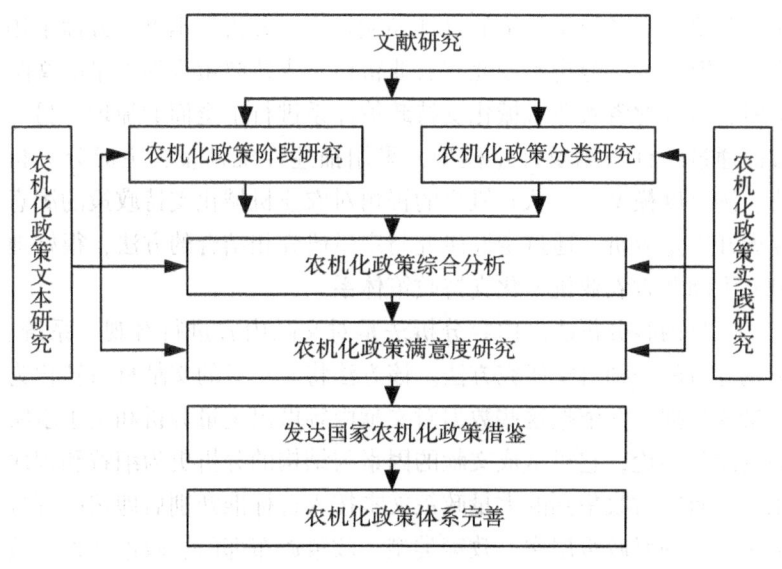

图 1-1　研究思路

1.4.2　研究方法

对地方农机化政策体系进行大跨度研究是一个新课题，具有综合性和交叉性的特点，需从历史与现实、整体与局部、宏观与微观等多个层次和视角，运用多种理论和研究方法，探寻其内在规律。本研究采用了多种研究方法，较有特色的有以下三点。

一是实证研究与规范研究相结合。本书从实证研究与规范研究两种方法相结合的角度出发，通过对实际问题的具体分析，在回答"是什么"的基础上，提出"该怎么样"的对策建议。对湖北省农业机械化支持政策体系问题的研究，首先要对农业机械化、农业机械化支持政策、农业机械化支持政策体系等概念进行界定，划清研究范围，描述湖北省农业机械化支持政策的基本态势，并基于农机户的视角对农业机械化的支持政策满意度水平进行测度，同时在借鉴日韩模式的基础上提出了构建湖北省农业机械化支持政策体系的基本思路及对策建议。

二是定性研究与定量研究相结合。采用定量与定性相结合的方法对各阶段、各类型政策的设计和绩效进行分析。本书一方面采用定性研究的方法分析了湖北省农业机械化支持政策方面大量的文献资料，对湖北省农业机械化支持政策体系进行了全面的梳理；另一方面通过统计数据及计量模型，采用描述性统计量、主成分分析法、满意度模型等，从农机户的视角对农业机械化支持政策的满意度展开定量分析。通过定性研究与定量研究相结合的方法，很好地研究了湖北省农业机械化支持政策体系。

三是内容分析法。内容分析法是对文献内容进行客观、系统、量化分析的一种科学研究方法。该方法将非定量的文献材料转化为定量的数据，并依据这些数据对文献内容做出定量分析和关于事实的判断和推论，它对组成文献的因素与结构的分析更为细致和程序化。本研究对收集到的大量政策文本按入选标准甄别后即按内容分析法的原理对政策层次、政策类型、政策颁布部门、政策文种、政策关键词等进行量化统计分析，以研究政策设计、运行规律以及存在的不足之处，具有较高的信度。

1.5　主要观点及创新点

1.5.1　主要观点

（1）政策设计。湖北省农机化政策文种日趋丰富，政策目标日趋合理，政策体系日趋完善，政策覆盖日趋广泛。但政策匹配性设计、协同性设计、均衡性设计还存在瑕疵。

（2）政策实施。湖北省农机化政策提升了农机装备水平和农机化水平，促进了农机科研水平的提高，奠定了农机工业基础。同时存在科研力量薄弱、农机工业弱小、农机流通体系落后、终端（农机手）政策满意强度不高等问题。

（3）科研政策措施。在确立农机科研公益属性基础上，恢复部分地（市）研究机构的建制，将科研机构纳入各地农科院管理体系并调整科研方向。同时，强化政策执行，加大地方财政的支持力度，加强人才队伍建设，加强农机科技创新体系建设。

（4）农机制造政策措施。提高对湖北农机制造重要性的认识，坚持农机与农艺协调、可持续发展原则的基础上，尽快出台包含农机产业集群规划和产业导向政策的湖北农机工业产业规划；切实加大对湖北农机制造的扶持力度，如制定优惠税收政策，支持农机技术创新、新产品开发和技术改造，强化农机企业管理等。

（5）农机营销政策措施。一是出台湖北农机流通支持政策。如国家设立农机流通企业基础经营设施改造专项资金，支持"农机流通服务品牌工程"实施，重点扶持农机流通龙头企业；完善农机流通企业税费减免政策，对县级农机销售中心执行西部大开发税收优惠政策（国发〔2000〕33号、国办发〔2001〕73号）；对建设重点农机有形市场和现代化农机物流配送中心的用地享受工业用地政策；积极扶持区域性农机中心市场；将农机流通纳入农村市场网络建设工程。二是完善湖北农机推广政策。重点完善农机购机补贴政策和农机化技术推广政策。

（6）农机使用政策措施。积极探索购机信贷政策，减轻农机购机资金压力；改革燃油补贴政策；完善农机合作组织建设政策（扩大扶持政策覆盖面、提供批量技术服务、规范制度管理、落实扶持政策），落实农机使用配套设施建设政策（机耕道建设措施、农机机库建设措施），探索农机以旧换新政策，落实农机监理政策（依法行政、提高执法水平、完善监督机制、提高执法队伍职业素养）。

1.5.2 创新点

（1）选题。当前，全国性的宏观政策研究较多，针对湖北省农机化政策的系统研究还属空白。本选题具有理论探索价值和实践指导意义。

（2）方法。本研究在方法上有较多创新。如在农机化政策分类上首次按照分工理论和农机化实务内在逻辑规律把政策分为农机研究政策、农机制造政策、农机营销政策、农机使用政策等四类政策（以往的分类通常按照管理职能划分），每类政策可根据需要再进一步细分。这种分类粗细结合，避免了政策的零碎化，弥合了产业内部被过度分割的裂痕，有利于各部门为了农机化共同目标，协同发展。又如本研究同时采用了内容分析法和主成分分析法等定量分析法。对收集到的大量政策文本按内容分析法的原理对政策层次、政策类型、政策颁布部门、政策文种、政策关键词等进行量化统计分析。用主成分分析法对21个变量进行分析，最后获得5个主成分和政策满意度结果。这些方法具有较高的信度和效度，使得政策分析的结论具有更高的可靠性。

（3）结论。本研究得出的系列结论和提出的建议具有新颖性。如"政策文种日趋丰富，政策目标日趋合理，政策体系日趋完善，政策覆盖日趋广泛。但政策匹配性设计、协同性设计、均衡性设计还存在瑕疵"，"恢复部分地（市）研究机构的建制，将科研机构纳入各地农科院管理体系并调整科研方向"，"湖北可以武汉为起点，沿汉十高速和汉宜高速规划两个农机工业产业带，每条产业带上建2~3个农机产业园，各产业园差异化定位，错位发展。如将襄樊定位为高端装备产业园，以东风井关为中心形成卫星式产业集群；将安陆定位为粮机专业产业园，以中小企业为主形成意大利式产业集群；将武汉定位为创新型中小型耕播机械产业园，以大规模地方企业和中小企业为主的轮轴式产业集群"。

2 农机化政策理论基础

2.1 农业资源互补理论

农业现代化的实现有赖于农业生产率的提高，而农业生产率的提高又有赖于农业技术的不断开发和运用。大部分学者认为，农业技术进步主要表现在两个方面：一是以替代农业劳动力为主要特征的农业机械技术进步；二是以替代土地为主要特征的生物化学技术进步。对农业经济研究有着很深造诣的美国学者约翰·梅勒在20世纪60年代提出了农业的发展和农村福利的改善对经济的贡献依赖农机技术的进步。在具有不同高技术的动态农业中，资源的结构差别较大，农业的发展路径也大相径庭。① 他根据资源结构的不同将农业发展划分为三个阶段：传统农业的技术停滞阶段、劳动密集型的技术进步阶段和资本密集型的技术进步阶段（见表2-1）。

表2-1　约翰·梅勒的农业三阶段发展特征

阶　段	特　征	发展道路
传统农业的技术停滞阶段（初级阶段）	农业增长依赖传统要素的投入；农业技术来源于经验；农业技术长期不变，对农业生产率影响小	传统农业道路

---

① 约翰·梅勒. 农业经济发展学. 北京：农村读物出版社，1988.

续表

阶 段	特 征	发展道路
劳动密集型的技术进步阶段（过渡阶段）	社会对农产品的需求量急剧上升；劳动密集型生产和资本节约型技术创新；工业发展的资本稀缺；劳动节约型的农机使用受到限制	生化技术道路
资本密集型的技术进步阶段（现代化阶段）	农业部门所占比重减小；资本充裕；人地比例下降，农场规模变大；劳动成本上升，劳动成本大于机器成本	机械技术道路

梅勒认为，要提高农业生产率，只注重对一种资源的投入是不够的，不能忽视其他资源的投入，投入应当以资源数量和质量互补的形式进行。按照梅勒对资源的划分标准，四大要素中的三大要素（自然资源、劳动力、资本）属于丰裕资源，因为使用中的这些要素可以达到或容易达到临界点——边际生产率转折点的使用量。对于传统的农业资本，当给它提供互补的稀缺资源时能够有效提高农业边际生产率。传统农业中通常把土地等自然资源视为一种稀缺资源，这种资源与劳动力之间的互补性强。但在现代农业中，土地的使用量是有限的，因此，靠增加土地的供给来提高边际生产率受到限制。因此，科学技术、制度、教育被视为更稀缺的稀缺资源。稀缺资源是农民无法自行提供的具有公共品性质的资源，需要社会提供。其投入的增加会使得其他要素的边际收益迅速提高。这些资源要素在投入中的互补要求，意味着一种资源要素的投入，需有其他资源要素的配比投入，如果只增加一种要素的投入，与之互补的其他要素没有相应增加，那么前者的边际生产率就不高，农业总产出的增量就很小。梅勒认为，发展中国家的传统要素资源较为丰富，现代要素资源比较贫乏，因此，要实现农业总产出增加的目标，就要增加稀缺资源的投入，如农业教育、农业科研、高产种子、高效化肥、水利设施等。

梅勒的资源互补理论有其科学、合理的一面，但也有其不可克服的缺陷。在发展中国家，大多面临着农业劳生产率和土地生产率的"双低"局面，如果把劳动生产率低下归因于劳动力资源丰富，倒也不无道理，但对土地生产率不高进行如此归因就难以自圆其说了，因为对所有发展中国家来说，土地是稀缺资源而不是丰富资源。土地生产率的提高需要稀缺资源如生化技术的大量投入，但这是稀缺资源之间的互补性投入，并不是稀缺资源对丰富资源的补充，这并不是梅勒原本的观点。从总体上看，将土地资源视为非稀缺资源、将提高劳动生产率和提高土地生产率分割开是不符合大多数发展中国家的农业实际状况的。

2.2 诱导的技术变革理论

20 世纪 70 年代初，在研究了发达国家农业发展的经验后，日本学者速水佑次郎和美国学者弗农·拉坦（Vernon Rutton）提出了名为"诱导的技术变革（induced technical innovation）理论"的新农业发展理论。[1]

该理论认为，农业生产率的增长取决于农业技术进步，而农业技术进步呈现两种表现形式，一种是以替代劳动为主的机械技术的开发和应用，另一种是以替代土地为主的生化技术的开发和运用。那么，到底选择何种技术道路才能促进一个国家农业生产率和农业产出的增长呢？答案是该国的资源禀赋状况。对一个劳动力资源稀缺而土地资源丰富的国家来说，选择机械技术进步是最有效率的选择，而对于一个劳动力资源丰富而土地资源稀缺的国家来说，走生物化学技术进步的道路是最优选择。速水佑次郎和拉坦并没有把农业技术变化视为科学技术进步的自发产物，而是将其视为对资源禀赋状况和产品需求增长的一种动态反应。也就是说，农业技术的变革不是外生力量而是由内生变量决定的。因此，这个理论被称为诱导的技术变革理论，即表明技术变化是由内部因素引起的。

---

[1] 郭熙保. 农业发展论. 武汉：武汉大学出版社，1995：203.

速水佑次郎和拉坦对技术变革的诱导机制作了如下描述。相对要素价格的变化和产品需求诱导了农业技术的变迁。在经济发展过程中,产品需求变化和相对要素价格密切相关。当粮食需求是因人口和人均收入增长导致时,生产粮食所需的要素投入也要在一定程度上按比例增加。当要素需求增加面临要素供给弹性时,结果导致相对要素价格发生变化。由此可见,要素价格发生变化实际上包含产品需求的变化。因此,农业技术进步是由相对要素价格稀缺性的变化引起的。如果在一个人口稠密且增长迅速的国家,相对于劳动力资源,土地资源变得越来越稀缺。于是,土地价格就会越来越高。这种情况下,农业技术就会朝着替代土地的方向演化,即农业技术的开发运用将节约土地和劳动力的使用。这种技术变革就属于生物化学技术主导型的,它导致土地生产率的提高。反之,则属于机械技术主导型的。根据土地和劳动力两种要素情况,可以选择两种不同的技术道路(见表2-2)

表2-2　　　　诱导的技术变革的两种路径特征

资源情况	要素价格变动	技术路径	生产率影响
人多地少	土地价格高于劳动力价格	生化技术进步	土地生产率高
地多人少	劳动力价格高于土地价格	机械技术进步	劳动生产率高

上述分析表明,市场经济机制是有效率的农业发展道路选择的前提,即市场价格能够及时准确反映商品和要素的供给变化。如果价格不能够反映要素的稀缺性,那么,技术进步可能与要素稀缺状况不匹配,从而导致农业生产的无效率。另外,还应该假定在公共研究部门、私人农业投入供给商和农民之间存在着有效的相互影响关系。农民受到相对价格变化的诱导,就会主动搜寻那些能够节约相对稀缺的生产要素的农业技术。农民对相应技术需求的增加又会推动公共研究机构去研发这种技术,同时相应要求上游供应商生产

和供给那些能替代稀缺要素的新技术投入品。

诱导的技术变革理论具有重要意义。它认为农业技术进步是由内生力量决定的。这说明一国农业技术进步的路径选择不是由国家的一般科技水平决定的，也不应从国外引进，而是由该国农业的要素禀赋决定的。对于还没有实现农业现代化的国家，应从本国农业资源的禀赋来研发农业科技，选择一条适合资源状况的农业技术进步路径。在我国，部分学者质疑将农业技术进步分为两条不同道路的做法。他们认为，生物和机械技术是促进农业发展的统一体，二者不可偏废，主张我国的农业现代化要走生化技术与机械技术协同发展的道路。但也有人认为，两路并举的发展模式并不适合中国的农业资源状况，中国的农业资源现状决定了中国只能走生物技术进步为主农业机械技术为辅的发展道路，认为过去没有考虑到土地资源状况而片面追求机械化是机械"化"不起来的主要原因。

诱导的技术变革理论的不足在于，它认为农业技术变化是由一国的资源禀赋状况决定的，由产品需求增长和相对要素价格的变化所诱导的，这种诱导的技术变革机制是建立在市场经济体制比较完善的前提之下的，而大多数发展中国家的社会经济状况与发达国家有很大的不同，社会制度也存在大的差异，这就造成要素供给受人为因素限制较多，资源使用的灵活性不足。因此，该理论在发展中国家的实践成效受到较大限制。

上述两个理论是关于农业机械化发展研究的代表性理论。两个理论的相同之处在于都将适合农业机械化发展的道路分为两种类型，都很关注土地生产率和劳动生产率的提高，都认可自然资源状况对农业机械化运用的决定性作用。不同之处在于梅勒将一国的发展划分为几个阶段，强调在各阶段进行生产投入时，注重互补资源的投入，强调农业生产率的提高是多种资源相互作用、相互补充的结果。而速水佑次郎和拉坦的理论不仅沿袭了梅勒的"两条发展路径"思想，也特别强调了选择道路的内生动力机制需以市场经济机制为前提，然后再谈一国自然资源属性对农业发展路径的关键作用。该理论克服了资源互补理论的一些缺陷，既能解释人多地少国家的农业发展模式的选择，也能说明人少地多国家农业发展模式的选择。资源互补理论仅描述了前者的情况,并坚持认为土地资源是丰富要素而非稀缺要素。因此,相对梅勒的理论,诱导的技术变革理论的一般性和适用性更强,对规划农业发展战略和农业政策制定更具指导意义。

改革开放前我国实行计划经济体制,改革开放后我国的市场经济机制还不够完善,因此,我国的农业技术进步在很大程度上不是由要素价格的变化来诱导的。过去60多年农业增长的手段主要是靠提高单位面积产量,基本上选择了一条生物技术进步的路径。在要素市场价格不灵的情况下,选择一条生物技术进步的道路,不是因为土地资源价格很高,主要是我国人口基数大、增长快,而土地供给无弹性的基本国情决定的。但当前我国农业发展情况已经发生很大变化,自1994年农机化完全市场化迄今已有20余年,要素市场不断完善,价格诱导作用不断增强;"四化"的推进使农业劳动力不断转移,劳动力价格不断上升,土地尤其是成片土地相对充裕。这是否意味着上述两个理论的适用条件越来越充分,选择农业机械技术进步的农业发展道路成为必然呢?这些问题非常值得我们思考和探讨。

2.3 制度变迁理论

2.3.1 制度变迁的含义、性质

制度变迁是指从一种制度安排,经过人们的修正、完善、更改、替代、转换、废除、创立、创新等手段后变为另一种新的制度安排。制度变迁也称为制度变革、制度变化和制度更新。制度变迁理论的代表人物是诺思。诺思认为,从空间位移的角度出发,制度变迁是一种制度对另一种制度的替代、转换和交易过程;如果从制度变迁的内容出发,制度变迁实际上是对构成制度框架的规则、准则和机制等要素组合做出的边际调整。

制度变迁的发起者一定是制度的创新者,它可能是个人、各类营利及非营利组织和政府。政府是制度变迁最主要的力量,是制度

的最大供给者。①。与其他主体相比,政府作为制度变迁的主体具有鲜明的特征。一是垄断性。政府是唯一的,在既定的时期内人们是无法自由选择政府的。二是强制性。政府有强大的国家机器以保证其意志得到贯彻,不管人们愿意与否,都必须接受政府设计的制度。三是非营利性与营利性。与其他经济组织一样,政府承担着一定的经济功能。在通过提供法律体系及机制、直接和间接补贴、信贷活动和公共服务等方式影响私人生产的同时,政府自身也直接参与了诸如国防、教育和基础设施生产等公共物品的提供。在消费方面,政府可以实施对收入再分配的政府支出和直接购买物品和服务的政府支出活动。四是公共性,即政府的制度是面向全体公民的。五是目标多元性,政府的制度尤其是综合性、宏观制度涉及面广,制度目标并不唯一,因此测量其绩效较为复杂。

通常而言,如果理性经济人的假说能够成立,如果信息能够被制度变迁主体充分掌握,那么,制度变迁是有效变迁。换言之,在补偿制度变迁发生的各项成本之后,制度变迁获得的收益为正值。但实际情况往往比假设要复杂得多,由于制度变迁主体对制度信息了解的不全面、不完整以及个体的判断、决策水平存在差异,制度变迁往往呈现出无效或者负效应。新制度取代了旧制度,但在经济效益上并没有获得正收益,这种情况属于无效变迁。新制度取代了旧制度,但制度对象不仅没有获得经济上的增长,反而出现收益下降现象,这种情况属于负效益制度变迁。

按照诺思的观点,政府在制度变迁中的作用也具有两面性:积极性与消极性。国家权力既是保护个人权利的有效工具,也是个人权利最大和最危险的侵害者。因为,国家权力具有扩张性质,而其扩张总是依靠侵蚀个人权利实现的,在国家侵权面前,个体通常无能为力,从而导致产权安排无效和经济衰落。一个政府一旦获得了不受监督的权力,就不会轻易放弃,通常还会自我扩张和自行设租,这样的权力会损害经济与社会的发展。

---

① [美] 道路拉斯·C. 诺思. 经济史中的结构与变迁. 上海:上海三联书店, 1994.

2.3.2 制度变迁的产生条件与动力

人们会对制度产生需求，是因为制度能够给人们提供便利、增进人们的利益，这种方便和利益就是制度发挥的功能和作用。当假冒伪劣产品充斥市场时，人们渴望有法律法规以及法律法规的严格执行以有效地制止这种状况。当现有的制度不能满足需要时，会渴望制度发生变化。当社会上婚姻家庭问题很严重时，人们希望能通过制度的变革以解决这些问题，于是，新婚姻法便诞生了。

一个新制度代替已存的旧制度的前提条件是制度非均衡。制度的存在有两种形态：制度均衡及制度非均衡。制度均衡是指人们对既有制度安排和制度结构的一种满足或满意的状态，在这种满足状态下，人们是无意、无力改变现行制度的。从供求理论的视角看，在影响制度需求和制度供给的因素一定时，制度均衡是制度供给能够满足主体的制度需求。制度均衡意味着某项制度达到了"帕累托最优"，① 这种状态只是一种相对稳定的暂时状态，制度的非均衡状态才是绝对状态。制度非均衡是指人们对现有制度不满意或不满足、想要改变而又未改变的一种状态。制度非均衡产生的主因在于现有制度安排和制度结构的净效益小于其他可供选择的制度安排而产生了新的盈利机会，从而导致新的潜在制度需求及制度供给同时出现。意愿制度供给与实际制度供给之间的差距是制度非均衡的根源所在。

考察制度变迁的动力即考察制度变迁的原因，任何导致制度变迁的因素均可看成制度变迁的动力。制度变迁的原因之一就是相对节约交易费用，即降低制度成本，提高制度效益，或提高制度的成本与收益（直接的与间接的、物质的与精神的、短期的与长期的）

---

① 帕累托最优是指资源分配的一种理想状态。假定固有的一群人和可分配的资源，如果从一种分配状态到另一种状态的变化中，在没有使任何人境况变坏的前提下，使得至少一个人变得更好，这就是帕累托改善。帕累托最优的状态就是不可能再有更多的帕累托改善的状态；换句话说，不可能再改善某些人的境况，而不使任何其他人受损。

比。制度变迁是一种收益更高的制度对另一种收益较低的制度的替代过程。无论个人、政府还是社会其他利益集团，推动制度变迁都是从自身利益出发。当认为制度变迁对自己有利，即创新的预期收益大于预期成本时，人们就会积极推动制度变迁。但不同的行为主体推动制度变迁的动机、行为方式及其产生的结果有差异。

除了预期收益，技术也是引发制度变迁的重要因素。诺思认为，技术变迁与制度变迁是社会与经济演进的基本核心。技术变迁增加了制度变迁的潜在利润，能够使报酬产生递增效应，从而使组织结构和管理模式复杂化，进而导致原有的规则发生变化，工厂制度的产生是技术发生变迁的直接结果。同时，技术变迁也降低了制度变迁的成本，使得城市工业社会不断发展，进而推动整个社会经济制度的不断演变。

偏好是制度变化的另一个来源。影响人们偏好的因素很多，如人均国民收入、历史文化传统、信息成本的变化等都可能影响偏好。相对价格的变化对偏好的变化也起一定的作用，当相对价格发生变化后，人们的行为模式逐渐改变并正确归因使之合理化。通过人们对其所付的价格相对变得便宜，理想、风尚、信念和意识形态成了制度变化的重要来源。例如，20世纪家庭结构的变化基本上是工作、闲暇和避孕的相对价格变化的结果。随着家庭结构的变化，意识形态和道德观念的社会地位也都发生了变化。

2.3.3　制度变迁的路径

制度变迁路径即一般意义上的制度惯性。研究制度经济的学者们认为，在制度变迁过程中，有一种制度自增强机制的存在，正是自增强机制的存在，才使得制度变迁一旦选择了某个路径，则推动该制度沿既定方向运行的动力就会在后续发展中得到自我强化。诺思将这种现象称为"路径依赖"，其含义是多方面的。如今天的制度创新往往要受以往制度的影响；一个国家一旦形成某种特殊的发展轨迹，无论好坏，都有一种沿着这样的路径走下去的"惯性"。沿着既定的制度方向或路径，经济和政治制度的变迁可能进入良性循环的轨道，并迅速优化；也可能顺着原来的错误方向或路径继续下滑；它们还可能被锁定在某种无效率的制度中。而如果制度进入了锁定状态，要纠偏归正就会变得十分困难。

路径依赖的存在提醒人们在进行制度创新时，初始的制度选择是至关重要的。初始的制度选择出现差错，将可能使整个制度创新远远偏离目标，而且在偏离的路径上走得愈远，回到正确路径需要的代价就会愈高，以致最后导致整个制度创新的失败。一般来说，一个国家宏观的宪法制度、政治制度、经济制度等是比较稳定的，一个国家长期形成的意识形态、传统道德、价值观念、风俗习惯也是难以一下子变革的，这些制度一旦形成就难以变革，从而成为其他制度变迁的制度环境。诺思路径依赖分成三种情况，一是适应性的自我强化造成制度依赖或路径依赖，形成制度惯性。在这种情况下，人们不愿意去学习、适应新的制度。二是既得利益集团强化既定制度的作用，他们会利用手中的权力、资源直接干预或间接游说以阻碍新制度的推行。三是在既定制度之下发育出来的非正式制度的作用，这类非正式制度也强化了原有制度的惯性。当上述力量汇合起来、力量比较强大时，新制度是难以生存的，既定的制度就进入了锁定状态。当制度进入锁定状态后，制度变迁就需要极高的代价。在这种情况下，只有借助外部因素才能实现制度的替代，退出锁定状态。这时依靠政权的变化或引入外生变量成为必然。不完全市场和收益递增是决定制度变迁轨迹的两个因素，制度的重要性主要基于收益递增的预期和不完全市场的存在。随着收益递增预期和市场不完全性的增强，制度变得越来越重要，这时制度的自行强化机制功能性越来越强。①

2.3.4 制度变迁的模式

依据不同的分类标准，会有不同的分类结果。如果从制度变迁的规模来分析，可以分为整体制度变迁和局部制度变迁两类。

整体制度变迁是指一个国家或者一个地区制度体系的改革，

---

① 马广奇. 制度变迁理论：评述与启示. 生产力研究，2005（7）：225-230.

这种制度变迁涉及几乎所有的制度，可称为宏观制度变迁。与整体制度相对应的制度均衡称为一般制度均衡。在宏观制度变迁的背景下，各种制度变迁交叉推进。整体变革式制度创新会受到旧制度的顽强抵抗，特别是那些旧制度的受益者会千方百计阻挠新制度的建立，因此，整体变革式的制度创新往往会导致社会震荡和冲突。

局部制度变迁是指同一轨迹的单个制度变迁，如粮食流通制度变迁、土地制度变迁、社会保障制度变迁等等。与局部制度相对应的制度均衡称为局部制度均衡，局部制度变迁可以与整体制度变迁同时进行，因为整体制度变迁就是由同一轨迹的单个制度变迁加总而成的。局部变革式制度创新是一种对制度的要素或结构进行部分调整和改造，使其功能更新，从而实现制度创新的制度变革。

如果从制度变迁的速度来划分，可以分为激进式制度变迁和渐进式制度变迁。激进式制度变迁是指以终极预期目标为参照系数，采取迅速而果断的行动，预期制度安排一步到位，"破"与"立"同时进行，即在安排新制度的同时，否定现存的组织结构和信息存量。这种变迁模式的优点是减少了不必要的争论、减少了变迁成本向后累计的风险等。渐进式制度变迁是指假定每个人、每个组织的信息和知识存量都是极其有限的，人们不可能预先设计好终极制度的模型，只能采取需求累增与阶段性突破的方式，逐步推动制度升级并向终极制度靠拢。主要特征表现为先试点后推广，选择双轨制改革方案，一种自上而下的强制性制度变迁的过程，一种倾斜式改革，在保留、改革旧体制的同时不断地引入新体制因素。

如果从制度变迁的主体来划分，可以分为诱致性制度变迁和强制性制度变迁。

诱致性制度变迁是一种自发变迁，是人们在响应由制度不均衡引致的获利机会时自发进行的。这种变迁是行为主体在权衡制度成本与制度收益的基础上、在给定的约束条件下追求利益最大化时做出的。诱致性制度变迁主体来自于基层，程序自下而上，具有边际革命和增量调整性质。将改革成本分摊向后推移，先易后难、先试点后推广、先经济体制改革后政治体制改革、先外围后核心是诱致性变迁的主要特征。

强制性制度变迁实际上是供给主导型制度变迁，制度变迁的主导因素是权力中心提供新的制度安排的能力和意愿，这类变迁一般由政府的法令引起。强制性制度变迁以政府（中央政府或地方政府）为变迁主体，按自上而下的顺序推行，是具有激进性质的一种制度变迁类型。政府命令和法律的引入是强制性制度变迁实现的基本途径，在变迁过程中，国家是变迁的主体。由于政府的特殊政治地位，强制性制度变迁下制度安排的力量比较大。变迁时间短、制度实施时推动力大、在政府权威影响下制度安排一般能顺利实施是强制性制度变迁的主要特征。但是，由于强制性制度变迁方式不是由相关利益主体在重复博弈的过程中形成的，在信息不对称的情况下"搭便车"行为将无法避免。另外，强制性制度变迁也可能出现制度与现实环境不相适应的低效率现象，这主要是因为政府的制度安排有时候可能仅仅是基于经验而并非根据现实的需要进行。

一般情况下，强制性制度变迁以制度供给为主导，而诱致性制度变迁则通常以制度需求为主导。现实社会中，诱致性制度变迁与强制性制度变迁互为补充。在我国渐进性改革的开始阶段，计划经济向市场经济过渡基本是以供给主导型的强制性制度变迁方式完成的。而需求诱致型的变迁方式，通常是在新的制度框架形成以后，在政府逐渐退出的同时排他性产权逐步建立，当建立在排他性产权基础上的微观主体成为制度变迁的"第一行动集团"时，制度变迁方式就会发生实质性的改变，供给主导型的强制性制度变迁可能就会向需求主导型的诱致性变迁方向转变，而市场经济的内在要求就是制度变迁中以需求主导的诱致性变迁方式成为主流。[①]

与发达国家相比，我国农业机械化水平较低，这其中既有技术的原因，也有制度的原因。因此，从技术发展的角度看，我国农机

---

① 郭姝宇. 中国农业机械化制度变迁及政策评价. 长春：吉林大学博士学位论文，2011.

2.3 制度变迁理论

化制度存在变迁的空间,从国家和农业生产者利益的角度来看,也有变迁的需求。农业在国民经济中的基础地位和农业的生产特点决定了无论在何种体制下,农业制度的变迁都应以强制性变迁为其主要特征。因此,总体上看,我国农业机械化制度变迁应归于强制性制度变迁的范畴。

在人类社会发展的历史长河中,政策和制度一直相生相伴、相互交织,构成了人们对各种行为进行规范和约束的集合。朱水成从四个方面分析了制度和政策的联系。① 一是外在形式上的重叠性。政策与制度的联系有多种外在表现形式,在多种表现形式中法律、法规同时属于政策和制度范畴。如图 2-1 所示交叉部分,从政策角度看为法律政策,从制度角度看则为法律制度。二是功能的共同性。政策与制度都是调节人类社会关系、规范人类社会行为活动的重要工具和手段,是人类社会发展的助动器。三是适用的互补性。制度与政策虽然具有功能上的共性,但作用范围不同。政策规范不到的由制度加以约束。制度调节不到的由政策予以规范。四是作用的冲突性。制度与政策的作用基本上是同向的,但也有相互冲突的时候,当然这主要是指风俗、习惯等这些非正式制度。

农业机械化制度和政策的关系也从属于本关系范畴之内。

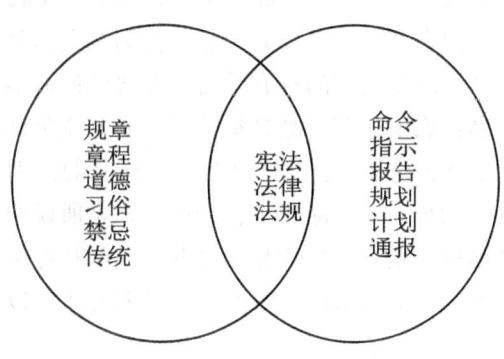

图 2-1 制度与政策的关系

---

① 朱水成. 公共政策与制度的关系. 理论探讨, 2003 (3): 89.

2.4 农业公共产品理论

2.4.1 公共产品

根据在消费上是否存在竞争性、在受益上是否存在排他性以及这种产品是否具有外部利益性等特征，我们将社会产品划分为三种类型：纯私人产品、纯公共产品及准公共产品。纯私人产品是指那些消费者支付了费用就获得其所有权且排斥他人消费的产品。纯私人产品在受益上具有排他性（支付了费用的消费者独占利益），在消费上具有竞争性。纯公共产品与纯私人产品相反，是指那些在受益上具有非排他性和消费上具有非竞争性的产品。非排他性是指即使某一主体没有支付费用，也无法将它排除在消费这一产品之外；非竞争性是指不会因某一主体的消费而其他主体对这一产品的消费量减少的现象。市场经济环境下，纯公共产品因为没有消费的竞争性和排他性，大多采用公共生产和公共提供方式实现。在现实环境中，真正的纯公共产品是很少的，大部分公共产品处于纯公共产品和纯私人产品之间，具有一定程度的纯公共产品和纯私人产品的双重属性。如果它只具备纯公共产品两个特征中的一个特征，则称之为准公共产品或混合产品。准公共产品可分为两类：公共资源和俱乐部产品。公共资源是指产品具有受益的非排他性而不具备消费的非竞争性的产品；而俱乐部产品是指消费具有非竞争性但受益可以排他的产品。表2-3总结了公共产品和私人产品的区别。现实生活中，严格意义上的纯公共产品很少，因此，通常所说的公共产品既包括纯公共产品也包括准公共产品。公共产品的特点决定了当市场不能满足各市场主体的需求时，政府必须及时介入予以干预。

2.4.2 农业的公共产品性

农业不同于其他产业，农业增产、农民增收很难，这与农业的性质有关。从公共产品概念的内涵和特征分析中不难发现，农业及其产品具有公共产品的特性。

2.4 农业公共产品理论

表 2-3　　　　　　　公共产品与私人产品的区别

类　别		特　征	举　例
纯私人产品		受益可以排他，消费有竞争	一般性的市场产品
公共产品	纯公共产品	受益难以排他，消费非竞争	国防、外交、环保等
	准公共产品 公共资源	受益难以排他，消费有竞争	公共牧场、教育等
	准公共产品 俱乐部产品	受益可以排他，消费非竞争	影院、非满员火车等

一是农业产品消费的必需性。吃饭是人类的生存需要，任何人都有对食物的需求，而粮食是食物的最基本来源，因此，说到底，人类离不开对粮食的需求。如果连这一基本需求都得不到满足，则往往引发社会动荡。历史上，有多次朝代的更替都是因天灾减产，百姓食不果腹而官府依然横征暴敛，终致百姓揭竿起义导致的。这说明，在漫长的农业社会，因农业生产力水平低下，粮食不够用，往往导致饥饿、死亡和战争。在现代文明社会，人们对食物的公平索取是天然合理的。农业技术的推广和应用为这种食物索取平等提供了生产力的保障，而社会对农产品的消费干预机制为这种平等消费权利提供了制度保障。这是农业产品区别于其他任何产品的一个显著特性。

二是农业产品的消费具有非排他性特点。人们在消费农产品的同时无法排除其他人对农产品的消费，就像享受阳光、空气一样，我们每个人都有享有食物和维持生命的权利。这种权利在过去的野蛮社会或许是排他的，但是在当今文明社会，人们对食物的消费是不具有排他性的。不管是什么人，都不能大量地占有和消费食物，不会让一部分人多享受食物而让另一部分人少享受或不享受食物，农产品对每个人的供给都是必需和平等的。当发生食物不足时，国家会动用行政、法律等手段保障食物的平等分配以维护社会的稳定。因此，在一个国家内部，农业产品的消费基本上是不具备排他性特点的。

三是农产品消费具有非竞争性特点。人们对农产品的获得途径通常不需要通过激烈的竞争手段，即市场经济的价格机制存市场失灵现象。机构和个人无法通过抬高农产品价格而使其他机构和个人对农产品的消费数量减少。农产品是生活必需品，一定时期内，人们对农产品的消费量受到生理需求的约束，其需求的增长量主要来自新增人口，因此，农产品消费量基本上是稳定的，不管人们的收入增加或减少、农产品价格上升或下降，人们对农产品的需求量基本是不变的，即农产品的需求弹性（价格弹性及收入弹性）小。由于农产品的价格弹性和收入弹性均较小，因此，当农产品过剩时，想通过调整农产品价格以增加市场消费量是难以奏效的。同时，由于农产品的供给弹性小，因此，要想在短期内通过生产增加或减少来调整农产品的供给量也是行不通的。所以，靠市场对农产品供需的自发调节是不起作用的，即存在市场失灵现象。

四是农业产品的提供具有社会性。纵观我国发展历史，农业是国家的立国之本，无农不稳，无农不兴。为社会提供农产品的农业，就其生产者而言，代表不同利益主体，他们要参与市场竞争，是有明显的排他性的。但这只是问题的表象，本质上，在一定的阶段农业的生产能力是不变的，农产品的供应表现为社会性而非个人性，原因体现在两个方面：一是体现国家粮食安全的农产品不能像对待其他商品那样"物以稀为贵"，当食品供给短缺时，国家会采取进口、调拨、限制消费等措施，来保障人们的最低需求。二是当农业产品供过于求时，农业生产者也不能像其他商品经营者那样靠薄利多销等市场化手段获得利润。在一定程度上，农业产品的价格并不真实反映其价值，这也是长期以来我国工农业"剪刀差"形成的重要原因之一。反过来，为了维护农业的稳定和保护农民的生产积极性，政府通常要对因生产过剩而招致损失的农业生产者进行生产或价格补贴。正是基于这些原因，我们认为，农业产品的供给本质上是政府行为，而政府是社会管理的主导者，所以，农产品的供给具有社会性。

五是农业具有明显的社会效应。"作为产业的农业，作为商品的农产品"只是表述了农业功能的一个侧面，同时，农业是具有经济功能、生态功能和社会功能等各种功能有机结合的综合性、复杂的人类活动。农业的经济功能主要体现在为人们提供各种质优、廉价、多样的食品以及为其他生产部门提供基本原材料；农业的生态功能主要体现在对国土和生活环境的保护，如水资源涵养、土壤保护、净化水质和空气质量、提供自然景观和避难场所、循环利用能源和资源等；农业的社会功能则主要体现在农业的生活或社会文化功能，如增加就业，减轻社会就业压力，消除社会的单一性和不稳定性，保持社会的创造性、多样性、稳定性和永续性，提供社会交流和身心娱乐的休闲空间，使人们感受劳动的创造性，提高国民素质的教育功能以及提供人性回归的体验。正是基于农业价值的多元性，日本学者祖田修将农业定义为："通过保护和活用地域资源，管理和培育有利于人类的生物来实现经济价值、生态价值和生活价值的均衡与和谐的人类的目的性社会活动。"人类对农业价值的多元化和综合性的认识成为农业的公共产品性质理论的重要基础。[1]

2.4.3 农业机械化的公共产品特征

在认识公共产品的特征后，我们发现农业生产所提供的许多产品不同程度地具有公共产品的非排他性和非竞争性特点。农业机械化的公共设施建设、农机研发与技术推广等很多项目投资规模大、周期长、风险大，具有公共产品特性。

第一，农业本身具有公共产品的特性，农机化是农业经济体系中重要的子系统，是农业发展的物质基础，当然具有公共产品属性。农业的公共产品特性，可以从食品对于社会的战略价值、农村发展对于现代社会稳定和环境保护的意义以及农业、农村在现代社会中的弱势地位来理解。农业是唯一提供粮食生产的部门，粮食是社会不可或缺的产品，粮食紧缺会造成对经济的破坏和社会动荡。然而，在现代农业发展过程中，无论农业处于发展的何种阶段，农业和农村发展都面临天然劣势：发展之初由于农业劳动生产力落后

---

[1] 朱启臻，鲁可荣. 农业的公共产品性与农业服务体系建设. 中国农业科技导报，2007，9（1）：90-94.

而遭受利益剥夺，发展以后因农业劳动生产率的提高而遭到利益损失（受中间产品需求大于最终产品需求的规律影响，农产品需求的价格弹性和收入弹性都低，农产品充裕的结果是农产品价格下降，且价格的下降幅度大于因价格下降导致的销售量上升的幅度，因此，农民的总收入下降）。如果农业和农村发展顺利，则对整体社会提供正收益，发展不利则会增加整个社会的成本。农民不能独占农业和农村发展的好处，也不能独自承担农业和农村发展的成本，这说明农业和农村发展的公共产品特点。农机化为农业发展提供物质装备，也具有一定的公共产品性质。因此，农业化需要一定的公共投资。

第二，农业机械化是提高劳动生产率、转移劳动力、减轻劳动强度、提高土地产出率和保证农产品质量的重要途径，是先进农艺技术和生物技术结合的有效载体，是提高农业国际竞争力的重要手段，是实现农业现代化的重要物质保障和技术支撑。由此可见，农业机械化对于整个社会有着强烈的外部效应，具有公共产品的一般属性。

第三，农业机械化中涉及大量全局性、公益性的项目，如农用航空、粮食烘干、化肥深施、精量半精量播种、秸秆粉碎还田、节水灌溉和蓄水保墒等机械化技术，这些项目和技术的社会效益、生态环境效益很好，但短期经济效益不明显，带有明显的公共产品的特点。

第四，农业机械化技术的推广应用，培养和造就了一大批具有一定科学文化素质的农机使用、经营和服务人员，带动了农民整体文化素质的提高，促进了农村社会的发展与进步。农业机械化对农村社会的作用进一步体现了它对整个社会进步的外部正效应，具有明显的公共产品属性。

第五，农业机械化促进了土地的流转和农村劳动力的转移，有利于社会分工的深化，有利于拓展农业规模经营的深度和广度，对加强各部门之间的交流和合作、维护社会稳定起到了促进作用。农业机械化的这种独特作用和价值，具有明显的外部性。

2.5 农业弱质理论

农业的弱质性是指在完全市场机制作用下，农业与工业等非农产业相比效益低，从而导致农业资源外流、降低农业自我积累和发展能力的经济现象。[①] 农机化是为农业服务的，是农业的重要组成部分，农业的弱质性决定了农机化的弱质性。

2.5.1 农业生产特征与农业弱质性

农业是通过人类的劳动去实现和强化动植物、微生物的自然再生产来获取农产品的社会物质生产部门。农业再生产过程是自然再生产与经济再生产过程的有机融合。农业生产对象是有生命力的生物有机体，而非农产业的生产对象一般是无生命的物体。某些工业部门和服务业虽然也以生物有机体为生产对象，但它们一般是以生命终结了的生物体为加工对象，或者在生产过程中结束有机体的生命。农业的再生产过程，始终是生物有机体生命力的保持和延续的过程。因此，自然再生产与经济再生产相互融合是农业生产区别于其他类型的生产的根本特征。

（1）农业生产是人类的活动，但又受到生物有机体自然生长过程和自然环境的严格限制。其一，农业的生产活动以及农产品的数量与品质同自然环境有直接联系，自然禀赋不同，可以形成不同地域或国度的产品比较优势，但自然环境对农产品生产的影响依然存在。科学技术可以在局部或某种程度上调整自然环境，但自然环境的变化并不以人们的主观意愿为转移。所以，农业承担的自然风险要远大于其他产业，这增加了农业产出的不稳定性和收益预期的不确定性。其二，受动植物自然生长规律的限制，农业的生产周期比较长，短则几个月，长则几年甚至几十年，而且地域性和季节性较强，在很大程度上受到时间和空间的束缚。一方面，农业投资期长，占用资源多，资金周转慢，经济效益低，另一方面，农业不能

[①] 李建平．我国农业保护政策研究．北京：人民出版社，2007：39．

像工业一样连续使用农业机械。如耕整机、插秧机、收割机等专用性较强的机械只能在一年中的固定月份使用,其他时间则处于闲置状态,机具的利用率低,使用费用高,不利于劳动生产率的提高。其三,农业生产的周期性和季节性决定了农产品的生产必须遵守固定的程序和时间依次完成生产过程,不可能像工业生产那样根据市场的变化快速调整生产速度和生产方式。因此,农业生产的供给弹性小,应对市场的能力差。

(2) 农业科技进步是促进农业发展的关键因素,但推进农业科技进步的难度要大于非农产业。其一,现代工业的物质成果在农业中的应用,形成了现代农业,从而把农业发展建立在现代科学和现代工业的物质技术基础之上,促进了农业生产率的提高。但从应用的规律来看,科技成果首先应用在军事、工业和交通等部门,此后才是农业领域。科技在农业领域应用的滞后性是导致农业现代化比国民经济其他部门的现代化要晚的重要原因之一。① 其二,农业科技研究和应用不仅要把握经济再生产过程的特点,更要把握生物有机体的自然生长规律,因此,与工业改变非生物有机体的科研相比,农业科技研究的难度要大很多。同时,农业技术推广又受到不同地域自然条件的限制,应用的风险很大。如插秧机和联合收割机的研究,就经历了不同作物的生长特性、种植制度的长久考验。其三,农业科技投资周期长,见效慢,且农业科技成果具有公益性、地域性和共享性,其成果大多数难以以专利形式由科研发明单位或发明人占有,研发者很难获得知识产权收益,因此需要政府的政策等推动。

(3) 土地对农业的制约。工业生产不像农业部门那样需要大量的土地,工业生产过程中起主导作用的是资本和劳动力。而对农业来说,土地是农业生产中最重要的生产要素,而且是一种稀缺要素,它不像资本和劳动力一样能够被轻易创造和生产出来。农业要提高产出,一要扩大耕地面积,而这既受可用土地资源的限制,又受土地等级和市场位置的影响,往往是土地肥力较差的被使用,投

---

① 丁泽雯. 农业经济学基本理论探讨. 北京:中国农业出版社,2002.

入大，生产率低。二是土地资源一定时，要增加产出，对土地不断追加的投入达到一定的临界点后，边际产出会迅速下降，即受到边际报酬递减规律的约束，农业的投入不能无限制地扩大。农业机械之所以代替劳力，是因为农业机械的作业效率高，土地面积越大越能体现机械的优越性。而我国的国情是耕地面积小，农业的经营模式使得土地碎片化，这些均不利于机器施展其用武之地，因此，也需要政府采用包括政策在内的手段（土地流转）使土地趋于集中，为农机化创造条件。

2.5.2 市场原则与农业弱质性

在市场经济体制下，市场是资源配置的基础手段，然而，市场调节的原则是市场主体追求利益的最大化。农业生产客观上存在资本周转慢，投资回收期长，而且承担的自然、技术和市场风险集中，从而导致农业生产的低效率和高风险，难以获得与其他产业相当的社会平均利润，因此，单纯依靠市场机制的调节，农业资源和要素就会自动脱离农业而流向工业等非农部门，如果政府再有意识地向非农产业倾斜资源的分配，就将削弱和动摇农业在国民经济中的基础地位，阻碍农业的发展。尽管从短期看，把优质资源向工业部门倾斜能够较快地促进工业化和国民收入的较快提高，但这种以削弱农业为代价推动工业发展的做法，从长期看会造成经济发展失衡、波动甚至停滞，进而影响社会稳定。而这种状况不可能单纯依靠市场来调整，这种市场失灵现象必须通过政府的干预措施加以矫正，各类农业政策、农机化政策也就因此而生。

（1）市场调节机制不可能为农业提供公共物品。农业发展需要相应的基础设施和条件，如农田水利基础设施、机耕道、农村教育、农业信息、农业科技研究与推广体系、农业生态环境保护等。这些基础设施投资大、耗费时间长、涉及面广，具有公共物品性质，市场调节不可能向农业提供这些公共物品，需要政府的介入。农业发展的实践表明，发达国家能够实现传统农业向现代农业的转变，与政府不断满足农业对公共物品的需求是分不开的。发展中国家虽然也为此做了大量工作，但是追求工业发展的偏好和实用主义倾向导致其对农业公共品的投入不足。我国农村和农业的教育与科技、交通信息、生产、市场等基础设施以及生态环境保护等与城市和工业相比还很落后。因此，政府向农业提供有效的公共品，是培植农业自我发展能力、促进农业可持续发展、抵消市场机制的消极作用的重要措施，也是农业政策的重要内容。

（2）市场调节不能解决外部性问题。日本的祖田修教授在其所著的《农学原理》中概括了农业的外部性问题。他认为，农业具有正外部性和负外部性。农业的正外部性包括农业的生态环境价值或功能、生活价值（社会文化）或功能，至于农业的经济价值或功能，如果考虑保证食品供应可以维护社会稳定以及国民经济各部门的平衡发展等因素，也属于正外部性范畴。同时，农业和工业一样都具有污染环境的负外部性，主要体现在：化肥和农药的大量使用引起土壤和水质的污染，还会导致某些生物的灭绝、破坏自然生态系统；水田产生的甲烷气体以及能源利用加剧了大气污染；农药的大量使用降低了食品的质量，造成食品安全隐患；从世界范围看，发展中国家的人口增加，大面积森林砍伐、过度放牧等破坏了自然资源，加剧了温室效应；地下水的过度使用引起地下水枯竭；掠夺性农业经营引起土壤流失和地力下降，等等。另外，与工业等非农产业相比，农业还是非农产业的废气、废水、废料等负外部性的接受体。

农业正外部性产生的效益在市场机制调解下不能转化为农业生产的收益，从而使农业本应得到的收益转化为其他部门的收益，需要政府通过补偿制度实现农业的正外部性内部化。同样，需要政府采取措施减少负外部性。不少国家已经采取了有力的措施，如鼓励发展绿色和有机农业，禁止和限制使用化学农药、化肥，实行土地休耕、退耕还林等措施降低农业生产的负外部性；对工业污染采取税收、控制排放标准和数量、植树造林、建立生态保护区等措施降低工业污染的负外部性，从而促进对自然资源的保护和改善生态环境。

总之，农业在国民经济中的基础地位与农业在市场经济条件下的弱质性形成了较大的反差，国民经济和社会发展要求不断巩固农业的基础地位，以保障国民经济和社会的稳定与协调发展，而在市场机制下，农业的弱质性导致农业的比较效益下降，农业发展滞后于国民经济的发展。两种相互作用的结果，要求政府对农业进行扶持。因此，农业的弱质性是农业政策形成的深层依据，实施农业促进政策是农业发展的必然选择。

3 农机化及农机化政策概述

3.1 农业机械

人类使用农业机械的起源可以追溯到原始社会的简单农具时代。公元前5000—前3000年新石器时代的仰韶文化时期就有了原始的耕地工具——耒耜；公元前13世纪人们就已经使用铜犁头进行牛耕；公元前3世纪的春秋战国时代，人们开始制造、使用用于耕地、播种、收获、加工和灌溉等农事活动的系列铁、木制农具；公元前90年前后，赵国发明了被称为"三行耧"的三行条播机，其基本原理及结构被沿用至今；9世纪已经形成了结构相对合理的畜力铧式犁。在我国的各类古籍如《齐民要术》《耒耜经》《农书》《天工开物》中，都有对各个时期农业生产中使用的各种农具的详细记载。

在西方，最初的木犁起源于埃及和美索不达米亚，到了公元前1000年左右铁铧犁得到应用。19世纪至20世纪初，是农业机械大发展时期。1831年，美国的C. H. 麦考密克成功制造马拉收割机；1836年，第一台马拉的谷物联合收获机诞生；1850—1855年，谷物播种机、割草机和玉米播种机得到运用；20世纪初，以内燃机为动力的拖拉机逐步代替牲畜，广泛用于各项田间作业；20世纪30年代后期，英国的H. G. 弗格森成功设计了拖拉机的农具悬挂系统，使拖拉机和农具成为一个作业整体，提高了拖拉机的使用和操作性能；40年代起，谷物联合收获机的动力模式逐步由牵引式转向自走式；60年代，水果、蔬菜等非粮食作物收获机械取得长足的发展；从70年代开始，电子技术的应用催生了农机作业的自动化发展方向。

对农业机械的认识也经历了一个漫长的过程，随着农业机械的发展，对农业机械的概念逐渐清晰。现在最主流的看法是，农业机械是指用于农业生产（作物种植业、畜牧业）及其产品初加工和处理等相关农事活动的机械、设备，是技术与经济、工业与农业、方法与工艺的有效结合。

农业机械的类型很多，分类标准不同，农机类型也不同。根据农业机械的应用范围不同，可以将农机分为狭义的农业机械和广义的农业机械。[①] 狭义的农业机械包括动力机械（拖拉机、飞机、发动机、电动机）和作业机械（田间作业机械、场上作业机械、运输机械、农畜产品加工机械、排灌机械、农田建设机械、牧草机械、饲养机械），广义的农业机械则在纵横两个方向不断延展。横向从过去侧重的种植业和田间作业机械不断向林业、牧业、渔业机械等产业发展，纵向还扩展到农业的产前生产资料供应和产后农副产品的贮藏、加工、运输和销售等环节的机械运用上。产前阶段的机械包括种子加工机械、饲料加工机械、农田基本建设机械，产中阶段的机械包括农作物实验区机械、种植业机械、养殖业机械、林果业机械、园艺机械、设施农业机械、排灌减灾机械，产后阶段的机械包括农产品烘干仓储机械、农产品储运机械。

按照农业机械的用途分类，则可将农业机械分为专门机械和通用机械。专门机械是指根据农业生产的具体特点和作业环节的特殊要求而专门设计制造的机械，如土壤耕整机械、种植和施肥机械、植物保护机械、作物收获机械、畜牧业机械以及农产品加工机械等。通用机械则指能够与其他行业通用的机械，如农用动力机械、农田排灌机械中的水泵等设备，或是根据农业的特点和需要把一些通用机械进行农用变型处理，如运输机械中的农用汽车、挂车和农田建设机械中的土、石方机械等。

按照动力及其配套方式分类，可将农业机械动力分为两类，一类用于农业机械的行走或移动，可分为人力（手提、背负、胸挂

---

① 余友泰. 农业机械化工程. 北京：中国展望出版社，1987：4-12.

和推拉)、畜力牵引、拖拉机牵引和动力自走式等多种类型；另一类用于农机工作部件的驱动，可分为人力（手摇、脚踏等）驱动、畜力驱动、机电动力驱动（内燃机、风力机、电动机等）和拖拉机驱动等多种类型。在同一台农机的机械和部件，可以使用相同的或不同的动力。按农业机械与拖拉机的配套方式不同，则可将农业机械分为牵引、悬挂和半悬挂等不同类型。

按照作业方式划分，可将农业机械分为行走和固定作业两类。行走作业农机又可分为连续行走式和间歇行走式两类，固定作业农机又可分为在非作业状态下可以转移作业地点的可移动式和作业地点始终固定的不可移动式两类。

此外，还可以按照作业地点将农业机械分为野外作业（田间、牧场和果园等）、场院作业、室内作业（厂房、机房、库房、温室和禽畜舍等）、水中或水上作业（河流、渠道、水库和水井等）、道路作业和航空作业等类型。

农业机械不同于其他机械。按照杨立功①的总结，农业机械具有以下几个方面的特点。一是农业机械的作用对象是生物和农作物，与一般机械在厂房内加工无机物是不一样的。农业机械的设计和作业要受到自然条件的制约，受农作物耕作制度和农艺的制约，同时还受地形地貌的制约。二是受农村的经济条件和社会条件的制约，如所有制形式、经营规模、农民的文化技术水平等等。三是农机产品品种繁多，使用分散。农机要上山、下水，要露天作业、行走作业。四是比较耐用、成套性强、价格高、作业效率高。

3.2 农业机械化

3.2.1 农业半机械化

自古以来我国就是一个农业大国，有着悠久的农业生产历史。6000多年前，我国就已有专门从事农业生产的工具。但长期以来，

---

① 根据杨立功1982年3月14日在农机化管理工作会议上的讲话整理。

我国的制造业发展非常落后,整个封建社会的农业生产工具基本没有新的发展。直至到了清末,在我国广大农村地区使用的人力、畜力农具的种类和使用方法与元代王祯所著《农书》的"农器图谱"中收录的农具的图形和文字描写均没有大的变化。近代以来,由于战争的祸害,我国的农具及农业生产遭受到极大的破坏。新中国成立前,我国及湖北农村的传统农具基本毁坏殆尽。新中国成立后,国家和地方从增补旧式农具开始,大力推广新式农具。随着新中国成立后重工业建设的兴起,农业机械制造也遍地开花。"不要单纯等待农业机器,而放松了新式畜力农具和改良农具的推广","一手抓机械化,一手抓半机械化",[①] 可见,半机械化是农业机械化发展的一个必经之路,其突出的特征是大量使用畜力牵引的简单农业机械从事农业生产。机械化和半机械化的主要区别在于动力的来源。农业机械化的动力来自于人力、畜力之外的各种机械动力,而半机械化的动力主要来自于人力和畜力。1958年谭震林在中央召开的一次电话会议上指出:现在把人力工具和畜力工具、扬水工具加以改革,加上滚珠轴承,这就是半机械。[②] 这样的机械还不能自带动力,需人力和畜力,如双轮双铧犁、摇臂收割机等机具。

3.2.2 农业机械化

对农业机械化的认知也经历了漫长的过程。1955年7月31日,毛泽东在《关于农业合作化问题》中对农业机械化下了一个较模糊的定义。他认为,首先中国只有先在社会经济制度方面彻底地完成社会主义改造,又在技术方面,在一切能够使用机器操作的部门和地方,统统使用机械操作,才能使社会经济面貌全部改观。[③] 这是国家领袖以一个政治家的眼光来看待农业机械化的含

[①] 中国社会科学院,中央档案馆. 中国农业机械化重要文献选编(1949—2009). 北京:中国农业出版社,2009:322.

[②] 中共河北省委. 河北省关于贯彻执行中央关于实行农业半机械化问题指示的通知. 河北省档案馆,档案号:907-15-48.

[③] 张蓝水. 简单而重要:什么是农业机械化——农业机械化定义泛议. 农业技术与装备,2007(9).

义。1987年,余友泰从学者的视角对农业机械化下了一个定义:农业机械化是"机器逐步代替人力、畜力进行农业生产的技术改造和经济发展的过程"。① 这个定义流传和使用范围较广,但定义中没有说明行为主体,表述不够完整。《农业机械化促进法》认为农业机械化是运用先进适用的农业机械装备农业,改善农业生产经营条件,不断提高农业的生产技术水平和经济效益、生态效益的过程。不难发现,这个定义也没有说明行为的主体,但较为突出地强调了运用机械后的农业发展效果。何康等主编的《中国农业百科全书·农业机械化卷》对农业机械化的定义是:"农业机械化是用先进工程技术配合生物技术,用机器逐步替代人畜力和手工劳动工具,用新的耕作方式和科学技术作用和服务于农业生产,增加农业产量,提高产品价值。其根本任务是用各种动力和配套农机具装备农业,实现农业生产工具的现代化。"② 此外,国际农业工程学会则认为农业机械化是利用工具、农具和机器开发农业用地,从事种植业生产、储藏前准备、储藏和农场就地加工的过程。基于应用的角度,农业机械化是一个"过程系统",它是一个通过使机械(装备)与劳动力、农艺特点结合,完成农业生产中的驱动作业、固定作业和运输作业,用物化劳动代替活劳动,实现工具革命的过程。

综上,"农业机械化"定义应包含一些基本要素:运用机械技术改造传统农业、运用在农业生产的各个环节中、替代人力、提高效率、是一个发展过程。只有具备了这些条件,才能定义"农业机械化"的内涵。我们认为,农业机械化是指各参与主体将先进工程技术配合生物技术运用于农业,改善农业生产的经营条件,提高农业的生产技术水平,实现农业经济效益和生态效益的过程。

从农业机械化的定义不难看出,农业机械是现代农业技术的载体,是农业技术进步的标志,是农业现代化的必备要素。其本质是

---

① 余友泰. 农业机械化工程. 北京:中国展望出版社,1987:4-12.
② 何康,刘瑞龙,卢良恕,等. 中国农业百科全书·农业机械化卷. 北京:农业出版社,1992:1-3.

在保护农业生态环境和实现农业可持续发展的前提下，采用农业机械进行农业生产，实现劳动生产率的提高、农业投入减少、农民收入的增加。

3.2.3 农业机械化的特征

1. 农机化所受影响的多因性

农业机械化对劳动生产率的提高、土地产出率的提高和农业产业结构的调整的作用是毋庸讳言的。但农业机械化能否得到有效发展还要看发展动力和发展条件。发展的动力可以从宏观层面和微观两个层面来观察。从宏观层面来看，要衡量农机投入与产出的关系，就要看农产品的增长对国民经济总产值增加的贡献程度，看其对环境、民生的改善程度，如果"有利可图"，国家就会采取各种手段推动农机化发展，形成农机化的"推力"。从微观层面来看，这些发展条件包括要看农业经营者是否有用机器代替劳畜力的动机，而动机的大小取决于农民使用农业机械替代人畜力所带来的利益的大小。当利用农业机械所耗用的物化费用低于被替代的活劳动所带来的报酬时，农民才有购置农机的动力，从而形成农机化的"拉力"。此外，农机化程度还受发展条件的影响，有动力但没有客观条件，农业机械化仍然很难有效开展。从农民的角度看，这些发展条件包括是否有购买农机的必要资金和使用农机的基本技能；从国家的角度看，它们包括能否为农业机械化发展提供必要的基础条件，如成片的土地、机耕道、加油站等。

2. 农机化发展的阶段性

世界各国的农业机械化发展历程表明，农机化发展不仅表现出发展的连续性，还表现出明显的阶段性特征。白人朴等（1999）把农业机械化发展过程大体划分为三个阶段得到广泛认可，即农业机械化初级阶段（或称农业初步机械化阶段）、农业机械化中级阶段（或称农业基本机械化阶段）、农业机械化高级阶段（或称农业全面机械化阶段）。在第一阶段，农机化主体通常选择农业生产最紧迫、经济效益最好的农业机械;第二阶段,农业生产各环节中均有机械替代人工,农机化率逐步达到50%;第三阶段是机械化全面实现阶段。在此阶段,农业生产中绝大多数的作业均由机械替人完成。

3. 农机化贡献评价的复杂性

农业机械化对农业生产贡献的研究是在科技进步贡献率基础上发展起来的,研究思路基本上是采用测算科技进步贡献率的模型进行具体的度量。但直到目前为止,学界对科技进步贡献率测算的指标体系、方法等还存在许多争议,还没有一个主流的意见。在指标体系的选择上,有一定代表性的是赵蓉蓉提出的指标体系(见表3-1)。[①]

表3-1　　　　农机化贡献评价指标体系

农业机械化贡献评价指标构建	技术经济效益评价指标	劳动生产率：劳均农机总动力
		土地生产率：耕作机械总值比重
		成本利润率：收获机械总值比重
		投资效果：农业机械总值
	机械化发展水平评价指标	农业机械化作业水平
		农业机械化管理水平
		农业机械保有率水平
		农业机械发展潜力
	机械化影响指标	劳动力就业
		农业机械事故
		农业机械财政状况
		农业机械能源利用情况

---

① 赵蓉蓉. 改革开放以来我国农业机械化政策及其效果分析. 西安：西安建筑科技大学硕士学位论文, 2010.

在评价方法上，我国学者尝试了用生产函数、增长速度方程、综合要素生产率指数和数据包络分析（DEA）等方法测算技术进步、劳动投入、资本投入和生产率增长等因素对经济增长的贡献。近年来，学者们又开始慢慢转向 C-D 生产函数法、索洛余值法和项目有无比较法等方法。

3.2.4 农业机械化的地位和作用

1. 农业机械化是生物技术应用的保障

现代农业发展在相当程度上依赖于生物技术进步，而先进的生物技术的应用需要农业机械提供物质保障。现代生物技术的应用通常需要动力机械提供动力，离开了动力机械现代生物技术很难独立发挥作用。良种推广、地膜覆盖等技术都是提高作物产量的有效生物技术。但优良作物的种子必须经过清选机、拌种机、敷料机等机械予以精选和处理，再使用精密的播种机械实施播种，才能最大限度发挥生物技术优势，取得好的收成。铺膜栽培也需要铺膜机械和收获机械的高度参与才能达到省工省料、经济效益提高的效果。可见，农业机械化与生物技术应用是农业技术的两个重要组成部分，二者相辅相成，不能只强调生物技术的作用而忽视农业机械化的重要手段。

2. 农业机械化有助于保障粮食安全，促进农民增产增收

农业机械化有助于创造和改善农作物的生长环境。如可利用机械深耕、深松、旋耕、暗沟排水等田间作业增加耕作层的深度，改善土壤的物理状态，从而实现作物增产的目的。此外，农业机械技术与先进的生物技术的结合可使生物技术增产增收的作用得到最大限度的发挥。在播种季节，采用机械作业可以缩短劳作时间。以播种为例，机械可以在最适当的农时季节快速完成播种工作，为作物增产增收打下基础。同时，农业机械可以减少灾害对农业的影响，如农业机械在排涝抗旱方面的作用人力基本无法替代。

3. 农业机械化减轻劳动强度，让农民体面地劳作

农业机械化极大地改变了农业生产的劳动条件。随着机械化水平的逐渐提高，农业生产中越来越多的环节由机器代替人完成，劳动者的劳动强度逐渐减轻，"三弯腰"现象逐渐消失。更为重要的是，随着现代技术的进步，农业机械的信息化、自动化和智能化程度越来越高，加上农艺对农机的适应性改进，未来的农业劳动者将会像城市工厂的工人一样穿上工装惬意地驾驭着各类农业机械。

4. 农业机械化有利于加快农业现代化的实现

农业现代化的重要标志是传统的手工劳动逐渐被先进的机器替代。农业现代化利用先进的机械技术装备农业，传统的、大量的、低效的劳动力被替换，农业生产力水平得到提升，农业经济的发展水平得到提升，农业技术的更新得以持续。[1] 因此，农业机械化是农业现代化的核心，它能够将先进的农业科技技术与农业生化技术进行有效的整合，并且能够成为新技术使用的有效支撑和载体，这些功能是其他任何外力都无法替代的。[2]

5. 农业机械化有利于促进农业产业结构的调整

我国农业产业结构的调整进行了多年，农业经济得到了较大发展。但当前农业产业结构现状与国民经济发展要求仍不相适应，这种不适应的主要表现是农业产业结构层次较低，农业比较效益较差等。农业机械化能够依靠工程技术和装备同农业生产的结合，实现对农业生产的全面改造，促进农业资源要素的合理配置，推动农业产业结构整合和升级。

---

[1] Leival FR, Morris J. Mechanization and sustainability in arable farming in England. Agricultural Engineering Research, 2001（1）：81-90.

[2] 黄盛杰，季红霞. 我国农业机械自动化发展现状及趋势. 江苏农机化，2012（4）：38-39.

6. 农业机械化有利于促进农村经济的可持续发展

农业资源不足、环境整体退化是当前和今后面临的重大问题，因此，推进农业现代化发展必须以农业及农村经济的可持续性发展为前提。① 随着我国农机工业由"制造"向"创造"的演绎，资源节约型和环境友好型的技术和机具将不断得到推广和应用。如节水、节肥机械、精量播种机械、秸秆还田机械的使用将比传统的人工作业方式大大降低对资源的浪费和对环境的破坏程度。因此，农业机械化对绿色农业、生态农业建设，对促进农村经济可持续发展具有重要价值。

3.2.5 湖北农机化的外部环境

湖北具有悠久农耕史，几千年以前就有人类繁衍生息。宋太宗至道三年（997年）置荆湖北路（现荆州市），管辖现今湖北大部及湖南部分区域，从此有了"湖北"的行政区划之名。清康熙三年（1664年），以洞庭湖为界实行湖广分治，南为湖南省，北为湖北省，湖北省管辖武昌、汉阳、黄州、安陆、德安、荆州、襄阳、郧阳八府。湖北自此建省，省名一直沿用至今。

湖北省位于我国中部，长江中游，东西长740公里，南北宽约470公里，国土总面积18.59万平方公里。湖北省山地与丘陵众多，山地面积占到了全省面积的56%，丘陵占到了24%，平原湖区占到了20%。国土面积中耕地面积4803万亩，其中水田占60%，养殖水面1100万亩。湖北省与安徽、江西、湖南、重庆、陕西、河南等六省市接壤，是名副其实的地理中心。省会武汉被称为九省通衢，公路四通八达，铁路纵横交错，长江、汉江横贯东西，空中航班进出频密，水、陆、空交通网络完备，是包括农业产品在内的各种物资的集散地。

湖北处于南北过渡地带的亚热带地区，属典型的热带季风气

---

① 张昭. 日本农机化发展及其技术引进的经验与启示. 农业科技管理，2010（3）：4-7.

候,大部分地区为湿润气候,全年平均气温15~17°C,平均年降水量在1200毫米左右,夏季降水量明显多于冬季降水量,其中6—7月份是梅雨季节,降雨强度和雨量最大。湖北全境阳光充足,雨量充沛,雨热同季,四季分明,宜养宜种的动植物品种繁多,是全国重要的农产品生产基地。

湖北省水资源十分丰富,境内河流与湖泊星罗棋布,自古便有"千湖之省"的美誉。湖北省内河流总长5.92万公里,长江、汉水是两条主要河流。全省湖泊面积接近3000平方公里,洪湖、长湖、梁子湖、斧头湖是境内四大湖泊,其中洪湖与梁子湖是水产品生产的重要基地。此外,湖北还有众多水库。现有大小水库5825座,其中大型水库53座,居全国第一,中型水库234座,小型水库5549座。其中三峡水库、丹江口水库、隔河岩水电站、漳河水库、富水水库是库容最大的五个水库。[①]

湖北省自然地理条件得天独厚,植物种类十分丰富,起源古老,有大量珍稀孑遗植物。在湖北发现的木本植物有1300种,发现的草本植物有2500种。湖北省动物资源也十分丰富,尤其是鱼类,全省有176种鱼类,鱼苗资源丰富,长江干流的主要产卵场有一半以上处在湖北境内,这也是湖北水产业发达的原因之一。

湖北的农业经济自古发达。研究文献表明,早在远古时期,就有人类在这片土地上进行农耕、渔猎活动;在秦汉时期,荆楚农人利用丰富的水资源大力发展农业;在魏晋南北朝时期,人们开始了经济作物的种植和畜牧业的尝试;在唐代,荆襄鄂地区的农业生产十分繁荣,成为全国领先的粮食产地之一;到了明代,湖北农业空前发展,有了"湖广熟,天下足"的美誉;在清代,随着农业技术的引进和品种的改良,湖北农业继续乘势前行。近代,受战乱祸害,湖北的农业发展遭受严重破坏。新中国成立后尤其是改革开放后,湖北的农业逐步恢复。今天,在全国农业发展的版图中湖北农业找回了自己的位置。

经过多年建设,湖北农业综合生产能力稳定提高,主要农产品

---

① http://zh.wikipedia.org/wiki/湖北水库列表.

产量位居全国前列。

从近几年的统计数据可以发现,湖北省的淡水渔业优势十分明显,淡水产品的产量和内陆养殖面积连续多年位居全国第一,淡水产品的产值一直位居全国前三;湖北省棉花生产总面积和棉花总产量均位居全国第四;湖北的油菜种植面积和油菜子总产量连续16年位居全国第一位;湖北的农业科研实力雄厚,农业综合科技实力居全国第五位。

3.3 农机化政策

3.3.1 政策

学界对政策的界定观点不一。美国公共行政学权威伍德罗认为政策是"具有立法权的政治家制定出来的,由公共行政人员所执行的法律和法规"。另一位美国学者弗雷德里奇则把政策定义为"是在某一特定的环境下,个人、团体或政府有计划的活动过程"。更有影响的是政策学创始人哈罗德·拉斯维尔,他把政策定义为"政策是一种含有目标、价值和策略的大型计划"。上述学者基本上是从政策的主体、政策形式、政策过程、政策功能等角度对政策进行描述,一些学者还从系统论的角度对政策内涵进行了系统分析。这些研究成果无疑有助于我们理解政策的含义,但这些研究的重大缺陷是不全面的,忽视了政策天然具有的重要内涵。按照马克思主义的价值观和方法论,我们认为政策是统治阶级的利益表现,它既包含统治阶级在政治上的代表,也包括为确保统治阶级利益的实现而采取的政治行为方式。这个定义有三个含义:政策主体,不同时期或不同地域范围,政策的主体是不同的;政策的目的,政策都是为解决公共问题而存在的,不是为解决公共问题的政策不能称为政策;政策的实施,政策是强制性规范和非强制性导向的集合体。①

---

① 胡少华. 农业发展中的政策、制度和技术因素. 南京:东南大学出版社,2004.

政策的本质是阶级利益的观念化、主体化和实践化反映，阶级性、正误性、时效性和表述性是其显著特征。阶级性是政策的根本特点。在阶级社会中，政策只为特定阶级的利益服务和代言，从不代表全体社会成员的利益，也不反映全体社会成员的意志；正误性，任何政策主体设计的政策均有正确与错误之别；时效性，政策是一定历史条件和国情条件下的产物，政策有其生命周期，过期失效；表述性，就表现形态而言，政策不是物质实体，而是外化为符号的观念和信息。它由权力机关用语言和文字等表达手段进行表述。[①]

3.3.2 农业政策

农业政策是一个国家的政党和政府在一定历史时期内，为了发展农业生产和农村经济、实现农业发展目标，根据政党和政府的路线、方针和原则，对农业发展过程中所涉及的重要内容和环节采取的一系列措施和行动准则的总称。农业政策从属于一般经济政策，是应用于农业领域的部门经济政策，是国家公共政策和国民经济政策的重要组成部分。农业政策是直接关系到全体国民的福利水平、对国民福利及其分配影响较大的经济政策。福利水平受农业政策影响最大的是农产品生产者、农产品消费者、农业部门和非农业部门。农业政策对农业生产者和消费者的影响往往是通过农产品价格的变动、补贴、征税等方式来改变原有的福利水平。如政府既可以通过财政补贴的手段使农产品价格维持在较低水平，让消费者受益而生产者承受税负，也可以通过价格支持、信贷补贴等手段使农产品价格高于市场均衡价格，让生产者受益而消费者利益受损。农业政策主要通过剩余流入、流出和流量大小三种形式对农业与非农部门施加影响，在工业化初期阶段，剩余从农业部门流出以支持非农部门的发展；在工业化中后期阶段，剩余从工业部门流出以反哺农业和农村。

---

① 米运生. 1979—1984年间农村经济增长绩效的制度经济学解释. 怀化学院学报，2003（4）：39-42.

3.3 农机化政策

任何政策都是有目标的，农业政策的目标是指农业政策想要实现的一种期望或理想结果，是政策制定者理性的主观意志。农业政策目标既要反映大部分民众的意愿和期望，也要与农业发展的社会经济政治环境相吻合，是农业政策实施和执行的路径，为农业政策评估提供了客观依据，是农业政策再设计和择优的基础。其目标体系包括：发展农业生产力、稳定农产品价格、实现农产品安全、有效供给、提高农村社会福利水平、增加农民收入、改善农村环境等。

农业政策具有四项基本职能。一是利益调节职能。利益调节职能即农业政策自身具有对不合理的工农业利益分配关系进行调整，以实现利益分配和再分配向农业转移的职能。经济利益是推动国民经济各部门发展的内在动力，经济利益在各部门之间的失衡将导致国民经济发展失衡。在市场经济环境下，农业的比较利益下降，农业投入减少，农业发展滞后，这就需要政府出台政策提高农业的比较收益，吸引各方投资农业。由此赋予了农业政策的利益调节职能。二是信息传递职能。信息传递职能是说农业政策自身具有向各类经营者传递有效的政策信号的职能。农业政策包含边境政策、价格政策、收入支持政策、政府服务等措施，向各类农业经营者提供明确的信息，可以减少外部环境的不确定性和信息的不完整性，节约农业经营者的交易成本，减少农业生产和流通中的不稳定性而造成的风险，这就赋予了农业政策的信息传递功能。三是弥补市场缺陷的功能。市场经济环境下，市场失灵是一个普遍现象，农业领域更甚。单纯的市场调节无法主动提供公共产品和有效解决外部性问题，造成农业科研、教育、推广和基础设施建设滞后，土地及生态遭到破坏，农业自我发展能力下降。市场机制还导致农业比较收益下降，农业缺乏合理的资源配置又进一步导致农业的比较收益下降。市场调节的盲目性与农业生产的特点的结合导致了农业生产和流通的不稳定和波动性，不利于农业的稳定发展。凡此种种，均需要发挥政府的干预职能来予以弥补、纠偏和解决。四是协调发展职能。协调发展职能是指农业政策具有协调工农业关系，实现国民经济均衡发展的功能。随着工业化的发展，农业已不再是国家的主导产业，但农业仍是国民经济的基础产业，这种基础地位是其他任何产业都无法替代的。单纯的市场调剂难以实现农业与国民经济其他部门的协调发展。实践中，发达国家在工业化过程中均采取了农业支持政策，就是因为认识到农业对国民经济发展和社会稳定的重大作用。在我国，农业发展情况与国民经济发展的速度和质量密切相关。如我国每一次经济波动都与农业发展滞后引发工业比例失调有直接关系。如果在推动工业化的过程中采取剥夺农业的政策，结果就是既限制了农业的发展又制约了工业化的进程和整个经济的发展。因此，政府实施农业政策的目的是实现工农业及其他部门的协调均衡发展。

3.3.3 农机化政策

由于农机化政策本质上具有公共政策属性，所以本研究借鉴学者张金马的政策定义，将农机化政策定义为：农机化政策是党和政府凭借其权力，为了发展农村经济和实现农业生产方式的根本转变，提高农业生产全过程的机械化水平，制定的用以引导、规范有关机构、团体和个人的行动准则或指南，其表现形式有法律、规章、行政命令、政府首脑的书面或口头声明和指示以及具体实施过程的总和。

任何一项政策都不是孤立存在的，总是可以划分为若干项或若干条具体的政策条文。因此，农机化政策是由诸多相互联系、相互制约的有关农机化发展的政策而构成的一个整体。从政策决策主体来看，农机化政策体系可以分三个层次：国家层面的农机化政策，主要由中央、国务院及其下属的相关部委出台；省级层面的农机化政策，主要由各省或直辖市的政府及其相关部门制定；基层农机化政策，由以区县为主的各地方基层政府及其相关部门制定。从层级来看，农机化政策体系可分为宏观的指导性政策和微观的操作性政策。宏观的指导性政策是指导农机化发展的规划与意见等，主要由各级政府制定；微观的操作性政策则是一些具体的实施方案和措施等，主要由各级政府相应的职能部门制定。从所涉及的农机化发展内容看，农机化政策体系主要包括农机科研政策、农机制造政策、农机流通政策、农机鉴定、推广、使用、监理政策等诸多类别。从政策自身的内容结构来看，农机化政策体系又包括目标政策、体制政策、条件政策等等。总之,农机化政策是一个复杂而庞大的体系。在研究农机化政策的过程中,需要全面理解其内涵与外延,理清其内部与外部的各种关系,以宽广的视野来分析与探讨,才可能真正地发现农机化政策运行的规律。

需要说明的是,学界对"农机化政策""农机化支持政策""农机化促进政策""农机化保护政策"之间的区别和联系还存在争议。本研究是从历史的长河中研究农机化政策的演变和发展,并不在意政策功能中的细微差异,所以在表述中统一使用"农机化政策"。

3.3.4 农机化政策的功能

依据制度经济学理论,制度最基本的功能是约束、激励、服务和维护公共秩序。[①]

农业机械化政策的基本功能和作用主要表现在三个方面。

一是降低农业生产中的交易费用,节约生产成本,提高生产效率。政策安排是影响资源配置效率高低的重要因素,有效的政策安排都有利于节省交易费用。政策在降低交易费用时,还起到了减少市场不确定性和抑制交易过程中的机会主义的作用。农业机械化政策也具有这样的功能。如农机合作组织政策,使个体农户的资源得以整合,形成了相对稳定的农机作业服务组织,组织规模扩大和对机具的集中管理降低了农机所有者的管理成本和服务成本。又如农机委托作业政策的安排,有利于提高农机具的利用率,从而缩短农机投资的回收期。

二是为实现农业生产的分工与合作创造条件。随着经济社会的不断发展,社会分工进一步深化,合作变得十分重要。在资源稀缺和环境约束条件下,政策能够约束和协调竞争与合作的关系,可以为合作提供一个框架,通过协调立场、约束恶性竞争,推动合作的深化。农业生产的资源约束性矛盾更为突出,而我国农业生产是以小农生产经营为基础的,这使得农业生产经营规模效益受到严重的

---

① 曼瑟尔·奥尔森. 集体行动的逻辑. 陈郁, 等, 译. 上海: 上海人民出版社, 2003.

3 农机化及农机化政策概述

抑制。农业机械化实现的条件之一就是同类或同种作物的种植面积的扩大,在维持现有农村土地制度不变的情况下,通过农户之间的协商与合作以扩大连片土地面积是最现实的选择。而且,农业机械化所需要的生产装备如大型联合收割机等往往单价较高,一般农户根本无力购买,如果农户联合投资,既可以实现资源的集中与优化配置,也能分散投资风险。这些合作的实施和深化,需要建立在完善的政策框架基础之上,需对合作者的权利和义务进行明确界定,以保证合作的顺利开展。

三是为农业生产者提供激励机制。所谓激励就是要调动经济活动当事人的积极性和创造性,使其达到具有从事某项活动的内在激发状态。一项好的政策,能够明确规定行为主体获取的利益与其所付出的努力相一致。在社会化的大生产中,当个人或其他经济组织的收益率与社会平均收益率之间存在差距的时候,就产生了收益的外部性,这种外部性可能是正的,也可能是负的。有效的政策安排能够在激励人们追求利益和提高效率的同时,还能形成一套有效的制度化保障系统,以防止"搭便车"和"寻租"现象的出现。我国的农机购置补贴政策是通过财政增加投入,带动农民购置农业机械化生产装备的有效政策,而农机跨区作业补贴、柴油补贴等配套政策则使这一政策的引导效果更为显著。

3.3.5 湖北农机化政策阶段

新中国成立以来,我国农业机械化政策经过了几次根本性的改变。政策变迁的划分有不同的方法。有的学者以不同时期农机化发展的水平为标志,将农机化政策划分为低、中、高三个阶段;有的学者以工农业的互动关系为依据将政策变迁划分为农业支持工业发展(以农补工)、工农业平衡发展(农工自养)、工业支持农业发展(工养补农)三个阶段;有的学者借鉴产品生命周期理论将政策划分为萌芽、成长、成熟、衰退四个阶段;有的以历史过程的阶段性特征为划分标志,将政策划分为艰辛探索、大力发展、陷入困境、摸索前进、快速发展五个阶段。这些划分法各具特色,都符合我国农机化政策发展的实际,区别在于研究的着眼点和切入点有所不同。无论哪种划分方式、时间节点是否一致,它们所体现的农业政策变革的内容都基本一致。

为了深入研究湖北省不同时期农机化和农机化政策的变革状况，本研究以制度（体制）为主要参照变量，力图准确把握农机化政策拐点。因为农机化政策总是在一定的经济制度（体制）下制定和实施的。经济制度（体制）为农机化政策提供外部组织环境。制度是一系列被制定出来的规则、守法程序和行为的道德伦理规范，它旨在约束追求主体福利最大化或效用最大化利益的个人行为。① 体制则指国家机关、事业单位的机构设置、隶属关系和责权利划分等方面的体系和制度总称。② 农机化政策的演变，很大程度上受制于经济制度或体制，因此，农机化政策的制定和实施与经济制度息息相关。首先，经济制度在农机化政策制定过程中起着重要作用。在西方，由专家和政府官员制定政策，并与各利益集团协商、谈判，已成为政策形成过程的主要特征。我国农机化政策的形成，往往先由有关农机职能部门提出意见，再请示领导作出决定。这个环节缺少集思广益的咨询工作，政策失误的可能性较大。实践一再证明，政策失误不单是某个机构或个人的问题，根本上还是制度问题。其次，一项政策的决策，就是在多个备选方案中作选择，选择的结果与制度或体制有密切的关系。作为决策者，决策时必须考虑日后政策的执行及预期目标的达成。这就要考虑到各执行机关与决策机关的关系及它们的管理权限、部门利益等因素。在现行制度或体制下可行的政策通常容易被选择，而与现行制度或体制相抵触的政策通常会被搁置。再次，制度或体制的习惯势力的大小和所占优势的程度在相当程度上影响人们对各种社会利益和社会问题的认识和表达，进而影响这些利益和问题被正确解决的机会。显而易见，如果代表旧体制的习惯势力占据优势，则很难期待有改革政策推出。可见，政策取向的选择通常决定于政策制定机关各种权力关系的结构即制度或体制状况。最后，制度或体制还制约着政策的执

---

① ［美］达格拉斯·C. 诺思. 经济史中的结构与变迁. 上海：上海三联书店，1994.
② 陈振明. 政策科学——公共政策分析导论. 北京：中国人民大学出版社，2004.

行。如果政出多门、政策相互矛盾,则政策很难得到执行。

基于上述分析,本研究把湖北省农机化政策运动划分为四个阶段:第一阶段,行政主导阶段(1949—1978年);第二阶段,机制转轨阶段(1979—1994年);第三阶段,市场导向阶段(1995—2003)年;第四阶段,协调发展阶段(2004年—)。

3.3.6 农机化政策类型

要对政策进行分类,首要的任务是确定分类标准,标准不同,划分的类型就不一样,形成的政策结构就不一样。大多数学者按照农机化管理职能进行划分,这种分类的最大好处是政策的供给主体清晰,但其缺点也很突出:分得太细,一叶障目;人为割裂了农机化事业的业务流程;政策的逻辑顺序不清晰。本研究按照农机化价值链的延展顺序,将政策分成科研、制造、营销、使用四个大的部分。科研又分为支持、管理、改革政策;制造又进一步细分为产业政策、投入、税收政策和企业管理政策;营销又分为产品政策、价格政策、分销政策和促销政策;使用政策又分为用前政策、用中政策和用后政策(见图3-1)。

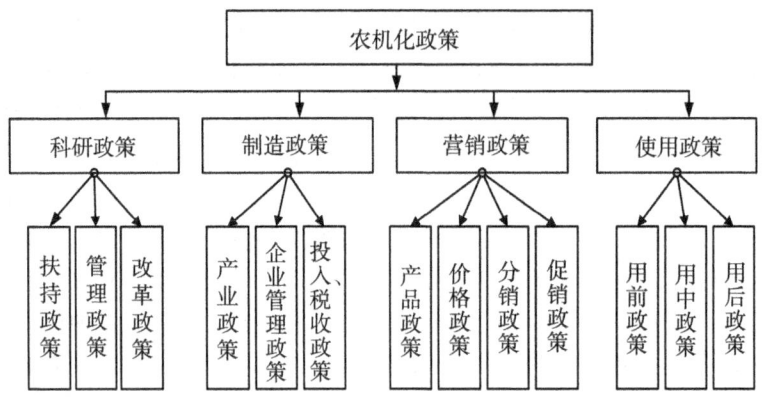

图3-1 农机化政策类型

4 行政主导阶段（1949—1978年）湖北省农机化政策回顾及分析

4.1 行政主导阶段湖北省农机化政策概览

政策文件是政府行为的反映，是把握政策核心价值最有效的客观依据。本书以 1949—1978 年湖北省农机化政策为研究对象，通过文献收集、政府网站收索、回溯检索等方法，共获取政策文本 138 件（见表 4-1）。

表 4-1　行政主导阶段湖北省农机化政策概要①

序号	年份	发布者	名称	主要内容
1	1949	政协第一届会议	《中国人民政治协商会议共同纲领》	第 34 条中提出"应注意兴修水利、防洪防旱，恢复和发展畜力，增加肥料，改良农具和种子"
2	1950	政务院	《农业部关于中南海新式农具展览初步报告》	各参观首长提出的意见：以各地原有农具为主，加以改良研究，以期逐步提高；改良农具须顾及农村动力问题；推广新农具之前，需了解各地土质、农作和耕作方式；须着重于小农具；新农具推广须稳步推进；新农具推广要靠政府、劳动互助组织，价格要低，农具坏了要有办法修理

① 注：省级以下行政机构发布的政策等文件不计入本研究范围，下同。

续表

序号	年份	发布者	名称	主要内容
3		东北人民政府	《关于推广新式农具的决定》	农具制造由省负责,要集中在有条件的工厂制造,以保证质量;农具要廉价出售
4	1951	中国农报	《李书成张林池在全国农具会议上的讲话》	李书成希望解决新式农具设计制造技术问题、新式农具推广办法、旧式农具增补与修理问题、铁匠炉、木工铺下乡问题;张林池提出了1952年农具工作方针、增补旧农具问题、对新农具认识问题、新农具制造研究问题、推广问题、人才问题
5		农业部	全国农具工作会议	确定以恢复补充和修理农民原有农具为主,重点示范和推广新式农具
6		省政府	第一届工业会议	贯彻中央关于地方工业为农业服务的方针,组织全省各地、县的手工作坊和私营小铁工厂建立农具厂,生产旧式农具。同时着手建立农机工业
7	1952	政务院	关于1952年农业生产的决定	各大区、省在可能的条件下均应建立农具制造厂,大量制造改良的新式农具
8	1952	中南军政委员会财经委员会、工业、水利等部门	中南区农业机械计划会议	讨论排灌机械的生产、使用问题;研究新式农具制造和推广工作、农业药械的生产等问题;要求从1953年起,大量制造和推广抽水机、杀虫药械以及各种新式农具;变个体经营为集体经营,使地方工业为农业服务
9	1953	一机部	年度工作会议	1953年机械工业的方针、任务:新建若干对国民经济有重大意义的近代化大企业及改组和扩建若干重要企业。贯彻生产改革工作,发挥现有企业的潜力,提高机械工业水平,最大限度供应国家建设所需

4.1 行政主导阶段湖北省农机化政策概览

续表

序号	年份	发布者	名称	主要内容
10	1954	农业部	《关于农业机器拖拉机站工作会议情况给中央财委、中央农村工作部、中央的报告》	总结1952—1953年试办拖拉机站的情况，指出拖拉机站的四项任务，提出建立新站的要求
11		省政府	湖北省第三次工矿会议	强调互助合作，走集体化的道路，并逐步实现机械化。要求重点生产7英寸、8英寸步犁，解放牌水车和198型6-8马力柴油机
12	1955	一机部、三机部、农业部、供销总社、手工联社	第二次全国农具工作会议	农具工作的方针：除大力推广新式畜力农具，并重视旧式农具的增补和修配外，还应因地制宜适当注意改良农具
13		毛泽东	《关于农业合作化问题的报告》	在20~25年时间内，在全国范围内基本上完成农业技术改革的伟大任务
14		农业部	《农业机器拖拉机站暂行机务规程》	对农业机械特别是拖拉机的使用、保养作出了一系列规定
15		农业部、财政部、人民银行、一机部、三机部、供销总社、手工联社	《关于新式农具降低价格的通知》	自9月10日起将双轮双铧犁、播种机、收割机等13种新式农具的零售价格降低15%~40%
16		国务院批转农业部、一机部和供销合作总社	《关于新式畜力农具工作会议情况的报告》	批准农业部、第一机械工业部和中华全国供销合作总社《关于新式畜力农具工作会议情况的报告》及《关于1955年推广制造和供应双轮双铧犁、双轮一铧犁协议书》，强调要做好新式铧犁制造、供应和推广工作

续表

序号	年份	发布者	名称	主要内容
17		省委	《加强对地方工业的领导的决定》	提前完成"一五"计划,多生产物美价廉的新式农具、农业机械、水利机械、杀虫药械和运输机械,以迎接农业合作化高潮的到来
18	1956	中央	《1956—1967年全国农业发展纲要(草案)》	机器制造部门要抓紧生产供应抽水机、水车、锅驼机等;3~5年内要推广双轮双铧犁600万部
19		农业部、三机部、供销合作总社、人民银行	《关于第三次全国农具工作会议情况向国务院、国家计委和中央的汇报》	提出全国和各省管理的新式农具工作规划;贯彻执行产品出厂负责制,不合规格的产品不准出厂;训练农民农具手,有计划地开办收割机和播种机训练班;农具供应签订预售合同;农具调运减少环节,降低费用;加强农具零件供应工作;加强新式农具修配工作(以县为单位建立中心修配站,以区为单位建立基层修配站,一个站应有3~5名技工承担修配任务);加强农具试验研究工作,拟设农具试验鉴定总站
20		农业部	《关于全国农业机器拖拉机站会议向国务院的报告》	提出了今后两年拖拉机站发展的初步规划;提出了整顿、提高现有的138个拖拉机站的5项措施
21		省人民委员会	《发展农业生产的全面规划》	提出"改革农具,逐步实现农业机械化";此后,农具改革的群众运动在全省普遍开展起来
22	1957	黄敬	我国农业机械化问题	提出应根据农业生产的特点设计和使用农业机械(要与我国农业原有技术基础相结合;因地制宜,就地取材;尽可能使机械万能化、通用化;要使用方便可靠,价钱便宜。重点发展固体燃料的拖

续表

序号	年份	发布者	名称	主要内容
				拉机及动力机械、灌溉排水机械、田间作业机械、加工机械及运输机械）；提出了农业机械的制造、推广和领导问题（按照大中小修的需要，省专区、县、社各级分工，组织和充实必要的机械修配厂、修配站和流动修理工作队）
23		中央	《1956年到1967年全国农业发展纲要（修正草案）》	根据生产需要，经过地区适用性的试验和改制，积极推广那些适合当地条件的改良农具和新式农具
24		一机部	农业机械设计研究座谈会	农业机械研究设计必须走在制造推广的前面。应以研究增产保收的农机为主，同时因地制宜地重视副业生产工具的研究；在研究畜力农具的同时有必要着手拖拉机、其他动力及农具的研究，要防止单纯追求机具先进性等脱离中国国情的偏向
25	1958	中共中央（成都会议）	《中共中央关于农业机械化问题的意见》	同意毛泽东关于农具改革运动的指示；七年内基本实现机械化、半机械化；农业机器以小型为主，配合以适当数量的大型和中型的。农业机器的性能，应该力求便于综合利用；农机制造，除了大型的和技术要求较高的机器外，一般的应该以地方工业为主；设立农机修配站；要依靠合作社的力量实现机械化
26		中央、国务院	《关于迅速在农村开展农具改革运动的指示》	在比较短的时间内用改良农具和新式农具普遍代替旧式农具，把劳动效率提高1~2倍

续表

序号	年份	发布者	名称	主要内容
27		毛泽东	《工作方法六十条(草案)》	省、自治区、直辖市,应当设立农具研究所,专门负责研究各种改良农具和中小型机械农具,同农具制造厂密切联系,研究好了就交付制造
28		廖鲁言	《在拖拉机站站长会议上的报告》	要求扭转拖拉机站赔钱的局面,提出了社有社营、国有社营、国社合营、国有国营的办站思路
29		谭震林	《在全国绳索牵引机现场会议上的讲话》	绳索牵引机是深耕的有效武器,有远大的发展前途。号召在1个月的时间内,把绳索牵引机推广到全国所有社队
30		省人民委员会	开展以滚珠轴承为中心的工具改革运动	要求在两个五年计划期间实现"四改、两消灭"——改人力车水为自流、机械排灌;改旧农具为新式改良农具;改人力加工农副产品为机械加工;消灭肩挑背驮
31	1959	毛泽东	《党内通讯》	首次提出了"农业的根本出路在于机械化"。第五个问题,机械化问题。农业的根本出路在于机械化,要有十年时间。四年以内小解决,七年以内中解决,十年以内大解决。主要依靠改良农具、半机械化农具。每省每地每县都要设一个农具研究所
32		谭震林	《在全国农业机械厅(局)长会议上的报告》	实现农业机械化,"四年小解决,七年中解决,十年大解决"包括四个方面:耕作机械化、排灌机械化、农产品加工机械化和运输的机械化
33		聂荣臻	全国农业机械科学技术工作会议	提出了"依靠群众,结合实际;密切协作,注意成套;反透右倾,鼓足干劲"的农机科研的原则精神

续表

序号	年份	发布者	名称	主要内容
34		农机部	《关于召开全国第一次农业机械厅(局)长会议的情况向中央、主席的报告》	进一步明确在最近三四年内必须实行以改良农具和半机械化农具为主，同时不放松发展机械化农具生产的两者并举方针；大力加强农业机械科学研究工作，迅速建立与健全农业机械科学研究机构；加速培养和提高农业机械工业的职工队伍。农业机械工业的生产应该坚决执行两条腿走路的方针，要加强对企业的改造，扩大农业机械的生产；应该面向地方、依靠地方，以大部分的力量组织和指导地方农机机械工业生产；以拖拉机为纲；充分利用军工生产潜力；建立专、县、人民公社三级修造厂，逐步做到大修不出县，中小修不出社
35		国家科委、农机部、农业部	《全国农业机械科学技术工作会议》	制订1960年农机科研规划，决定在全国各省搞农机具系列化、农业机械化试点
36	1960	中央批转农业部、农机部党组	《关于动力绳索牵引机试验研究成果和推广意见的报告》	根据各省各地具体条件，继续试用和推广电动的和机动的绳索牵引机
37		农业部、农机部党组	《关于晋、冀、鲁、豫、辽和北京市农机工作会议给中央的报告》	农机具应自产自用；建立修理网；建立油料供应网；及时训练驾驶员、修理工和机务管理干部。会议商定采用分级负责培训技术队伍的办法：公社负责培训农具手，县负责训练驾驶员，专负责训练修理工，省负责机务管理干部

续表

序号	年份	发布者	名称	主要内容
38		农机部	《1960—1967年农机技术发展纲要》	提出近三四年以改良农具、半机械化农具为主，加强企业技术改造，发展现代化农机生产；发扬独创精神，发展农机新品种，走引进、使用、改进、创造的道路，淘汰落后品种；以拖拉机为纲，综合利用，系列化、标准化、因地制宜地设计新产品；利用多种燃料、风、水资源；研究材料代用和国产钢材系统等政策
39		农机部	《加速培养全国农机工业系统技术队伍初步规划》	争取在8年内陆续毕业56万名大专与中专学生
40		农机部	《1960—1962年农机工业发展规划》	规划的总目标是在最近的3~5年内基本建成全国性的比较完整的具有现代化技术的农机工业体系。规划确定的投资重点是"以拖拉机为纲"
41		农机部	《农机部直属工业企业财务计划编审办法（草案）》	不详
42		农机部	《农机部直属工业企业成本计划编审办法（草案）》	不详
43		中央	《关于全党动手，大办农业、大办粮食的指示》	工业部门应当把支援农业的任务放在头等重要的地位

续表

序号	年份	发布者	名称	主要内容
44		农机部	第三次全国农业机械厅局长会议	根据"调整、巩固、充实、提高"的方针,制订了1961年生产和建设计划。强调贯彻"小农具第一,维修第一,补配套第一"的方针
45		省委农业办公室	《关于农业机械经营管理的几项规定(草稿)》	对国营拖拉机站的计划管理、财务管理、生产责任制作出规定
46	1961	中共八届九中全会批转国家计委	《关于1961年国民经济计划控制数字的报告》	通过"调整、巩固、充实、提高"八字方针,缩短基本建设战线,压缩重工业生产。有计划地降低冶金、机械、建材等工业部门的发展速度。实行工业企业的关停并转,精简职工和城镇人口
47		中央	《国营工业企业工作条例(草案)》	一、对加强计划管理提出了具体要求。强调国家对企业实行"五定"(定产品方案和生产规模,定人员和机构,定主要原、材、燃料、工具消耗定额和供应来源,定固定资产和流动资金,定协作关系);企业对国家实行"五保"(保证产品品种、质量、数量,保证不超过工资总额、保证完成成本计划,保证完成上缴利润,保证主要设备的使用期限)。二、对建立各种责任制度规定了明确方针。强调建立生产、技术、财务等各项责任制度,各级领导及生产工人都明确分工,各负其责。三、对职工代表大会的作用作了明确规定。四、对企业的技术管理提出了严格要求。由总工程师负全部责任。五、对加强企业经济核算和财务管理提出了具体要求。六、对职工的工资和奖励制度规定了明确的原则

续表

序号	年份	发布者	名称	主要内容
48		农机部	《农业机械工业管理条例(草案80条)》	不详
49		农机部	《农业机械工业企业管理条例(草案)》(简称"农机企业60条")	对农机企业管理的基本要求、制度和体制、计划管理、生产管理、技术管理、经济核算、基本建设管理、劳动工资和生活福利、职工代表大会、政治工作等作了详尽和明确的规定
50		李富春	《关于农业机械生产安排给陈正人的一封信》	先安排维修和配套,再安排制造;保证成套生产;根据农业机械4年小解决、7年中解决的条件,必须有重点地安排基本建设,切实研究各种农业机械的机型
51		中央	《关于调整农业机具经营体制问题的批示》	将农业机具(不包括小农具)的配套和供销业务,由商业部划归农机部;农业机具(包括零配件)的供销业务由省、直辖市、自治区党委决定由哪个部门管理,分别与中央农业部和农机部的分工建立业务指导关系;拖拉机站应有自己健全的修理设备和修理网
52		谭震林	《关于五省一市农业机械化的工作会议给观澜、幼民、震五、沈鸿等同志的书面意见》	对农业机械的经营管理作出了四项具体规定:第一,农业机械归公社所有;第二,拖拉机要实行编组;第三,必须实行定人、定机、定耕地面积和耕作质量、定油耗、定维修费用,超额奖励,节约归己的五定制度;第四,拖拉机主要用于机耕,不能乱调
53		湖北省委批转	《赵辛初在冬播会上关于农业机械、林业等问题的讲话》	农业机械的使用问题;农业机械的管理体制问题;农业机械的经营管理问题;加强对排灌机械的领导

续表

序号	年份	发布者	名称	主要内容
54		湖北省委	《对当前小农具修制及农业机械修理配套急需抓紧解决的几个问题的通知》	不详
55		湖北省委批转农业办公室	《关于农业机械经营管理几个问题的意见》	不详
56	1962	国务院	《关于社、队拖拉机站改为国营后资产处理的意见》	总体原则：社、队经营的拖拉机站在改为国营过程中，既不准"平调"社、队的财产，也不应当以现款偿付，增加农村货币投放
57		中共中央国务院	《关于整顿和改进拖拉机站工作的决定》	一般收回，实行国有国营，办国营拖拉机站；拖拉机在分配上应以集中为原则；国营拖拉机站以县为单位设立，县站以下分片设立若干机耕队；拖拉机的使用归农业部门管，修理和供应归其他部门管；改善拖拉机站的经营管理，认真实行经济核算
58		农机部	《关于机力农具选型给周总理、李、薄、谭、聂副总理并转报中央、主席的报告》	机力农具选型的依据基本上和拖拉机选型报告中的十条依据相同；对当前已经生产和准备生产的91种机力农具进行了鉴别，适用的有71种，需要改进的10种，应淘汰的10种；急需补充的130种机具中，54种可参考国外样机进行选型，76种须自行设计
59		农机部	《农机部关于农业机械科学会议的报告》	提出了农机科研工作的十条方针和原则，即坚持实事求是，理论和实践密切结合的方针；明确地以实现"全国农业发展纲要四十条"为目标，使全部科研工作

续表

序号	年份	发布者	名称	主要内容
				完全服从于实现我国农业技术改革的根本目的；遵守因地制宜的原则；坚持机械化和半机械化并重的方针；在农业机械的设计、创型、选型上，应该确定以中、小型为主，大中小型相结合的方针；在农业动力机械的设计、选型上，应该贯彻高度综合利用的方针；在农业机械的原料、材料和动力上，和我国的资源状况及工业、经济水平相适应；农业机械的设计和制造工艺的采用，都必须保证达到产品性能好、效率高、成本低和寿命长的全面要求；在科学研究上，坚持制造与维修并重的方针；科研研究工作必须从我国社会主义制度出发，从国民经济发展的具体条件出发
60		国家某部委	《关于农业机械修理及半机械化农具生产的管理办法》	不详
61		国家某部委	《农业机械修理收费办法》	不详
62	1963	中共中央、国务院批转农机部党组	《关于农业机械科学会议的报告》	基本同意农机部党组提出的农业机械科学研究的十项方针和原则，并指出要加速设计出一些目前普遍大量需要、节约劳力最多、农业增产最有效的机械化和半机械化农具和加工机具、运输工具等
63		农业部、财政部	不详	湖北省拖拉机站农业收费标准为1.3元/亩
64		国务院农林办公室、国家计委、农业部	《关于国营拖拉机站拖拉机报废处理的暂行规定》	不详

续表

序号	年份	发布者	名称	主要内容
65		农机部	《企业技术管理八个条例》	具体内容不详。八个条例包括工具管理、工艺管理、计量管理、技术检查工作、产品图纸及技术文件管理等条例，农机产品质量统计和考核办法，直属企业技术组织措施计划管理办法等
66		农机部	《关于调整1963年农机产品价格和加强管理的意见》	正式明确农机产品"低价薄利"的方针
67		全国物价委员会、农机部	《关于整顿农机产品价格的报告》	在降低成本的基础上，有计划地降低农机产品价格
68		农业部	《关于加强农业机械试验鉴定工作的通知》	讨论了农业机械鉴定站当前的工作任务，应当与农业机械试验研究部门进行协作，鉴定站所需样机、试验仪器和经费问题以及鉴定方法统一问题
69		省委、省人委	《关于建立区农业机械站的若干问题的意见》	农业排灌机械的建站、勘测、设计、规划、施工由水利部门负责，经营管理交农机管理部门负责
70		省委、省人委	全省第一次农业机械工作会议	会议对建立省、地(市)县、区农机管理机构作出了规定，全省独立的农机管理系统形成；总结近10年农机使用管理工作，制定了《关于加强拖拉机站机务管理工作的几项规定》、《关于建立区农业机械站的若干规定》、《关于国营农业机械作业收费问题的若干规定》等较为完整的国营机械经营管理条例
71		省委、省人委	《关于调整农业机械管理体制和编制的若干规定》	建立全省农机管理机构；对各级农机管理部门职责的规定；对各级农机管理局编制的规定；对拖拉机站和排灌站的职工配备的规定；对排灌机械体制的规定

续表

序号	年份	发布者	名称	主要内容
72		省农机厅	农业机械修理和生产会议	总结1962年农机修理工作；布置1963年的冬修任务
73		省工业厅	《拖拉机、动力机检验修理安装暂行规程(草案)》	不详
74		省委、省人委批转农机厅	《关于作好农业机械安全生产工作防止机务事故的报告》	强调加强农机安全作业、安全生产
75	1964	农业部党组	《关于调整农业机械工业体制成立农业机械供应公司的意见给谭副总理并报总理、中央的报告》	成立农业机械供应公司，归农业部领导；规定了农业机械供应公司服务的范围与经营的范围；农业机械供应公司按经济区设置，不按行政区设置，实行统一领导，分级管理，各自核算
76		农机部、农业部	《关于全国半机械化农机具工作会议情况的报告》	坚持机械化半机械化并举、在相当长的时期内以半机械化为主的方针。把半机械化农机具研究、制造、推广、供应、使用、修理等有关方面的力量统一组织起来，切实解决工作中的实际问题。要求重视健全各级科研单位，各科研单位要按照分工合理、高度协作的原则进行工作(中国农机化研究院要掌握全国重点产品的研究和机具系列化工作的研究、省级研究单位要以半机械化农机具的研究为主要任务，同时加强对专、县两级科研单位的技术指导。专、县两级应逐步恢复和健全一些农机科研单位，并与重点企业合在一起进行研究工作。所有

续表

序号	年份	发布者	名称	主要内容
				科研单位必须下乡、下厂调查研究，总结群众经验。坚决实行领导、科研人员、工人农民三结合的工作路线。所有科研单位干部和科技人员都要实行亦科亦工、亦科亦农制度，并规定参加劳动的时间)
77		交通部、财政部、农业部	不详	从事田间作业、运送公粮及送修的胶轮拖拉机免征养路费。履带拖拉机一律免征养路费。
78		李济寰	《在全国半机械化农具工作会议上的报告》	农机科研单位必须把半机械化农具的研究列入主要任务，按照合理分工、高度协作的原则工作。农机科研工作的基础是广大群众的农具改革运动，研究工作的阵地应当在农村和工厂。反对脱离群众和实际的学院式工作路线和方法。半机械化农机具必须实行统一领导、分级管理原则，采用三级管理办法，以省管为主。部管产品生产上实行统一图纸、统一质量标准、统一价格的"三统一"要求。所有企业必须坚持"质量第一、一丝不苟"的精神。必须坚持集中生产与适当分散相结合的原则。在企业管理上，要贯彻勤俭办企业的方针，狠抓基础工作，大练基本功。要大力办好县厂。农机供应要统一管理体制，坚持贯彻"发展经济、保障供给"的总方针，规格型号对路、质量好、价格合理，供应主机也要供应配件。注意合理设置网点，减少流转环节。采用多种供货方法，敞开货源。加强供货计划管理，瞻前顾后，实事求是，全面安排，留有余地。加强农机使用管理工作。搞好宣传推广，加强技术传授，帮助社队建立健全农机具

续表

序号	年份	发布者	名称	主要内容
				管理制度,培养训练农具手。加强修理工作,坚持"一修、二配、三制造"的方针,严格实行"三包"制度。实行场内修理与厂外修理相结合、定点修理与流动修理相结合的方法
79		农机厅	《拖拉机站农田作业质量标准草案》	不详
80		农机厅	《全面试行农业部拖拉机作业标准工作量折合系数和地块、土质差别系数的通知》	不详
81	1965	国务院农林办公室、八机部、农业部	《关于改进农业机械化工作管理体制的报告》	由过去的分散管理,改为集中统一管理;关于农业机械化的规划工作,相应地移交给八机部管理;成立统一的农机销售公司;现在隶属于农业部管理的有关农业机械化方面的行政业务管理机构和院校、科学研究、试验、鉴定机构及人员,移交给八机部
82		国务院	《关于降低机耕收费标准的通知》	湖北省农业机械作业收费标准为1元/亩
83		八机部党委	《关于农业机械经营管理的几个问题向中央、国务院的请示报告》	全面进行"三整"——整顿农业机械站、修理厂、销售站;体制问题——成立农业机械公司;政策问题——工农业产品差价、机耕费的清理和收缴、拖拉机参加农村运输、积压物资处理、劳动保护以及扶持集体经济办农业机械化等

续表

序号	年份	发布者	名称	主要内容
84		八机部	拖拉机、内燃机零部件专业化协作定点会议	讨论八机部拖拉机、内燃机零部件生产协作实施办法和协作件定价原则，对90种零部件进行"四定"
85		陈正人	《在全国农业机械经营管理工作会议上的报告》	指出农业机械化在社会主义建设中的作用和地位；指出农机部门当前的主要任务；提出第三个五年计划农业机械化的规划问题——仍然坚持贯彻"机械化半机械化并举，在相当长的时期内以半机械化为主"
86		张体学	《农机管理工作4条意见》	充分发挥机械效益，为巩固集体经济，发展农业稳产高产服务；应集中力量抓好国营两机两站的管理，并做好对集体机械的服务工作；国营两机两站三年为期，扩大受益面积，实行亦农亦工，改进经营管理，充分发挥机械增产效益，降低作业成本，消灭经营管理上的亏损；搞好修理工作，加强保养间与修理厂的建设，抓好配件的生产，在尽快的时间内做到小修不出站，中修不出县，大修不出专或省
87		省委、省人委	全省农业机械工作会议	贯彻全国农机经营管理会议，研究农机作业收费标准及供应体制
88		省农机厅		发文要求全省试行中国农业机械化科学研究院和江苏农业机械公司淮阴分公司编制的"农业机械使用技术状态检查规范"
89		省委、省人委	《关于农业机械经营管理工作的若干具体政策问题的意见》	要求降低成本，收缴国营拖拉机站和机电排灌站的作业费，改进国营两站财务管理体制，降低修理费用，处理积压物资，下放部分小型机电排灌站，试行国社合营的农业机械经营管理体制；国营"两站"实行亦农亦农，精简非生产人员

续表

序号	年份	发布者	名称	主要内容
90		省农机厅	《湖北省拖拉机站农田作业质量标准》	从耕地(田)质量、耙地(田)质量、播种质量、中耕作业质量、棉花治虫质量、脱粒质量等方面作了相关要求
91		省农机厅	全省拖拉机站站长会议	贯彻国务院降低机耕收费标准的决定,研究改善拖拉机站经营管理
92		省农机厅	湖北省拖拉机、排灌动力修理工时定额	不详
93	1966	毛泽东批示	《关于〈中共湖北省委员会关于逐步实现农业机械化的设想〉的信及批示》	毛泽东给湖北省委第一书记王任重：农业机械化的问题,各省、市、区应当在自力更生的基础上做出一个五年、七年、十年的计划,从少数试点逐步扩大,用二十五年时间,基本上实现农业机械化
94		国务院	全国第一次农业机械化会议	制定了1980年全国要全面实现农业机械化的发展目标；地方"五小工业"政策；农业机械"三为主"方针(制造以地方为主,产品以中小型为主,购置使用以集体为主)
95		八机部	《农业机械站机务管理规章》	对农业机械特别是拖拉机的使用、保养作出了一系列规定
96		湖北省委	《关于逐步实现农业机械化的设想》	以集体办机械为主,国家扶持为辅,以机养机,分期购进,国家扶助,无息贷款等办法,实现机械化。还提出了湖北省发展农业机械化的目标：从当年起,力争在五年、七年、十年内,在全省实现农业机械化
97		湖北省委	《关于召开农业机械化试点座谈会的通知》	传达贯彻中央召开的农业机械化湖北现场会议的精神；总结前一段农业机械化试点经验；研究制订下一步的试点规划

续表

序号	年份	发布者	名称	主要内容
98		省委、省人委	鄂发[66]362号文件	建立全省农业机械公司,统一全省农业机械供应业务
99		省委批转农业厅党组	《关于培训人民公社农业机械技术人员的请示报告》	不详
100		省农机厅	《湖北省地方机械工业调整草案》	确定以地方工业为主、中小型为主和集体经济为主的方针,本着修造并举的原则,合理布局,定点生产,通过实行专业化协作,尽力采用专用设备与专业生产线组织生产,以提高农机生产能力
101	1968	八机部	八省市区农机工作会议	讨论将国营拖拉机站和排灌站的机械折价转卖给公社,机械由公社所有、公社经营
102	1969	周恩来	《接见全国建设县农机修造厂工作会议代表时的讲话》	抓农业机械化现在到时候了,不可耽误;要创造出各种类型的农业机械,适用于中国的各种土壤的运输、灌溉等机械
103	1971	全国农业机械化会议	《全国农业机械化发展规划(草案)》	确定今后10年农业机械化的奋斗目标:要在1980年使我国农、林、牧、副、渔的主要作业机械化水平达到70%以上,基本上实现农业机械化。 农机工业布局:农机工业要大中小相结合,以中小为主,充分发挥现有企业的潜力,利用现有企业基础,进行技术改建或扩建。大型或技术复杂的少数产品由有关部门和经济协作区统一安排,一般农机,地方应建立比较独立的成套的加工制造能力

续表

序号	年份	发布者	名称	主要内容
104		农林部、一机部	《全国农业机械化发展纲要（1971—1980年）（讨论稿）》	农业的根本出路在于机械化；走我国农业机械化自己的道路；大力发展地方"五小"工业；农业机械制造以地方为主（从原材料到制造，从制造到维修，从主机到配套配件，基本上做到自行成套。改变重制造、轻维修，重主机、轻配套配件，重数量轻质量，重使用轻管理的状况）、农业机械产品以中小型为主、购买以集体经济为主；加速建设三级农机修造网；办好农业机械站；省地县都要设一个农具研究所；要保证产品质量，搞好标准化、通用化和系列化；做好农业机械化的物资供应工作
105		国务院	《关于加速实现农业机械化问题给毛主席、中共中央的报告》	社队搞农业机械化，要处理好集体积累和社员分配的关系；在发展农业机械的同时，要注意发展大牲畜，发展半机械化农机具和改良农具；农村用的动力，要综合利用，要以发展柴油机和小水电为主；农机产品要实行低价薄利政策；农业机械要努力做到重量轻、体积小、成本低、效率高、结构简单，使用方便，坚固耐用，便于综合利用；要把农业机械的标准化、通用化、系列化工作做好。要求各地建立一个精干的研究机构，要坚持科技人员和工人、贫下中农相结合，坚持科研、制造、使用相结合，坚持为农业生产服务的总体要求

续表

序号	年份	发布者	名称	主要内容
106		国务院	《关于1971年物价调整方案》	决定适当提高部分农副产品收购价格，降低部分支农产品、农机产品的出场价格和销售价。其中：内燃机、齿轮箱、联合收割机、水泵、汽车及配件的出厂价格降低15.7%，地方企业产品降低18.8%
107		省计委、财政局、农林局	《关于农机供销价格的规定通知》	农机价格分为四类，实行综合差价率。要求"免征零售环节工商税""不计利税，发生亏损，纳入同级财政预算"
108	1972	农林部、一机部	《关于农业机械使用管理和维修业务交接给农林部的报告》	农业机械的使用管理、县农机修造厂和农机修配网点、农业机械维修配件的供应、农业机械化院校、使用管理技术力量的培训等交由农林部管理
109		省委批转	《全省农业机械化会议纪要》	不详
110		省农机局	《全省第二次农机化会议》	强调"三主"方针——集体办机械为主、地方生产农机产品为主、农业机械以小型为主
111		省计划委员会	《关于加强人民公社农业机械管理工作的意见》	规定大型农机具由队经营
112		省农机局	《湖北省人民公社农业机械管理办法（试行）》	共十条。要求公社、生产大队、生产小队加强对农业机械使用的领导。提出农机使用的"四大管理"——计划管理、机务管理、财务管理、安全管理。从此，湖北省正式确定国家、人民公社、生产大队、生产队四级经营农业机械的格局
113		省农机局	全省农机冬修会议	提出农机冬修意见。省委转发了农机冬修会议纪要

续表

序号	年份	发布者	名称	主要内容
114	1973	农林部	《农机管理工作座谈会纪要》	搞好农机管理工作必须抓住路线斗争这个纲；农业机械的经营形式应以社队集体经营为主；必须把农机技术人员和管理干部的培训工作抓紧抓好；积极开展群众性的农具改革运动；进一步加强农机管理工作的领导
115		农林部	《农机人员培训工作意见》	1. 做好各种农机人员的需要量和长远的、年度的培训计划方案。切实做到机器未到，培训先行。凡未经训练、未取得驾驶、操作证的，一律不准操作机器。2. 培训工作由省（直辖市、自治区）、地、县、社四级分级负责进行。县和公社培训拖拉机驾驶员、动力机手、农机具操作手、社队修理工，省和地区负责培训技术员、修理工和公社以上的各级农机管理干部。3. 应招收政治思想好，身体健康，热爱农机事业，具有农业生产实践经验和一定文化程度的男女青年。4. 经过训练的农机人员，在技术上应达到相关要求。5. 各地应根据不同工种的技术要求，制定出必要的技术考核制度。6. 训练的时间应根据不同工种的技术要求和课程的繁简来确定。同时还对培训方式、培训教材、经费作出了规定
116		省农机局	《湖北省农业机械作业收费标准（试行方案）》	对拖拉机作业、机电排灌、农副产品加工等方面的作业项目、规格、计算单位规定了相应的收费标准并做了说明

续表

序号	年份	发布者	名称	主要内容
117		省机械工业局	全省地县机械、农机研究所座谈会	传达了一机部科技工作座谈会有关精神,交流了各地开展农机科研工作的情况和经验,讨论了全省各级农机科研机构的建立和充实力量问题、地、县农机所的方向任务问题、科研经费材料问题以及加强科研的组织协调等问题
118		省物价局	《关于农机供销价格调整的通知》	将农机产品的价格由原来的四类改为三类价,并压低进销综合差率。一类进销综合差率为3%,二类为6%,三类为12%
119		省财政局、农机局	《湖北省国营拖拉机站排灌站财务管理暂行办法》	不详
120	1974	国务院	《关于全国农业机械化预备会议情况给中央的报告》	在总结经验的基础上,作出各省、直辖市、自治区进一步开展农业学大寨群众运动的部署,做出发展农业和实现农业机械化的规划
121		省农机局	《湖北省农业机械机务规章》	对农业机械特使是拖拉机的使用、保养作出了一系列规定
122	1975	华国锋	《在全国农业学大寨会议上的总结报告》	指出用机械装备农业是农、林、牧三结合大发展的决定性条件,在普及大寨县的过程中,省、直辖市、自治区要因地制宜积极发展农业机械工业,向社队提供为农业机械化所需要的装备和其他产品
123		省农机局	《湖北省农村人民公社农业机械站财务管理办法》	明确农村人民公社农业机械站是社办企业,实行单独核算,社负盈亏,对集体经营的农机站的资金、管理、劳动报酬、作业成本、财会人员职责作出一系列规定

续表

序号	年份	发布者	名称	主要内容
124		省农机局	《湖北省农业机械修理收费规定》	不详
125		省委、农林部	转发省农机管理局《关于办好农业机械站的报告》	提出要解决农机站领导的"软、懒、散"问题
126	1976	陈永贵	《在第二次全国农业学大寨会议上的报告》	指出要加快农业机械化的步伐,学习河北、山东等地经验,大力发展"五小"工业,大搞农业机械制造
127		省农机局	全省推广插秧机、机耕船、割晒机座谈会	研究总结推广"水田三机"的经验,会后省农机管理局转发《全省推广"三机"座谈会纪要》
128	1977	国务院	《关于1980年基本实现农业机械化的报告》	指出1980年基本上实现农业机械化的主要目标在于农林牧副渔主要作业的机械化水平达到70%左右;农业机械化要因地制宜,从实际出发;以各省、直辖市、自治区自力更生为主;统一规划,分工协作,把各行各业组织起来发展农业机械;发展"五小"工业和社队工业;建立一支又红又专的农机化队伍;书记动手,全党动员
129	1977	一机部	《农机产品质量检查评比办法》	增加产品质量保用期,恢复"文革"时废除的内燃机1500小时耐久试验和拖拉机与农具田间使用试验
130		一机部	《农机产品质量行业检查评比办法(试行)》	增加了主要零件关键项目达到100%合格的考核要求
131		省财政局、农机局、社队企业局	不详	农机站必须坚持农机务农的方向,不以盈利为目的,收支平衡,略有盈余

续表

序号	年份	发布者	名称	主要内容
132		省计委、机械局、农机局、商业局	《对汽车和拖拉机推广使用"锯末纸浆机油滤芯"的通知》	不详
133	1978	陈永贵	《在第三次全国农业机械会议上的开幕词》	强调农业的根本出路在于机械化,总结交流走我国自己农业机械化道路的经验,要整顿农机工业,加强农机化队伍建设,管好用好农业机械
134		余秋里	《在第三次全国农业机械化会议上的总结报告》	简化机型、搞好农机产品的标准化、系列化、通用化;按照专业化协作的原则改组农机工业;农机企业实行"五定";坚持质量第一;积极增加配套农具,搞好维修配件的生产供应和修旧利废;大力加强农业机械的科研工作;农业机械的分配,要统筹兼顾,保证重点;积极推广农机使用的"四统一"①;建设又红又专的农业机械化队伍;要建立严格的经济核算制度,积极推广单机核算成本,消耗要有定额。大力加强农业机械化科研工作,尽快研制出适合我国特点的大功率拖拉机和综合利用、联合作业的农机具,研究农业机械合理利用和维修技术,研究农具改革与农艺改革结合的课题
135		国务院	《1980年基本上实现农业机械化规划》	1980年基本上实现农业机械化;规划部署了15个农业机械化方面工作;农机工业和支农工业要有一个大改组与大发展(整顿现有企业;改进质量,降低成本。

---

① "四统一"是指实行农业机械在农忙季节由公社或大队统一指挥、统一使用、统一检修、统一结算的办法

续表

序号	年份	发布者	名称	主要内容
				不合格产品不许出厂，已出厂的要"三包"；农机工业改组：把大而全或小而全的全能厂改成专业厂，由小批量改成大批量，升级陈旧机型和工艺。专业化协作要搞好标准化、系列化和通用化，企业实行定产品方向和规模、定人员机构、定原材料、燃料动力和工具消耗定额和供应来源、定固定资产和流动资金、定协作关系的"五定"工作）；管好、用好农业机械，充分发挥机械效能；加强农业机械化的科学研究工作
136		中共中央	《1978—1985年全国科学技术发展规划纲要》（全国科学大会通过）	大会通过的纲要要求"发展与机械化相适应的耕作制度和栽培技术""研制各种高质量高效率的农业械具"
137		农机局	全省农机科教工作会议	讨论农机化科研方向，提高培训质量等问题
138		省农机局、省物价局	《关于降低全省农机销售价格的通知》	降低115个规格品种的农机具销售基价。销售基价比统一出厂价平均低16%左右。价格倒挂亏损部分由省财政补贴给各级农机公司

4.2 政策背景

1949—1952年底是国民经济恢复时期。1950年3月，国家颁布了《关于统一国家财政经济工作的决定》，要求统一全国财政收支，统一全国物资调度，统一全国现金管理。这一政策很快使得财政收支接近平衡，结束了恶性通货膨胀和物价飞涨的局面，为工农业生产的恢复和发展奠定了基础。1950年6月，为了尽快恢复和发展农业生产，党中央审时度势颁布了《中华人民共和国土地改革法》，提出了"实行土地改革，解放农民，发展现代工业，建立独立、自由、民主、统一和富强的新中国"的口号，制定了土地改革政策，极大调动了广大农民的积极性。到1952年8月，土地改革基本完成，消灭了几千年来的封建剥削制度。土地改革运动后，农业生产分散、技术落后、资金和生产资料匮乏，严重制约了水利建设、自然灾害防御等农村基础性建设的发展，农业生产仍处于较低水平，为了克服家庭分散经营带来的困难，1953—1957年，政府开始引导农民在自愿互利的基础上组织起来，走互助合作道路，农业经营体制进入了合作化时期。1957年11月13日，《人民日报》发表题为《发动全民，讨论40条纲要①，掀起农业生产的新高潮》的社论，号召批判右倾保守思想，第一次提出"大跃进"的口号。"大跃进"是利用充裕的劳动力和蓬勃的群众热情在工业和农业上"跃进"的社会主义建设运动。在农业上表现为"高产卫星"以及建立"人民公社"，在工业上表现为"大炼钢铁"和大型水利建设。1962年1月11日至2月7日，中央七千人大会召开，纠正"大跃进"冒进思想。1964年2月10日，《人民日报》发表文章《大寨之路》，同时配发《用革命精神建设山区的好榜样》的社论，介绍了当时山西省昔阳县大寨大队艰苦奋斗、发展生产的事迹。此后，全国农村掀起了农业学大寨的运动。1965年2月26日，中共中央、国务院发布《关于西南三线建设体制问题的决定》，在中国中西部地区的13个省、自治区开始了一场以战备为指导思想的大规模国防、科技、工业和交通基本设施建设运动。三线建设是中国经济史上又一次大规模的工业迁移过程，一些实力较强的农机工业企业参与了这次迁移。

文化大革命对湖北经济社会产生了深远的影响。1976年，以"四人帮"倒台为标志，文化大革命结束。1978年12月，党的十一届三中全会召开，结束了文化大革命及"左"倾错误思想路线，

---

① 即《农业发展纲要四十条》，是1956年及其后12年内指导全国农业发展的主导方针和纲领性文件。

作出了把党和国家的工作重心转移到社会主义现代化建设上来的战略决策,决定加快发展农业、科技和教育。与此同时,湖北的一些农村,试图挣脱人民公社体制束缚,尝试新的土地经营形式的想法和行为开始酝酿和萌芽。

4.3 主要政策内容

4.3.1 农机具修造政策

1. 农具增补改良政策

新中国成立后,受战争的影响,湖北农业生产严重缺乏农具。中央和省政府实行了大力增补旧式农具、积极推广新式农具和示范使用农业机械的方针。1949年,中央人民政府农业部成立了负责农具的局和处;1950年1月,农业部在北京召开第一次全国农具会议,决定继续增补旧农具,保护和鼓励农民个人购置和修补农具。在当时经济十分困难的情况下,中央政府发放农贷21000万元(旧币),其中相当大一部分被用作增补农具贷款。同时,1950年,政务院在中南海举办了持续50多天的新式农具展览,各参观首长提出了发展农具的指导意见;1952年,政务院124次会议要求各大区、省在可能的条件下均应建立农具制造厂,大量制造改良的新式农具。同年,第二次全国农具工作会议召开,时任农业部副部长张池林要求各地农业部门重视旧式农具增补工作,将"恢复补充和修理农民原有农具"作为一项主要任务,不要因发展新农具而放弃旧农具,完全撒手由农民和合作社自行增补。此次会议规定,增补旧式农具的完成时间"至迟不得超过1953年,特别困难地区可以再延迟一年",计划1952年全国增补旧农具3000多万件。1954年7月,农业部、一机部和全国供销合作总社召开全国畜力农具工作会议,检查和总结前几年农具工作情况,研究新式畜力农具制造、供应、推广等问题,提出了"一五"期间推广新式畜力农具的规划、具体指标和建议,会后向国务院提交了《关于新式畜力农具工作会议情况的报告》和《关于1955年推广制造和供应双轮双铧犁、双轮一铧犁协议书》。这两个文件在1955年1月得到国务院批复，国务院要求各级政府、各部门做好新式农具制造、供应和推广工作。在制造和供应过程中要注意提高产品质量、降低成本和售价。1956年，农业部、三机部、供销合作总社、手工局和中国人民银行总行就第三次全国农具工作会议向国务院、国家计委和中央打报告，表示重点检查了新式农具推广工作中的右倾保守思想，讨论了新式农具的全面规划和制订了双轮双铧犁的推广计划。1958年中共中央、国务院作出了关于迅速在农村开展农具改良运动的指示，要求迅速开展一个全国范围内的推广改良农具和新式农具的运动，在比较短的时间内，用改良农具和新式农具普遍代替旧农具，把劳动效率提高1~2倍。在以后的60年代和70年代仍然较为稀疏地出台了一些农具政策，如在1971年9月的《全国农业机械化发展纲要（1971—1980）（讨论稿）》中，提出了要开展群众性的农具改革运动，要经过这个运动逐步过渡到半机械化和机械化。

  首任中共湖北省委书记、省人民政府主席、湖北省军区司令员兼政委李先念，在主持湖北党、政、军全面工作期间，从湖北实际出发，提出"必须搞好农村工作，发展农业经济基础"，要求将农业发展和增补、改良农具作为全省工作的中心。1952年，中南军政委会同工业、水利等部门召开了中南区农业机械会议，研究了新式农具制造和推广问题。湖北省真正有计划大地发展农业机械化是在1957年完成农业合作化后从农具改革运动开始的。1957年，湖北省召开了农具先进生产者代表大会，表彰改良农具的积极分子，会议代表还观看了全省各地选送的改良农具。同年，湖北省委机关报《湖北日报》连发两篇社论——《依靠群众改良工具，克服劳动力不足矛盾》和《积极进行农具改革推动农业生产大跃进》，对农具改良运动进行舆论引导。1958年，省人民委员会发出《开展以滚珠轴承为中心的工具改革运动》的通知，要求在第二个五年计划期间实现"四改、两消灭"，改人力车水为自流、机械排灌；改旧农具为新式改良农具；改人力加工农副产品为机械加工；消灭肩挑背驮。1960年，湖北省农业厅组成农具普查办公室，对全省农具进行普查并绘制了《湖北省农具图谱》。1961年，湖北省委发出了有关当时小农具修制及农业机械修理配套的通知，要求对农具推广中遇到的问题——予以及时解决。

2. 农机工业政策

1959年前，农机工业由一机部领导，主要在全国布局、建立了一些大型农机工业企业。1959年农机部成立后，较为系统的农机工业政策才逐步出台。1959年9月20日，农机部在向中央的第一次报告中提出了"农业机械工业的生产应该坚决执行两条腿走路的方针，要加强对企业的改造，扩大农业机械的生产"；"应该面向地方、依靠地方，以大部分的力量组织和指导地方农业机械工业生产"；"以拖拉机为纲"；"充分利用军工生产潜力"。1960年，时任农机部长的陈正人提出了"有计划地逐步建成具有现代技术水平的农业机械工业体系"的目标和"大型企业和中小型企业并举以中小型企业为主""中央和地方并举""土洋并举""加强同其他工业部门合作"的农机工业建设方针。1966年7月，国务院组织的全国农业机械化现场会议在湖北召开（即第一次全国农业机械化会议）。根据会议精神，湖北省制定了《湖北省地方机械工业调整草案》，确定以地方工业为主、中小型为主和集体经济为主的方针，本着修造并举的原则，合理布局，定点生产。重点抓了"两个配套"：一是以拖拉机为龙头，以柴油机为重点，抓拖拉机、内燃机零配件与主机的配套；二是机引农具与拖拉机配套，推动农机工业全面发展。1971年，《全国农业机械化发展规范化（草案）》在提到农机工业布局时要求"农机工业大、中、小相结合，以中小为主，充分利用现有企业基础，进行技术改造或扩建"，"一般农业机械，大多数省、直辖市、自治区，应建立比较独立的、成套的加工制造能力"。同年,《全国农业机械化发展纲要（1971—1980）（讨论稿）》提出了大力发展地方"五小"工业以支持农机工业的发展、农业机械制造以地方为主、农业机械产品以中小型为主等方针政策。1976年，《国务院关于一九八零年基本上实现农业机械化的报告》（该报告于 1977 年由中央批转）又再次强调了农机制造以地方为主、农机产品以中小型为主、农机购买以集体经济为主、办好"五小"工业的方针。1978 年，时任国务院副总理余秋里在第三次全国农业机械化会议上作总结报告，提出了一系列农机工业政策措施，如：简化机型、搞好农机产品的标准化、系列化和通用化；按照专业协作的原则改组农机工业；农机企业实行"五定"（定产品方向和生产规模；定人员机构；定原料、材料、燃料、动力、消耗定额和供应来源；定固定资产和流动资金；定协作关系）。1978 年制定的《一九八零年基本实现农业机械化规划》进一步提出"农机工业和支农工业要有一个大改组、大发展"，农机工业要按照专业化协作的原则进行改组，原定新建、扩建的农机厂要按照专业化协作的原则重新审查、排队。

3. 农机具修造政策

"大跃进"开始后，农机具增幅很大，但农机修理和配件跟不上，造成大量机械"趴窝""带病"，各地农机修理要求非常迫切。1958 年在成都召开的政治局会议通过了《关于农业机械化问题的意见》，该意见的第 6 条提出，应当在若干县、乡设立农业机械修理站，这一任务由地方统筹办理。1959 年 12 月 12 日，《农机部党组关于召开全国第一次农业机械厅（局）长会议的情况向中央、主席的报告（草案）》提出了"必须有计划地建立起全国农业机械修配网，在专、县和人民公社三级应分别建立不同规模的中心修理厂、修配厂和修理站。逐步做到大修不出县，中小修不出社"。1960 年冬，农机部又要求"农机系统一切部门，一切企业都必须坚决地全面地贯彻执行维修第一的方针。一切技术力量和物资力量，首先都要为维修服务"。在随后的工业调整中，湖北的一些机械厂转为了农机修理厂。1964 年 9 月 23 日，《农机部、农业部关于全国半机械化农机具工作会议情况向中央和国务院的报告》中提出了专、县农机具修造厂"又制造，又修理，又研究，又推广，平时造农具，战时造枪弹"的方针；必须做到产品对路，质量好，价格低，供应及时；逐步推行亦工亦农、亦工亦学的制度；自力更生,积极开展技术革新运动,逐步进行技术改造。1969年,根据毛泽东提出的"每县都要有修理厂"的要求,一机部和八机部①召开了全国建设县农机修造厂工作会议。周恩来到会讲话,指出农机修造厂的主要任务是"平战结合,又修又造,以修为主",并鼓励农机工作者要"终身立志于此"。1978年8月,国务院召开北方地区农业工作会议,会议提出建立三级农机修理网,做到"大修不出县,中修不出社、小修不出队"。

1961年前,湖北省没有统一的农机维修管理政策。1962年,湖北省发布了《关于农业机械修理及半机械化农具生产的管理办法》和《农业机械修理收费办法》。1963年,湖北省工业厅发布了《拖拉机、动力机检验修理安装暂行规程(草案)》。1965年,湖北省农机厅发布了"湖北省拖拉机、排灌动力修理工时定额"。1975年,湖北省农机管理局重新制定了"湖北省农业机械修理收费规定"。

4.3.2 拖拉机站政策

建设农业机器拖拉机站(简称拖拉机站)是我国在计划经济阶段实行农业机械化的途径之一。1952年10月,全国农业工作会议决定在全国有计划地试办国营拖拉机站,旨在"用先进的农业科学技术为集体农民的生产服务,促进农业增产增收,促进农业社的巩固和发展。通过代耕服务,提高机具效能,降低生产费用,积累办机械化的经验。同时,培养机械使用和管理干部,为以后农业机械化发展做准备"。12月,农业部成立农业机械管理局,主管新式农机具推广和拖拉机站建设。该局成立后随即举办了拖拉机人员训练班,训练站长、机务副站长、农业技术员、会计、统计等人员,为各地建站服务。1954年2月,农业部第一次召开全国拖拉机站工作会议,制定了《建设农业机器拖拉机站试行办法》,提出了在1953年重点试办的基础上,1954年布点到省,1955年扩大到专区,1956年深入县,1957年全国建站(队)850座的总体目标。

---

① 原农机部于1965年1月更名为第八机械工业部。

1954年11月8日，湖北省第一个拖拉机站在当时的襄阳县郜营镇成立。1956年1月，农业部召开第二次全国拖拉机站工作会议。这次会议是在农业合作化高潮的背景下召开的，会议批评了拖拉机站建设中的"右倾思想"，提出了根据毛泽东主席"全面规划、加强领导"的指示，比1954年第一次会议的规划指标翻一番的新目标。至1956年底，湖北省共建立7个拖拉机站，为161个农业社进行耕耙播作业。1958年1月，农业部召开全国拖拉机站站长会议，会议强调"国有国营"拖拉机站是农业机械化的一种主要方式，要千方百计办好。1958年3月，中共中央成都会议通过了《关于农业机械化问题的意见》，该意见要求各地"根据农业合作社的财力，分别采取社有社营、国有社营、联社经营和国社合营等不同形式"建设和发展拖拉机站。根据成都会议的意见，1958年各地纷纷将国营拖拉机站的机具下放给农业社（后来的人民公社）经营。中央决定将拖拉机下放给人民公社经营的指导思想是解决机器与生产的统一，提高拖拉机站及其耕作的经济效益，但却事与愿违。由于社队经济基础很差、农民文化和技术水平低、无维修服务等诸多原因，许多拖拉机站的机器无法运转，耕作无法进行，大部分机站发生亏损。1960年时，人民公社经济更加困难，从1961年下半年开始，湖北省陆续将下放到人民公社的拖拉机收归到国营拖拉机站经营。1962年，国家正式决定将拖拉机站重新收归国营。1963年，省农机厅发文要求各国营拖拉机站执行拖拉机报废处理暂行规定。1964年，湖北省农机厅发布了拖拉机站农田作业质量标准草案。1965年，时任省长张体学提出要集中力量抓好国营两机两站管理，实行亦工亦农，降低作业成本，消灭经营管理上的亏损。同年6月，湖北省农机厅召开全省拖拉机站站长会议，要求贯彻国务院降低机耕收费标准和改善拖拉机站经营管理的指示精神。1968年，受湖北省孝感金星和新洲刘集公社集体办机械经验的影响，八机部在武汉召开八省市区农机工作会议，讨论国营农机站下放问题。同年，湖北省开始第二次将国营"两站"下放给社队经营。尔后拖拉机站的经营机制维持到计划经济体制结束。

4.3.3 农机流通政策

这个时期的农机产品是重要生产资料，由国家统购统销，各级农机公司没有产品选择权，实行计划供应；在管理上实行分级管理，各自核算；在经营方针上实行"保本不亏，略有盈余"；农机产品价格体系由政府统一制定。

国家为了扶持农业发展，对作为农业生产资料的农业机械执行合理的低价政策。1955 年 9 月 6 日国务院在批转计委《关于新式畜力农具问题及降价问题》的报告中强调："同意计委所提降低农具价格方案，可自 9 月 10 日执行。"1963 年，国务院批转全国物价委员会、农机部《关于整顿农机产品价格的报告》，提出了在降低价格的基础上有计划地降低农机产品价格的要求；1965 年，《第八机械工业部党委关于农业机械经营管理的几个问题向中央、国务院的请示报告》仍然认为农业生产资料价格高，工农业产品价差还很大，指出农机产品今后应本着低价薄利的原则，继续逐步降低价格。1971 年 8 月，国务院决定适当提高部分农副产品的收购价格，同时降低机械产品的出厂价和销售价格。同年，湖北省计委、财政局、农林局联合规定了农机价格，将农机价格分为四类，实行综合差价率，要求全省各地"免征零售环节工商税""不计利税，发生亏损，纳入同级财政预算"。

在这些政策导向下，湖北农机产品先后经历了十次降价，降价幅度巨大。如 1955 年降价幅度达到 35%，1961 年达 20%，1963 年达 9.5%，1964 年达 5%，1965 年达 16.8%，1966 年达 15%，1967 年达 16.8%，1971 年国家管理产品达 16.7%，地方管理产品达 18.8%。

4.3.4 农机科研政策

1959 年 4 月，毛泽东在《党内通讯》中提出"每省每地每县都要设立一个农具研究所，集中一批科学技术人员和农村有经验的铁匠和木匠，收集全省、全地、全县各种比较进步的农具加以比较，加以实验，加以改进，试制新式农具"，对农机科研机构的设置提出了具体要求。1959 年 11 月，时任国务院副总理兼国家科委主任的聂荣臻在全国农业机械科学技术工作会议上提出了"依靠群众，结合实际；密切协作，注意成套；反透右倾，鼓足干劲"的农机科研的原则精神。同年 12 月 12 日，《农机部党组关于召开全国第一次农业机械厅（局）长会议的情况向中央、主席的报告（草案）》提出，我国农机科学技术研究工作必须以农业的"八字宪法"①为纲，全面规划，集中力量，分工协作，抓住重点，全面发展。报告同时提出建立健全农机科研机构，要贯彻"每省每地每县都要设立一个农具研究所"的指示，尚未建立的应迅速建立起来，已经建立的要充实力量。此外，拟建立一批中央级的农机科研机构。1960 年，农机部长陈正人在《红旗》杂志撰文，提出了在明确农机科研目的的前提下必须大量培养科技人员的主张。1962 年 12 月，《农机部关于农业机械科学会议报告》（该报告由中共中央、国务院于 1963 年 1 月 5 日批发至各中央局和县级党委、人委）提出了今后农机科研工作的十条方针和原则，即必须坚持实事求是，理论和实践密切结合的方针；必须明确地以实现"全国农业发展纲要四十条"为目标，使全部科研工作完全服从于实现我国农业技术改革的根本目的；必须遵守因地制宜的原则；必须坚持机械化和半机械化并重的方针；在农业机械的设计、创型、选型上，应该确定以中、小型为主，大中小型相结合的方针；在农业动力机械的设计、选型上，应该贯彻高度综合利用的方针；在农业机械的原料、材料和动力上，必须与我国的资源状况及工业、经济水平相适应；农业机械的设计和制造工艺的采用，都必须保证达到产品性能好、效率高、成本低和寿命长的全面要求；在科学研究上，还应坚持制造与维修并重的方针；科研研究工作必须从我国社会主义这个根本制度出发，从整个国民经济发展的具体条件出发。1964 年 9 月 23 日，《农机部、农业部关于全国半机械化农机具工作会议情

---

① 1958 年，在"大跃进"和人民公社化运动的高潮中，中共中央和毛泽东提出实现我国农业的高速发展，必须抓好"土、肥、水、种、密、保、管、工"等八个方面的工作。这八项措施被概括为"农业八字宪法"。

况向中央和国务院的报告》中提出了"抓好科学研究,发展新品种"的目标,要求重视健全各级科研单位、各科研单位要按照分工合理、高度协作的原则进行工作(中国农机化研究院要掌握全国重点产品的研究和机具系列化工作的研究,省级研究单位要以半机械化农机具的研究为主要任务,专、县两级应按照不同条件的农业地区,逐步恢复和健全一些农机科研单位,并选择适当的重点企业合在一起进行研究工作)。1971年,《国务院关于加速实现农业机械化问题给毛主席、中共中央的报告》要求各地建立一个精干的研究机构,要坚持科技人员和工人、贫下中农相结合,坚持科研、制造、使用相结合,坚持为农业生产服务的总体要求。1978年,时任国务院副总理余秋里在第三次全国农业机械化会议上的总结报告中提出要大力加强农业机械化科研工作,尽快研制出适合我国特点的大功率拖拉机和综合利用、联合作业的农机具,研究农业机械合理利用和维修技术,研究农具改革与农艺改革结合的课题。

湖北省专门(专题)研究农机科研的情况很少。1973年,省机械工业局主持召开了全省地县机械、农机研究所座谈会。会议传达了一机部科技工作座谈会有关精神,交流了各地开展农机科研工作的情况和经验,讨论了全省各级农机科研机构的建立和充实力量、地、县农机所的方向任务、科研经费材料以及加强科研的组织协调等问题。会议还对湖北山区农机化问题进行了讨论。

4.4 政策特点

4.4.1 政策目标逐步明确

20世纪80年代前,全国上下、老少妇孺皆知"1980年基本实现农业机械化"。这一政策目标的确立,与党和政府对农业机械化与农业现代化的关系的认识相关。党和政府把农业机械化作为农业现代化建设的主要内容之一,50年代初就提出了以"农业机械化、电气化、水利化和化学化"为内涵的农业技术发展路线,而在实施过程中则偏重农业机械化。1955年7月毛泽东在《关于农业合作化问题》的报告中，最早提出实现农业机械化的时限。他指出，估计在全国范围内基本上完成农业方面的技术改革，需要四五个五年计划，即20~25年时间，全党必须为实现这个伟大任务而奋斗。从毛泽东讲话的1955年算起，按25年算，即为1980年。普遍认为，这一时间概念仅是一般意义上的号召，并未作为具体计划指标或行动纲领来指导或规范农业机械化的实践。因为在1958年3月成都会议上，可能是受到急于求成的"左"的思想影响，毛泽东提出了要在"7年内（争取5年内做到）基本上实现农业机械化和半机械化"，即在1965年（争取1963年）基本实现农业机械化。这等于是将政策目标达成时间提前了15年。1959年4月29日毛泽东在《党内通讯》中提出"要有10年时期。4年以内小解决，7年以内中解决，10年以内大解决"。这里把实现中国农业机械化的时间变成了10年左右。1959年10月18日中央批转农业机械部的报告，强调"应该从1958年起以十年至十五年的时间实现农业现代化，即实现农业机械化、水利化、化学化、电气化"。1962年9月27日党的八届十中全会通过《关于进一步巩固人民公社集体经济、发展农业生产的决定》，"决定"号召"再经过20~25年的努力，就一定能够在基本上实现党中央所预见的、农民和全国人民盼望很久的农业现代化的目标"。尔后，农机化政策目标话题受到一定程度的冷落，但农业机械化事业一直作为一项技术工作正常推进，直到1966年。1966年初，中共湖北省委向毛泽东呈报《关于逐步实现农业机械化的设想》。该"设想"提出了"采取以集体办机械为主，国家扶持为辅，以机养机，分期购进，国家扶助，无息贷款等办法，实现机械化"，还提出了发展湖北农业机械化的具体计划即"从当年起，力争在五年、七年、十年内，在全省实现农业机械化"。这再次勾起了毛泽东对农机化目标的设想，他当即提笔批示给刘少奇同志，提出"是否可以发给各省、市、区党委研究。农业机械化的问题，各省、市、区应当在自力更生的基础上作出一个五年、十年计划，从少数试点，逐步扩大，用二十五年的时间，基本上实现农业机械化"，"目前是抓紧从今年起的十五年。已经过去十年了，这十年我们抓得不大好"。1966年7月，根据毛泽东的提议，第一次全国农业机械化会议在武汉召开，会议正式提出到1980年基本实现农业机械化的目标任务。1971年全国第二次农业机械化会议确定到1980年农、林、牧、副、渔主要作业机械化水平达到70%以上，全国农用拖拉机达到80万台左右，手扶拖拉机达到150万台左右，排灌机械总动力达到6000万马力，平均每公顷耕地化肥施用量达到80市斤左右。这进一步丰富了农机化政策目标的内涵。1977年，《国务院关于一九八零年基本上实现农业机械化的报告》重复了第二次全国机械化会议的目标，但决心更大，表示"下定决心，四年实现"。1978年1月4日第三次全国农业机械化会议上提出"全党动员，决战三年，为基本上实现农业机械化而奋斗"的口号，要求"一不等、二不靠、三不伸手向上要，自己动手干出一个机械化来"。第三次会议继续强调了1980年的农机化目标内容，但提出了不能搞一刀切，要求各地从实际出发，因地制宜，不能千篇一律，齐头并进。从这些大量的文献资料中不难发现，农机化政策目标在50年代中期开始提出，60年代初期有过几年的沉寂，1966年后，农机化政策目标再次被提出并在第一次全国农机化会议上正式确立了"1980年基本实现农业机械化"的总体目标，70年代的两次全国农机化会议进一步强调和丰富了政策目标内涵，细化了实现目标的各种政策措施。

4.4.2 政策主体规格高

领导人方面。毛泽东长期关注和重视中国的农业和农业机械化问题，形成了系统的农机化思想，这些思想在很大程度上影响了早期的中国农业机械化政策及农机化事业。如毛泽东提出了"农业的根本出路在于机械化"的农业和农机发展的指导思想；提出了先合作化后机械化，最终实现工业化和现代化的战略步骤；提出了用25年时间基本实现农业机械化的战略目标；提出了"土洋结合，全民动手"的措施方法。除此之外，毛泽东还亲力亲为，率先垂范，为推动农机化发展做了大量具体工作。1957年6月，毛泽东到武汉视察我国第一台国产手扶拖拉机；1958年1月，毛泽东到浙江省农业科学研究所观看双轮双铧犁表演；1966年对湖北省委文件的批示以及对第一次全国农机化现场会事无巨细的关心和指示，等等。

党和国家的其他领导人也为农机化政策制定、实施做了大量工作。如周恩来在1949年第一次全国农业生产会议上就提出了农业机械化的任务，并要求大力建设农机工业。1959年我国第一个拖拉机厂——第一拖拉机制造厂建成投产，他亲临该厂视察并作重要讲话。1966年7月，全国第一次农业机械化会议召开，会议结束时他亲临现场并作重要讲话。此外，其他领导人如谭震林、薄一波、聂荣臻、李富春、余秋里、华国锋、陈永贵、李先念等在不同时期做了大量有关农机化的讲话和报告。

机构方面。1951年1月农业部撤销农业器械局，设立农政司，农政司下设农具处，专司农具工作管理。按照中央的要求，各地各级政府迅速设立农具管理机构，负责农具制造、推广、培训等工作。1959年，以农业机械部成立为标志，国家和地方有了独立建制的农机化主管部门。以后农机管理体制几经变更，先现后有一机部、八机部、农机部、农林部、农业部等成为农机化政策的主体单位。

媒体方面。1955年到1964年，农业机械化问题受到了中共中央机关报《人民日报》的密切关注，其发表的有关农业机械化问题的社论就有36篇之多，平均每年发表3.6篇。其中1958年8篇，1963年13篇。这是其他任何一项技术推广、应用工作都没享受到的"待遇"。

会议方面。1966年7月，国务院在武汉召开第一次全国农业机械化会议，由毛泽东指示、周恩来直接负责筹办；1971年8月第二次全国农业机械化会议召开，会议由华国锋主持；1978年1月第三次全国农业机械化会议召开，陈永贵、李先念等到会讲话。如此频繁、高规格针对某一部门、某一细分行业的专门会议是空前的，迄今也未再见到。

在计划经济体制时期，湖北省委、省政府对农机化工作十分重视。1965年，时任省长张体学提出了全省农机管理工作的"四条意见"。同年，省委、省人委召开全省农业机械工作会议，发布《关于农业机械经营管理工作的若干具体政策问题的意见》。翌年，湖北省委出台了得到毛泽东主席批示的著名的《关于逐步实现农业机械化的设想》，提出了1979年全省实现农业机械化的目标。据不完全统计，这一时期，省委、省政府发布的农机化政策文件有17件，是四个时期中最高的。另外，农机化的主管部门级别高，影响力大。在60年代，设有农机厅，70年代设有省委农机化领导小组办公室和省革委会农机局。整个计划经济阶段，农机化主管部门一直是省政府一级厅局。

4.4.3 政策的人治化、政治化和运动化特征

毛泽东在很大程度上主导了农机化政策的制定和实施。如"先合作化，后机械化"、"20年左右基本实现机械化"、"农业机械制造以地方为主"、"每县都要有农机修理制造厂"等思路都成了日后国家的农机化重要政策，这些政策大多以讲话和报告的形式发布，少有商榷和质疑，时任国务院总理周恩来在多个场合讲话时表示"这是主席说的""我只是传达"。

农机化政策是国民经济的部门政策，具有经济政策属性，但这个时期的农机化政策被过多赋予了政治化色彩，将农机化政策政治化的例子俯首皆是。如薄一波在1959年的全国机械工业厅（局）长和农业机械厅（局）长会议上的报告中，在讲到毛泽东提出的农机化"四年小解决"目标时就说"这是经济问题也是政治问题"；① 1959年聂荣臻在全国农业机械科学技术工作会议上强调：农机科研工作要"反透右倾"；1962年，党的八届十中全会召开，毛泽东发出了"千万不要忘记阶级斗争"的号召，全会也指出，实现农业机械化和电气化是我们党在农村的两条路线的斗争；1963年中央、国务院批转《农机部、农业部关于全国

---

① 中国农业机械化重要文献选编（1949—2009）. 北京：农业部农机化管理司，2009.

半机械化农机具工作会议情况的报告》要求，"所有科研单位必须下乡、下厂调查研究，总结群众经验。坚决实行领导、科研人员、工人农民三结合的工作路线。所有科研单位干部和科技人员都要实行亦科亦工、亦科亦农制度，并规定参加劳动的时间"。1971年国务院在《关于召开全国农业机械化会议的通知》中说，实现机械化，要以阶级斗争和路线斗争为纲，用革命化带动机械化。又说：农业机械化应与"备战、备荒、为人民"联系起来；1974年，余秋里在全国农业机械化会议预备会上提出：在农业集体化的基础上，实现农业机械化，这是个路线问题，不能看着是个技术问题；单有合作化、人民公社化，而没有机械化，工农联盟是不能巩固的。1978年，第三次全国农业机械化会议在北京召开，会议将"深入揭批'四人帮'反革命修正主义路线的极右实质和他们破坏农业机械化的罪行，肃清他们的流毒和影响"列为会议内容，认为抓好揭批"四人帮"是加快农业机械化步伐、夺取三年决战胜利的根本保证。

1958年的成都会议形成了《中共中央关于农业机械化问题的意见》，该"意见"表示"完全同意毛主席关于农具改革运动的指示。有广大农民参加的群众性的农具改革运动是技术革命的萌芽，是一个伟大的革命运动，全国各地应当普遍地积极推广，并且经过这个运动逐步过渡到半机械化和机械化"。中央和国务院也迅速作出了《关于迅速在农村开展农具改良运动的指示》，要求"人人当工匠，户户是工厂""苦战三年，基本改变农村面貌"。这是我国首次以运动的方式开展农具改良、运用和推广。尔后，农机化群众运动进一步发展，提出了"什么工作都要搞群众运动，没有群众运动是不行的"口号，在"少数人办，冷冷清清；大家办，热气腾腾""小搞不行，中搞也不行，必须大搞"的社会群体意识形成后，继1958年的农具改革运动后，湖北省又相继于1969年开展了拖拉机大会战，1974年开展了饲料粉碎机大会战，1976年开展了水田"三机"大会战。

4.5 政策实践

4.5.1 取得的成效

1. 形成了湖北农机科研体系

湖北省农机科研始于50年代改良旧式农具、推广新式农具运动。1958年,湖北农业机械专科学校(湖北工业大学前身之一)成立。同年,华中农学院设立农机化系。① 1959年毛泽东提出"每省每地每县都要设立一个农具研究所,集中一批科学技术人员和农村有经验的铁匠和木匠,收集全省、全地、全县各种比较进步的农具加以比较,加以实验,加以改进,试制新式农具"后,农机科研机构大量成立。1959年5月,由相关厅局领导组成的湖北省农业机械半机械科学研究委员会成立,统一领导全省农机科研工作。同年,湖北省农业机械科学研究所②成立,隶属省农业厅管理。1964年,为充实农机科研力量,隶属湖北省工业厅管理的机械研究所更名为湖北省农业机械研究所。1970年,湖北农机学院(武汉理工大学前身之一)组建成立。与此同时,县级农机研究机构也如雨后春笋般成立,1964年县级研究所达到40多所。尔后,地级研究所也相继成立。1972年,武汉、宜昌、咸宁三地农机化研究所成立;1973年,荆州、黄冈两地研究所成立;1975年,郧阳、襄樊两地农机化研究所成立;1976年,孝感、鄂西两地农机化研究所成立。这些研究机构构成了湖北省农机研究的三级网络,形成了较为完善的农机研究体系,取得了一些较有影响的研究成果。如1966年省农机研究所与湖北拖拉机厂等单位完成东方红—20型轮式拖拉机的样机试制、试验和鉴定工作,标志着湖北省农

---

① 现更名为华中农业大学工学院。
② 该机构1963年更名为湖北省农机化研究所,1969年被撤销,1977年恢复重建,2007年并入湖北工业大学。

业机械生产由仿制进入了自行设计制造的新阶段。1971年,湖北省农业机械科学研究所、湖北农机学院与洪湖农机厂和红安农机厂就机耕船(又叫机滚船)技术进行联合攻关,于当年10月研制成功,1972年经初步鉴定并投产,后又经过多次改进,通过正式鉴定,命名为湖北—12型机耕船。该机耕船是国内首创的一种新型水田耕作机械,突破了传统拖拉机的形态,适合在深泥脚水田作业,较好解决了拖拉机下水田的难题。1978年、1979年,该产品分别获全国科学大会奖和国家科委三等发明奖,并出口到日本和东南亚国家。

2. 形成了湖北农机工业体系

新中国成立前,湖北省能够生产诸如锄头、镰刀、犁、人力水车等旧式农具及碾米机、轧花机等少数农副产品加工机械的均为手工作坊和私营铁厂,农机工业几乎空白。新中国成立后至1978年,湖北基本形成以拖拉机、内燃机为中心,以中小型农用机械为主体,门类比较齐全的农业机械工业体系,能生产拖拉机、柴油机、机耕船、水泵、碾米机、磨粉机、榨油机、轧花机和胶轮力车等产品。

1950年,国家对湖北投资24万元,湖北农机工业开始起步;1952年,按照中南军政委员会财经委员会召开的中南区农业机械计划会议通过的《关于大力制造和推广抽水机的方针》,省政府投资52万元,重点扶持湖北农具制造厂;"一五"计划期间,湖北农机工业获得投资201万元,县以上农机企业发展到103个,固定资产1224万元,职工10278人,总产值达到3222万元;"二五"期间,尽管遭受三年自然灾害,湖北省农机工业仍有较大的发展,先后建立起湖北齿轮厂、湖北第一、二、三内燃机配件厂和湖北油泵油嘴厂等7个专业配套生产厂。1962年,县以上农机企业发展到123个,总产值达5492万元,职工人数13866人;1961年至1965年三年国民经济调整时期,国家投资约3000万元,有计划地对一批农机企业进行改建、扩建和技术改造,湖北农机工业继续发展。1965年,全省农机企业总产值1.13亿元,占全省机械工业总产值的 50.3%，职工 1.79 万人，占全省机械职工总数的 47.7%，固定资产 8552 万元，占全省机械工业固定资产总额的 47.8%，实现产值 1.13 亿元，生产规模仅次于上海和河北，居全国第三；1966 年至 1970 年，为了提高拖拉机批量生产能力，湖北省先后对湖北拖拉机厂、湖北柴油机厂、武汉拖拉机厂、武汉柴油机厂、湖北油泵油嘴厂、湖北齿轮厂和湖北第一、二、三内燃机配件厂进行了改建、扩建或迁建，还在各地、县选择了一批条件较好的农机修造厂，按专业化的原则，定点生产拖拉机和内燃机零配件。如麻城气门厂、蕲春轴瓦厂、黄梅水泵厂、湖北滤清器厂、阳新县农机厂等一批拖拉机和内燃机零配件企业，都是这一时期内先后发展起来的。1974 年以后，一些重点农机企业如湖北拖拉机厂、湖北柴油机厂、武汉柴油机厂、湖北省第一、三内燃机配件厂等企业的拖拉机、柴油机关键零部件的生产开始尝试流水线作业，到 1978 年，全省农机企业共有生产流水线 100 多条。在批量大的拖拉机和柴油机制造厂，部件装配和总装采用了机械装配流水线。在工艺上，许多企业开始采用精铸、精锻、模锻、辊锻、冷挤压、电热墩、粉末冶金等少无切削工艺。在农机修理方面，企业普遍采用了低温镀铁、等离子弧堆焊、火焰喷涂、埋弧堆焊、黏结等新工艺。

至 1978 年底，全省县以上农机企业 176 家，工业总产值 4.2 亿元（占全省机械工业总产值的 31.2%），职工人数 6.63 万人，固定资产原值 3.9 亿元，利润总额 3658 万元，拥有年产柴油机 150 万马力、拖拉机 2 万台、机耕船 5000 台、机动插秧机 6000 台、割晒机 7000 台、机引农具 5 万台套的生产能力。

3. 农机化应用成果丰硕

20 世纪 50 年代，湖北全省开展了轰轰烈烈的农具增补改良运动。1954 年，湖北省农业厅在当时的麻城县宋埠和江陵县弥市开设"新式农具试验站"，引进波兰等国的马拉双轮双铧犁、马拉播种机、摇臂收割机、新式步犁等几十种农具进行推广示范。1957 年，当时的当阳县跑马乡在农田水利建设中大搞车子化，取得显著成效，毛泽东 1958 年 3 月赞扬这一成果是"技术革命的萌芽"。

1958年夏，省人民委员会提出"开展以滚珠轴承为中心的工具改革运动"，经过第二个五年计划，在一定程度上实现了"四改、两消灭"（改人力车水为机械排灌、改人挑为车船运输、改旧农具为新农具、改人力加工为机械加工农副产品；消灭肩挑背驮）的目标。到1959年底，全省共仿制、改制、创造各种改良农具230种，推广各类新式人畜力农具178.6万部，创办国营拖拉机站和国营排灌站80个，以拖拉机、柴油机为标志的农业机械化进入试办示范阶段。

60年代，排灌、脱粒、粮棉油加工等定置式动力机械和作业机具获得较大发展。湖北省柴油机动力增长10.2倍，脱粒机械增长25倍，粮棉油加工机械增长36倍。定置式机械的快速应用，使排溉、脱粒、加工等作业开始由人畜力、半机械化操作向机械化操作过渡。此外，国营两站①取得较大发展。1963年，省委省政府展开全省第一次农业机械工作会议，总结前十年农机使用管理工作，制定了较为完整的国营机械经营管理政策。如《关于加强拖拉机站机务管理工作的几项规定》、《关于建立区农业机械站的若干规定》、《关于国营农业机械作业收费问题的若干规定》等。1965年，省委省人委又制定了《关于农业机械经营管理工作的若干具体政策的意见》，对两站财务管理、作业费用收缴、生产人员精简、多种经营、人员培训等工作作了具体要求。这些政策有力地引导和规范了两站的发展，至1965年，全省拥有国营排灌站449个，国营拖拉机站123个，其中109个盈利，14个站亏损，全年共赢利130余万元。这个时期是国营两站发展最快的阶段。此后，"文化大革命"开始，两站逐步被下放给公社，农机经营逐渐由国营转向集体，大部分国营拖拉机站改建为修理厂，两站的发展基本停滞。

为冲刺1980年农业机械化目标，湖北省在70年代展开了三个大会战，即1969年开始的拖拉机大会战、1974年开始的饲料粉碎机大会战和1976年开始的水田"三机"（机耕船、插秧机、割晒

---

① 两站是指拖拉机站和排灌站。

机）大会战。大会战使全省农机拥有量和田间作业机械化水平大幅度增长。到1978年，机耕面积占可机耕面积的54.8%，机播面积300多万亩，机插面积90多万亩，机收面积120多万亩，机电排灌面积占耕地面积的62.5%。

4. 产生了农机化政策实践典型

20世纪60年代，湖北省至少出现了两个农机化政策实践典型，一个是当时湖北省委工作组蹲点所在地——孝感县卧龙公社金星大队，另一个是新洲县刘集公社。① 孝感金星大队作为一个正面案例进入了著名的湖北省委《关于逐步实现农业机械化的设想》。但是后来周恩来总理说，"到现场看了，湖北农业机械化的典型不是在孝感金星，而是新洲"，并说是余秋里同志发现的。周恩来所说的新洲就是指新洲刘集公社。

刘集公社成立于1958年，当时有社员6340人，耕地7093亩。为改善生产条件，该社坚持自力更生，从发展社办企业和副业生产入手，不断增加集体积累，投资购买机械，发展农业生产，至1965年就基本上实现农业机械化，粮棉连续8年超过了《全国农业发展纲要》规定的相关指标，是全国仅有的两个"千斤县"②之一。机械化不仅促进了农业的精耕细作，还替代出1/4的劳动力从事副业和社办工业。1970年，工副业收入占到总收入的1/3，集体经济积累达到了300多万元。

刘集公社的发展引起了中央的注意。1964年4月初，毛泽东在东湖听取时任湖北省委第一书记王任重、黄冈地委第一书记姜一关于黄冈地区农村经济核算制的汇报。汇报过程中毛泽东询问："哪个公社的拖拉机站办得好些？"姜一回答说："新洲刘集公社的拖拉机站办得早，也办得好。"毛泽东听后非常满意，当即说道："拖拉机站还是以公社建站为好。我们中国的农业机械化，就要以公社建站，走刘集的道路。湖北要好好总结一下经验，建立健全各

---

① 现武汉市新洲区邾城街刘集社区。
② 另一个是当时的江苏启东县。

种制度，逐步发展农业机械化。"① 这是毛泽东对刘集公社机械化的第一次肯定。

1965年10月，全国农业机械经营管理会议在北京召开，刘集公社党委书记程金阶作为集体办机械的唯一代表受邀参加并作经验介绍，程金阶受到了毛泽东、刘少奇、周恩来、朱德等党和国家领导人的接见。会议间隙，程金阶到八机部销售局，要求一次性购买拖拉机50台，得到国务院副总理谭震林的准予批示。当时，一个公社能够用集体资金积累一次购买这么多拖拉机，实属罕见。

1966年，湖北省委《关于逐步实现农业机械化的设想》呈送中央后，毛泽东提议在湖北召开一次现场会议。周恩来总理派国家计划委员会第一副主任余秋里和农业部部长林乎加就召开全国农业机械化会议现场会到新洲考察，认为很有特色。7月17—18日，全国农业机械化会议在武汉召开，国务院副总理谭震林率领各部委办的领导、各中央局分管农业的副书记和农委主任、各省、市、自治区主管农业的副书记（副省长）、计委主任、工业厅厅长和农业厅厅长，分乘72辆小车来到新洲，先后参观了刘集公社、农机修造厂、机械厂等。全国农业机械化会议现场会在新洲召开是对刘集公社农业机械化发展的高度肯定。

1971年9月，第二次全国农业机械化会议在北京召开，刘集公社作为先进典型出席了会议。新华社和《人民日报》以整版和大篇幅对刘集公社农机化事业进行了报道。1977年12月，第三次全国农业机械化会议召开前夕，邓小平、华国锋、李先念、汪东兴、王震、谷牧等党和国家领导人到全国农展馆视察农业机械化展览，对参展先进单位刘集公社的机械化发展再次给予高度肯定。从1963年至1978年，先后有13个国家的友好人士和专家代表团14次访问了刘集。

---

① 吴庆峰. 纪念建党90周年——浅读湖北省农业机械化的昨天、今天和明天，湖北农业机械化信息网站，http：//www.hbnjh.gor.cn/

4.5.2 存在的不足

1. 政策目标失误

应该说,国家和湖北省制定的农业机械化目标体系并不完善。湖北省在1966制定的目标规划中将重点放在了处于平原、湖区和丘陵的22000个大队(湖北当时有38000个生产大队),且偏重种植业,养殖业和农产品贮、运、加等生产环节考虑较少。尽管如此,1980年基本实现农业机械化的目标还是没能实现。

至于机械化的目标未能实现的原因,主要在于目标制定脱离实际、急于求成,没有认识到实现农业机械化的艰巨性和长期性,没有认识到农业机械化的发展应与整个经济发展相适应,这是经济技术的发展规律。若利用行政干预和强有力的国家财政支持,强行推进农业机械化,不符合经济技术演进规律,不经济,也养不起。

从国家投入分析,农业机械工业和农业机械化规划不能脱离国民经济的支持。如1961年前后,湖北省规划投资近千万元,将湖北农具制造厂扩建为年产28马力中型拖拉机5000台和1.5~2.5吨农用汽车10000辆的拖拉机厂,先后在武昌关山和襄樊开工建设,后因后续投资跟不上不得不中途下马,造成200多万元的损失。又如第三次全国农业机械化会议确定国家每年应向农机供应柴油1600万吨,而当时全国柴油产量才1800万吨;要求国家财政每年投入300亿元支持农村购置农机。后来证明这些要求根本无法满足。另外,国家把大量的资源集中于农业机械化,则相应地压缩了对农业生物技术的投入,这不利于农业"四化"的协调发展。

从微观层面看,国家规定给社队的贷款60%要用于购买农机具,社队收入的1/3要用于购买和维护农业机械。这样投入的后果是①:一是农民投入过于单一,积累与消费结构不合理,影响了社

---

① 相关数据来源于郑友贵. 中国农业机械化改革的背景分析与理论反思//农业部农村经济研究中心. 中国农村研究报告(2000). 北京:中国财政经济出版社, 2001.

员的分配收入。二是农产品成本随着机械用量的增加而提高。据商业部门对 2162 个生产队的调查,1976 年与 1965 年相比,6 种粮食作物亩产由 232 斤增加到 316 斤,增长 36%;同时亩均成本由 26.2 元增加到 40.5 元,增加了 54%,平均劳动日值降低 20%。出现这种结局的根本原因是当时的经济发展水平低,劳动成本比机械成本更低,还没有达到劳力被机器替代的条件。因此,在劳动力富余的情况下,同时支付劳力成本和机械成本使得生产成本大为增加。这抑制了农民发展农业机械化的积极性。

2. 政策推进方式失误

这个时期的各类社会政治运动深深影响了经济活动,农机化工作也不例外。在推进湖北农机化进程中,在 1980 年农机化总目标的引导下,在三次全国农机化会议的感召下,各级党委、政府过分强调农机化发展的政治意义,为"化"而"化",违背客观经济规律,采取行政命令和大会战方式推进,试图大干快上,速战速决,由此造成了惨重的经济损失,给农机化的声誉带来了不良影响。

在农具改良和推广时期,不经过实验和鉴定就盲目推广。如照搬北方马拉双轮双铧犁、马拉播种机和摇臂收割机等,造成了人力和财力上的严重浪费。1956 年,仅孝感地区就有双轮双铧犁 9056 台,十行播种机、摇臂收割机等 110 台,因不适合当地使用条件,全部报废。

"大跃进"时期,上规模、重产量,质量严重下降。60 年代,102 家农机工厂中就有 76 家的产品因质量差,不能使用,造成报废损失 800 余万元。1973 年,有关部门对 8 个工厂、6 个品种、8 个规格的柴油机质量作了一次检查,结果没有一种达到合格标准。主要零件、主要项次合格率平均只达到 66.12%。天沔农民的顺口溜"盼了三年,花了三千,用了三天,断成三截"非常形象地说明了产品质量的低劣。

大会战造时期,"全党动员,决战三年,为基本上实现农业机械化而奋斗""一不等、二不靠、三不伸手向上要,自己动手干出一个机械化来"等口号震耳欲聋,人们高度亢奋,造成全省农机制造企业遍地开花，重复建设严重。据1978年统计，全省有柴油机厂44个，手扶拖拉机厂14个，割晒机厂14个。众多小厂家开足马力生产，造成产品严重积压。1978年底，全省各级农机公司库存产品达3.4亿元，省财政支付报废补贴近1亿元。

3. 各自为政，政策协调能力不强

由于体制原因，农机化各政策主体处于不同的"条""块"中，缺乏或难于沟通、协调，各自为政，农机化政策效果大打折扣。从纵向看，产供销脱节。生产部门反映"吃不饱"，农民反映"买不到"，销售部门反映有积压，使用部门反映不配套。这是供产销矛盾的生动概括。在当时的体制下，管物资供应的物资局不管生产，对生产运作和利润漠不关心；管生产的省机械工业局等部门又缺乏原材料分配权，往往出现有生产计划、无原材料供应计划的情况，影响生产的进行。此外，产品的生产与销售部门不能直接见面，矛盾尖锐。生产在省机械工业局主管的工厂进行，销售则在省农机管理局所属的农机公司进行。生产和销售分属于不同的主管部门，彼此之间缺乏经济责任与经济利益联系，产销很容易脱节。从横向看，湖北省一直有两条主线（尽管某些时期有过某些环节的整合）在主导农机化事务。一条是：省政府（革委会）、"农办"、省农机管理局、省农机公司、部分农机厂。一条是：省政府（革委会）、"工办"、省机械工业局、省农机工业公司（行政性机构）、地、县工业局、部分农机厂。情况还不止于此，单就农机生产厂家而言，省农垦局和省劳改局都分别设有自己的农机厂。各部门都按照自己的意图办事，不考虑别的部门、地区和整个国民经济的需要，都愿意生产产值高、利润大、工艺简单的产品，造成农机产品的比例关系失调。如原本省机械工业局所属枣阳柴油机厂是生产拖拉机链轨轴的老厂，有专门生产线，适于大批量生产，但省农机管理局又另外安排两家生产同类产品的工厂建厂，造成重复和浪费。

5 机制转换阶段（1979—1994年）湖北省农机化政策回顾及分析

5.1 政策概览

本书以1979—1994年湖北省农机化政策为研究对象，通过文献收集、政府网站收索、回溯检索等方法，共获取政策文本154件（见表5-1）。

表5-1　机制转换阶段湖北省农机化政策概要

序号	年份	发布者	名称	主要内容
1	1979	农机部	《关于调整整顿地县研究所的通知》	地县研究所的主要任务是研究县、社、队农业机械的合理配置及经济效果，研究农机应用，维修技术，引进实验、推广先进的农业机械，研究本地、本县农业机械区划，总结群众性工具改革成果
2		农机部	《试行全面质量管理的通知》	要求加强领导，制订规划，推广全面质量管理办法
3		杨立功	《在小麦收获机械化座谈会上的讲话》	加快实现小麦收获机械化是发展小麦生产实现增产增收的需要；实现小麦收获机械化应采用小型收割机配备脱粒机和必要的烘干机；要做好小麦收割机的生产和推广工作；要重视脱谷机的生产，加快烘干机的选型工作；联合收割机要

续表

序号	年份	发布者	名称	主要内容
				努力改进性能,提高质量增加产品;继续做好小麦机耕、机耙、机播的工作
4		王任重	《在各省、市、自治区农机局长会议上的讲话》	指出农机工业需要调整、整顿与改革;农业的各个方面都要实现机械化;需要解决在农业机械化中的运输问题;农机工业改组需要全国统一规划与调配
5		农机部	《关于农业机械化几个问题向国务院、中央的请示报告》	1.调整改组农机工业(按专业化协作生产的原则,合理布局,择优发展,调整企业的产品方向;按经济管理的办法,把农机工业组织起来,组建全国性和地区性专业公司;整顿企业管理,加强科研工作;把解决农村运输问题作为调整的重点项目进行安排;对县农机修造厂,坚持又修又造的方针,由各地负责调整、整顿);2.加强农机化管理和服务工作;3.要具体落实几项重要政策措施(农机投放要突出重点;充分运用财政信贷工具;油料的生产供应要和农机化发展相适应)
6		中共中央	《关于加快农业发展若干问题的决定》	指出要因地制宜发展农林牧副渔机械化,提高牧业机械比重;要积极发展农业运输机械和装卸机具;要切实搞好农机工业的调整、改革、整顿、提高,改进产品质量,降低生产成本,逐步做到"三化",认真解决好农机具的配套问题和零备件的供应问题;要做好"农业机械的科学研究、设计制造、使用管理、维护保养、供销服务和人员培训等工作"

续表

序号	年份	发布者	名称	主要内容
7		杨立功	《在全国农机工作会议上的总结发言》	认真贯彻并完成《关于加快农业发展若干问题的决定》中有关农业机械化方面的十项任务；尽快制订实现农业机械化的近期规划和长远规划；农机工业的调整必须与改革相结合，从大处着眼小处着手；加强农机使用管理，提高农机服务水平；农机产品要进入国际市场
8		省农机局	《关于农机作业实行单机核算的试行意见》	成本核算落实到单台机器
9		省农机局	《全省农机管理工作三年调整意见》	提出1979年至1981年为三年调整时期。调整期间，农业机械化的重点地区是：新洲、荆门、总口农场及江汉平原，襄北岗地
10		省科委	全省农机化科研座谈会	确定了全省今后一个时期内的科研方向。一是做好水田"三机"的改进设计工作，逐步实现"三机"的更新换代；二是研制缺门机具，实现水田机械的一机多用、成龙配套；三是本着先易后难，先急后缓的原则，优先安排水稻中耕机、联合收割机、粮食烘干机以及农用汽车的研制；四是做好播种、开沟、制钵、拔杆等棉田机具的研制。会议还针对当时农机研究机构数量多，科研力量弱，无编制、无经费的现状，建议有关部门对机构进行调整，结合农业生产特点建立若干个专业研究所并纳入事业编制，配备必要的研制、测试手段

续表

序号	年份	发布者	名称	主要内容
11	1980	国务院批转	《农机部关于积极发展小麦收获机械的报告》	各级农机部门迅速搞出统一的产品图纸；结合农机工业调整，选好厂子，定点生产；搞好宣传推广及技术培训；对现有收割、脱粒机械进行一次检查清理
12		国务院批转	《农业机械部关于全国农机工作会议的报告》	指出调整改组的几大要点：改组拖拉机、内燃机、排灌机械工业；调整改造提高配件和配套农具的生产企业；提高牧业机械在农业机械中的比重；逐步改革材料供应和产品管理体制；着重抓好农机工业调整和长远规划。做好八项工作：开展增产节约运动，搞好农机工业；解决"两配"问题；加强农机使用管理；制订近期和长期规划；加紧试点工作；提高农机服务工作水平；农机产品进入国际市场；加强科研教育工作
13		国务院	《国营工业企业利润留成试行办法》	扩权企业实行基数利润留成加增长利润留成，按产量、质量、利润和供货合同四项指标考核，完成四项指标才能留成
14		农机部	《农村人民公社农业机械管理条例》	大、中型农业机械一般由人民公社或生产大队经营；在少数地区，有的生产大队规模较大，也可以经营大、中型农业机械，要根据有利于发展生产、集体富裕的原则决定。小型农业机械一般由生产队经营；有些地方生产大队规模小，又能由小型农业机械承担农业生产主要作业的，可由大队统一经营
15		农机部	《农机工业企业设备管理试行条例》	规定设备管理的内容及任务

续表

序号	年份	发布者	名称	主要内容
16		杨立功	《就当前农业机械化形势问题答〈农业机械〉记者问》	坚持实事求是原则，不再提1980年基本实现农业机械化口号，但依然积极推进农业机械化；农业机械要在最适于发挥自己优势的地区和方面充分发挥优势，提高牧业机械化程度，提高经济作物和林牧副渔业的机械化水平
17		项南	《在农机厅、局长会议上的总结讲话》	农机产品实行敞开供应的办法；调整销售价格；实行赊销或分期付款的办法；解决农业生产的季节性与工业生产要求均衡性的矛盾；逐步改革农机经营体制；扩大农机经营企业的自主权
18		农机部、国家物价总局	《关于部分农机产品试行浮动价格的通知》	浮动产品暂定为手扶拖拉机、12马力以下小柴油机、10马力以下汽油机、手动喷雾器四种。该通知9月1日执行。10月，农机部发布了《关于部分农机产品试行浮动价格的补充通知》，又增加了一部分产品试行浮动价格
19		省物价局	不详	将一二类农机产品进销综合差率提高1%，提高部分归县农机公司所有。调拨价不变，零售价96%的产品全省统一。经销综合差率中的管理费率由省、地、县三级分成。运杂费用按照分片化率标准进行补贴
20		省物价局、省农机局	《部分农机产品实行浮动价格的通知》	少部分农机产品(手扶拖拉机、小型柴油机、轮式拖拉机)价格实行浮动机制
21		省农机局转发	《英山县农机作业、维修、保养等定额标准》	英山县农机作业、维修、保养、油料消耗、零件消耗等定额标准

续表

序号	年份	发布者	名称	主要内容
22		省政府	《关于对农用拖拉机暂缓执行"三统"的规定》	暂缓执行统一经营、统一管理、统一使用的规定(实际上以后不再执行)
23		省农机局	《全省农机化调整意见》	今后我省农业机械化的发展,应当是在继续大力抓好农业方面的机械化的同时,有重点有选择地发展林、牧、副、渔方面的机械化,把"化"和"富"结合起来
24	1981	农机部	《农业机械化技术推广工作座谈会纪要》	推广工作要从实际出发,要讲经济效益,增产增收,要坚持科学方法、循序渐进;农业机械化技术推广工作的基本任务是:推广新机具、新技术、新成果和普及科学技术知识;推广的内容要从农林牧副渔各业生产需要出发;推广工作的方法在于五个方面:选好项目;试验示范;由点到面,稳步前进;搞好服务;协作配合
25		国家经委、国务院体改办	《关于实行工业生产经济责任制若干问题的意见》	国家对企业实行的经济责任制,在分配方面可以基本归纳为三种类型:一是利润留成,二是盈亏包干,三是以税代利、自负盈亏
26		农机部	《农机工业企业管理试行条例》	具体内容不详。包括五个文件。提高企业管理水平的基本要求;全面质量管理试行条例;企业全面经济核算试行条例;设备工作条例;安全生产工作条例
27		农机部	全国农机产品出口工作会议	明确农机产品出口要以质量取胜,要发展适销对路产品,巩固和扩大国际市场
28		农机部	小型农机座谈会	小型农机仍不能适应农业生产的需要,发展小型农机要从实际出发,因地制宜,讲求经济效益,有选择地发展适销对路的产品

续表

序号	年份	发布者	名称	主要内容
29		人民日报	《增产中小农具刻不容缓》	生产中小农具,要抓好政策落实
30		省政府办公厅	《做好农机工业调整规划的通知》	强调调整规划的目的、原则、重要性
31		省农机局	《关于贯彻执行中共中央[1980]75号文件精神,进一步加强和完善农机使用管理责任制的几点意见》	总结农机使用管理的责任制形式,如单位核算、定额奖赔、联产计酬、专业承包、包机到人,提出完善方案
32	1982	中央、国务院	《关于国营工业企业进行全面整顿的决定(中共中央二号文件)》	用三年时间对企业全面整顿。1.整顿和完善经济责任制,搞好计划管理、质量管理和经济核算;2.整顿和加强劳动纪律,执行奖惩制度;3.整顿财经纪律,健全财务会计制度;4.整顿劳动组织,按定员定额组织生产,进行全员培训;5.整顿和建设领导班子,加强职工思想政治教育
33		农机部	机械工业规划工作会议	"六五"农机产品发展重点是增加中小型、节能型和农林牧副渔各方面需要的产品
34		农机部	《农机工业的形势和战略任务的报告》	农机工业在相当长的时间内必须实行大中小并举,以小型为主,机械化与半机械化并举,既要发展田间作业机具,又要发展多种经营机具,动力机械与作业机具配套发展,积极研制多能源和节能产品

续表

序号	年份	发布者	名称	主要内容
35		农机部	《认真贯彻中共中央二号文件的通知》	要求对200个重点企业进行整顿并给出时间表
36		农机部	《机械工业在整顿期间全面质量管理验收要求》	不详
37		机械部农机局	《农机全面质量管理验收实施细则》	不详
38		农机部	《农机化管理工作座谈会纪要》	农机化管理工作的中心环节是对集体所有的农业机械建立和完善农机使用管理责任制；把调整、整顿公社农机站的工作办成基层管理服务中心，适应农民学习农机技术的要求，改进和加强技术培训工作；农业机械的经营，实行以集体经营为主、多种形式并存
39		中共中央	《全国农村工作会议纪要》	农业机械化必须有步骤、有选择地进行，在今后相当长时期，必须是机械化、半机械化、手工工具并举，人力、畜力，机电动力并用，工程措施和生物技术措施相结合
40		农牧渔业部	《全国农机鉴定工作座谈会纪要》	会议在总结交流基础上共同讨论了农机鉴定工作方向、任务："有选择地推广适用的农业机械"作为农机鉴定工作的主导思想；鉴定的目的是推广；全国应当有一个农业机械鉴定工作条例
41		农业部	《农牧渔业部农业机械鉴定工作条例(试行)》	共五章21条，从农机鉴定工作的任务、鉴定工作程序、鉴定工作机构等方面进行相关规定

续表

序号	年份	发布者	名称	主要内容
42		中共中央	《当前农村经济改革的若干问题》	农民个人或联户购置农副产品加工机具、小型拖拉机和小型机动船，从事生产和运输，对发展农村商品生产，活跃农村经济是有利的，应当允许；大中型拖拉机和汽车，在现阶段原则上也不必禁止私人购置
43		省农机局	《全面整顿农机工业企业的通知》	发展中小型农机具，机械化与半机械化并存，人机畜结合
44		省农机局	《湖北省农机工业企业基础工作检查细则（试行）》	对农机企业生产、技术、质量、管理等工作细化检查项目
45		省政府转发农机局	《关于社员购买农机有关问题的报告》	允许社员联户或独户购买经营包括拖拉机、柴油机在内的中小型农业机械；积极引导和组织有机械的社员为生产服务，为社员服务，自觉遵守政策、法令，从事正当经营活动；把社员的农业机械与社队集体机械一样看待，搞好油料定量供应
46		省政府	《关于缩小农（渔）业用柴油补贴范围的通知》	补贴范围缩小
47		省农机局	《拖拉机使用技术状态标准和检查维护规范》	以拖拉机的整洁性、可靠性、动力性、经济性为纲，规定了拖拉机使用时各部分技术标准，该标准使得农业机械管理的要求具体化、系列化，成为全省拖拉机机务管理的重要依据

续表

序号	年份	发布者	名称	主要内容
48		省农机局	《湖北省农机化"六五"规划》	分农机制造和农机化两个部分。农机制造部分对农机的出口、企业的技术改造、产品质量、新产品开发、基础件攻关、测试基地、基建、教育培训等进行规划和设想;规划到1985年,机耕61%,20万个生产队,每队至少有一台手扶拖拉机,小型拖拉机农机具配套比1:4,大中型配套比1:5
49	1983	中央	《当前农村经济政策的若干问题》	要继续进行农业技术改造,当前应着重发展小型、多用、质优、价廉的农业机械
50		国务院批转	《财政部关于国营企业利改税试行办法》	凡有盈利的国营大中型企业(包括金融保险组织),均根据实现的利润,按百分之五十五的税率交纳所得税。企业交纳所得税后的利润,一部分上交国家,另一部分按照国家核定的留利水平留给企业。凡有盈利的国营小型企业,应当根据实现的利润,按八级超额累进税率交纳所得税。交税以后,由企业自负盈亏,国家不再拨款。但对税后利润较多的企业,国家可以收取一定的承包费,或者按固定数额上交一部分利润
51		机械部	《农机产品质量分等考核办法》	采用国际标准要求,规定了优等品和一等品等级标准
52		国家经委、机械部	《机电产品生产许可证条例》	从手扶拖拉机和195型柴油机试点,逐步扩大到油泵油嘴、脱粒机、潜水电泵等

5.1 政策概览

续表

序号	年份	发布者	名称	主要内容
53		杨立功	《在机械工业为农村经济发展服务工作会议上的总结报告》	把农机化工作转移到为农村经济发展服务上，"三个转变"比"四个转变"更具深度；集中优势兵力，加速多种经营领域所需机电产品开发；关注农机产品价格、小型农机产品六个优先、新产品试制费、产品质量等具体问题
54		农牧渔业部、商业部	《关于农用柴油分配供应管理办法》	共6章19条，在计划分配、统配定量、管理与节约、基层供油点等方面做了相应规定，指出从1984年开始，农用柴油由农机部门分配，商业部门供应
55		农牧渔业部	《农业机械化技术推广工作管理办法（试行）》	共7章25条，从推广体系、推广程序、推广经费条件、技术承包、成果奖励等方面作出了相应规定
56		农牧渔业部	《全国农机化管理工作会议纪要》	发展农业机械化要抓好四个方面工作：以重点推广项目为中心，组织好科研、鉴定、推广等环节农机化科技工作；进行各种主要生产项目机械化可行性研究；组织"重新研究和拟定在我国不同地区实行机械化的方案"；制订农机更新换代计划和办法
57		农牧渔业部	《全国农机维修工作座谈会纪要》	建立健全农机维修规章制度，逐步实行法规管理；大力提高农机维修质量，积极开展技术状态升级赛；不断完善和提高农机维修责任制；讲究维修效果，开展修旧利废，降低修理费用；搞好农机维修网点规划布局；加强农机维修科研和技术推广工作，加强维修工作的组织领导

129

续表

序号	年份	发布者	名称	主要内容
58		农牧部、机械部	《关于严控产品质量、加强农机产品鉴定工作的联合通知》	加强农机产品质量和产品鉴定工作
59		省农机局	《关于农机科技管理改革的几点意见》	建立以承包制为中心的技术责任制,提高工作效率,多出成果,保证研究成果与技术服务质量;改革意见从经费、鉴定、研究责任制三方面作出规定
60	1984	国务院	《关于进一步扩大国营工业企业自主权的暂行规定》	在生产经营计划、产品销售、价格、物资选购、资金使用、资金处理、机构设置、人事劳动管理、工资奖金、联合经营等十个方面给企业应有的自主权
61		农牧渔业部	《全国农业机械化科研工作座谈会纪要》	农业机械化的科学研究包括"机"和"化"两个方面;在"化"的研究上,一是要抓好农林牧副渔各主要生产项目机械化可行性研究,二是要抓好重新研究拟定不同地区实行机械化方案,三是要研究农业机械更新的标准、政策和实施办法,四是要研究与生物技术相结合的、经济效益显著的机械化技术,五是要研究多种能源在农业机械上的利用和节能技术
62		国务院	《关于农民个人或联户购置机动车船和拖拉机经营运输业的若干规定》	对经营运输提出细化规定,明确农用拖拉机及其驾驶员牌证由农机部门负责颁发和管理
63		国务院	《关于农民个人或联户购置机动车船和拖拉机经营运输业的若干规定的补充规定》	明确工商行政管理部门制发的营业执照是农民拥有机动车船和拖拉机准许参加营业性运输的正式证件,检查站设置要严格控制,细化营业性运输时间标准,明确营运管理费用收取问题,指出农用拖拉机免征养路费以及营业性运输工具保险办理等问题

续表

序号	年份	发布者	名称	主要内容
64		农牧渔业部	《农用拖拉机及驾驶员安全监理规章》	共5章67条，明确指出农牧渔业部负责农用拖拉机安全监理和核发牌证工作，从拖拉机管理、驾驶员管理违章及事故的处理等方面做出详细规定
65		农牧渔业部、国家工商行政管理局	《全国农村机械维修点管理办法》	共19条，明确定义了农村机械维修点、相应经营方式，并且从技术标准、工艺规范等方面做出了解释与规定，指出应按国家和省级政府规定交纳税金和管理费
66		省政府	《关于农村拖拉机的管理和经营运输业有关问题的暂行规定》	农民合法经营运输业受法律保护，要办相关手续。农用拖拉机由县市以上农机监理部门负责管理
67		省政府	《湖北省农机安全监理收费标准及管理办法》	对收费标准及管理要求进行规定
68		省农机局	《整顿、调整我省农机修理价格的参考意见》	对农机修理市场格局及价格提出建议
69		省物价局	《关于下放农田机械作业收费和农机修理收费管理权限的通知》	废除以前省颁的这两项收费规定，政府放弃对农用机械作业收费价格的管理，收费标准由农机经营者与雇佣农机的农户协商确定
70		省财政厅、省物价局、省机械厅	《湖北省农机商品销售价格暂行管理办法》	农机公司的"基本任务是为工农业生产服务，为农村经济服务，是联系工业和农业、生产和消费的桥梁和纽带"。农机商品的经营，目前实行合理计费、保本经营的原则。将全省统一零售价改为三种价格形式：1.以武汉市为中心、全省按八个区统一管理零售价。2.产地

续表

序号	年份	发布者	名称	主要内容
				零售价格。3.按经济区划定销售价格。经营农机商品的收费标准也进行了相应的扩大。包括：一类商品管理费率为5%(不包括运杂费)；二类商品管理费率为7%(不包括运杂费)；三类商品中两机配件综合费率为14.5%(包括运杂费)，其他三类商品管理费率为11.5%(不包括运杂费)。并对物价机构和物价人员、物价纪律和奖惩都进行了明确的规定
71	1985	武少文	《在全国农机化管理工作改革座谈会上的讲话》	指出长期以来单纯从技术观点搞农业现代化与机械化，缺乏以经济观点认识机械化与农村经济发展的关系；明确农业机械化的具体范围是农林牧副渔大农业初级产品生产过程的机械化；确定农机化战略应考虑管理体制、与新技术结合等方面的问题
72		何康	《在全国农机化管理工作改革座谈会上的总结报告》	因地制宜调整和完善农机化经营形式；做好农机化服务网络，开展优质服务；理顺管理机构，加强行政领导；尽快解决农机具的配套补缺问题，实现全生产过程机械化；以法治农，以法管机
73		农牧部	《关于县级农机校的改革意见》	着重研究县级农机校如何适应农村产业结构的调整和农业机械化的发展进一步搞好改革的问题，从扩大学校自主权、实行校长负责制、开展多种形式办学、实行培训推广服务相结合、改革教学方法、实行有偿服务和加强领导等方面做了相应规定

续表

序号	年份	发布者	名称	主要内容
74		农牧部	《关于加强农业机械试验鉴定工作的意见》	明确指出农业机械试验鉴定工作是农业机械产品质量管理的重要组成部分，其工作准则是科学公正性，重要条件在于提高人员素质，基础工作在于完善测试手段，依据则是技术标准
75		农牧部	《关于加强农机化管理工作的意见》	积极支持各种专业户和合作经济组织自主经营各种农业机械。有关部门在机具配件供应、油料分配、贷款、技术指导等方面应予以支持。任何单位和个人都不准以任何名义侵占、平调和挪用农机经营单位和农机经营者的资金和固定资产，不得强行联股分红
76		肖鹏	《在全国乡、村农机化服务工作座谈会上的讲话》	以乡(镇)、村为重点建立健全农机化管理服务组织；维护乡村农机化服务组织的自主权；"以农为主，综合经营"
77		农牧部	《加强乡、村农机化服务工作试行办法》	按照"国家、集体、个人一齐上"原则，有计划发展乡、村农机化服务事业；改善基层农机化服务，加强乡一级农机化服务组织建设；加强乡、村农机化技术队伍建设
78		农牧部	《农机鉴定工作条例实施细则》	对各类鉴定方法、鉴定工作程序、检验项目的来源、试验鉴定大纲、技术文件、鉴定样机等作出规定。共28条
79		农牧部	《关于县农机化所改为农机化技术推广服务站的通知》	明确规定县农机化技术推广服务站的主要任务是承担农机化技术推广项目，开展技术引进、示范和推广工作

续表

序号	年份	发布者	名称	主要内容
80		省政府	《关于农用柴油分配供应管理有关问题的通知》	从1985年起，农用柴油计划分配由农机部门负责，允许县以下农机管理服务站经销、代销，石油部门负责供应
81		省农机局	《农机化"七五"规划》	以提高劳动生产率和土地产出率为重点，稳步发展种植业选项机械化，优先武装农业商品粮生产基地；大力发展经济效益显著、人力、畜力难以胜任的机械作业项目；机具的配套实行大中小结合，以中型为主，人畜机电并用
82		省农机局	《做好农机化管理服务工作的意见》	强调转变职能，加强服务
83		省农机局	《关于农机科技管理改革的几点意见》	中心思想是建立以承包制为中心的技术责任制，提高工作效率，多出成果，保证研究成果与技术服务质量
84	1986	陈耀邦	《在全国农业工作会议上关于农业机械化问题的讲话》	农业机械化要以提高经济效益为中心，继续贯彻机械化、半机械化、手工工具并举，人力、畜力、机电动力并用，工程技术措施与生物技术相结合的方针；要抓好农业机械化的技术改造，重点提高质量和完善配套，适当控制发展数量，有选择地开发经济效益显著的适用的新机具、新技术；要继续搞好农机管理体制的改革，加强服务体系建设，强化服务手段
85		省农机局	《县级农机化所改为推广站的通知》	要求更名并对职能进行相应调整

续表

序号	年份	发布者	名称	主要内容
86		省政府	《关于抓好农机具检修、柴油分配保证春耕的通知》	对农机具维修、配套所必需的原材料和资金,各级计划、财贸等部门要及时安排优先供应。农机、石油、供销部门密切配合供应油料
87		省政府	《重申柴油分配供应规定》	农用柴油分配供应仍按鄂政办发[1985]12号文规定执行
88		省农机局	《湖北省农业机械化"七五"(1986—1990年)发展规划》	机具的配备实行大中小相结合,以中型为主,人畜机电并用
89	1987	国务院批转	《农牧渔业部、机械委、水电部、林业部关于当前农业机械化问题报告的通知(国发[1987]67号)》	分类指导,重点突破;扶持和加强农机工业;机电排灌设施应当结合农田水利工程的建设和修复,更新设备,进行技术改造;大力发展林业机械,抓好造林、育林、种子采集加工、森林保护、木材生产和加工机械的研制、推广;推广农机化新技术;管好用好农业机械,改善技术状态;增强农村农机化技术力量;加强县级农机化服务组织建设;加强对农业机械化的领导
90		公安部、农牧渔业部	《关于农用拖拉机道路交通问题的通知》	拖拉机安全技术检验、驾驶员的考核和核发牌证由公安部门委托农机部门负责
91		农牧渔业部	《关于〈贯彻国务院批转农牧渔业部等四部委关于当前农业机械化问题报告的通知〉的意见》	强调"分类指导,重点突破"是今后一个时期农业机械化发展的指导方针;要大力开展农业机械化科技推广工作;加强农机技术监督工作;继续加强农机教育和岗位培训;明确农牧渔业部统一负责农机维修全行业的管理工作;强化农业机械化服务工作,从农业生产需要出发

续表

序号	年份	发布者	名称	主要内容
92		农牧渔业部	《关于进一步加强农机安全监理工作的意见》	进一步明确农机安全监理工作的任务；对各类农业机械作业全过程实行安全监督、管理；加强农机安全监理自身建设；加强事故分析，落实安全措施；农机监理要与农机管理、培训、鉴定等工作密切结合，互相促进；农机化管理部门要与各有关部门通力协作；加强农垦系统的农机安全监理工作
93		农牧渔业部	《农牧渔业丰收计划暂行实施办法》	该办法以提高经济效益为中心，坚持为当前农牧渔业生产服务的方向；其主要任务是，把农牧渔业现有的科研成果和先进技术综合运用于大面积、大范围的生产中，促进农牧渔业生产的发展，实现高产、优质、低耗、高效，达到增产增收的目的；"丰收计划"项目包括10个方面内容
94		农牧渔业部	《"丰收计划"农业技术推广基金暂行管理办法》	明确指出"丰收计划"基金是国家财政安排的专项资金，只能用于农牧渔业"丰收计划"所确定的项目，要专款专用，不得挪作他用；并细化了"丰收计划"基金开支范围以及相应的管理规定
95		省农机局	《关于加强农机修造企业质量管理意见(试行)》	对农机系统的修理企业的质量管理提出细化要求
96		省农机局、工商局	《湖北省农村机械维修点管理办法实施细则(试行)》	对农村农业机械维修网点的管理提出细化要求

续表

序号	年份	发布者	名称	主要内容
97		省政府批转机械厅、农机局等	《贯彻国务院关于当前农业机械化问题意见报告》	分类指导，重点突破，有重点、有步骤、有选择地发展农机化；扶持和加强农机工业；加强机电排灌设施的管理；大力发展林业、畜牧业、水产养殖机械；加强技术监督和技术服务，建立健全农机化服务网络
98	1988	国家科委、中国农业银行	《关于加强信贷工作促进农业科技开发和应用的联合通知》	指出农业科技开发、应用和信贷支持的重点，优先支持国家确定的农业十项应用技术，明确农业科技开发、应用贷款的对象和贷款条件
99		农业部	《关于印发〈全国农牧渔业"丰收计划"畜牧业、水产业、农机化项目验收办法(试行)〉的通知》	《全国农牧渔业"丰收计划"农机化项目验收办法(试行)》中指出，检查验收工作分阶段性检查和总结验收两个阶段，检查验收内容主要以"丰收计划"项目合同规定的技术经济指标和有关的要求为依据，作出明确的结论，明确了相关验收程序和办法以及申请验收单位必须提供的材料(技术文件)
100		农业部	《关于加强乡(镇)农机管理服务站建设的意见》	指出乡(镇)农机管理服务站在业务上受县农机管理部门指导，明确其管理职能；乡(镇)农机管理服务站坚持"以农为主、综合经营"的方针，以商品经济规律为指导，其建设及兴办经济实体的资金要采取多种形式，逐步建立农机化事业发展基金制度，实行站长负责制，提高农机管理人员薪资福利水平，重视农机队伍建设
101		省农机局	《农机服务收费标准及管理办法》	规定收费系列标准，提出管理办法

续表

序号	年份	发布者	名称	主要内容
102		省农机局	《湖北省农机化科技进步奖励办法(试行)》	出台科技奖励的原则和具体规定
103	1989	邹家华	《在全国农业机械化工作会议上的讲话》	根据国情来制定农业机械化发展战略;抓住重点,积极稳步发展农业机械化;各部门通力合作,共同促进农机事业发展
104		何光远	《在全国农业机械化工作会议上的讲话》	农机工业发展指导思想:以适应需求为目标,以为用户服务为宗旨,立足于行业的统筹规划和宏观调控,上质量、上品种、上水平、上成套,提高企业经济效益,提高服务质量,在满足农业和配套工业的需求中求发展。农机工业的发展方针:产品方面,要大中小相结合,以中小型为主,逐步增加大中型农机比例。技术方面,实用技术与先进技术相结合,以适用技术为主。在动力机械与配套机具、主机与配件发展上,要协调发展,要提高产品成套水平和"三化"程度。在产品数量和质量上,要坚持质量第一,提高产品的适应性、可靠性和耐久性。在企业建设和改造上,以内涵为主发展生产,特别要加强大中型企业的技术改造。要采取有力的措施:继续贯彻"治理、整顿"的精神,落实宏观调控政策;依靠科技进步,以内涵为主发展农机工业;深化企业改革,加强管理,提高效益;增加投入,加强重点企业、重点项目的技术改造;给企业创造良好的外部环境

续表

序号	年份	发布者	名称	主要内容
105		何康	《在全国农业机械化工作会议上的讲话》	提出了农业机械化管理工作的五项基本原则；指出提高农机化管理工作的有效性；巩固、完善、发展农机化服务体系；增加农业机械化方面的资金、物资投入
106		陈俊生	《在全国农业机械化工作会议上的讲话》	指出要对本部门经济业务计划结构进行调整；国务院各有关部门和地方各级政府要优先保证对农机等农业生产所需能源、原材料的供应
107		农业部	《农机化推广工作实施细则》	公布系列实施细则
108		国务院	《关于依靠科技进步振兴农业，加强农业科技成果推广工作的决定》	明确指出依靠科技进步振兴农业；要大力加强农业科技成果的推广应用与农村教育，广泛开展技术培训；建立健全各种形式的农业技术推广服务组织；进一步稳定和发展农村科技队伍；增加农业科技投入；重视并做好农业高技术和基础研究工作；切实加强对科技兴农工作的领导
109		省物价局、机械厅、农机局	《湖北省农机安全监理收费标准》	对监理收费项目、价格进行规定
110		省政府	《进一步加强农业柴油分配供应管理的通知》	再次强调原有规定
111		省农机局	《湖北省农业机械安全生产监督管理暂行规定（试行）》	对农机作业安全进行规定

续表

序号	年份	发布者	名称	主要内容
112		省农机管理局	《"八五"(1991—1995年)农业机械化规划》	指出"八五"发展重点在于种植业机械化、养殖业机械化、农产品加工机械化、林业机械化，并提出进行农机化立法，修改完善现有的各项农机化规章制度
113		省税务局	《对县以下农机系统免征营业税的通知》	县以下农机站、农机化服务站(中心)、农机化技术推广站等单位，其主要业务是为支援农业生产的发展，代农民机耕、推广农业技术和销售一部分农机产品，经过审查批准给予定期减免营业税
114	1990	农业部	《关于加强农机化科技工作振兴农业的意见》	大力开展农机化技术推广；开展农业机械化科学研究；增强各级农机化科技机构为农业服务的功能；巩固和建设农机化科技队伍；建立和完善农机化科技信息情报网络；增加农机化科技单位经费投入
115		国务院批转	《农业部、机电部、水利部关于加强农机生产和使用管理工作报告的通知》	加强农业机械使用管理、技术监督、安全监理等工作；制定和运用各项政策、法规；加强对农机工业的扶持、统筹规划和宏观管理；加强科学研究和农机新产品、新技术的开发、推广工作；进行农业机械、机电排灌设备的更新改造；实行多种所有制、多种经营形式并存的体制；加强服务体系建设；增加资金和物质投入；办好培训教育
116		国家税务局	《关于对销售化肥、农机等资料一律按批发征税的通知》	规定对销售给农业生产者的农机产品及其零配件等一律按批发征税；指出在1990年底以前继续免征营业税的商品种类及范围；对个别纳税有困难的企业按税收管理体制的规定给予减税或免税照顾

续表

序号	年份	发布者	名称	主要内容
117		省农机局、经委、公安厅	《关于加强拖拉机售前技术检测的通知》	公布技术检测项目，消除安全隐患
118		省农机局	《农机管理服务费征收、使用和管理的若干规定》	对收费项目、价格、使用等进行规定
119	1991	国家物价局、机械电子工业部、物资部等	《农业机械商品销售价格管理办法》	共6章23条，明确了农机商品销售价格管理的基本任务，从销售价格的制定、管理、各级农机公司价格管理职责和物价纪律等方面做了相应规定
120		马毅民	《充分发挥农机公司系统主渠道作用》	加强领导与行业协调；协调政府加强农机市场管理；充分利用和发挥农机公司系统现有网络作用
121		国务院	《关于加强农业社会化服务体系建设的通知》	明确了农业社会化服务体系的形式、内容、原则，强调要建立服务体系建设的资金保证制度，并特别指出在工商管理和税收方面实行的扶持政策
122		农业部	《农民技术人员职称评定与晋升暂行规定》	确定农民技术人员职称性质，细化各级职称的业务标准，明确全国农民技术人员职称评定与晋升工作由农业部人事劳动司统一部署，由农业部教育司具体负责组织实施
123		省农机局	《湖北省农机化科技兴农实施管理办法》	对科技成果、项目推广应用作出规定

续表

序号	年份	发布者	名称	主要内容
124		省政府	《关于加强农业机械化工作的通知》	因地制宜，突出重点，有选择地发展机械化；加强农机服务体系建设，广泛开展社会化服务；加强农机科研教育和农机新产品、新技术的开发、推广；强化农机管理，完善监理办法；增加对农机化的投入
125		省农机局、财政厅	《湖北省农机监理费等项费用使用管理办法》	对监理费的使用做了系列规定
126		省农机局	《湖北省农机化"八五"规划》	总结"七五"：农机化宏观管理失控，动力机械增长过快，拖拉机农机配套比下降，农机技术状态恶化，农机作业水平低，农机服务体系建设滞后，投入少等。规划重点：种植业、养殖业、加工业、林业机械化，农机化立法
127	1992	农业部	《关于进一步加强基层农机服务体系建设的意见》	大力发展多层次、多形式的基层农机服务组织；积极开展农机社会化、系列化服务；兴办多种形式的经济实体；稳定和发展农机队伍；健全规章制度；完善制定优惠政策
128		国务院	《关于积极实行农科教结合推动农村经济发展的通知》	指出农科教结合是实现农业现代化的一个重要途径，主要目的是推动农业、科技、教育事业的结合，建立相互促进、协调发展的运行机制，要充实和健全科技培训与推广网络，并要求各级政府认真落实"尊重知识、尊重人才"的方针和有关政策，细化了相关规定

续表

序号	年份	发布者	名称	主要内容
129		农业部	《关于进一步加强科教兴农工作的决定》	指出要加强农业科研工作,增强科教兴农的技术贮备;加强农业教育;加快落实国务院决定;加强基层农业技术推广体系建设;多方筹集资金,切实增强科教兴农的投入;进一步深化农业科技体制改革
130		农业部	《全国乡镇农机管理服务站管理办法(试行)》	共6章22条,明确了农机站的职能及管理机制,细化了农机站机构人员、管理工作、农机化服务与农机综合经营等方面的内容与规定
131		农业部	《农业科技开发工作管理办法》	共5章21条,明确该办法适用的机构类别及所属范围,从农业科技开发工作的管理、农业科技开发的主要内容和形式、农业科技开发的费用、收入分配和税收等方面做了相关细化规定
132		农业部人事部	《乡镇农业技术推广机构人员编制标准(试行)》	明确乡镇农业技术推广机构的性质及范围;特别指出在编制定员范围内,允许有国家干部、聘用制干部、合同制工人等不同身份人员存在;各地可从在岗的乡镇农业技术、农业机械等人员中择优聘用,不另在社会上招收
133		农业部人事部	《关于乡镇农技机构补充人员有关问题的通知》	指出乡镇农业五站定编后,补充人员工作要从实际出发,明确缺编人员来源途径,补充人员的工资和干部安排,规定了聘用对象的资格条件、考试考核标准、工资福利水平等问题
134		国家税务局	《关于社会化服务体系若干税收问题通知》	明确了免征所得税的收入类别、"八五"期间暂免征收营业税和所得税收入类别,"八五"期间减半征收所得税收入类别以及需按现行营业税规定,确定征、免营业税的范围

143

续表

序号	年份	发布者	名称	主要内容
135		农机局、标准局	《关于对部分农机产品质量进行监督抽查的通知》	对安全性要求比较高的机械进行质量抽查
136		省农机局	《湖北省农机事故处理规定》	对事故处理主体、对象、原则作了规定
137		省农机局	《湖北省农机事故处理程序》	对事故处理程序作了详细规定
138		省农机局	《湖北省农机作业违章处罚规定》	对农机作业违章进行界定,对处罚程序、处罚标准进行规定
139		省农机局	《湖北省农机安全操作规程》	不详
140		省物价局、财政厅	《行政事业性收费项目、标准》	收费项目：管理服务费、农用柴油购油证费、农业机械推广许可证费、农机安全管理费、技术检测费、驾驶员培训费等
141	1993	全国人大	《中华人民共和国农业技术推广法》	明确了农业技术范围、农业技术推广应遵循的原则,从农业技术推广体系、农业技术的推广与应用等方面做了相关规定
142		国家税务局	《国家税务局关于认真贯彻国务院提高商品零售营业税税率有关问题的通知》	对各级农机公司销售农机产品及其零配件的业务,供销社系统销售化肥、农药、农膜、中小农具、农机产品及其零配件、柴油的业务,农技、农垦系统销售化肥、农药、农膜和农机管理服务站销售柴油的业务,仍按"商品批发"计税,并在1993年内继续给予免征"商品批发"营业税的照顾

续表

序号	年份	发布者	名称	主要内容
143		农业部 人事部	《关于从事农业技术推广工作的教学科技人员评聘专业技术职务有关问题的通知》	明确评聘专业技术职务时的主要考核内容,并具体规定了申报评聘农业科技推广研究员、教授专业技术职务的试行意见
144		公安部	《关于农用运输车道路交通管理的规定》	明确公安机关交通管理部门对农用运输车按机动车进行统一管理,实施产品目录管理制度,依据《农用运输车安全基准》进行安全技术检验,并做出了相关禁止规定
145		农业部	《关于进一步搞好农机安全管理工作的通知》	指出要重视农机安全管理工作,加强农机安全管理工作组织建设、法规和制度建设,组织开展经常性安全生产检查活动,深入开展安全宣传教育工作
146		农业部	《农机成人教育暂行规定》	共9章51条,明确农机成人教育定义、任务分工,从领导管理、学校建设、教学工作、师资队伍、培训考核、办学经费、奖惩等方面做出相应规定
147		省政府	《全省农用拖拉机道路交通管理问题的通知》	从1993年12月1日起,拖拉机由公安部门委托农机部门管理
148	1994	国务院	《关于印发〈90年代国家产业政策纲要〉的通知》	政府要逐年增加对农业的投资,扶持农用工业。机械工业被列入振兴支柱产业,要求以关键的基础机械、基础零部件和重大技术成套设备为重点,促进产品结构优化,提高产业技术水平和竞争力

续表

序号	年份	发布者	名称	主要内容
149		农业部 人事部	《农业技术推广研究员任职资格评审实施办法》	指出组建"全国农业技术推广研究员任职资格审定委员会",明确评审推荐程序,细化呈报评审材料及要求
150		农业部	《农业部农机化重点科研项目管理办法(试行)》	共7章29条,明确农机化科研工作的总目标、研究范围,以及具体的项目立项范围
151		农业部 财政部	《全国农牧渔业"丰收计划"实施管理办法》	明确"丰收计划"项目主要内容、丰收计划立项原则、丰收计划项目申报和审批程序、丰收计划项目的组织实施管理、丰收计划专项资金的使用和管理以及相应奖励与处罚条款
152		农业部	《关于大力推广农业节本增效工程技术的通知》	指出更加广泛地推广以化肥深施为重点的节本增效技术是农机管理系统发挥装备和技术优势,为发展农业做出新贡献的重要任务。确定11个县市为示范县,100个县(市、区)为蹲点县
153		农业部	《农业机械维修工人技术考核办法》	共15条,是对1984年的《全国农村机械维修点管理办法》和1988年的《关于农村机械维修行业工人技术考核的补充规定》进行的修改,指出成立农业机械维修工人技术考核委员会负责考核工作的具体实施
154		农业部	《关于进一步改革和发展农机成人教育的意见》	转变思想观念,强化市场意识;加大改革力度,增强发展活力;加强基础建设,提高办学水平;完善政策法规,加强宏观调控;兴办校办产业,实行产教结合;广辟经费渠道,增加资金投入;加强组织领导,密切部门合作

5.2 政策背景

  1978年12月,十一届三中全会在北京召开。全会否定了"两个凡是"的方针,重新确立了解放思想、实事求是的指导思想,实现了思想路线的拨乱反正。抛弃了"以阶级斗争为纲"的口号,决定把全党工作的重点转移到社会主义现代化建设上来。1979年9月,十一届四中会通过了《关于加快农业发展若干问题的决定》,该决定允许农民在国家统一计划指导下,因时因地制宜地开展农业生产,保障农业经营自主权。1980年9月,中共中央下发《关于进一步加强和完善农业生产责任制的几个问题》,进一步肯定了包产到户的社会主义性质。1991年11月,十三届八中全会通过了《中共中央关于进一步加强农业和农村工作的决定》。该决定提出把以家庭联产承包为主的责任制、统分结合的双层经营体制作为我国乡村集体经济组织的一项基本制度长期稳定下来,并不断充实完善。

  1982年9月,党的十二大明确了"计划经济为主、市场调节为辅"的经济发展原则,提出按照双轨并行、计划与市场结合的方向进行改革。在以公有制为主体的条件下,允许个体,私人和"三资"企业的存在和发展。1984年10月20日,十二届三中全会在北京举行。会议一致通过《中共中央关于经济体制改革的决定》,该决定明确提出了社会主义有计划商品经济理论,在理论上突破了把社会主义和商品经济对立起来的传统观念,肯定了在公有制基础上的有计划的商品经济。1986年12月5日,国务院作出《关于深化企业改革增强企业活力的若干规定》。该规定提出了"全民所有制小型企业可积极试行租赁、承包经营;全民所有制大中型企业要实行多种形式的经营责任制;少数有条件的全民所有制大中型企业可进行股份制试点"的企业改革方向。1987年10月,党的第十三次全国代表大会召开。有关领导作了《沿着有中国特色的社会主义道路前进》的报告。报告阐述了社会主义初级阶段理论,提出了"一个中心、两个基本点"的基本路线,制定了到下世纪中叶分三步走、实现现代化的发展战略。1984年至1989年，我国出现社会总需求大于社会总供给的矛盾。1988年进行价格体制改革，社会出现抢购风和银行挤兑风现象，国内出现社会总需求大于社会总供给的矛盾，国内CPI居高不下，经济明显过热。1988年9月到1991年，针对经济过热、通货膨胀等突出经济问题，国家开始全面整顿经济环境，政府加强对经济的行政控制就，经济降温。1992年10月，党的第十四次全国代表大会在北京举行。江泽民作了《加快改革开放和现代化建设步伐，夺取有中国特色社会主义事业的更大胜利》的报告。报告总结了十一届三中全会以来的实践经验；确定我国经济体制改革的目标是建立社会主义市场经济体制；提出用邓小平建设有中国特色社会主义理论武装全党。将建设有中国特色社会主义的理论和党的基本路线写进党章，这是党的历史上第一次明确提出建立社会主义市场经济体制目标。1993年11月，十四届三中全会举行。全会通过了《中共中央关于建立社会主义市场经济体制若干问题的决定》。全会指出了"社会主义市场经济体制是同社会主义基本制度结合在一起的"的基本前提和"建立社会主义市场经济体制，就是要使市场在国家宏观调控下对资源配置起基础性作用"的基本目标。同时要求"要进一步转换国有企业经营机制，建立适应市场经济要求，产权清晰、权责明确、政企分开、管理科学的现代企业制度"。同年12月29日，《中华人民共和国公司法》颁布。

  总的来看，这一时期社会经济思想理论发生了积极变化。一是从毛泽东思想向邓小平理论转变。毛泽东思想是中国新民主主义革命和社会主义建设的理论指南，邓小平提出了改革开放新的发展理论。二是从阶级斗争理论转向经济建设理论，经济建设成为党的基本路线的核心内容。三是从国际战争理论转向国际和平理论，中国进入和平发展的年代。四是从计划经济理论转向市场经济理论，中国开始全面的市场经济改革。五是从自力更生理论转向对外开放理论，中国经济全面走向世界。六是从社会公平理论转向社会竞争理论，社会分配差距不断扩大。七是从农村化理论转向城市化理论，越来越多的农民进入城市，城市人口越来越多。

5.3 主要政策内容

1. 调整政策

鉴于改革开放之前我国对农业机械化发展形式的误判，国家从1979年起对农机化工作进行了系列调整和改革。首先是对农机化发展目标的调整。1979年9月《农机部关于农业机械化几个问题向国务院、中央的请示报告》中首次提出"原定的1980年基本上实现农业机械化的任务，已不可能。同时笼统地再提1985年全国农业机械化水平达到85%，既不好办，也不确切，这类口号似不宜再提了"。1980年，时任农机部部长杨立功正式对外宣布，"1980年基本上实现机械化"是不切实际的，也是难以实现的。农牧渔业部在日后草拟草的《"七五"全国农业机械化发展规划》中提出的到"七五"末"机耕水平达到47.9%，机播水平由9.4%提高到13%，机收水平由3.54%提高到4.64%，农机总动力由2.08亿千瓦增加到2.57亿千瓦，年均递增4.3%"等具体指标在国家公布的正式发展规划中被删除，这说明政府部门对于农机化发展目标的制定更趋谨慎。

其次，对农机化内涵和步骤进行调整。1980年国务院批转的《农机部关于全国农机工作会议的报告》要求大家树立新观念：农业机械化是用现代化的技术装备农业生产的全过程，不能只局限在粮食生产和拖拉机的应用，要树立大农业的观念，有计划地发展农、林、牧、副、渔各业机械化。关于实施步骤，1982年中央一号文件转发的《全国农村工作会议纪要》明确提出：我国各地耕作制度复杂，劳动力众多，集体经济力量薄弱，农业机械化必须有步骤、有选择地进行。在今后相当长的时期内，必须是机械化、半机械化、手工工具并举，人力、畜力、机电动力并用，工程措施和生物措施相结合。各地要根据实际情况推广适宜技术和集约经营。

最后，对农机工业进行调整。1979年9月《农机部关于农业机械化几个问题向国务院、中央的请示报告》中就如何贯彻"调整、改革、整顿、提高"的"八字方针"对农机工业现状进行了分析,认为农机工业存在内部比例失调、生产分散批量小、农机产品型号杂乱、品种繁多、重复投资浪费大等问题,并就此提出了调整的原则。如"按专业化协作生产的原则,合理布局,择优发展,调整企业的产品发展方向","按经济管理办法,把农机工业组织起来,分别组织全国性或地区性的专业制造公司","认真整顿企业管理,加强科研工作","把解决农村运输问题作为调整重点项目进行规划安排,大力发展农村运输机械和装卸机具"等。1979年11月10日,杨立功在全国农机工作会议上的总结发言中,对农机工业现状作了与上述"报告"基本相同的分析,同时提出农机工业要"在调整中前进,在调整中提高","调整必须和改革相结合","要下工夫搞好企业整顿"等指导意见。1980年4月17日,国务院批转了《农机部关于全国农机工作会议的报告》,该"报告"对农机工业调整提出了较为具体的方案。如在"改组拖拉机、内燃机、排灌机械工业"一项中,规划将大中型拖拉机厂由65个调整为35个,湖北拖拉机厂作为"第二类"(第一次全国农业机械化会议后建起来、已经基本形成生产能力)厂被保留下来。手扶拖拉机厂由143个调整为29个,武汉手扶拖拉机厂作为"第一类"(工程装备和产品质量都比较好,批量比较大)厂被保留下来。在"调整改造提高配件和配套农具的生产企业"一项中,要求把"油嘴、活塞环、链轨板等10个短线品种搞上去","厂子数目由698个调整为530个,生产能力由年产值35亿元提高到41亿元"。在"提高牧业机械在农业机械中的比例,增加运输机械、收获机械、烘干机械的生产能力"一项中,要求"牧业机械厂由12个增加到27个,三年内增加26个新品种"。在"逐步改革材料供应和产品管理体制"一项中提出由机械制造管理部门管材料供应,79种产品由农机部管理,81种产品由地方管理的办法。

紧随中央的调整步伐,湖北省农机局在1979年8月转发了《农机部关于调整、整顿地县农机化所的通知》,要求地县研究所的主要任务转向:研究县、社、队农机的合理配置及经济效果,研究农机应用、维修技术,引进实验、推广先进的农业机械,研究本地、本县农机区划，总结群众性工具改革成果。10月，省农机局又发布了《全省农机管理工作三年调整意见》，提出1979—1981年为三年调整时期，要有选择、有主有次地发展农机化，确立了新洲、荆门、总口农场、江汉平原及襄北岗地为农机化发展重点地区；1980年，省农机局出台了《全省农机化发展意见》，强调有选择地发展农、林、牧、副、渔方面的机械化，首次提出把"化"和"富"结合起来；1981年，省政府发出《做好农机工业调整规划的通知》，工业的调整也被列入议事日程；1982年，省农机局发出《全面整顿农机工业企业的通知》，指出发展中小型农机具是未来的发展方向。

2. 农机经营政策

经过30多年的发展，农业机械的经营方式不断演变。50年代，农业机械主要由国营拖拉机站使用经营。60年代逐步过渡到人民公社经营，尽管中途也有反复。70年代主要以生产大队和生产队经营为主。80年代，随着多种形式的农业生产责任制的推行和实施，原有农机经营的组织基础不复存在。与新的农业生产组织形式相适应的农机经营政策应运而生。1980年，湖北省人民政府发出《对农用拖拉机暂缓执行"三统一"规定的通知》，拉开了废除农机经营"三统一"的序幕。1982年8月13日，湖北省政府批转了省农机局《关于社员购买农业机械有关问题的报告》。报告提出四点意见，一是应当允许社员联户或独户购买包括拖拉机、柴油机在内的中小型农业机械；二是要积极引导有机械的社员为生产服务，从事正当经营活动；三是农机部门要搞好技术培训、零配件供应和维修工作，相关部门做好考核发证和油料供应工作；四是县级农机管理部门应针对联户和独户经营农机出台管理措施。1982年12月31日，中共中央出台《当前农村经济改革的若干问题》，该文件对农机经营的规定更为宽松："农民个人或联户购置农副产品加工机具、小型拖拉机和小型机动船，从事生产和运输，对发展农村商品生产，活跃农村经济是有利的，应当允许；大中型拖拉机和汽车，在现阶段原则上也不必禁止私人购置。"这标志着农民自主购买、经营使用农业机械的愿望终于得以实现。1984年2月27日，《国务院关于农民个人或联户购置机动车船和拖拉机经营运输业的若干规定》发布，标志着农机可以不比"务农"。1984年7月21日，湖北省政府发布《关于农村拖拉机的管理和经营运输业有关问题的暂行规定》，可以看做是结合湖北实际制定的具体实施办法。紧接着在9月国家又发布《国务院关于农民个人或联户购置机动车船和拖拉机经营运输业的若干规定的补充规定》。这些"规定"虽然对拖拉机从事运输作了一些限制性的规定，但毕竟允许农民涉足他们最为看重的农村运输市场，打破了30多年的农机作业禁区。

系列政策出台后，全省各地机务队、组逐渐消亡，农机户、农机专业户相继出现，农户自己购置、使用农用机械渐渐形成主流。1983年，湖北省农户自有自营的拖拉机占全省拖拉机保有量的38%，1984年，这一数字急速飙升到63%。在生产经营的组织方式上，国家、集体、农民个人和联合经营、合作经营等多种形式经营农业机械的局面开始出现。从"单车核算"、"机车承包经营"、"户有户营""废除三统"、"自购自用"等政策一路走来，30多年来的农机经营模式被彻底颠覆了。

3. 农机鉴定政策

农机鉴定是指通过实验、仪器检测、考核等方法，对农业机械产的适用性、安全性和可靠性做出技术评价，对鉴定合格的农业机械颁发相应的合格证书，准许进行生产和销售，同时也为农机使用者和推广者选择合适的农机产品提供选择依据。

第一个阶段，虽然也有农机质量鉴定工作，但无专门机构、人员、标准、政策等条件，致使农机产品质量管理失控，造成资源浪费，酿成安全事故。1982年8月上旬，处于调整中的农机行业迎来了全国农机鉴定工作座谈会，会议回顾了32年来农机鉴定工作的曲折过程，总结了农机鉴定工作的经验教训，确立了"鉴定的目的是推广"的指导思想，达成了必须加强鉴定基础建设的共识，呼吁出台一份农业机械鉴定工作条例。同年，农牧渔业部颁发《中华人民共和国农牧渔业部农业机械鉴定工作条例（试行）》，该条例共5章21条，从总则、农机鉴定工作的任务、鉴定工作程序、鉴定工作机构、附则等方面进行相关规定，农机鉴定工作有了第一份法律依据。根据该条例第20条的规定，农牧渔业部于1985年出台了《农牧渔业部农业机械鉴定工作条例（试行）实施细则》，对鉴定机构、鉴定范围、鉴定等级、鉴定项目来源、实验鉴定大纲、技术文件、实验鉴定生产考核、终止鉴定条款、鉴定报告、推广许可证书等作了明确界定。至此，农机鉴定政策在短短三年里基本出齐。1985年11月，农牧渔业部发布《关于加强农业机械试验鉴定工作的意见》，"意见"明确指出"农业机械试验鉴定工作是农业机械产品质量管理的重要组成部分"，"科学性、公正性是农业机械实验鉴定站工作的准则"，"提高人员素质是搞好农机鉴定检验工作的重要条件"，"完善测试手段是开展农机鉴定检验工作的基础"，"技术标准是农机实验鉴定工作的依据"，"情报信息是农机鉴定工作的耳目"，要求"建立健全农机鉴定科学管理制度"，"建立农机实验鉴定工作人员奖励制度"，"加强对农机鉴定工作的领导"，"充分发挥农机鉴定机构的作用"。

1982年前，湖北省没有履行鉴定职能的专门机构，农机鉴定往往由农机设计、制造单位临时召集相关专家和主管部门进行技术评估。1983年，湖北省农机管理局成立湖北省农机鉴定站，其主要从事农机产品推广鉴定、选型鉴定、专项鉴定和新产品投产技术鉴定，成为农机鉴定政策的地方主体之一。

4. 安全监理政策

在国家办拖拉机站和集体办农机时期，农机安全管理和技术监督工作主要是通过各级机务管理组织进行，包括对拖拉机驾驶员的检验、考核、发证等，没有专门的农机安全监理组织。1978年以后，随着农村家庭联产承包责任制的快速发展，农民个人拥有的机械保有量迅速增加，加强农机监理和技术监督是农机化工作的迫切之需。1981年，农机部颁布了《农用拖拉机及驾驶员安全监督管理规章》。1982年国家实行机构改革，《国务院各部门主要任务和职责》明确了由农牧渔业部负责拖拉机在田间、场院和乡村道路的安全管理工作。1984年，《国务院关于农民个人或联户购置机动车船和拖拉机经营运输业的若干规定的补充规定》又具体规定从事农田作业和临时营业性运输的拖拉机及驾驶员由农机部门检验、考核和核发牌证，上公路行驶的由交通（公安）部门加盖公章。正是根据上述两个文件精神，农牧渔业部于1984年4月12日发布了《农用拖拉机及驾驶员安全监理规章》，规章共5章67条，重点对拖拉机分类、检验、牌证、移动登记，对驾驶员分类、考核、驾驶证、年度审验、移动登记以及违章及事故处理等作出规定。1987年12月，为了贯彻《国务院关于批转农牧渔业部、国家机械委、水电部、林业部关于当前农业机械化问题报告的通知》及《国务院关于改革道路交通管理体制的通知》，农牧渔业部发布了《关于进一步加强农机安全监理工作的意见》，意见要求提高对农机安全监理工作重要性的认识，明确农机安全监理的任务，加强农机安全监理自身建设，对农机实行全面安全监理，落实安全措施，减少和避免事故发生。

作为湖北农机监理政策的重要主体——湖北省农机安全监理站于1984年成立，成立后，先后制定了《湖北省农业机械安全监督管理暂行规定》《农机监理等费用的使用管理办法》《湖北省农机系统行政事业收费项目及标准》《湖北省农业机械事故处理程序》等配套性政策。

5. 科研政策

1978年，被誉为科学春天的全国科学大会召开，大会通过了《1978—1985年全国科学技术发展规划纲要》，纲要要求"发展与机械化相适应的耕作制度和栽培技术"，"研制各种高质量高效率的农业械具"。1981年，我国确定了"发展国民经济必须依靠科学技术，科学技术工作必须为发展国民经济服务"的科技发展方针。1983年劳动部等部门发布《关于加强农林第一线科技队伍的报告》，以期通过落实政策、提高待遇等手段稳定一线科技人员队伍；1983年12月下旬，农牧渔业部组织召开了"全国农业机械化科研工作座谈会"。会议虽然提出了农机化的研究包括"机"的研究和"化"的研究，但仍把注意力发在了"化"的研究上，指出了10个研究领域和对象，提出6个重点研究课题，并要求"健全农机科研机构，合理分工"，"努力提高科技队伍的素质"，"加强科研管理工作，提高管理水平"，"巩固和发挥科研阵地"。湖北省农机局则开始关注科技改革，提出了《关于农机科技管理改革的几点意见》，中心思想是建立以承包制为中心的技术责任制，提高工作效率，多出成果，保证研究成果与技术服务质量。1985年发布的《中共中央关于科学技术体制改革的决定》要求改革农业科学技术体制，使之有利于农村经济结构的调整。湖北省农机局于1986年发文，要求全省县级农机研究所改为农机推广站，县级农机研究所不再具有科研功能。1987年国务院再次下发《国务院关于进一步推进科技体制改革的若干规定》，提出进一步放活科研机构，放宽科技人员政策。1992年湖北省发布《湖北省人民政府关于放活科技人员政策的决定》，给科技人员以松绑，以焕发科技创新和开发的积极性。1986年农牧部出台了《农牧渔业科学技术成果管理的规定》、1989年湖北省农机局出台了《湖北省农机化科技进步奖励办法》对科研成果进行管理。1994年农业部出台《农业部农机化重点科研项目管理办法（试行）》对重点项目进行规范。1994年农业部制定《农业工程专业中高级技术职称的评审办法》，为科技人员技术职称规划奠定了基础。1990年11月7日，根据《国务院关于依靠科学技术振兴农业加强农业科技成果推广的决定》（国发〔1989〕78号）精神，为深化农机化科学研究和推广体制改革，农业部发布了《农业部关于加强农业机械化科学技术工作振兴农业的意见》，"意见"要求"紧密结合农业生产，开展农机化研究"，"强化各级农机化科技机构，增强为农业服务的能力","巩固和提高农机化科技队伍,提高科技人员素质"。

5.4 政策特点

1. 政策的双轨特色

1980年以后,国家对农机化的政策进行了逐步的调整,形成了农业机械化"计划+市场"的双轨运作机制。一方面,国家继续实行计划经济体制下一些支持农机化发展的行政、财政、金融政策。一是继续对农机产品实行价格管制,保证农机产品以较低的价格供应农村。1987年农机工业平均利税率仅为9.8%,比机械行业低3.1个百分点,比全国工业各部门的平均水平低12.1个百分点。二是继续采取价外补贴、产销倒挂补贴、减免税收、调拨平价物资等手段,弥补农机企业的政策性亏损。三是继续实行鼓励使用农业机械的优惠政策,每年安排数百万吨平价柴油供应农村,以降低农民使用农业机械的成本。另一方面,随着经济体制改革的深化,国家对农机工业的指令性计划管理逐步弱化,优惠政策逐步取消,市场机制的作用日益加大。农机产品作为商品进入市场,销售商根据市场需求采购农机产品,农民根据生产需要和收益预期自主选择、自主投资、自主经营。

农机管理部门的主要工作重心也发生了的转变。1984年,省物价局就发出了《关于下放农机作业收费和修理收费管理权限的通知》,规定收费标准由供需双方协商确定,实际上是政府放弃了对农业机械作业收费的价格管理,这被看成是湖北农机化政策双轨运行的转折点。此后虽然还是出台了诸如原材料供应、农机价格管制、农机燃油分配等一系列政策,但"计划类"和"管理类"的政策逐渐减少,"市场"类和"服务"类政策逐渐增多。1985年,农牧渔业部《关于加强农机化管理工作的意见》指出:"积极支持各种专业户和合作经济组织自主经营各种农业机械。有关部门在机具配件供应、油料分配、贷款、技术指导等方面应予以支持。"并规定,"任何单位和个人都不准以任何名义侵占、平调和挪用农机经营单位和农机经营者的资金和固定资产，不得强行联股分红"。湖北农机管理部门据此从过去的行政管理和收费转到了保护农机经营自主权、开展农机化服务体系建设、进行农机安全生产管理等方面。

2. 规章产生

"规章"是指有规章制定权的行政机关，依照法定程序制定，并以法定方式对外公布，具有普遍约束力的规范性文件，主要由国务院组成部门及省、自治区、直辖市、省会人民政府在它们的职权范围内为具体行政管理事项而制定。规章也是一种规范性文件，但是它不同于一般规范性文件。"一般规范性文件"指的是法律、法规和规章以外的规范性文件，日常工作中所使用的"规范性文件"就是"一般规范性文件"，第一个时期的文件也是"一般性规范性文件"。规章与一般规范性文件的主要区别包括：一是从内容上看，凡是法律、法规规定以规章形式规定的事项，应当制定规章，比如，设定行政处罚，出台法律、法规的配套制度，均属于规章。至于一般规范性文件，主要用于部署工作、通知特定事项、说明具体问题。二是从形式上看，规章一般以令的形式发布，而一般规范性文件则不以令的形式发布，往往以通知、函等形式下发。三是从结构上看，规章一般采取章、节、条、款的结构，一般规范性文件则比较松散，没有结构要求。

根据以上标准，这一时期产生了规章，政策开始向高级化方向发展。如1982年农牧渔业部颁发《中华人民共和国农牧渔业部农业机械鉴定工作条例（试行）》以及根据《中华人民共和国农牧渔业部农业机械鉴定工作条例（试行）》第20条的规定，农牧渔业部于1985年出台的《农牧渔业部农业机械鉴定工作条例（试行）实施细则》、1980年农机部发布的《农村人民公社农业机械管理条例》、1983年农牧渔业部发布的《农业机械化技术推广工作管理办法（试行）》、1984年农牧渔业部、国家工商局颁布的《全国农村机械维修点管理办法》等都属于规章。1981年农机部颁布的《农用拖拉机及驾驶员安全监督管理规章》、农牧渔业部于1984

年发布的《农用拖拉机及驾驶员安全监理规章》,这两个文件直接用"规章"命名。

5.5 政策实践

5.5.1 取得的成绩

1. 农机装备水平提升

农业机械购置权放开后,个人购机热情高涨。到 1994 年底,全省农民个体拥有 7.38 万台大中型拖拉机,15.72 万台小型拖拉机。农业机械化的作业领域,也从几近单一的种植业向农、林、牧、副、渔各业发展,形成了包括农副产品加工、农村运输等在内的综合机械化。同时,国家制定政策允许农民在国家规定的范围内利用自有农机具对外开展农机作业服务,促进了农机人员收入的提高,为农业机械化系统的完善和发展注入了新的活力。

2. 调整后的农机工业更趋健康

1980—1986 年,全省农机企业贯彻执行"调整、改革、整顿、提高"的方针,全省农机工业开始大幅瘦身。7 年间,对农机产品重复布点、产业结构不合理的状态进行了调整,拖拉机厂由 8 个减少到 2 个,手扶拖拉机厂由 14 个减少到 3 个,割晒机厂由 14 个减少到 2 个,柴油机厂由 44 个减少为 16 个,生产布局渐趋合理。同时,根据社会需求,从宏观上对农机产品结构进行调控,把襄江—40 型 40 马力大型拖拉机等不适应农村购买力和质量又不过关的产品暂时停产,把适合农村发展多种经营所急需的如 5 马力、12 马力小型手扶拖拉机、农副产品加工机械等产品的产量调增。从工业产值看,受主动调整的影响,1980 年全省农机工业产值降到了 2.57 亿元,只有 1978 年 4.01 亿元的 64%;到了 1985 年,受"整顿、提高"和小型拖拉机热的拉动,全省农机工业产值达到 5.39 亿元,处全国第 9 位。又经过了 9 年发展,到了 1994 年,全省农机企业数量进一步减少，降至 95 家，而工业总产值却升至 12.47 亿元。

3. 农机工业大胆尝试管理改革

20 世纪 80 年代初期，国有企业改革拉开序幕。政企分开、厂长负责制、两权分离等改革举措逐步在农机工业推行。然而，有一家企业走得更远，大胆尝试人事制度改革，直接聘请外国人担任厂长。这个第一个"吃螃蟹"的企业就是武汉柴油机厂（以下简称武柴）①。和当时大多数国有企业一样，武柴也面临着劳动纪律涣散、管理混乱、经营亏损等顽症。为克服这些顽症，企业急需先进管理经验和优秀管理人才。在武汉外事办的支持下，武柴打破各种束缚，决定借用外脑，于 1984 年 11 月 1 日正式聘任德国工程师格里希②为厂长，赋予其治厂应有的权力，聘期两年。上任后，格里希从严治厂，改进企业管理，提高产品质量，先后实施了结构工资制、岗位责任制、产品名牌制等一系列企业改革方案。在治厂过程中，德国人表现出的严谨让武柴人大开眼界。格里希是拎着一只皮箱进厂的，箱内装满了技术资料及放大镜、噪音仪、转速表、游标尺等检测工具。上任半个月，格里希到每个车间、每道工序东看西量，把一件件粗制滥造的半成品和总装件带回办公室，仔细查找技术和管理上的问题，写下了 10 多万字的咨询意见。在日常工作中，格里希经常带着放大镜和游标尺检查零部件的加工精度，用磁铁棒探查柴油机缸体内残留的碎屑。在一次产品质量分析会上，格里希能信手从几只汽缸里抓出铁砂。一次，加工车间流水线上的工人违反设计图纸规定，将几台缸体紧固水箱的螺孔钻穿了，他立即下令停工，紧接着，格里希自己动手逐台复查，结果查出 250 台不合格的加工部件。他要求全部返工，并派专人监督。就因这事，格里希免去了总工程师和检验科长的职务。不到两年，武柴呈现新气象：

---

① 由于多种原因，武柴于 1993 年开始亏损，1998 年停产，2004 年破产。

② 德国发动机制造和铁芯技术专家，于 2003 年 4 月 17 日在德国逝世。

柴油机汽缸杂质从5600毫克下降到100毫克以内，居国内领先水平；产品废品率从35%降到10%以下；产品使用寿命从3000小时增加到8000小时，居国内领先水平；出口产品也大幅度增长，1985年出口195型柴油机2000台，为前5年出口总数的2倍多，创汇百万美元。不仅如此，格里希的加盟还使武柴成为湖北农机工业的一张名片。此后很长一段时间里，武柴成了国内外舆论的焦点，境外媒体甚至把武柴的改革当作观察中国改革开放程度的晴雨表。在格里希任职期间，众多武汉企业多次到武柴参观取经，格里希也应邀到外省外地企业进行技术指导或讲学。1987年，时任国家经贸委副主任的朱镕基在为《格里希在武柴》一书做的序言中写道："洋厂长从严治厂的经验，受到我国企业界的普遍赞赏，引起了国外人士的关注。他成为我国引进国外智力政策取得成效的一个典型。"格里希本人也受到中德两国的高度赞扬，他五次得到中国领导人的接见，被德国政府授予"十字勋章"。

5.5.2 存在的不足

1. 农机化出现停滞

1980年以后联产承包责任制逐渐普及，农业经营形式由集体统一经营转变为事实上的农户分散经营，以农户作为基本的经营单位，农业经营规模骤然缩小，大马力拖拉机和大型耕整地机械在大部分缺乏统一经营的村社丧失了用武之地。此时农业机械化发展的动力丧失，一方面国家已不再下拨农机产品或直接投资购置农机具，另一方面个体农户努力发展家庭经济，主要目的是改善生活，还没有投资农机的能力与需求。原有的动力主体退出、新的动力主体还没有到位，这决定了此阶段的农业机械化处于停滞和倒退状态。事实上，湖北省农机田间作业面积从1979年后就开始下降，机耕面积直到1992年才超越1979年，机播面积直到2001年才基本与1979年持平，机收面积1994年超越1979年，见表5-2。

表 5-2　　机制转换阶段湖北省农机作业情况①

年份	机耕（千公顷）	机耕（千公顷）	机收（千公顷）	年份	机耕（千公顷）	机耕（千公顷）	机收（千公顷）
1979	1227.05	238.66	124.88	1989	1017.35	43.10	80.77
1980	1249.41	207.23	105.15	1990	1097.23	47.83	97.53
1981	1260.90	189.61	120.41	1991	1200.07	73.32	108.40
1982	1224.09	133.23	70.06	1992	1391.01	77.69	174.00
1983	1094.67	119.87	79.47	1993	1050.45	52.19	99.22
1984	1102.59	77.79	69.10	1994	1125.25	47.89	140.49
1985	734.07	69.77	75.77	1995	1247.00	83.38	130.95
1986	781.08	42.05	48.43	1996	1351.54	120.96	185.52
1987	893.93	31.77	55.31	1997	1616.21	191.22	363.91
1988	946.67	41.25	66.19	1998	1834.08	222.03	515.37

2. 修理企业解体

80年代前，湖北农机的日常维修保养主要依赖县、社、队"三级维修网"。县农机修理厂是农机维修的主要场所，负责全县范围内的农机大修，乡镇（公社）、村（队）设有农机维修车间，负责农机的日常维修和保养。基本做到了"大修不出县，中修不出社，小修不出队"。从1981年开始，湖北农机修造企业实行转轨，政府逐步取消投资和低价原材料供应，农机修造厂和乡镇农机维修车间解体，到了1993年，148个县级农机修造企业退出了维修市场。与此同时，一批以维修保养农机为业的农机维修户开始出现，这些维修户主要来源于原修造企业的技术人员和拖拉机手。1994年，湖北省乡镇修理点发展到1118个，村组修理点548个。可以发现，湖北农机维修体系存在严重失衡，农机大修和高端机器的维修保养功能缺失，给农机户带来很大不便。

---

① 根据湖北省农机局相关文件整理、统计。

3. 集体的机器被"分掉"

在实行家庭承包责任制过程中,"集体"力量被削弱,三级核算体系瓦解,农机应用条件发现了很大变化,原有集体经营的农机如何处理?在农机系统内外普遍存在对上个阶段政策进行矫正的总体氛围中,在实际操作中,湖北大多数社队与全国其他地方的情形一样采用了最为省事的办法,即将原来集体经营的机械一卖了之或一包了之。以上个阶段的农机化典型刘集公社为例,该社在1982年分田到户后,手扶拖拉机以低价卖给了农户,大中型农机被当成废品卖掉了。那些得到机械的绝大多数农民除了满足自己承包地的农业用机外,很少考虑广大农村的机械化问题,他们大部分时间从事盈利较多的运输业。由于超负荷作业,许多拖拉机技术状况恶化,耗油增多,两三年内就报废了。农民又重新拿起镰刀,套起来了耕牛,前30年积攒的农机化成果丧失殆尽。应该看到,农业机械只是一种先进的农业工具,不论什么制度什么体制,都需要这些工具的大量应用,而80年代初期大量农机退出农业领域无论如何都是农机化的一次倒退。当时,有的会议和媒体甚至称这种方法为一种"创建"而大加褒奖。

4. 遭遇政策执行难

燃油管理政策落实难。1979年前,国家规定农业用柴油价格低于其他行业用油价格。1980年,国家取消了柴油的价格区别,转而采用对农机用油实行定额补贴的政策。1983年,农牧渔业部、商业部联合发布《关于农用柴油分配供应管理办法》,"办法"规定,从1984年开始,农用柴油由农机部门分配,商业部门供应。1985年,省政府办公厅发出《关于农用柴油分配供应管理有关问题的通知》(鄂政办发1985〔12〕号),通知要求从1985年起农用柴油计划分配由农机管理部门负责,允许县以下农机管理服务站经销、代销农用柴油。1986年,省政府再次以鄂政发1986〔59〕号文重申:农用柴油分配供应按鄂政办发1985〔12〕号文的规定执行。1987年、1989年湖北省政府又先后两次发文要求理顺农用柴油管理职能，才终于实现了由农机部门管理农用燃油分配的职能。农机部门接手管理权后，实施了由农机部门统一印制供油本和供油票，农机手凭证领票，供油站凭票供油的"机、油、田"挂钩的管理模式。到了 1994 年，由于市场经济日臻成熟，柴油价格最终并轨，农用柴油分配政策随之告终。

农用拖拉机监理政策落实难。1984 年 2 月发布的《国务院关于农民个人或联户购置机动车船和拖拉机经营运输业的若干规定》，明确要求农机部门负责农用拖拉机及其驾驶员的管理。1986 年 10 月，《国务院关于改革道路交通管理体制的通知》也明确规定，农用拖拉机道路行驶安全技术检验、驾驶员考核、核发全国统一的道路行驶牌证等项工作，公安机关可委托农业（农机）部门负责。1987 年 9 月，公安部、农牧渔业部联合下发《关于农用拖拉机道路交通问题的通知》，要求拖拉机安全技术检验、驾驶员的考核和核发牌证由公安部门委托农机部门负责。然而，诸多文件下发后，湖北的公安部门迟迟不将监理业务"委托"给农机部门。后在时任农业部长何康、省长贾志杰、副省长王生铁、苏晓云等人的协调下，省政府于 1993 年 11 月下发《省人民政府关于全省农用拖拉机道路交通管理问题的通知》，规定从 1993 年 12 月 1 日起，全省农用拖拉机道路安全监理工作由省公安厅委托农机部门执行。随后，省公安厅、省农机局联合下发《贯彻〈省人民政府关于全省农用拖拉机道路交通管理问题的通知〉的实施意见》，两部门开始业务交接，8 年漫长"委托"与"反委托"拉锯就此落下帷幕。

6 市场导向阶段（1995—2003年）湖北省农机化政策回顾及分析

6.1 政策概览

本书以1995—2003年湖北省农机化政策为研究对象，通过文献收集、政府网站收索、回溯检索等方法，共获取政策文本60件（见表6-1）。

表6-1　市场化阶段湖北省农机化政策概要

序号	年份	发布者	名称	主要内容
1	1995	农业部	《关于加速农业科技进步的决定》	指出要集中优势力量开展科技攻关，加速农业科技成果推广应用，健全农技推广服务体系等
2		农业部	《加强农机化外经工作的意见》	各级农机管理部门要解放思想，转变观念，树立对外开放的意识；加强宣传，争取地方政府和有关部门对农机化外经工作的支持；加强农机化外资、人员派出、技术交流的规划工作；加强领导，制定措施，推动农机化外经工作开展
3		国家计委、财政部	《关于统一"九二"式拖拉机牌证收费标准的通知》	明确逐步启用全国统一的"九二"式拖拉机号牌及行驶证，并细化了"九二"式拖拉机牌证收费标准规定

续表

序号	年份	发布者	名称	主要内容
4		省公安厅、省农机局	《关于加强拖拉机、驾驶员管理的通知》	强调安全管理，细化安全管理规则
5		省农机局	《禁止在公路上乱设卡、乱罚款、乱收费的通知》	进一步强调不允许设卡收费
6		省农机局	《农机服务收费办法、标准，农机服务收费管理规定》	进一步减少收费项目、标准，规范收费行为
7	1996	农业部	《农业科学技术成果鉴定暂行管理办法》	共7章39条，施行之日同时废止1988年12月13日农业部发布的《农业科学技术成果鉴定办法(试行)》，明确科技成果鉴定的工作内容，从鉴定范围、鉴定组织、鉴定程序、鉴定管理以及法律责任等方面作出了规定
8		农业部	《农业部科学技术进步奖奖励办法》	明确定义农业部科学技术进步奖为全国农业行业科学技术进步奖，农业部科学技术成果管理机构挂靠在农业部科学技术与质量标准司，该办法规定了相应的奖励范围、条件和标准、奖励的申报和评审等内容
9		农业部	《〈农业部科学技术进步奖奖励办法〉实施细则》	明确指出奖励的目的、奖励的范围、申报的条件、奖励标准、报奖材料、申报程序、审批程序、异议处理以及特殊成果的相关规定等内容
10		农业部、公安部、交通部、国家计委、中国石化	《做好联合收割机跨区收获小麦工作的通知》	加强领导，大力支持；切实做好各项组织和服务工作；保证联合收割机转移过程中的及时、安全畅通

续表

序号	年份	发布者	名称	主要内容
11		农业部	《中国农业机械化发展"九五"计划和2010年规划》	深化农机经营体制改革;加强农业机械化新技术新机具研制开发和示范推广;组织实施一批机械化生产和设施建设重点工程;建立健全农业机械化服务体系;强化农业机械化宏观调控体系;增加农业机械化投入
12		农业部	《关于乡镇推广机构"三定"工作的通知》	指出要加强对农业技术推广体系的建设领导工作,落实相关政策及主要任务目标,强化监督等问题
13		财政部	《关于财政支持农业技术推广的若干意见》	明确支持农技推广的对象、农技推广的重点、农技推广的主要环节,提出要多层次、多渠道筹措资金,增加农技推广投入,确保预算内农技推广经费总量的增长,增加财政支农周转金用于农技推广的份额,对农技推广单位推广收入给予政策优惠等意见
14		农业部	《关于组织送教下乡,开展千万农机手培训活动的通知》	明确了学习内容、方式和时间,指出要争取当地政府和有关部门重视培训活动,要制订好计划,加强宣传,多方筹集经费,做好技术咨询、信息服务
15		国税总局	《国家税务总局关于促进企业技术进步有关税收问题的通知(财工字[96]第41号)》	(1)企业研究开发新产品、新技术、新工艺所发生的各项费用,不受比例限制,计入管理费用。(2)企业研究开发新产品、新技术、新工艺所发生的各项费用应逐年增长,增长幅度在10%以上的企业,可再按实际发生额的50%抵扣应税所得额。(3)企业为开发新技术、研制新产品所购置的试制用关键设备、测试仪器,单台价值在10万元以下的,可一次或分次摊入管理费用,其中达到固定资产标准的应单独管理,不再提取折旧

续表

序号	年份	发布者	名称	主要内容
16		国税总局	《国家税务总局关于促进企业技术进步有关税收问题的补充通知》（国税发［1996］152号）》	(1)企业研究机构人员的工资，计入管理费用，在年终计算应纳所得税额时，按计税工资予以纳税调整。(2)盈利企业研究开发新产品、新技术、新工艺所发生的费用，比上年实际发生额增长达到10%以上，其当年实际发生费用除按规定据实列支外，年终经主管税务机关批准后，可再按实际发生额的50%，直接抵扣当年应纳税的所得额
17		省政府	《湖北省农业机械安全监督管理办法》（省政府104号令）	加强对农业机械及其驾驶、操作人员的安全监督管理，预防农机事故发生，共制定7章45条
18		省农机局	《"九五"(1996—2000年)计划和2010年规划》	有计划有选择地发展机械化；重点发展增产增收、节本降耗的机械化作业项目；鼓励和引导农机集体经营
19	1997	农业部、公安部、机械部、交通部、国家计委、中国石化	《关于做好今年联合收割机跨区收获小麦工作的通知》	切实加强跨区机收的组织管理；做好供需协调和服务工作；解决随意拦截联合收割机问题；跨区机收的组织服务经费可少量收取
20		国务院办公厅转发	《国家计委、机械工业部关于加强农用运输车管理的意见》	加强宏观管理，统一规划农用运输车和发动机；在行业内实行鼓励兼并、促进联合、发展规模经济、提高规模效益的政策；国家计委牵头会同国家经贸委等制定相关政策上报国务院
21		省农机局、省公安厅、省交通厅联合转发六部委	《关于做好今年联合收割机跨区收获小麦工作的通知》	为跨区收获小麦的联合收割机提供各项便利

续表

序号	年份	发布者	名称	主要内容
22		省农机局	《切实做好减轻农机负担和农机手负担的通知》	减少收费项目，减轻农机手负担
23		省物价局、省农机局	《湖北省农机事故损害赔偿的费用标准》	出台较为详细的赔偿收费标准
24		省物价局、省财政厅、省农机局	《湖北省农机事故处理收费标准》	规定了事故处理的收费标准
25		省农机局	《减轻农机手负担，治理公路"三乱"的通知》	强调减轻农机手负担，出台治三乱措施
26		省农机局	《湖北省农机安全监督管理办法实施细则》	对条例进行细化，便于执行
27		蒋祝平	与农机专家座谈会	提出2005年全省基本实现机械化，第二次提出农机化目标
28		省政府	《关于加快农业机械化发展的决定》	明确奋斗目标和主攻方向（2005年全省基本实现机械化）；健全和壮大农机社会化服务体系；加强农机质量监督和安全监理工作；多渠道增加对农机化的投入(省财政农机化科技经费每年增加200万元)
29	1998	经贸委、质监局、工商局、内贸部、机械局、农业部	《农业机械产品修理、更换、退货责任规定》	共30条，指出农业机械产品实行谁销售谁负责三包的原则以及相应三包期限问题，明确销售者、修理者、生产者应该履行的责任与义务

续表

序号	年份	发布者	名称	主要内容
30		国家质量技术监督局	《中国农机产品质量认证管理办法》	该认证分为安全认证和合格认证,认证的范围为农业机械及其零部件,明确企业申请认证条件、认证程序、认证证书和标志及管理、投诉和申诉、保密等方面内容
31		农业部	《关于做好农机行业职业技能鉴定工作的通知》	指出实行工人技术考核与职业技能鉴定并轨,建立和完善农机行业职业技能鉴定组织管理体系,规范农机行业职业技能鉴定工作程序
32		李岚清	《关于行走式节水灌溉问题的部分批示》	指出需继续扩大对行走式节水灌溉技术的试验,并针对存在问题,进一步改进
33		省农机局	《关于做好农机行业职业技能鉴定工作的通知》	要求做好职业技能鉴定工作
34		省农机局	《湖北省农机化科技发展纲要(1998—2005年)》	公布湖北农机化科技发展规划
35		省人大	《湖北省农业机械管理条例》	促进全省农机科研、生产、鉴定、销售、推广、使用、维修、培训等方面的管理工作,共25条
36	1999	农业部	《关于加强农机监理工作确保农机安全生产的通知》	指出要提高对农机安全监理工作重要性的认识,认真履行农机安全监理工作职责,加强农机安全检查,消除事故隐患
37		农业部	《联合收割机及驾驶员安全监理规定》	共6章41条,明确该规定适用范围,从联合收割机管理、驾驶员管理、作业安全、违章处罚等方面进行了相应规定与说明

续表

序号	年份	发布者	名称	主要内容
38		路明	《在小麦跨区收获机秸秆粉碎还田技术推广现场会上的讲话》	组织好跨区机收工作；开展好联合收割机质量跟踪调查；全面推动秸秆还田利用工作
39		路明	《在玉米跨区机收暨机具演示现场会上的讲话》	借鉴小麦跨区机收的模式，积极组织开展玉米跨区机收；继续做好秋收作物秸秆机械化还田和禁烧工作
40		路明	《在全国农机技术推广站站长会议上的讲话》	农机要与农艺结合；高度重视科技进步在农业机械化方面的作用；建立与市场经济相适应的农业机械化领导体制
41		农业部	《农业科技跨越计划实施管理办法（暂行）》	指出农业科技跨越计划是一项全国性农业科技成果的中试和转化计划，从组织管理、立项程序、项目实施、资金管理、奖惩等方面作出了详细规定
42		省农机局	《联合收割机及驾驶员安全监理规定》	对湖北境内联合收割机及驾驶员提出安全监督管理措施
43		省农机局	《湖北省农业机械管理条例实施细则》	条例的细化和配套措施
44	2000	国务院办公厅转发	《科技部等部门关于深化科研机构管理体制改革实施意见的通知》	明确科研机构深化改革的目标和方向，制定相关科研机构深化改革的政策，细化改革的组织实施方案
45		国家计委、国家经贸委	《当前国家重点鼓励发展的产业、产品和技术目录》（2000年修订）	农机是重点鼓励的28个领域之一。第55、56、57、58条分别指出：要鼓励先进、适用的农业机械设备制造；要鼓励农、渔、畜、糖蔗产品深加工及资源综

续表

序号	年份	发布者	名称	主要内容
				合利用设备制造；要鼓励生态农业设备制造；要鼓励农业（棉花、水稻、玉米、豆类、青饲料等）收获机械及农机具制造
46		农业部	《联合收割机跨区作业暂行管理办法》	共5章32条，明确联合收割机跨区作业范围及相应主管部门，从组织管理、信息服务和作业合同、安全生产与作业质量等方面作出相应规定
47		省政府办公厅	《关于印发湖北省深化科研机构体制改革实施意见的通知》	明确深化科研机构体制改革的指导思想和总体目标，细化实施办法与步骤，指出配套政策措施与组织实施方案
48	2001	国家经贸委办公厅	《关于发布机械工业分行业"十五"规划的通知》	明确总体思路、主要任务及目标，指出重点发展的7个领域及相关重点产品（田间作业机械、节水农业装备、农副产品精深加工成套技术装备、草业技术装备、无公害集约化养殖装备、农用配套动力及关键配件、农用运输车），提出从经济政策、校企结合、企业改组、购机补贴等方面推动发展
49		财政部、国家税务总局	《财政部、国家税务总局关于若干农业生产资料征免增值税政策的通知》	对种子、种苗、化肥、农药、农机、农膜等货物的批发和零售实行免征增值税
50		农业部	《全国农业机械化发展第十个五年计划（2001—2005年）》	调整农业机械化结构；推进农业机械化科技进步和创新；加强农业机械化标准体系建设和农业机械质量监督工作；加强农业机械化管理系统建设；加强农机安全监理；推进农机服务市场化、社会

续表

序号	年份	发布者	名称	主要内容
				化和农业产业化经营；争取政策、项目支持和资金投入；加强农业机械化信息体系建设
51	2002	国务院转发	《经贸委、计委、财政部、农业部、外经部等关于进一步扶持农业机械工业发展若干意见的通知》	继续实施农机产品有关税收优惠政策，例如继续实施现行对农机产品按13%增值税税率征税的优惠政策；支持农机新技术、新产品开发。财政预算安排的科技开发资金，要将农机工业作为重点之一给予支持，农机企业研究开发新产品，新技术、新工艺所发生的各项费用，可按照财政部、税务总局《关于促进企业技术进步有关财务税收问题的通知》及《国家税务总局关于促进企业技术进步有关税收问题的补充通知》规定的政策执行；加强农机企业技术改造鼓励农机企业采取多种措施，不断提高生产技术水平和工艺装备水平。重视农机行业人才培养和使用
52		财政部、国税总局	《财政部、国家税务总局关于不带动力的手扶拖拉机和三轮农用运输车增值税政策的通知》	手扶拖拉机底盘和以单缸柴油机为动力装置的三轮农用运输车按"农机"征免增值税
53		省农机办	《"十五"计划及2015年长远规划》	要优化农机经营结构和农机装备结构。2005年全省基本实现农业机械化，即农业生产综合机械化水平达到70%，2010年全省85%的地区综合机械化率达到80%，2015年，全省90%的地区达到90%的综合机械化率

续表

序号	年份	发布者	名称	主要内容
54	2003	农业部	《联合收割机跨区作业管理办法》	共6章36条,从中介服务组织、跨区作业管理、跨区作业服务奖励与惩罚等方面做出了细化规定
55		全国人大	《中华人民共和国道路交通安全法》	明确规定上道路行驶的拖拉机由农业机械主管部门行使相关规定的公安机关交通管理部门的管理职权
56		农业部	《关于做好2003年农机跨区作业管理工作的通知》	加快培育和发展跨区作业中介服务组织,提高跨区作业市场化水平;做好跨区作业市场信息服务工作,引导联合收割机有序流动;加强对跨区机收作业市场的监督管理,进一步规范跨区作业市场秩序;加强跨区作业的组织领导,努力扩大水稻跨区机收的规模和范围
57		省农机办	《湖北省农机化科技进步奖励办法》	科技成果认定、管理、奖励等条款
58		省农机办	《新型农机具购置补贴实施办法》	农业部办法的细化
59		省农机监理站	《农机安全监理工作十条禁令》	监理工作十不准
60		省政府	《关于加快农业机械化发展的决定》	明确奋斗目标和主攻方向,健全和壮大农机社会化服务体系,加强农机质量监督和安全监理工作,多渠道增加对农机化的投入,切实加强对农机化工作的领导

6.2 政策背景

20世纪90年代，我国明确了经济体制改革的目标是建立社会主义市场经济。中央及各级政府的工作重心都转到社会主义市场经济体制的确立上来，以前出台的各项惠及农业机械化的经济政策开始逐渐被新的市场经济政策所取代。1995年9月，十四届五中全会举行。全会通过了《中共中央关于制定国民经济和社会发展"九五"计划和2010年远景目标的建议》，提出要实行两个具有全局意义的根本性转变。即经济体制从传统的计划经济体制向社会主义市场经济体制转变；经济增长方式从粗放型向集约型转变。两个根本性转变要求标志着经济建设将朝着深化体制改革、提高质量的方向发展。1997年9月，党的第十五次全国代表大会举行，会议系统阐述了建设有中国特色社会主义的经济，提出了"公有制实现形式可以而且应当多样化"，"股份制是现代企业的一种资本组织形式"，并提出了"把按劳分配和按生产要素分配结合起来"的理论。1999年3月，九届全国人大二次会议召开。会议通过了《中华人民共和国宪法（修正案）》，从法律上明确非公有制经济是我国社会主义市场经济的重要组成部分。同年的十五届四中全会进一步明确，除极少数需要由国家垄断经营的企业外，所有国有企业都要进行股份化改制。2002年11月，党的十六大提出了全面建设小康社会的构想，即在本世纪头20年，要集中力量，全面建设小康社会。会议还强调了"个体、私营等各种形式的非公有制经济是社会主义市场经济的重要组成部分"和"积极推行股份制，发展混合所有制经济"。2003年10月，十六届三中全会提出了完善社会主义市场经济体制的主要任务是：完善公有制为主体、多种所有制经济共同发展的基本经济制度，建立有利于逐步改变城乡二元经济结构的体制，形成促进区域经济协调发展的机制，建设统一开放竞争有序的现代市场体系，完善宏观调控体系、行政管理体制和经济法律制度，健全就业、收入分配和社会保障制度，建立促进经济社会可持续发展的机制。

6.3 主要政策内容

1. 农机跨区作业政策

跨区作业是农机户尤其是大型农机户利用不同地区作物耕、种、收的时间差，组织机械（联合收割机）联合为其他区域的农户提供作业服务并收取一定费用的模式。这是市场经济体制下出现的一种新型农机服务组织形式，有利于促进农机服务的市场化和生产要素的合理配置。这种模式一经出现，立即引起各级政府的注意和重视，出台了系列政策予以规范和扶持。

1996年4月，农业部、公安部、交通部等五部委发出《关于做好联合收割机跨区收获小麦工作的通知》，要求各地公安、交通、物价、石化等部门密切合作，做好各项组织和服务工作，保证联合收割机在转移过程中及时、安全畅通。1997年3月，农业部等六部委再次发出了《关于做好今年联合收割机跨区收获小麦工作的通知》，通知表示上一年的跨区作业工作得到了党中央和国务院的充分肯定，当年要在更大范围内组织跨区机收工作，并提出了要进一步加强对跨区机收工作的领导，加强跨区机收的组织管理，做好供需协调和服务工作，解决好农民随意拦截转移中联合收割机的问题。同时批准组织跨区机收的农机服务机构经省级物价部门批准后可以适当收取中介服务费。2000年4月，为了加强联合收割机跨区作业管理，规范跨区作业市场秩序，保证适时收割农作物，维护农民和机手双方的合法权益，农业部颁发了《联合收割机跨区作业管理暂行办法》，以规章的形式从组织管理、信息服务和作业合同、安全生产与作业质量等方面规范了各利益主体之间的关系。

1997年湖北省农机局等三部门转发六部委《关于做好今年联合收割机跨区收获小麦工作的通知》，2000年省农机局发出《联合收割机跨区作业暂行管理办法》，2001年，湖北省农业厅等三部门发出《做好联合收割机跨区作业的通知》，2003年，又将2000年的"暂行办法"正式确定为"管理办法",2004年,省农机办还出台了《湖北省农机跨区作业中介组织管理暂行办法》,对中介组织进行规范。湖北省有组织的跨区作业始于1997年。跨区作业最初是以县(市)农机部门组织机收服务队为主体,省农机局为机收服务队联系需求市场,协助保障收割机途中顺利转运。1999年3月,湖北省农机局将跨区作业纳入目标管理。2002年,农机跨区作业由小麦机收发展到水稻机收。2003年,湖北省农机局组织跨区机收队开展作业竞赛。2004年,借鉴跨区机收的成功模式,湖北省在全国率先实行水稻机插跨区作业。2005年,湖北省组织3300多台收割机到周边省份跨区机收。

2. 农机工业政策

自80年初期颁布了一些对农机工业进行调整、整顿的政策后至整个90年代没有一份专门针对农机工业的政策,直至2001年。2001年4月,国家经贸委办公厅发布了一份《关于发布机械工业分行业的"十五"规划的通知》,通知提出了农机工业的主要任务、主要目标、重点发展领域和重点产品及政策措施建议。这是一份较为简洁和完整的农机工业规划,对全国农机工业的发展具有引领作用。2002年,国务院转发了国家发改委等部门《关于进一步扶持农业机械工业发展的若干意见》,意见在提出"深化农机企业改革,加快转换机制"、"加强对农机工业的引导,大力调整产品结构"、"实施'走出去'战略,积极开拓国际市场"、"建立健全法规体系,打击假冒伪劣产品,规范试产秩序"等一般性指导意见后,要求各地、各部门从"继续实施农机产品有关税收优惠政策"、"对农民购买农机产品提供信贷支持和帮助"、"支持农机新产品、新技术开发"、"加强农机企业技术改造""重视农机行业人才培养和使用"等方面加大政策扶持力度,促进农机工业发展。

3. 农机管理部门的收费政策

政府收费在农机化管理中有较长的历史渊源,在1984年以前,农机收费是政府指导收费,收费的对象是从事农业生产的生产队,收费的标准由湖北省物价局统一制定。1984年，省物价局下发《关于下放农机作业收费和修理收费管理权限的通知》，实际上是政府放弃了对农业机械作业收费的价格管理。1992年以后，全省建立了农机行政事业性收费，收费对象是农机经营者。从1992年至2004年，湖北省物价局、湖北省财政厅、湖北省农机局先后出台了5个农机收费文件。从文件内容变化上看，收费项目在减少，收费标准在降低。2005年，省财政厅、省物价局公布了行政事业性收费目录，农机系统有4项收费在列。农机系统以收代管的做法受到严格限制。

6.4 政策特点

1. 自愿性政策工具——"市场"大量采用

随着经济体制改革的深化，特别是投资、金融、流通体制改革的深入展开，国家和地方政府在农业机械化的优惠政策、资金投入等方面逐渐弱化，政府较多地选择了"市场"这个自愿性政策工具。市场工具是提供绝大多数物品、配置资源的最有效率的途径，它能保障资源按照私人支付意愿所反映出来的社会价值分配到相应的物品与服务上。市场作为政策工具是指政府利用市场机制的运作来解决公共问题，实现公共政策的目的和目标。市场作为政策工具的基本指导思想是利用市场机制达到资源最佳配置，向社会提供优质公共服务。①以1994年最后一批农用柴油计划被取消为标志，市场成为农机化舞台上的主角：科研经费竞争性申报，企业经营的市场化导向，农机服务体系的社会化、市场化、实体化方向，等等。各级政府的"意见"政策文种也大幅减少。这个阶段只有4件，而转轨阶段是16件。"报告"一件也没有，而计划经济阶段是15件，转轨阶段是5件。说明政府不再热衷发表"意见"，也不太愿意接受下级的请示"报告"，而是在相当程度上将话语权让

---

① 严强. 公共政策学. 北京：社会科学文献出版社，2010.

给了"市场"。

2. 农机化地方法规出现，政策效力增强

地方法规是地方权力机关根据当地情况和自己的相关经验经过理论推理证实可行而推出的法律规范条例，仅限制在该地使用。上个阶段出现了"规章"这种强制性政策工具后，这一阶段的农机化政策进一步发展，产生了历史上第一部地方性法规。1998年7月31日，湖北省第九届人民代表大会常务委员会第四次正式通过了《湖北省农业机械管理条例》。该条例共25条，涉及全省农机科研、生产、鉴定、销售、推广、使用、维修、培训等方面的管理工作，是此前各类农机政策的凝练和升华，是维护农机生产者、经营者和使用者各利益主体的法律依据，对推动湖北农机化和农业现代化、促进农业和农村经济发展起了重要作用，在湖北农机化发展历史上具有里程碑意义。

3. 农机工业政策缺位

制定产业政策是提高产业素质，促进国民经济持续、快速、健康发展的重要手段。湖北农机工业的管理体制几经变更，80年代以前，农机工业归工口管理，80年代，工口和农口各管理了一段时间，90年代又划归工口管理，2000年以后，由工信委管理。1994年3月，国务院专门通过了一个指导制定各类产业的《九十年代国家产业政策纲要》，作为以后制定产业政策的依据。在这个纲要中，国家对机械工业的政策规划要求是"以关键的基础机械、基础零部件和重大技术成套设备为重点，促进产品结构优化，提高产业技术水平和竞争力"。当时湖北农机工业的现状是：农机工业技术基础与政策规划要点相去甚远，与机械中的其他行业尤其是汽车行业相比，农机产业规模太小，不被重视。因此，这个时期，湖北农机工业几乎被政策遗忘。来看几份重要的文件：1991年，湖北省政府发布了《省人民政府关于加强农业机械化工作的通知》（鄂政发［1991］32号），1997年，湖北省政府发布了《省人民政府关于加快农业机械化发展的决定》（鄂政发［1997］58号）。遗憾的是，在省政府发布的这两份文件中压根就没有提到农机工业。在1998年有关农机化的第一份法规《湖北省农业机械管理条例》中，有两条涉及农机工业："国家实行生产许可证管理的农机产品，生产者必须取得生产许可证；国家实行目录管理的农机产品，生产者必须经过批准。农机新产品投入批量生产，必须取得省技术部门或其授权的农机产品质量监督机构颁发的投产技术合格证书"；"农机产品必须符合国家规定和认可的质量标准。禁止生产国家和省命令淘汰的农机产品"。可以看出，短短的两个条款中，使用四个"必须"一个"禁止"，条条都是"紧箍咒"。更为令人不解的是，在2001年4月国家经贸委发布《关于发布机械工业分行业的"十五"规划的通知》，2002年国务院转发了国家发改委等部门发布的《关于进一步扶持农业机械工业发展的若干意见》后，湖北省干脆就没有跟进发文。

6.5 政策实践

6.5.1 取得的成效

1995—2003年，农机装备总量持续增长，结构不断优化，机械化作业水平稳步提高。至2003年，全省农机总动力达到1661万千瓦，拖拉机达到34.8万台。机械化生产作业面积进一步扩大，作业水平全面提高，农机作业承担了全省约50%的农业生产劳动量，完成机耕面积达到2043.9千公顷，机收面积984千公顷，机播面积292.3千公顷（见表6-2）。

6.5.1 存在的问题

1. 农机工业遭受挫折

1994年以后，原有对农机工业的一些优惠政策如计划内原材料供应、政策性亏损补贴等全部取消，农机工业对外开放进程加快，国有农机企业改革继续推进，抓大放小政策得到进一步贯彻落

6 市场导向阶段(1995—2003年)湖北省农机化政策回顾及分析

表 6-2　　市场导向阶段湖北农机化发展情况①

年份	农机总动力 (万千瓦)	拖拉机 (万台)	机耕 (千公顷)	机播 (千公顷)	机收 (千公顷)
1995	1174.3	22.6	1247.0	83.4	131.0
1996	1222.2	23.5	1351.5	121.0	185.2
1997	1276.0	24.0	1616.2	191.2	364.0
1998	1325.9	25.6	1834.1	222.0	515.4
1999	1363.7	29.7	1933.9	239.6	532.5
2000	1414.0	30.5	1969.6	255.7	643.7
2001	1469.2	31.5	1998.9	231.4	660.0
2002	1557.4	33.3	1951.2	257.6	189.9
2003	1661.7	34.8	2043.9	292.3	984.0

实，湖北农机企业融入市场经济的汪洋大海之中。在激烈的市场竞争中，湖北农机企业表现出诸多不适应，纷纷败下阵来。设计生产我国第一台手扶拖拉机（当时厂名为武汉通用机器厂）、被周总理称为"自力更生样板"、第一个聘请洋厂长格里希的武汉柴油机厂 1998 年停产，2004 年清算破产。生产的神牛 25 被评为国家优质产品、出口 53 个国家和地区、1993 年年产 1 万台仍销售一空的湖北拖拉机厂 1996 年开始亏损，2000 年改制成民营企业。80 年代的 10 大农机企业有 8 家从人们的视线消失，2 家改换门庭。湖北农机工业呈现出企业数量和产值双双下降的局面。1995 年，全省企业数 94 家，总产值至 16.3 亿元；1996 年，企业数 85 家，总产值 16.6 亿元；1997 年，企业数 74 家，总产值 16.33 亿元；1999 年，企业数 76 家，总产值 14.56 亿元；2000 年，企业数 69 家，总产值 6.1 亿元；2003 年，企业数 54 家，产值 14.17 亿元。

---

① 根据湖北省农机局相关文献整理、统计。

2. 乡镇农机管理站退出舞台

农机站是开展农机使用管理工作的最基层组织，80年代前是各地人民公社管理农机的职能部门，到了90年代，逐渐融入服务和经营功能。1992年，湖北省农机局发布《关于乡镇农机管理服务站"三定"工作的实施意见》，提出全省设乡镇管理站1551个，定编6408人，实行条块结合的双重领导的管理体制。1994年，省编委、省农委、省农机局联合行文，确认了乡镇农机站的人员编制数。1995年，全省乡镇农机管理服务站发展到了1411个，农机服务组织发展到了19023个，包括农机维修网点7385个。1996年，湖北省进行小城镇综合改革，部分乡镇农机管理服务站被合并或撤销。2002年，湖北省启动第二轮小城镇综合改革，乡镇农机管理站逐渐解体，各站所办实体被变卖或转包，至此，为全省农机化发展立下汗马功劳的农机管理服务站退出历史舞台。

7 协调发展阶段（2004年至今）湖北省农机化政策回顾及分析

7.1 政策概览

本书以2004年以来湖北省农机化政策为研究对象，通过文献收集、政府网站收索、回溯检索等方法，共获取政策文本131件（见表7-1）。

表7-1　协调发展阶段湖北省农机化政策概要①

序号	年份	发布者	名称	主要内容
1	2004	全国人大	《中华人民共和国农业机械化促进法》	共8章35条，明确农业机械化定义，从科研开发、质量保障、推广使用、社会化服务、扶持措施、法律责任等方面进行了相关规定
2		中共中央、国务院	《中共中央国务院关于促进农民增加收入若干政策的意见》	提高农业机械化水平，对农民个人、农场职工、农机专业户和直接从事农业生产的农机服务组织购置和更新大型农机具给予一定补贴
3		农业部	《拖拉机登记规定》	明确该项规定由农业机械主管部门负责，主要规定了拖拉机注册登记、变更登记、转移登记、抵押登记和注销登记等方面内容。1998年农业部发布的《农用拖拉机及驾驶员安全监理规定》废止

---

① 注：政策统计到2013年，政策实践研究到2015年。

续表

序号	年份	发布者	名称	主要内容
4		农业部	《拖拉机驾驶培训管理办法》	明确农业部负责全国拖拉机驾驶培训管理工作，从培训机构条件、许可程序、培训业务管理、监督检查、罚则等方面作出了相应规定
5		农业部	《农机成人教育暂行规定》	根据2004年7月1日农业部令第38号第二次修订，删掉了1993年中的第二章第九条，简化了第4章第21条
6		农业部、财政部	《农业机械购置补贴专项资金使用管理办法（试行）》	明确补贴对象、标准、种类，补贴资金的申报与下达，补贴资金的发放程序，管理与监督等事项
7		农业部	《关于下达2004年农业机械购置补贴项目资金的通知》	下达2004年农业机械购置补贴项目资金并要求做好组织实施和监督检查工作
8		省农机办	《2004年全国种粮大户（湖北）农机购置补贴奖励实施方案》	购机补贴方案的进一步完善
9		省农机办	《湖北省2004年农机购置补贴项目资金使用管理实施细则》	按照规定流程，严格资金管理
10		省农机办	《湖北省农机跨区作业中介组织管理暂行办法》	对从事跨区作业的农机社会服务组织进行规范管理
11	2005	中共中央	《关于进一步加强农村工作提高农业综合生产能力若干政策的意见》	明确指出中央财政要继续增加良种补贴和农机具购置补贴资金，地方政府也要根据当地财力和农业发展实际安排一定的良种补贴和农机具购置补贴资金

续表

序号	年份	发布者	名称	主要内容
12		财政部、农业部	《关于印发〈农业机械购置补贴专项资金使用管理暂行办法〉的通知》	明晰农业部和财政部在补贴资金当中的不同职责,从补贴的对象、标准和种类,补贴资金的申报与下达,补贴资金的发放程序,管理与监督等方面作出了详细规定。原《农业机械购置补贴专项资金使用管理办法(试行)》(农财发[2004]6号)同时废止
13		国家发改委	《产业结构调整指导目录》(2005年本)	农机装备制造产品依然放在机械鼓励类中,第31~37条细化并增加了相应农机装备产品:种、肥、水、药高效施用和保护性耕作等农机具制造;5吨/时以上种子加工成套设备开发制造;禽、畜类自动化养殖成套设备制造;设施农业设备制造;农、林、渔、畜产品深加工及资源综合利用设备制造;秸秆综合利用关键设备制造;农业(棉花、水稻、小麦、玉米、豆类、薯类、草饲料等)收获机械制造
14		财政部、农业部	《农业机械购置补贴专项资金使用管理暂行办法》	明确补贴对象、标准和种类;补贴资金的申报与下达;补贴资金的发放程序;管理与监督等,共24条
15		农业部	《农业机械试验鉴定办法》	明确农机鉴定定义及分类,农业部主管全国农机鉴定工作,从鉴定机构、申请和受理、试验鉴定、鉴定公告、监督管理、罚则等方面作出了规定。1982年农牧渔业部发布、1997年农业部发布、2004年农业部修订的《中华人民共和国农牧渔业部农业机械鉴定工作条例(试行)》同时废止

续表

序号	年份	发布者	名称	主要内容
16		农业部、财政部、发改委	《国家支持推广的农业机械产品目录管理办法》	明确农业部会同财政部和国家发展和改革委员会,根据促进农业结构调整、保护自然资源与生态环境、推广农业新技术和优化农机装备结构的原则,确定公布目录,并定期进行调整
17		农业部	《农业机械推广鉴定证书和标志管理办法》	明确农业部统一制定、发布证书和标志的式样,农业机械化行政主管部门负责组织对证书和标志的使用实施监督,并详细规定了证书和标志的有效期、颜色、样式等相关内容
18		农业部	《农业机械试验鉴定机构鉴定能力认定办法》	明确鉴定能力定义、适用范围,指出农业部负责认定农机鉴定机构承担部级鉴定任务的能力,详细规定了认定内容和要求、认定程序以及监督管理等内容
19		省财政厅、农业厅	《湖北省农业机械购置补贴专项资金使用管理暂行办法》	根据《中华人民共和国农业机械化促进法》和财政部、农业部《农业机械购置补贴专项资金使用管理暂行办法》,结合该省实际制定
20	2006	国务院	《关于加快振兴装备制造业的若干意见》	重点关注16大领域,其中第14大领域提及:要发展新型、大马力农业装备,提高大马力拖拉机、半喂入水稻联合收割机、玉米联合收割机、采棉机等国产化水平和技术档次,改变目前125马力以上拖拉机、新型农业装备主要依赖进口的状况。并且指出要振兴装备制造业需完善法律法规,强化政策支持。完善相关法律法规和标准;制定重点领域装备技术政策;调整进口税收优惠政策。对列入国家发展重点的重大技术装备和产品,条件成熟时,由财政部会同发展改革委等部门制定专项进口税收政策;鼓励订购和使用国产首台(套)重大技术装备;加大对重大技术装备企业的资金支持力度

续表

序号	年份	发布者	名称	主要内容
21		全国人大	《中华人民共和国农民专业合作社法》	国家鼓励、支持农民发展专业合作社，中央和地方财政每年安排资金，支持农民专业合作社开展信息、培训、农产品质量标准与认证、农业生产基础设施建设、市场营销和技术推广等服务。专业合作社可以向当地农业行政主管部门申报专业合作社示范项目，也可以申请承担农业和农村经济建设项目
22		中共中央、国务院	《中共中央国务院关于推进社会主义新农村建设的若干意见》	增加良种补贴和农机具购置补贴
23		农业部、工商总局	《农业机械维修管理规定》	明确农业机械维修范围，从维修资格、质量管理、监督检查和罚则等方面作出了详细规定。原农牧渔业部、国家工商行政管理局1984年发布的《全国农业机械维修点管理办法》同时废止
24		财政部、国税总局	《财政部 国家税务总局关于企业技术创新有关企业所得税优惠政策的通知》	科研在按规定实行100%扣除基础上，允许再按当年实际发生额的50%在企业所得税税前加计扣除。国家高新技术产业开发区内新创办的高新技术企业，自获利年度起两年内免征企业所得税，免税期满后减按15%的税率征收企业所得税
25		农业部、安监局	《关于开展"创建平安农机，促进新农村建设"活动的通知》	具体制订"创建平安农机，促进新农村建设"活动实施方案，明确"平安农机"示范县、乡、村、户标准，指出具体开展措施
26		农业部	《农业机械质量调查办法》	明确农业机械质量定义、主管部门，从质量调查的确定、实施、调查结果的公布和罚则等方面作出了详细规定

续表

序号	年份	发布者	名称	主要内容
27		国务院	《关于深化改革基层农业技术推广体系建设的意见》	明确农机推广体系指导思想、基本原则和总体目标,从推进基层农技推广机构改革、促进农技社会化服务组织发展和加强领导工作等方面作出详细规定
28		农业部	《全国农业机械化发展第十一个五年计划(2006—2010年)》	指出农业机械装备结构需要进一步优化,要广泛应用适应结构调整、资源节约和环境友好的农业机械装备在农业生产中,并从进一步完善农业机械化发展政策法规体系、积极推进农业机械化科技创新与应用等方面谈到推进农机化发展的重要措施
29		农业部	《联合收割机及驾驶人安全管理规定》	从登记注册、驾驶证申领和使用、作业安全、事故处理、罚则等方面作出了详细规定。1994年农业部颁发的《联合收割机及驾驶员安全监理规定》同时废止
30		省委、省政府	《关于增强自主创新能力建设创新型湖北的决定》	明确建设创新型湖北的总体要求和主要目标,指出要加快构建区域创新体系,突破性发展高新技术及其产业,着力促进科技成果转化应用,建立多元化科技投融资体系,大力提高全民科学素质以及加强建设创新型湖北工作的组织领导。企业可按当年实际发生的技术开发费用的150%抵扣当年应纳税所得额;企业研发新产品、新技术、新工艺发生的各项费用可以不受比例的限制,计入管理费用;企业用于研发的仪器、设备且单价在30万元以内的,可一次或分次摊入管理费

续表

序号	年份	发布者	名称	主要内容
31		省农机办	《湖北省农机化发展第十一个五年规划（2006—2010年）》	农业机械化发展拟分三步走。到2010年，稻麦生产的综合机械化程度达到60%。到2015年，稻麦生产综合机械化程度达到70%，全省基本实现农业机械化。到2020年，种植业生产综合机械化程度达到80%以上，全面实现农业机械化
32		省农业厅、省财政厅	《关于印发〈湖北省2006年农业机械购置补贴专项实施方案〉的通知》	明确主导思想、主要目标及基本原则，规定了实施范围及规模，中央专项资金以全省46个粮食生产主生产区为主，省级专项资金安排中央未安排的其他31个县市，补贴6类16个品种的机具
33		省农业厅、省工商局	《关于认真贯彻实施〈农业机械维修管理规定〉的通知》	要求贯彻落实农业部、商务部出台的维修管理规定
34		省人大	《湖北省农业机械管理条例（修订草案）》	对湖北省1998年颁布的《湖北省农业机械管理条例》进行修订，修订后的《湖北省农业机械管理条例》对农机科研开发、质量保障、推广使用、社会化服务和农机安全监理等方面作出了新的规定和补充，符合湖北省实际
35		省政府办公厅	《关于加快农业机械化发展的通知》	明确了"十一五"期间农业机械化发展的目标：农业生产及农产品加工机械协调发展，重点作物、关键环节机械加快发展，高效、低耗、节能、环保机械全面发展。到2010年，全省农业机械总动力达到2800万千瓦；机械耕整4000万亩，机械播栽1000万亩，机械收获3000万亩，农机化综合水平达到60%

续表

序号	年份	发布者	名称	主要内容
36	2007	中共中央、国务院	《中共中央国务院关于积极发展现代农业扎实推进社会主义新农村建设的若干意见》	扩大农机具购置补贴规模、补贴机型和范围。加快农机行业技术创新和结构调整，重点发展大中型拖拉机、多功能通用型高效联合收割机及各种专用农机产品。要改善农机装备结构，提升农机装备水平
37		农业部	《农业机械部级推广鉴定实施办法（试行）》	明确农机部级推广鉴定工作由农业部农业机械化管理司负责，从申请、审查与受理、鉴定与公告、监督检查、审查和检验人员管理等方面作出了详细规定
38		农业部	《关于大力发展保护性耕作的意见》	充分利用现有购机补贴政策及相关项目资金，引导农民购置先进适用的保护性耕作机具；研究推广先进适用的保护性耕作机具
39		农业部等四部委	《关于做好农机跨区作业工作的意见》	指出要深化认识推进农机跨区作业，完善诸如免费发放跨区作业证等，优化信息、检修、接待和技术服务，保证农机作业期间的成品油供应工作，保障安全和加强领导工作
40		农业部	《关于加强农机安全监理工作的意见》	明确农机安全监理工作的指导思想和目标任务；建立健全农机安全政策法规体系；落实农机安全生产责任制；加强农机安全监理队伍建设；依法规范农机安全监理业务；提高农机安全监理装备水平；加强对农机安全监理工作的组织领导
41		农业部	《农业科技发展规划（2006—2020年）》	明确指导方针和目标，农业科技发展的重点任务，提出要完善体系、创新机制、加强各类科技计划的实施、完善激励政策、落实相关法规等保障措施

续表

序号	年份	发布者	名称	主要内容
42		农业部	《关于开展全国农业机械化示范区建设的通知》	决定在全国范围内建设100个农业机械化示范区，开展农机化技术试验示范，探索农业机械化发展新机制，详细规定了申报条件、推荐程序、建设要求等方面内容
43		农业部	《联合收割机登记工作规范》	指出农机监理机构职责、人员配备相关要求，明确办理注册登记的业务流程和具体事项、有关岗位应当在计算机管理系统中录入的信息、办理变更联合收割机机身颜色、更换发动机或者机身的变更登记、因质量问题更换整机的变更登记业务等方面具体事项，共33条
44		省人大	《湖北省农业机械化促进条例》	明确该条例适用范围及各级主管部门，从科技推广和质量保障、社会化服务和扶持措施、安全监督管理、法律责任等方面作出了详细规定
45		省地方税务局	《关于增强科技自主创新能力建设创新型湖北的实施意见》	该意见就全省地税系统积极支持科技自主创新工作提出，要积极落实六个方面31条具体税收优惠政策，加大对科技自主创新和高新技术产业发展的扶持力度
46		省农机局	《湖北省2007年农业机械购置补贴专项实施方案》	明确2007年该省安排农机购置补贴专项实施县市的四项原则，制定《湖北省2007年农机购置补贴专项实施县市补贴资金使用计划表》，补贴10类27个品种的机具，重点补贴水稻机动插秧机，以及相关补贴标准等工作安排事宜
47		省财政厅、省农业厅	《湖北省农业机械购置补贴专项资金使用管理暂行办法》	明确农业机械购置补贴专项资金定义，财政及农机部门各自的职责范围，补贴的对象、标准和种类、补贴资金的申报与下达程序、补贴资金的发放程序、管理与监督等工作

续表

序号	年份	发布者	名称	主要内容
48	2008	中共中央、国务院	《中共中央国务院关于切实加强农业基础建设进一步促进农业发展农民增收的若干意见》	继续加大对农民的直接补贴力度，增加粮食直补、良种补贴、农机具购置补贴和农资综合直补。增加农机具购置补贴种类，提高补贴标准，将农机具购置补贴覆盖到所有农业县。完善农业机械化税费优惠政策，对农机作业服务实行减免税，对从事田间作业的拖拉机免征养路费，继续落实农机跨区作业免费通行政策。继续实施保护性耕作项目。扶持发展农机大户、农机合作社和农机专业服务公司。加强农机安全监理工作
49		农业部	《关于促进设施农业发展的意见》	扶持鼓励设施农业发展，重点设施农业装备纳入购机补贴范围；加大科技创新投入力度，支持设施农业共性关键技术装备研发；加强设施农业标准建设，建立和完善设施农业标准化技术体系；加强设施农业技术培训，提高从业人员素质
50		国税总局	《企业研究开发费用税前扣除管理办法(试行)》	研发费用计入当期损益未形成无形资产的，允许再按其当年研发费用实际发生额的50%，直接抵扣当年的应纳税所得额；研发费用形成无形资产的，按照该无形资产成本的150%在税前摊销。除法律另有规定外，摊销年限不得低于10年
51		财政部、国家税务总局	《关于提高劳动密集型产品等商品增值税出口退税率的通知》	将包括部分农业机械产品在内的机电产品的退税率分别由9%提高到11%，由11%提高到13%，由13%提高到14%

7 协调发展阶段（2004年至今）湖北省农机化政策回顾及分析

续表

序号	年份	发布者	名称	主要内容
52		财政部、国家税务总局	《关于农民专业合作社有关税收政策的通知》	对农民专业合作社销售本社成员生产的农业产品，视同农业生产者销售自产农业产品免征增值税；增值税一般纳税人从农民专业合作社购进的免税农业产品，可按13%的扣除率计算抵扣增值税进项税额；对农民专业合作社向本社成员销售的农膜、种子、种苗、化肥、农药、农机，免征增值税；对农民专业合作社与本社成员签订的农业产品和农业生产资料购销合同，免征印花税
53		农业部	《关于加快推进植保机械化的通知》	坚持农机农艺结合，加快植保装备和技术的研究开发；各级农机部门要根据生产实际，向农民推荐质量好、性能优、适合当地应用的植保机械产品；鼓励合作组织发展，不断提高植保专业化服务水平；组织在用机械调查，依法推进植保机械质量监督管理；明确目标任务责任，切实加强植保机械化工作的组织领导
54		农业部	《农业机械质量投诉监督管理办法》	指出农机质量投诉监督定义及适用范围，明确投诉监督机构、投诉受理、投诉处理、信息报送和监督、工作纪律等相关规定
55		农业部	《关于进一步加强农业机械化质量工作的意见》	指出通过认真实施法律法规、完善标准体系、强化农机试验鉴定、依法组织质量调查、重视投诉监督、加大机具推广和大力开展教育培训来加大农业机械化质量工作力度

续表

序号	年份	发布者	名称	主要内容
56		农业部、财政部	《2009年农业机械购置补贴实施方案》	明确实施农业机械购置补贴是落实中央强农惠农政策的重要内容，从指导思想、主要目标、基本原则、实施范围及规模、补贴机具、补贴对象及标准、经销商的确定、申报程序、工作要求等方面作出了相关规定
57		农业部办公厅	《关于做好冬季农机安全生产工作的通知》	要狠抓安全检验；规范牌证核发工作，强化源头管理；强化农机安全宣传教育，营造良好氛围；组织开展安全检查，纠正违法违章行为；落实安全生产责任制
58		农业部	《拖拉机联合收割机牌证制发监督管理办法》	共6章32条，明确牌证由农业部统一监制，实行"定点生产、集中订制、定向分发"的管理制度，具体工作委托农业部农机监理总站办，并从定点企业选定、订制分发、监督和罚则等方面作出了详细规定
59		农业部、发改委等	《关于确保"三夏"期间农用柴油供应的紧急通知》	提高认识，确保粮食主产区农用柴油供应；采取措施，重点保证农机用油需要；强化监督，切实维护市场秩序；密切配合，完善柴油供应的协调机制
60		省农业厅、财政厅	《湖北省2008年农业机械购置补贴专项实施方案》	指出要做好政策宣传发动工作、加强与农机、财政等部门配合
61		省农业厅、财政厅、发改委	《湖北省支持推广的农业机械产品目录管理办法》（下称《推广目录》）	《推广目录》的农机产品应当符合国家颁布的相关标准和行业技术规范，并通过省级以上农业机械试验鉴定机构的试验鉴定；列入《推广目录》的产品，可以按照有关规定，享受国家促进农业机械化的财政补贴、金融扶持等优惠政策支持。各类农机化示范工程、创新项目等优先使用列入《推广目录》的产品

续表

序号	年份	发布者	名称	主要内容
62	2009	中共中央、国务院	《中共中央国务院关于2009年促进农业稳定发展农民持续增收的若干意见》	大规模增加农机具购置补贴，将先进适用、技术成熟、安全可靠、节能环保、服务到位的农机具纳入补贴目录，补贴范围覆盖全国所有农牧业县(场)，带动农机普及应用和农机工业发展。启动农业机械化推进工程，重点加强示范基地、机耕道建设，提高农机推广服务和安全监理能力。实行重点环节农机作业补贴试点。对农机大户、种粮大户和农机服务组织购置大中型农机具，给予信贷支持。完善农用燃油供应保障机制，建立高耗能农业机械更新报废经济补偿制度
63		国务院	《中华人民共和国增值税暂行条例》	纳税人销售或者进口粮食、食用植物油及饲料、化肥、农药、农机、农膜可以享受13%的增值税优惠税率；直接用于科学研究、科学试验和教学的进口仪器、设备，免征增值税
64		国务院办公厅	《装备制造业调整和振兴规划》	指出应从发挥增值税转型、加强投资项目的设备采购管理、制定《装备制造业技术进步和技术改造项目及产品目录》、调整税收优惠、推进企业兼并重组、落实节能产品补贴和农机具购置补贴、建立产业信息披露制度、支持产品检验检测和认证机构建设等方面着手调整与振兴我国的装备制造业。在第7大领域中提及：大力发展大功率拖拉机及配套农机具、节能环保中型拖拉机等耕作机械，通用型谷物联合收割机、新型半喂入式水稻联合收割机、高效玉米联合收割机、自走式采棉机等收获机械，免耕播种机，节水型喷灌设备等

续表

序号	年份	发布者	名称	主要内容
65		农业部、国家安监局	《关于深入开展"创建平安农机，促进新农村建设"活动的通知》	加强领导，明确任务；加强协作，密切配合；加强指导，扎实推进；加强监督，务求实效
66		农业部、安监局	全国"平安农机"示范县、乡、村、户创建标准	具体规定"平安农机"示范县、乡(镇)、村、户(合作社、协会)的创建标准
67		农业部	《关于加快发展农机专业合作社的意见》	落实扶持政策；加大投入力度；加快人才培养；加强示范引导
68		农业部	《关于进一步加快实施农机购置补贴政策的紧急通知》	进一步加快实施进度；严格执行政策规定；不断强化监督检查；继续加大政策宣传；切实加强组织领导
69		农业部	《农业机械化标准体系建设规划(2010—2015年)》	明确农业机械化标准体系由基础标准、技术标准和管理标准三部分组成，指出要加强农业机械化标准工作的组织领导、农业机械化标准化队伍建设、切实增加标准工作投入、加大标准宣传和实施力度以及积极开展国际交流与合作，并制定"2010—2012年农业机械化标准项目规划表"
70		农业部	《关于做好2009年农机跨区作业的通知》	切实加强组织领导；迅速开展准备工作；协调落实扶持政策；大力加强信息引导；着力提高组织程度；继续规范作业市场；努力营造舆论环境
71		国务院	《农业机械安全监督管理条例》	共7章60条，明确条例适用范围、各级领导部门职责，从生产销售和维修、使用操作、事故处理、服务与监督以及法律责任等方面作出了详细规定

续表

序号	年份	发布者	名称	主要内容
72		省农机局	《湖北省农业机械科技项目管理办法(暂行)》	明确农机科技项目分科研课题、农业机械化工程项目两类,优先安排7大类项目以及项目实施时间,从项目的申报与立项、项目的计划与实施管理、项目经费的管理、项目的成果管理等方面作出了详细规定
73		省农机局	《湖北省农业机械维修网点等级审定条件》	明确各类农业机械维修点的修理业务经营范围、设备条件、设施条件、维修人员配备要求、管理以及安全与环境保护等方面规定
74		省农机局	《湖北省农业机械维修经营许可审批程序》	明确农业机械维修经营者申领农业机械维修技术合格证应向相应农机管理部门提出书面申请,农机管理部门依据材料作出受理、审查、准予行政许可的决定
75		省农机局	《湖北省农机行业职业技能鉴定管理实施细则》	明确农机行业职业技能鉴定定义,指出农机行业推行国家职业资格证书制度,并从职责分工、鉴定执行机构及工作职责、考评人员、鉴定对象与鉴定工种范围、收费标准、鉴定程序、证书发放等方面作出了详细规定
76		省政府	《关于进一步促进农业机械化发展的意见》	对今后一个时期农业机械化的发展提出了具体目标和要求,在政策扶持、资金安排等方面作了明确要求,对农业机械社会化服务、农机化新机具新技术推广、农机化科技教育、农机市场以及农机化工作组织领导等进行了系统全面部署,为今后一个时期农业机械化的发展指明了方向

续表

序号	年份	发布者	名称	主要内容
77	2010	中共中央、国务院	《中共中央国务院关于加大统筹城乡发展力度进一步夯实农业农村发展基础的若干意见》	进一步增加农机具购置补贴，扩大补贴种类，把牧县、林县和抗旱、节水机械设备纳入补贴范围。大力推广机械深松整地，支持秸秆还田、水稻育插秧等农机作业
78		国家质检总局、工商总局、农业部、工信部	农业机械产品修理、更换、退货责任规定	废止1998年原国家经济贸易委员会等部委发布的《农业机械产品修理、更换、退货责任规定》，新版规定了农机产品生产者、销售者及修理者的修理、更换、退货等三包责任内容，明确三包责任，谁销售谁负责
79		农业部	《农业机械推广鉴定实施办法》	废止2007年发布的《农业机械部级推广鉴定实施办法(试行)》，增加"农业机械推广鉴定"的定义，明确适用于部级、省级推广鉴定，提高对推广应用的农机产品的品质要求，放宽对部分农机产品销售量的要求，修订推广鉴定证书有效期届满重新申请办证的期限，明确推广鉴定证书变更申请的程序和要求，增加撤销推广鉴定证书的具体规定、对农机鉴定机构开展推广鉴定工作的监督管理规定
80		农业部	《2009—2011年国家支持推广的农机产品目录》（2010年度调整）	包含10个大类，涉及891家企业，近2000多条目的产品，是历年涉及产品类目录最多的一次，申报的产品品牌更加明确，申报门槛有所提高

续表

序号	年份	发布者	名称	主要内容
81		农业部	《拖拉机驾驶证申领和使用规定》（2010年修订）	明确农机监理机构办理拖拉机驾驶证业务，从拖拉机驾驶证的申领、换证、补证和注销，审验等方面作出了详细规定
82			《联合收割机及驾驶员安全监理规定》（2010年修订）	对2006年发布的《联合收割机及驾驶人安全监理规定》进行修订
83		国务院	《关于促进农业机械化和农机工业又好又快发展的意见》	提到农机工业发展的主要任务在于推进农机工业行业改革、解决农机产品结构性矛盾、增强农机工业科技创新能力、提升农机工业制造水平和产品质量、扩大农机工业国际合作；明确指出需加大财政支持、完善农机购置补贴制度、加强和改进金融服务、切实落实税费优惠等扶持政策
84		农业部	《关于印发〈进一步加快转变发展方式优化农机装备结构布局工作方案〉的通知》	明确农机装备结构布局调整的重点内容，指出促进农机装备结构布局调整的主要措施在于明确职责任务、制订发展规划、加强政策引导、强化科研推广、发展服务组织、开展试点示范和加强组织领导等几个方面
85		农业部	《关于加强农机农艺融合、加快推进薄弱环节机械化发展的意见》	科学制订农机化发展规划；加快研发关键环节农机化技术和装备；积极推广重点作物关键环节农机化技术；抓紧完善适应机械化作业的种植技术体系；进一步加大政策扶持力度；大力开展农机农艺知识和技术培训；努力推进农机社会化服务

续表

序号	年份	发布者	名称	主要内容
86		农业部办公厅	《关于做好秋冬季农机安全生产工作的通知》	加强秋冬季农机安全生产的组织领导；努力提高农机安全监理"三率"水平；全面开展农机安全生产检查；强化农机安全生产宣传教育；妥善处理农机安全突发事件
87		省财政厅、省农科院	《湖北省农业科技创新资金管理办法》	明确创新资金是省财政预算安排的用于支持省农业科技创新的农业科技专项资金，规定适用范围及使用原则，创新资金项目管理运作程序、使用及管理工作等
88		省农业厅、财政厅	《关于印发2010年农业机械购置补贴实施指导意见的通知》	明确农业机械购置补贴覆盖全省所有农业县(市、区)，确定补贴机具种类为12大类43个小类188个品目，发布36个血吸虫病综合治理重点县市和新增实施血防"以机代牛"工程县市名单
89		省政府办公厅	《关于做好夏季作物农机跨区抢收抢种的紧急通知》	充分发挥农业机械在夏季作物抢收抢种中的作用，大力推广机械插秧技术，扩大中稻机插面积；精心组织，充分发挥农机跨区作业的作用；打击"机霸"，维护正常作业秩序和机手利益；保证供油，防止缺油停机和排长队加油；开辟通道，确保交通畅通和农机安全生产
90		省农机局	《湖北省2010年"以机代牛"防治血吸虫病建设项目实施方案》	明确在全省血吸虫重疫区15个县(市、区)实施血防"以机代牛"项目，细化补贴对象和标准，规定杀牛及购机补贴操作程序、工作要求等
91		省农业厅	《关于加快发展农机合作社的意见》	明确服务农户数占全省农户总数的1/3以上，主推专业型农机合作社与综合型农机合作社，细化省级农机示范合作社条件，指出要提升农机合作社服务能力、加大政府支持力度等

续表

序号	年份	发布者	名称	主要内容
92	2011	发改革委	《产业结构调整指导目录》(2011年本)	比2005年版的产业结构调整指导目录更加具体。在第39~46条中比较详尽地列出了鼓励发展的农机产品类别,包括100马力以上的拖拉机、100马力以上拖拉机配套农机具、100马力以上拖拉机关键零部件、农作物移栽机械、配套动力50马力以上的棉田中耕型拖拉机、果园用高地隙拖拉机、牧草收获机械、农业收获机械与节水灌溉设备等
93		工信部	《农机工业发展规划(2011—2015年)》	提出了8条政策措施:制定产业政策完善法规体系;继续实施并完善农机具购置补贴政策;建立多元化投融资机制,保障发展所需资金;实施优惠税收政策,扶持农机工业的发展;整合创新资源完善农机技术创新体系,引导建立产学研合作创新的长效激励机制;完善标准体系,加强试验检测条件建设,强化质量监督,建设公共技术平台,充分发挥行业协会作用;塑造人才,实施以人为本的聚才战略
94		工信部	《农机工业发展政策》	分别从技术政策、产品开发、组织结构、准入管理、市场建设、金融财税政策、进出口管理等方面提出了相关政策指导意见。明确指出:要建立市场配置资源和政府宏观调控相结合的产业发展机制,推进农机工业规范化、科学化管理;要推动产业结构调整和企业兼并重组,加快集团化、集约化进程,以产业链为纽带,构建符合国情、布局合理、专业化协作、集中度高的产业格局,形成以大型企业为龙头、中小企业相配套的产业体系和产业集群

续表

序号	年份	发布者	名称	主要内容
95		农业部	《全国农业机械化发展第十二个五年规划(2011—2015年)》	提出六大任务,其中第一项任务就是要全面提高农机装备和作业水平,全面贯彻落实财政、税费、金融、保险、用地、基本建设等各项扶持政策。鼓励支持优化农机市场布局,培育一批辐射面广、服务质量好的大型农机流通企业、品牌农机店和区域性农机市场
96		农业部	《全国农业机械化科技发展"十二五"规划(2011—2015年)》	明确加强主要农作物机械化共性技术、农机化软科学,加快设施园艺、设施养殖、渔业和农产品初加工装备与技术、牧草和丘陵山区农业机械化技术等方面研究,突破主要农作物机械化关键技术等5项重点任务;提出要加强组织领导,完善创新体系;加强政策扶持,保障经费投入;加强联合协作,健全创新机制;实施重点工程,提升创新能力;加强国际合作,深化技术交流等5项保障措施
97		农业部	《全国农业机械化教育培训"十二五"规划(2011—2015年)》	确立5项保障措施:继续实施农业机械化教育培训大行动;加大农业机械化教育培训扶持力度;完善农业机械化教育培训管理制度;营造农业机械化教育培训良好氛围;加强农业机械化教育培训组织领导
98		农业部	《全国农业机械化技术推广"十二五"规划(2011—2015年)》	确立5项保障措施:切实加强领导,完善扶持政策;加强体系建设,提升服务能力;抓好项目实施,发挥示范作用;加强广泛协作,创新推广机制;强化信息宣传,营造良好氛围

续表

序号	年份	发布者	名称	主要内容
99		农业部	《全国农业机械试验鉴定"十二五"规划（2011—2015年）》	确立4项保障措施：加强组织领导；加大投入力度；强化人才培养；扩大宣传和对外合作；制定"十二五"部级鉴定能力布局规划表
100		农业部	《全国设施农业发展"十二五"规划（2011—2015年）》	确立4项保障措施：组织领导保障；政策法规保障；资金投入保障；人才教育保障
101		工信部	《联合收割（获）机和拖拉机行业准入条件》	明确适用范围，详细规定生产企业应具备的条件、产品要求、质量保证体系、安全生产和节能环保、销售和售后服务、监督管理等方面的要求
102		农业部	《关于加快推进水稻生产机械化的意见》	加强组织领导；落实扶持政策；推动农机农艺融合；加强协调配合
103		商务部	《关于加快农机现代流通体系建设的意见》	加强农机流通行业管理，将农机流通作为农村市场体系建设的重要内容；完善相关政策扶持措施，研究和完善农机流通税收、用地等方面优惠政策，支持农机流通企业上市融资；充分发挥行业协会作用
104		农业部	《关于加强农机事故应急管理工作的意见》	明确应急管理工作的原则；建立健全农机事故应急预案和组织体系；切实强化农机事故预测预警工作；认真做好分级响应和应急处置；及时报送农机事故应急信息；全面落实应急工作的保障措施
105		省农机局	《湖北省"十二五"农业机械化发展规划》	加强农机化政策法规体系建设；健全农机技术推广和社会化服务体系；多渠道增加投入，保障农业机械化事业持续稳定发展；切实加强农业机械化工作的领导

7.1 政策概览

续表

序号	年份	发布者	名称	主要内容
106		省经信委	《湖北省装备制造业"十二五"发展规划》	响应《关于加快振兴装备制造业的若干意见》和《装备制造业调整和振兴规划》，围绕构建促进中部地区崛起重要战略支点的宏伟目标，实施"两圈一带"总体战略，以及武汉东湖国家自主创新示范区的启动，为湖北大力发展装备制造业营造了良好的政策环境。该规划将粮机列入了支持的产业集群
107	2012	中共中央	《关于加快推进农业科技创新持续增强农产品供给保障能力的若干意见》	加强市地级涉农科研机构建设，鼓励有条件的地方纳入省级科研机构直接管理；加强农机农艺结合；在"节水灌溉、农机装备"等方面取得一批重大实用技术成果；充分发挥农业机械集成技术、节本增效、推动规模经营的重要作用，不断拓展农机作业领域，提高农机服务水平；着力解决水稻机插和玉米、油菜、甘蔗、棉花机收等突出难题，大力发展设施农业、畜牧水产养殖等机械装备，探索农业全程机械化生产模式。积极推广精量播种、化肥深施、保护性耕作等技术；加强农机关键零部件和重点产品研发，支持农机工业技术改造，提高产品适用性、便捷性、安全性；加大信贷支持力度，鼓励种养大户、农机大户、农机合作社购置大中型农机具；落实支持农机化发展的税费优惠政策，推动农机服务市场化和产业化；切实加强农机售后服务和农机安全监理工作
108		全国人大	《国家农业技术推广法》	提出加强包括农业机械在内的农业技术，促进农业科研成果和实用技术尽快应用于农业生产

203

续表

序号	年份	发布者	名称	主要内容
109		农业部	《2012—2014年国家支持推广的农机产品目录》	国家支持推广的农业机械产品目录共包含10个大类，涉及1420家企业，4117个产品条目
110		科技部	《农业装备产业科技发展"十二五"重点专项规划》	"十二五"目标：突破先进制造与智能化技术、高性能拖拉机与多功能作业机具等一批农业装备制造核心关键技术，开发轻便作业、水肥药精确施用、环控农业、产地商品化处理及现代畜牧业福利养殖等一批专用装备，取得一批自主知识产权专利和标准，建立一批集成技术示范应用基地，培育若干具有较强国际竞争力的创新型企业集团及产业集群，建成协调有效的自主创新平台，完善以企业为主体、市场为导向、产学研相结合的农业装备创新体系，支撑主要农作物耕种收综合机械化水平达到60%左右。加强农业装备产业科技的统筹规划部署；加强农业装备产业技术研究平台体系建设；加大农业装备产业科技创新人才培养力度；实施农业装备产业科技创新国际化战略
111		工信部	《联合收割(获)机和拖拉机行业准入公告管理暂行办法》	明确工信部及省级工业主管部门的职责，从申请和审核程序、准入公告管理及附则等方面作出了详细规定，并制定了联合收割(获)机行业准入公告检验项目、拖拉机行业准入公告检验项目
112		农业部	《农业部关于加强农业机械化技术推广工作的意见》	坚持政府主导，社会参与。坚持试验示范，农民自愿。坚持机制创新，提高效率。坚持因地制宜，注重效益。坚持突出重点，全面推进

续表

序号	年份	发布者	名称	主要内容
113		农业部	《全国农机化科技创新与推广行动方案》	加强农机农艺融合示范;推进农机化科技创新;推广农机化先进技术;培训农机化实用人才;开展农机化科技下乡入户;提升农机化质量;增强农机化科技支撑能力
114		农业部办公厅、财政部办公厅、商务部办公厅	《2012年农机报废更新补贴试点工作实施指导意见》	提出中央财政在继续实施农机购置补贴的同时,根据农业机械报废更新需求情况,选取11地开展农机报废更新补贴试点工作。并从总体要求、实施范围、补贴对象、机具种类、补贴标准、操作程序、工作要求等方面提出了详细的实施指导建议
115		国务院	《关于加强道路交通安全工作的意见》	明确将加强农机安全工作作为加强道路交通安全的重要措施,要求发挥农机安全监理机构作用、完善农业机械安全监督管理体系、加强对农机安全监理机构的支持保障、积极推广应用农机安全技术、加强对拖拉机联合收割机等农业机械的安全管理、将农机安全监理各项经费按规定纳入政府预算等
116		农业部	《关于进一步加强农机安全工作的通知》	认真落实促进农机安全生产的政策措施;继续完善农机安全监理规章制度;切实加强农机驾驶操作人员培训;不断强化农业机械安全的源头管理;深入开展农机安全隐患排查治理;大力增强农机事故处理和应急救援能力;尽快健全农业机械安全监督管理体系;积极推进农机安全监管机制创新
117		农业部办公厅	《关于深入开展农业机械化教育培训大行动的通知》	建设一支致富能力强、服务到位的农机实用人才队伍,提高农业综合生产能力。每年培训450万人次以上,其中培训新购机农民100万人次以上

续表

序号	年份	发布者	名称	主要内容
118		省政府	《关于促进农业机械化和农机工业又好又快发展的实施意见》	落实农机购置补贴政策;加大财政支持力度;落实各项税费优惠政策;加大基础设施建设支持力度;增强金融支持力度;实行产业准入制度;加强标准体系、试验检测条件建设,强化质量监督,提升产品水平。明确指出要着力改善农机化装备结构,提高现代农机制造水平
119		省农机局	《湖北省 2012—2014 年支持推广的农业机械产品目录(2012 年公告)》	包括耕整地机械类 176 个产品,种植施肥机械类 58 个产品,田间管理机械类 132 个产品,收获机械类 62 个产品,收获后处理机械类 75 个产品,农产品初加工机械类 150 个产品,排灌机械类 55 个产品,畜牧水产养殖机械类 132 个产品,动力机械类 33 个产品
120		省农机局	《2012 年湖北省农业机械推广鉴定工作流程及鉴定产品种类指南》	详细规定了申请省级农机推广鉴定的工作流程、申报农机产品推广鉴定的产品种类以及其他具体要求
121		省农机局	《湖北省农机化科技创新与推广活动方案》	实施农机化科技进村入户工程;组织开展"农机三个百万"工程;推进农机化科技体制机制创新工程;加强农机化公共服务能力建设工程;实施农机化科技项目示范带动工程;推进湖北农机工业振兴工程;实施农机化标准体系建设工程
122	2013	中共中央、国务院	《中共中央、国务院关于加快发展现代农业,进一步增强农村发展活力的若干意见》	扩大农机具购置补贴规模,推进农机以旧换新试点;开展农作物制种、渔业、农机、农房保险和重点国有林区森林保险保费补贴试点

续表

序号	年份	发布者	名称	主要内容
123		农业部办公厅、财政部办公厅	《2013年农机购置补贴实施指导意见》	明确各省农机化主管部门、财政部门要根据实况及政策办法确定各地实施范围及规模，规定了12大类48个小类175个品目全国农机购置补贴机具种类范围及相应补贴标准、补贴对象和经销商的确定、补贴资金的兑付方式、申报程序等方面内容
124		农业部	《关于大力推进农机社会化服务的意见》	明确四大任务：培育新型农机社会化服务主体；构建新型农机社会化服务体系；完善新型农机社会化服务机制；培养新型农机社会化服务人才；指出从组织领导、政策扶持、内部协作、示范引导及改善市场环境等方面加强保障
125		农业部	《关于促进企业开展农业科技创新的意见》	明确企业着重开展应用技术研发，并尽快成为农机装备等领域的技术创新主体；引导和支持企业主持或参与承担农业科技项目；支持企业建立高水平研发机构；建立农业科技资源开放共享机制；促进农业科技人才资源的合理配置；鼓励和引导企业开展农业技术服务；充分利用社会力量和财政金融政策支持企业开展农业科技创新；提升对企业知识产权的保护和管理水平
126		农业部	《关于贯彻实施〈中华人民共和国农业技术推广法〉的意见》	健全国家农业技术推广机构；加强国家农业技术推广队伍建设；创新国家农业技术推广机构工作运行机制；促进多元化农业技术服务组织发展；加强农业技术推广与应用；落实农业技术推广保障措施

续表

序号	年份	发布者	名称	主要内容
127		农业部	《关于印发〈拖拉机、联合收割机牌证业务档案管理规范〉的通知》	明确牌证业务档案包括拖拉机档案、联合收割机档案、拖拉机驾驶证档案、联合收割机驾驶证档案;并从资料收集与整理、档案保管、档案服务等方面作出了详细规定
128		省政府	《湖北省水稻集中育秧实施方案(2013—2017年)》	指出推行水稻集中育秧是扩大双季稻面积和水稻全程机械化生产的关键技术措施;明确搞好水稻集中育秧的保障措施,一要强化行政推动,二要强化资金支持,三要强化宣传发动,四要强化技术服务,五要强化工作督导
129		省政府	《关于印发湖北省现代农业发展规划(2013—2017年)的通知》	要构建现代农业物资装备体系;实施农业机械化推进工程,支持建设一批区域性的农机工业园和农机物流中心,引进一批农机制造企业,构建农机监管服务体系
130		省农业厅、省财政厅	《关于印发湖北省2013年农机购置补贴实施方案的通知》	明确中央财政预拨湖北省第一批农机购置补贴资金9.7亿元,补贴机具种类范围、补贴标准、补贴对象、机具数量和经销商的确定、补贴程序及补贴资金的兑付方式等内容
131		省农机局	《〈湖北省2013年百万机手大培训、百万机具大检修和百万农机闹春耕活动方案〉的通知》	一是各级农机部门要组织开展对现有农机手的培训;二是对新购机农民开展培训;三是结合阳光工程继续开展基层农机人员知识更新培训和农民创业培训;四是组织开展农机职业技能鉴定培训和农机工业质量管理培训

7.2 政策背景

21世纪，我国进入工业化发展的中后期，国民经济全面发展，农业和农村经济进入新的发展阶段。纵观一些工业化国家发展的历程，在工业化初始阶段，农业支持工业、为工业提供积累是带有普遍性的趋向。但在工业化达到相当程度以后，工业反哺农业、城市支持农村，实现工业与农业、城市与农村协调发展，也是带有普遍性的趋向。

2004年，胡锦涛在十六届四中全会上做出了"两个趋向"的判断，指出"农业是安天下、稳民心的战略产业，必须始终抓紧抓好"。2005年12月29日第十届全国人大常委会第19次会议通过《关于废止中华人民共和国农业税条例的决定》，实施了近50年的农业税条例被依法废止，一个在我国延续两千多年的税种宣告终结。2005年10月11日，党的十六届五中全会通过《中共中央关于制定国民经济和社会发展第十一个五年规划的建议》，明确了经济社会发展的奋斗目标和行动纲领，提出了建设社会主义新农村的重大历史任务，为"三农"工作指明了方向。2006年10月，党的十六届六中全会通过了《中共中央关于构建社会主义和谐社会若干重大问题的决定》，第一次把"提高构建社会主义和谐社会的能力"作为党执政能力的一个重要方面并明确提出来。2008年，十七届三中全会审议通过《中共中央关于推进农村改革发展若干重大问题的决定》，允许农民按照依法、自愿、有偿原则，以转包、出租、股份合作等形式流转土地承包权，发展多种形式的适度规模经营。2009年，《中共中央 国务院关于2009年促进农业稳定发展农民持续增收的若干意见》指出，要切实增强危机意识，充分估计困难，紧紧抓住机遇，果断采取措施，坚决防止粮食生产滑坡，坚决防止农民收入徘徊，确保农业稳定发展，确保农村社会安定，强调要加大对农业的支持保护力度，强化现代农业物质支撑和服务体系，稳定完善农村基本经营制度，推进城乡经济社会发展一体化。2010年，《中共中央关于制定国民经济和社会发展第十二个五年规划的建议》指出，制定"十二五"规划必须以科学发展为主题，以加快转变经济发展方式为主线，深化改革开放，保障和改善民生，巩固和扩大应对国际金融危机冲击成果，促进经济长期平稳较快发展和社会和谐稳定，为全面建成小康社会打下具有决定性意义的基础。

7.3 主要政策内容

1. 农机制造政策

这个阶段，农机制造政策出台较为密集。2004年出台的《农业机械化促进法》第9条提出，国家支持农业机械生产者开发先进适用的农业机械，采用先进技术、先进工艺和先进材料，提高农机产品的质量和技术水平，降低生产成本，提供系列化、标准化、多功能和质量优良、节约能源、价格合理的农业机械。在该法的促进下，国家发改委公布的《产业结构调整指导目录（2005年）》中，农机装备制造产品被放在机械鼓励类中，具体包括：种、肥、水、药高效施用和保护性耕作等农机具制造；5吨/时以上种子加工成套设备开发制造；禽、畜类自动化养殖成套设备制造；设施农业设备制造；农、林、渔、畜产品深加工及资源综合利用设备制造；秸秆综合利用关键设备制造；农业（棉花、水稻、小麦、玉米、豆类、薯类、草饲料等）收获机械制造。2006年，国务院发布《关于加快振兴装备制造业的若干意见》，提出要发展新型、大马力农业装备，提高大马力拖拉机、半喂入式水稻联合收割机、玉米联合收割机、采棉机等国产化水平和技术档次，改变目前125马力以上拖拉机、新型农业装备主要依赖进口的状况，并且指出要振兴装备制造业需完善法律法规，强化政策支持。2008年，十七届三中全会提出"适应农业规模化、精准化、设施化等要求，加快研发多功能、智能化、经济型农业装备设施，重点在田间作业、设施栽培、健康养殖、精深加工、储运保鲜等环节取得新进展"，强调"支持农用工业发展，加快推进农业机械化"。

2009 年，国务院办公厅发布《装备制造业调整和振兴规划》，提出以国家新增千亿斤粮食工程为依托，大力发展大功率拖拉机及配套农机具、节能环保中型拖拉机等耕作机械，通用型谷物联合收割机、新型半喂入式水稻联合收割机、高效玉米联合收割机、自走式采棉机等收获机械，免耕播种机、节水型喷灌设施等，应从发挥增值税转型、加强投资项目的设备采购管理、制定相关产品目录、调整税收优惠、推进企业兼并重组、落实节能产品补贴和农机具购置补贴等方面着手调整与振兴装备制造业。2010 年 7 月 5 日，国务院出台《关于促进农业机械化和农机工业又好又快发展的意见》。它是改革开放以来第一个针对农机化和农机工业发展的国家级文件，是指导农机化事业和农机工业发展的纲领性文件。2011 年 3 月，国家工信部制定了《农机工业发展规划》，这是新中国成立以来首次以政策名义发布的五年规划。"规划"指导思想清晰，目标明确，重点项目可行，扶持政策有针对性，对农机工业发展意义重大。2011 年 8 月 17 日，国家工信部出台《农机工业发展政策》，从技术政策、产品开发、组织结构、准入管理、市场建设、金融财税政策、进出口管理等几个方面进行了统筹规划。其中 9 条财税政策支持农机工业发展的力度较大。

2. 农机购置补贴政策

我国为实施农机购置补贴政策做了大量准备工作。"提高农业机械化水平，对农民个人、农场职工、农机专业户和直接从事农业生产的农机服务组织购置和更新大型农机具给予一定补贴"被明确写入 2004 年中央一号文件。同年我国出台的《农业机械化促进法》提出"中央财政、省级财政应分别安排专项资金，对农民和农业生产经营组织购买国家支持推广的先进适用的农业机械给予补贴"。在 2004 年中央一号文件精神指导下，为了提高农业综合生产能力，保证粮食增产和农民增收，确保《农业机械化促进法》有效执行，中央财政设立了农业机械购置补贴专项资金 7000 万元，对全国 16 个省 66 个农业生产县农户购买农机给予补贴。之后每年成倍增加，在全国范围内大规模实施农机购置补贴政策，2008 年以来，农机购置补贴政策已经覆盖全国所有农牧县。农机购置补贴政策实施10年来中央财政共投入资金729.7亿元。2013年全国农机购置补贴资金规模空前达到217.5亿元，比2004年翻了307倍还多。补贴机具种类扩大到12大类48小类175个品目，基本覆盖了农林牧渔业生产的主要机械设备。

湖北省早在2001年就开始进行购机补贴的试点工作，于2003年出台了该省历史上第一个购机补贴文件《新型农机具购置补贴实施办法》，此后便一发不可收拾，每年出台该专项的政策文件，至2013年共发布11项购机补贴政策，这些政策基本上都是对全省购机补贴原则、程序、对象、补贴资金、补贴机具、补贴监管等内容进行规定和调整。至2013年，补贴范围由2001年的4个县扩大到全省所有农业县（市、区）和垦区农场，补贴机具种类由一个大类扩大到12大类44小类128个品目，补贴机具数量由378台（套）增加到61.9万台（套），补贴资金由200万元增加到10.7亿元，是当初的535倍，堪称史上最给力的农机化投入政策。

3. 农机监理政策

2004年，农业部颁布《拖拉机登记规定》《拖拉机驾驶培训管理办法》。《拖拉机登记规定》主要对拖拉机注册登记、变更登记、转移登记、抵押登记和注销登记等内容进行规范。《拖拉机驾驶培训管理办法》明确农业部负责全国拖拉机驾驶培训管理工作，从培训机构条件、许可程序、培训业务管理、监督检查、罚则等方面做出了相应规定。2006年，农业部发布《联合收割机及驾驶人安全管理规定》，对登记注册、驾驶证申领和使用、作业安全、事故处理、罚则等事项做出详细规定。2007年，农业部发布《关于加强农机安全监理工作的意见》，要求建立健全农机安全政策法规体系，落实农机安全生产责任制，加强农机安全监理队伍建设，依法规范农机安全监理业务，提高农机安全监理装备水平，加强对农机安全监理工作的组织领导。2008年，农业部发布《拖拉机联合收割机牌证制发监督管理办法》，要求实行"定点生产、集中订制、定向分发"的管理制度，对定点企业选定、订制分发、监督和罚则等工作内容做出了相应规定。2009年，国务院发布《农业机械安全监督管理条例》，从生产销售和维修、使用操作、事故处理、服务与监督以及法律责任等方面做出了详细规定。2010年，根据农机化发展的新形势，农业部对2006年发布的《联合收割机及驾驶人安全监理规定》进行了修订。2011年，农业部发布《关于加强农机事故应急管理工作的意见》，要求各地明确应急管理工作的原则，建立健全农机事故应急预案和组织体系，切实强化农机事故预测预警工作，认真做好分级响应和应急处置，及时报送农机事故应急信息，全面落实应急工作的保障措施。

7.4 政策特征

1. 法律法规全覆盖

2004年6月颁布并开始实施的《农业机械化促进法》是农机化工作的一部基本法，确立了农业机械化在农业、农村经济发展中的法律地位，阐明了我国农业机械化发展的指导思想、基本原则和基本制度，标志着我国农业机械化进入了依法促进的新阶段。2009年公布实施的《农业机械安全监督管理条例》是我国农业机械管理的第一部行政法规，建立健全了农业机械生产、销售、维修、使用操作、事故处理、监督管理等有关管理制度，构建了统一、完整的农业机械安全监督管理体系，标志着农机安全监督管理工作迈上了法制化轨道。除此之外，国家层面与农业机械化相关的法律法规还有《联合收割机跨区作业管理办法》《中国农机产品质量认证管理办法》《农机成人教育暂行规定》《联合收割机及驾驶员安全监理规定》《中华人民共和国农业技术推广法》《全国农村机械维修点管理办法》《拖拉机驾驶证申领和使用规定》《农业机械试验鉴定办法》《农业机械购置补贴专项资金使用管理办法》《拖拉机登记规定》《拖拉机驾驶培训管理办法》《全国乡镇农机管理服务站管理办法》《国家支持推广的农业机械产品目录管理办法》。湖北的地方法规有：《湖北省农业机械化促进条例》《湖北省农业机械管理条例（修订草案）》。以上法律法规像一张密集的农机化法规网，涵盖农机管理、质量鉴定、技术推广、安全监理、农机维修等各个领域及重点环节，农业机械化各项工作基本做到了有法可依、有章可循。

2. 政策含金量高

随着各项农机化扶持政策的出台，财政投入的力度加大。2006—2010年，中央及湖北省级财政累计投入农机补贴、优粮工程农机装备推进、农用航空、农机科技入户、水稻机械育插秧、油菜机械化生产和保护性耕作等方面资金18.7018亿元，相比"十五"时期累计投入的7050万元，增长25.5倍。其中，中央财政给湖北安排农机补贴资金16.45亿元，省级财政安排农机补贴配套资金4900万元和以机代牛补助资金9575万元。财政部、国家税务总局于2008年出台的针对农机合作社的有关税收政策成色十足。如"对农民专业合作社销售本社成员生产的农业产品，视同农业生产者销售自产农业产品免征增值税；增值税一般纳税人从农民专业合作社购进的免税农业产品，可按13%的扣除率计算抵扣增值税进项税额；对农民专业合作社向本社成员销售的农膜、种子、种苗、化肥、农药、农机，免征增值税；对农民专业合作社与本社成员签订的农业产品和农业生产资料购销合同，免征印花税"。2010年出台的《国务院关于促进农业机械化和农机工业又好又快发展的意见》明确了包含财政补贴、税费减免、金融支持、用地便利、基本建设等多种政策工具在内的扶持政策框架，堪称政策扶持全覆盖。《湖北省人民政府关于进一步促进农业机械化发展的意见》规定，自2010年起，省财政每年安排1300万元专项资金用于农机公共服务能力建设，可谓真金白银。

3. "中央一号文件"关注农机化，政策主体规格高

"中央一号文件"指中共中央每年发布的第一份文件，能够被中央一号文件关注的问题都是中央重点考虑、国家急需解决的问题，它对全国当年的工作具有纲领性和指导性地位。2004—2013

年，中央连续出台的10个一号文件中有9个直接提到、一个间接提到了农业机械化的问题。这些文件成为专项的农机化政策制定导向和政策执行的保障。2004年的中央一号文件《中共中央 国务院关于促进农民增加收入若干政策的意见》提出：提高农业机械化水平，对农民个人、农场职工、农机专业户和直接从事农业生产的农机服务组织购置和更新大型农机具给予一定补贴。2005年的中央一号文件《中共中央 国务院关于进一步加强农村工作提高农业综合生产能力若干政策的意见》提出：对种粮农民实行直接补贴，对部分地区农民实行良种补贴和农机具购置补贴。2006年的中央一号文件《中共中央 国务院关于推进社会主义新农村建设的若干意见》提出：增加良种补贴和农机具购置补贴。2007年的中央一号文件《中共中央 国务院关于积极发展现代农业扎实推进社会主义新农村建设的若干意见》提出："扩大农机具购置补贴规模、补贴机型和范围"，"加快农机行业技术创新和结构调整，重点发展大中型拖拉机、多功能通用型高效联合收割机及各种专用农机产品"；"要改善农机装备结构，提升农机装备水平，走符合国情、符合各地实际的农业机械化发展道路，鼓励农业生产经营者共同使用、合作经营农业机械，积极培育和发展农机大户和农机专业服务组织，推进农机服务市场化、产业化。加强农机安全监理工作"。2008年的中央一号文件《中共中央 国务院关于切实加强农业基础建设进一步促进农业发展农民增收的若干意见》提出："继续加大对农民的直接补贴力度，增加粮食直补、良种补贴、农机具购置补贴和农资综合直补。增加农机具购置补贴种类，提高补贴标准，将农机具购置补贴覆盖到所有农业县"；"完善农业机械化税费优惠政策，对农机作业服务实行减免税，对从事田间作业的拖拉机免征养路费，继续落实农机跨区作业免费通行政策。继续实施保护性耕作项目。扶持发展农机大户、农机合作社和农机专业服务公司。加强农机安全监理工作"。2009年的中央一号文件《中共中央 国务院关于2009年促进农业稳定发展农民持续增收的若干意见》提出："大规模增加农机具购置补贴，将先进适用、技术成熟、安全可靠、节能环保、服务到位的农机具纳入补贴目录，补贴范围覆盖全国所有农牧业县（场），带动农机普及应用和农机工业发展"；"启动农业机械化推进工程，重点加强示范基地、机耕道建设，提高农机推广服务和安全监理能力。实行重点环节农机作业补贴试点。对农机大户、种粮大户和农机服务组织购置大中型农机具，给予信贷支持。完善农用燃油供应保障机制，建立高耗能农业机械更新报废经济补偿制度"。2010年的中央一号文件《中共中央 国务院关于加大统筹城乡发展力度进一步夯实农业农村发展基础的若干意见》提出："进一步增加农机具购置补贴，扩大补贴种类，把牧县、林县和抗旱、节水机械设备纳入补贴范围"；要"大力推广机械深松整地，支持秸秆还田、水稻育插秧等农机作业。"2011年的中央一号文件是《中共中央 国务院关于加快水利改革发展的决定》，虽然该文件没有直接提到农业机械，但农田水利建设需要大量的农机装备，如挖掘、节水、灌溉设备，同时水利建设有利于农业解决靠天吃饭的薄弱环节，从而有利于农机装备的应用和推广。2012年的中央一号文件是《关于加快推进农业科技创新持续增强农产品供给保障能力的若干意见》。该文件用大量的篇幅强调农机科技的重要性并提出了相关要求。如要求"加强市地级涉农科研机构建设，鼓励有条件的地方纳入省级科研机构直接管理"；加强"农机农艺结合"；力争在"节水灌溉、农机装备"等方面取得一批重大实用技术成果；"充分发挥农业机械集成技术、节本增效、推动规模经营的重要作用，不断拓展农机作业领域，提高农机服务水平"；"着力解决水稻机插和玉米、油菜、甘蔗、棉花机收等突出难题，大力发展设施农业、畜牧水产养殖等机械装备，探索农业全程机械化生产模式。积极推广精量播种、化肥深施、保护性耕作等技术"；"加强农机关键零部件和重点产品研发，支持农机工业技术改造，提高产品适用性、便捷性、安全性"；"加大信贷支持力度，鼓励种养大户、农机大户、农机合作社购置大中型农机具"；"落实支持农机化发展的税费优惠政策，推动农机服务市场化和产业化"；"切实加强农机售后服务和农机安全监理工作"。2013年的中央一号文件《中共中央 国务院关于加快发展现代农业，进一步增强农村发展活力的若干意见》提出了农机化发展的新思路：扩大农机具购置补贴规模，推进农机以旧换新试点；开展农作物制种、渔业、农机、农房保险和重点国有林区森林保险保费补贴试点。

4. 农机化政策调整较为显著

农机化政策调整是依据农机化政策评估结论，对实施中的农机化政策做一些必要的补充、修正和终止的过程。农机化政策的调整是农机化政策执行过程的有机组成部分，是农机化政策完善的重要环节。通过政策调整，能够克服因政策僵化、老化而产生的效益损失或者是负效应，也有利于政策优化，从而提高政策效益和效率，促进政策目标的实现。协调发展阶段，农机化政策得到评估并进行调整的次数比前面三个阶段明显增多。

2004年，农业部颁发了《拖拉机登记规定》的同时宣布1998年农业部发布的《农用拖拉机及驾驶员安全监理规定》废止。同年颁布的《农机成人教育暂行规定》删掉了1993年版本中的第二章第9条，简化了第四章第21条。2005年，财政部、农业部印发《农业机械购置补贴专项资金使用管理暂行办法》，同时宣布原《农业机械购置补贴专项资金使用管理办法（实行）》废止。同年，农业部颁发《农业机械试验鉴定办法》，同时宣布1982年农牧渔业部发布、1997年农业部发布、2004年农业部修订的《中华人民共和国农牧渔业部农业机械鉴定工作条例（实行）》废止。2006年农业部、工商行政管理局发布《农业机械维修管理规定》，同时宣布原农牧渔业部、国家工商行政管理局1984年发布的《全国农业机械维修点管理办法》废止。农业部在颁布《联合收割机及驾驶人安全管理规定》，同时宣布1994年的《联合收割机及驾驶员安全监理规定》废止。湖北省在颁布《农业机械管理条例（修订草案）》的同时宣布1998年颁布的《湖北省农业机械管理条例》废止。2010年，农业部颁布了《农业机械推广鉴定实施办法》，同时废止了2007年发布的《农业机械部级推广鉴定实施办法（试行）》；颁布了《联合收割机及驾驶员安全监理规定（2010年修订）》，同时废止了2006年发布的《联合收割机及驾驶人安全监理规定》；国家质检总局、工商总局、农业部、工信部颁布了《农业机械产品修理、更换、退货责任规定》，废止了1998年原国家经济贸易委员会等部委发布的《农业机械产品修理、更换、退货责任规定》。

7.5 政策实践

7.5.1 取得的成效

1. 农机化水平快速提高

经过60多年的发展，农机装备覆盖了种、林、牧、渔各部门，涉及产前、产中、产后生产环节，尤其是水稻育插秧、水稻机收、油菜机播和机收、茶叶加工等装备的增长十分明显。大中型拖拉机发展也较快，占拖拉机总量的10%。农业的许多生产环节所需机械也填补了历史空白。湖北省农机械装备总量和结构位列全国第一方阵。截至2013年，农机化13项主要发展指标中，湖北省有9项排在全国前10位，其中水稻插秧机保有量在全国排名第三，小型拖拉机配套农具保有量在全国排名第四，农机总动力与农机原值在全国排名第九，大中型拖拉机配套农具与农用排灌动力机械分别在全国排名第十。此外，重难点环节机械化水平全国领先。作为粮食生产大省和全国油菜生产第一大省，水稻机插秧、油菜机播机收等薄弱环节取得较大突破：油菜生产耕种收机械化水平居全国第一，水稻机械化育插秧技术推广面积居全国第三位。

2. 农机工业恢复性发展

2005年后，我国农机工业在一系列扶持政策呵护下走出十年黄金行情，湖北农机工业开始走出报复性增长行情。2009年产值28.4亿元，2010年产值41.73元，2011年产值52亿元，2012年产值59.9亿元，企业数量也增长到144家。现阶段，湖北生产的农机产品主要有中小型拖拉机、机耕船、微耕机、旋耕机、棉田管理机械、油菜直播机、油菜收获割台、工厂化育秧设备、沼液沼渣抽排机、机械化养鸡、采摘机、揉捻机、烘干机、水果清洗打蜡称重包装等成套设备等，共计 14 个门类、543 个型号，覆盖耕整地、种植施肥、田间管理、收获后处理、农产品初加工、农用运输、排灌、畜牧水产养殖、农用动力、农村可再生能源和农田基本建设等大部分农业生产领域。

3. 农机化服务组织蓬勃发展

2001—2004 年，农机购置补贴实施初期的政策，有效地培育了农机化服务主体，促进了农机大户和农机化服务组织的发展。截至 2004 年底，湖北省共有农机专业服务组织 7245 个，农机中介服务组织 130 个，农机手协会 76 个。2006 年，第一部《中华人民共和国农民专业合作社法》颁布，湖北各类较为松散的农机组织开始升级，农机合作社成为升级后的主要组织形式。2009 年，《湖北省人民政府关于进一步促进农业机械化发展的意见》提出鼓励创办多种所有制形式的农机专业合作社、农机作业公司等农机服务组织。2010 年，湖北省农业厅发布的以"明确指导思想，确立总体目标，选择发展重点，推动示范典型，加大扶持力度"为主要内容的《关于加快发展农机合作社的意见》进一步推动了湖北农机合作社的发展。2012 年，《湖北省人民政府关于促进农业机械化和农机工业又好又快发展的实施意见》再次在融资、土地流转等方面，对农机专业合作社进行倾斜。如省农机局安排专项资金 440 万元、争取农合项目资金 144 万元扶持示范农机合作社建设。政策持续给力，政策效应显现：孝感春晖、天门华丰、天门中绿、安陆联禾、襄阳双丰收、监利三丰等一批优秀农机专业合作社在湖北不断涌现。

7.5.2 存在的不足

农机研究机构遭受重大挫折。2000 年前后启动的第二次科技体制改革主要分两步，首先对现有科研机构进行定性，即在"技术开发类、科技服务类、社会公益类"三种类型中认定一种，其次确定不同类型的科研机构走不同的改革路径。农机研究机构如何定性？绝大多数专家学者认为农机科研具有典型的公益性质必须予以扶持。然而，湖北省在启动省属研究机构的改革时将全省唯一省级农机研究机构——湖北省农机工程研究设计院（以下简称省农机院）定性为技术开发类机构列入了第一批改制机构名单中。在争议声中，在延宕了七年后，省农机院于2007年整体并入湖北工业大学。其他地市级农机研究所也于先前陆续并入当地农机推广站。至此，全省农机系统内部再无科研机构。

8 湖北省农机化科研政策回顾及分析

科研政策是国家或地区政策的一部分,是国家或地区基于经济社会目标,对科研活动进行管理和调控的方针、措施,是政策主体观念、意志、利益的高度体现。农机科研政策则是国家或地区为实现农机科研进步而制定的指导方针和行动准则。新中国成立以来,党和政府十分重视农机科研工作,农机科研体制、科研发展规划、科研政策等日趋完善,逐步实现了科研政策的科学化、法制化,使农机科研工作走上了可持续发展的道路。对湖北农机科研政策的变迁历程进行梳理、分析与评价,是促进各科研主体正确理解、接受和贯彻执行科研政策的现实路径。同时,研究农机科研政策的变迁与走向有利于决策部门准确把握施政方针及未来政策制定的重点。

8.1 科研政策概览

本书通过文献收集、政府网站收索、回溯检索等方法,共获取政策45项(如表8-1所示),其中第一阶段10项,第二阶段13项,第三阶段9项,第四阶段13项。综观政策文本,农机科研政策的发布者主要有全国人大、国务院、农业部、财政部、科技部、省人大、省委省政府、财政厅、省地税局、农机局等多个部门,第一阶段还有国家领导人。政策关注的问题较为广泛,有"机构""人才""科研方向""科研原则""研究机构改革""农科教结合""项目管理""成果管理""科技信贷""科技规划""税收优惠"等。政策文本也多种多样,主要有文章、讲话、通知、报告、会议报道、规划、决定、规定、办法、条例、细则、纲要、法律等。

表 8-1　　　　　　　　　科研政策概览①

阶段	政策数量	联合发布政策数量	政策发布者	关注点	文种
行政主导阶段（第一阶段）	10	1	毛泽东、陈正人、聂荣臻、余秋里各1项，中央、国务院各1项，农机部2项，农机部、农业部联合1项，省机械局1项	机构、人才、科研方向、科研原则	文章、讲话、通知、报告、会议报道
体制转轨阶段（第二阶段）	13	1	国务院1项，农机部1项，农牧部2项，农业部4项，国家科委和农行联合1项，省农机局4项	地县研究所改革、农科教结合、项目管理、成果管理、科技信贷	规划、通知、意见、决定、规定、办法
市场导向阶段（第三阶段）	9	1	科技部等1项，农业部2项，国税总局2项，省人大1项，省政府1项，省农机局1项，省农机办1项	科技体制改革、科技规划、科技攻关、科技成果管理、成果奖励、税收优惠	意见、决定、办法、条例、细则、纲要
协调阶段（第四阶段）	13	3	全国人大1项，国税局1项，财政部与国税局1项，农业部4项，科技部1项，省人大1项，省委省政府1项，省财政厅与省农科院1项，省地税局1项，省农机局1项	发展规划、科技创新、资金管理、企业科技创新、税收优惠	规划、意见、方案、决定、办法、条例、法律

① 在作专项政策统计时，如果综合性政策涉及该专项政策即列入统计。因此在讨论各专项政策时，一项综合性政策可能会被重复统计

8.2 湖北农机科研政策的发展历程

8.2.1 奠定阶段（1949—1966 年）

1949 年 9 月 29 日中国人民政治协商会议第一届全体会议通过的《中国人民政治协商会议共同纲领》第 34 条中提出"应注意兴修水利、防洪防旱，恢复和发展畜力，增加肥料，改良农具和种子"，这成为新中国成立初期农机科研工作的指针，农机科研发展的帷幕由此拉开。1956 年，国家成立科学规划委员会，组织全国 600 多位专家研究制定了《1956—1967 年科学技术发展远景规划纲要》，该纲要确定了 57 项重大科学技术任务，"农业机械化、电气化和农业机械的制造问题"位列其中。纲要还对科技工作体制、研究机构的设置以及科技干部的使用等做了规定，要求研究人员绝大部分应安排在产业部门的研究机构里。1959 年 4 月，毛泽东在《党内通讯》中提出"每省每地每县都要设立一个农具研究所"，对农机科研机构的设置提出了具体要求。1959 年 12 月，《农机部党组关于召开全国第一次农业机械厅（局）长会议的情况向中央、主席的报告（草案）》提出，我国农机科学技术研究工作必须以农业的"八字宪法"为纲，全面规划，集中力量，分工协作，抓住重点，全面发展。报告同时提出建立健全农机科研机构，尚未建立的应迅速建立起来，已经建立的要充实力量。1962 年 12 月，《农机部关于农业机械科学会议报告》（该报告由中共中央、国务院于 1963 年 1 月 5 日批发至各中央局和县级党委、人委）较为系统地总结了农机科研工作现状，提出了农机科研工作的十条方针和原则，明确了以后 10 年的 20 项主要任务，并对改进科研工作方法、完善科研体制、设置科研机构等问题作出了具体要求。1964 年 9 月 23 日，《农机部、农业部关于全国半机械化农机具工作会议情况向中央和国务院的报告》中提出了"抓好科学研究，发展新品种"的目标，要求重视健全各级科研单位，各科研单位要按照分工合理、高度协作的原则进行工作。这些政策基本构成了农机科研政策体系，对农机科研体系的建立和科研成果的产出起到了奠基作用。

8.2.2 削弱阶段（1966—1976年）

1966年"文化大革命"爆发，农机科研政策严重违背了农机科技事业发展规律，提出了"不靠七千五，要靠七亿五"的极左口号，把7.5亿农民和农业科研单位7500人对立起来，否定专业研究的价值，贬低科研机构和专家在科研中的作用，过度强调广泛开展群众性的科学实验运动，以省农机化所为代表的农机科研机构被解散，科研人员被下放农村劳动或弃业转行。尽管面临这样极端困难的局面，在1971年第二次全国农业机械化会议的影响下，农机化科研政策体系依然得到了一定程度的维系。1971年，《国务院关于加速实现农业机械化问题给毛主席、中共中央的报告》要求各地建立一个精干的研究机构，要坚持科技人员和工人、贫下中农相结合，坚持科研、制造、使用相结合，坚持为农业生产服务的总体要求。1973年，湖北省机械工业局主持召开了全省地县机械、农机研究所座谈会。会议交流了各地开展农机科研工作的情况和经验，讨论了全省各级农机科研机构的建立和充实力量问题、地、县农机所的方向任务问题、科研经费材料问题以及加强科研的组织协调等问题。

8.2.3 恢复调整阶段（1977—1984年）

1976年10月，文化大革命结束。科技在经济社会发展中的作用开始被重新认识。1977年党的"十一大"重申了实现四个现代化目标。1978年，被誉为科学春天的全国科学大会召开，大会通过了《1978—1985年全国科学技术发展规划纲要》，纲要要求"发展与机械化相适应的耕作制度和栽培技术"，"研制各种高质量高效率的农业械具"。从1980年开始，所有的农业机械化制度安排都是服从于国家经济体制改革的大局，并以其为背景陆续出台了一系列包含农业科技的计划，这对农业科技的发展起了重要的作用。1981年我国确定了"发展国民经济必须依靠科学技术，科学技术工作必须为发展国民经济服务"的科技发展方针；1983年，经国务院批准成立了由国家科委、计委、经委共同领导的"科技长期规划办公室"，并组织200多名专家，编制了《一九八六至二零零零年中国科学技术长远规划》，强调农业科技发展与农村经济结合，农业科学技术成果转化为农业生产力的重要性，出台了面向农村的"星火计划"，重点扶持种植业及加工业，为农机科技的应用和推广提供了广阔空间，这是政府管理农业科技活动、配置农业科技资源的有益的探索。1983年12月，农牧渔业部主持召开了全国农业机械化科研工作座谈会，并于1984年发布了《全国农业机械化科研工作座谈会纪要》。这次会议从10个方面探讨了农机化科研领域、对象和作用，明确了农机化科研的六大主攻方向，提出了六条促进科研的有效措施。同年，原劳动部等部门发出了《关于加强农林第一线科技队伍的报告的通知》，旨在通过落实政策、提高待遇等手段稳定一线科技人员队伍。湖北省农机局则开始关注科技改革，提出了《关于农机科技管理改革的几点意见》，其中心思想是建立以承包制为中心的技术责任制，提高工作效率，多出成果，保证研究成果与技术服务质量。

8.2.4 改革创新阶段（1985—2003年）

1985年发布的《中共中央关于科学技术体制改革的决定》要求改革农业科学技术体制，使之有利于农村经济结构的调整。1987年国务院再次下发《国务院关于进一步推进科技体制改革的若干规定》，提出进一步放活科研机构，放宽科技人员政策。1992年国务院发布《国家中长期科学技术发展纲领》，要求进一步深化农村科技体制改革。科技体制改革的重要目标是科技兴农。1991年，国家正式提出科教兴农战略，围绕着该战略目标，农业科技政策不断得到调整与完善并取得法制化成果。1993年，《农业技术推广法》《科学技术进步法》相继颁布实施。在此期间，共有13项政策颁布，体现了机制转换时期环境的复杂性和"科教兴农"战略的急迫性。

1994年，由国家计委、国家科委共同编制的《全国科技发展

"九五"计划和到2010年长期规划纲要》提出,"将良种、植保、科学施肥、节水灌溉等成熟技术组装配套,以提高良种普及率和提高单产为目标,加快大面积推广应用",这里谈到的成熟技术主要指农机技术。1995年国务院颁布《"九五"期间深化科学技术体制改革的决定》,要求按照"稳住一头,放开一片"的原则,加强基础性研究、应用研究、高技术研究和重大科技攻关活动。大多数研究开发机构直接进入市场,加速了科技成果转化。2000年科技部等部门发出《关于深化科研机构管理体制改革的实施意见的通知》,提出了对不同类型、分属不同部门的科研机构实行分类改革的方向。同年,湖北省发布《深化省属科研机构体制改革的实施意见》,提出了以推动科研机构企业化转制、以提高科技创新能力、发展高新技术产业为重点,逐步建立以企业为主体,市场为导向,产学研相结合的技术开发体系的总体改革目标。这次改革以市场为导向、以资源优化配置为有段、以科研机构企业化改革为目标实施分类改革,在这个大背景下,相关部门还出台了配套的科研成果管理、科研成果奖励、科技人员职称、科技人员流动等管理政策。此期间共出台9项政策,以政府主导的强制性制度为主、诱致性制度变迁为辅。

8.2.5 深入发展阶段(2004年至今)

从2004年开始,国家加大农机科技投入,强化农机科技创新,改革农机科技体制,开启了农机科研和农机化的新纪元。2004年《中华人民共和国农机化促进法》颁布,该法第二章为农机科研提供了法律保障。从该年度起,中央连续通过一号文件的形式对农业(农机)科技提出了专门要求。从该年度起,农机购机补贴政策逐渐在全国拉开大幕,间接促进了农机科研的发展。2007年,农业部出台的《农业部农业科技发展规划(2006—2020年)》明确了农业科技发展的重点任务,提出了完善体系、创新机制、激励政策落实等相关保障措施。2009年,《湖北省农业机械科技项目管理办法(暂行)》列出了优先安排的7大类项目,就项目申报与立项、项目计划与管理、项目经费的管理、项目的成果管理等方面作出了详细规定。2011年,农业部出台的《全国农业机械化科技发展"十二五"规划》提出加强主要农作物机械化共性技术、农机化软科学,设施园艺、设施养殖、渔业和农产品初加工装备与技术、牧草和丘陵山区农业机械化技术等方面研究,突破主要农作物机械化关键技术等5项重点任务。

8.3 科研政策内容

8.3.1 科研扶持政策

1. 税收支持政策

在改革开放前的计划经济体制时期,实行全民所有制,科研资源属于国家所有。在这样的体制安排下,国家取得财政收入的形式主要是产权收益,而不是税收收入。所以,农机科研机构不存在税收政策扶持的基础,而农机工业企业中的少量科研业务和经营业务并没有分开统计,也不存在针对企业的科研税收政策。改革开放后,随着科研机构和企业逐渐成为市场主体,国家和省相继出台了一系列税收优惠政策,对科技进步和创新予以支持。如《国家税务总局关于促进企业技术进步有关税收问题的通知》(财工字[96]第41号)规定:对农机企业研发新产品、新技术、新工艺所发生的费用可计入管理费用,且增长幅度在10%以上的还可再按实际发生额的50%抵扣应税所得额。企业科研部门进口直接用于科学研究、试验的仪器和设备等可免征增值税并享受减免关税的优惠。企业在技术转让过程中发生的技术咨询、技术服务、技术培训所得,年净收入在30万元以上的免征所得税等。随着《国家中长期科学和技术发展规划纲要(2006—2020年)》的发布,国家及湖北省对农业和农机的科研和开发政策支持力度进一步加大。2006年9月,财政部、国家税务总局联合制定的《关于企业技术创新有关企业所得税优惠政策的通知》,对科技投入、税收激励、金融支持等方面的配套政策做了具体规定。如规定企业(包括科研机构、大专院校）研究开发新产品、新技术、新工艺所发生的技术开发费予以税前扣除。对企业在一个纳税年度实际发生的技术开发费、未纳入国家计划的中间实验费、研究机构人员工资，仪器、设备折旧、委托其他单位进行科研试制的费用、与新产品试制和技术研究直接相关的其他费用，可在按规定实行100%扣除基础上，再按当年实际发生额的50%在企业所得税税前加计扣除。如果属国家高新技术产业开发区内新创办的高新技术企业，从获利年度起算两年内免征企业所得税，两年期满后再按15%的税率征收企业所得税。

湖北省于2006年出台《关于增强自主创新能力建设创新型湖北的决定》。该文件的主要优惠措施包括：企业可按当年实际发生的技术开发费用的150%抵扣当年应纳税所得额；企业研发新产品、新技术、新工艺发生的各项费用可以不受比例的限制，计入管理费用；企业用于研发的仪器、设备且单价在30万元以内的，可一次或分次摊入管理费。

2. 投入支持类

改革开放前，我国的农机科研经费主要来自于政府划拨的事业费。改革开放后，有了专门的农机科研经费且逐年有所增加。到了"九五"末期，农机科研上升到国家规划层面，专门设立了"农业机械化适用技术研究"专项资金，总投资500万元。进入2000年以后，加强对农机科研投入的政策密集出台。《农业机械化促进法》《农业部农业科技发展规划（2006—2020年）》《国务院关于促进农机化和农机工业又好又快发展的意见》《全国农业机械化科技发展"十二五"规划》等法律文件中均明确提出了加大对农机科技的投入。2012年的中央一号文件和湖北省委一号文件更是以"农业科技"作为关键词，将种业和农机作为科技投入的主攻方向。为了贯彻落实这些政策，"十五"期间，国家的科技攻关计划专门安排了农业机械化科研开发项目。"十一五"时期，国家科技支撑计划、农业行业科技计划等重大科技发展计划也把农机新技术、新产品列入重点支持方向。同时，国家技术创新基金、农业科技跨越计划和农业科技成果转化基金等项目把农机开发和技术成果转化作为重点支持方向。

8.3.2 科研管理政策

1. 科研管理政策

改革开放前,科研管理较为粗放,且受到各项政治运动的冲击,科研管理较为混乱。如科研成果没有进行鉴定就盲目推广,没有科研统计数据,文化大革命时大量的科学试验材料和数据遗失等。以1984年全国农机化科研工作座谈会为标志,湖北农机科研管理开始初步走向规范化和制度化并逐步完善。1986年农牧部出台了《农牧渔业科学技术成果管理的规定》,1989年湖北省农机局出台了《湖北省农机化科技进步奖励办法》,1996年农业部出台《农业部科学技术进步奖奖励办法》对科研成果进行管理;1994年农业部出台《农业部农机化重点科研项目管理办法(试行)》,2009年湖北省农机局出台《湖北省农业机械科技项目管理办法(暂行)》对农机科研项目实施管理;《国家中长期科学和技术发展规划纲要(2006—2020年)》、《湖北省科技发展"十一五"规划纲要》、2012年湖北省委一号文件对农机科研方向作出引导;2010年湖北省财政厅出台《湖北省农业科技创新资金管理办法》、2011年财政部、科技部出台《财政部 科技部关于调整国家科技计划和公益性行业科研专项经费管理办法若干规定的通知》对科研资金的使用和监督进行规范。

2. 人才管理政策

改革开放前,对农机知识分子的使用过分强调"改造",要求他们向农民学习,向能工巧匠学习,过分强调农机科研要依靠人民群众,文化大革命中干脆剥夺他们的科研权利,让他们到农村、农场劳动。改革开放后,人们逐步认识到,科技立国人才是根本。国家和省相继出台了一些农机科研人才的教育、培养和管理政策。1983年劳动部等部门发出了《关于加强农林第一线科技队伍的报告的通知》，以期通过落实政策、提高待遇等手段稳定一线科技人员队伍；1992 年湖北省发布《湖北省人民政府关于放活科技人员政策的决定》，给科技人员以松绑，以焕发其进行科技创新和开发的积极性；1994 年农业部制定《农业工程专业中高级技术职称的评审办法》，为科技人员技术职位规划奠定了基础；2003 年湖北省农业厅发布《关于改革完善农业科技体制放活农业科技人员的意见》，2004 年省办公厅转发省科技厅《关于湖北省鼓励高校和科研机构科技人员创业的若干规定》，进一步为科技人员成果转化、创业提供政策环境支持。

8.3.3 科研改革政策

1. 机制改革政策

改革开放前，农机科研实行计划体制，科研项目由国家下达，科研经费由国家拨付，科研成果由国家安排应用。改革开放初期，农机科研得到恢复或重建，大批农机科研人员返回科研岗位。1985 年以后，国家对农机科研单位实施商业化改革同时对拨款方式进行同步改革，即科研经费由原来的计划分配制改为竞争制，以提高科研投资的效率。2000 年，科技部等部门发布《关于深化科研机构管理体制改革的实施意见的通知》，要求建立以企业为创新主体，形成一支精干、高效和机制灵活的科研队伍。鉴于新的农业形势和上一次改革所出现的问题，2007 年，农业部等七部委联合下发《国家农业科技创新体系建设方案》，文件提出了由国家基地、区域性农业科研中心、试验站和企业技术研发中心等组成的国家农业科技创新体系建设方案。2009 年湖北省委发布《湖北推进农业科技创新体系建设行动计划》、2012 年发布《关于加快农业科技创新推进农业强省建设的意见》，这些政策文件明确了农机科研要走"农、科、教""产、学、研"结合的路子。

2. 机构改革政策

湖北农机科研机构在 50 年代初创，"大跃进"时期快速发展，国民经济调整时期瘦身，70年代再次加速。改革开放后，湖北省农机科研系统经历了两次大的机构改革。在第一次农机科研机构改革中，湖北省农机局于1986年发文，要求全省县级农机研究所改为农机推广站，县级农机研究所不再具有科研功能。随着2000年科技部等部门《关于深化科研机构管理体制改革的实施意见的通知》和湖北省《深化省属科研机构体制改革的实施意见》的发布，第二轮科研机构的改革力度更大、涉及范围更广。此轮机构改革要求将地级以上农机科研机构分为三种类型：技术开发类、社会公益类、基础研究类。文件要求：技术开发类的机构转为企业体制或合并到大专院校；社会公益类转为事业单位；基础研究类转为非营利性研究机构。

8.4 湖北省农机科研政策评价

8.4.1 政策设计

通过梳理政策文献发现，湖北省农机科研政策具有两个特点。一是政策体系较为完备。从政策层次上看，既有国家层面的宏观政策，也有部委层面的中观政策，还有地方部门的微观政策；从文本种类上看，有法律、规章、规划、纲要、讲话、通知等，形式多样；从政策的内容上看，有机构、人才、方向、过程、经费、成果等方面的管理政策，几乎覆盖科研工作的每一个环节；二是政策变迁顺应了时代的变化。20世纪80年代的政策带有明显的计划经济色彩，"统"的文件较多；到了90年代，尤其是1994年以后，市场经济体制确立，"放"成为这一时期农机化政策的主导，很多支持类政策被取消，科研经费停滞不前。2000年以后，政府引导的法制化市场经济确立，国家和省相继出台农机化法和农机化促进条例，农机化科研政策进入法制化轨道。

但是政策设计也存在一些不容忽视的问题。一是国家政策多，地方政策少。在表8-1列举的政策中，国家和部委出台的政策32

项，湖北地方出台的政策 17 项。按常理，上级政策少，下级政策多；宏观观政策少，中观和微观政策多；纲领性政策少，操作性政策多。但湖北出现了政策倒挂现象，说明很多政策没有配套、细化和落实。二是综合性政策多，专项性政策少。在 49 项政策中，含"农机科技（科研）"文头的政策仅有 10 项，其余 39 项都是以"科技""农业科技"为关键词，说明农机科技未受到足够的重视。三是远期政策多，近期政策少。在 10 项专项政策中有 7 项颁布于2000 年以前，说明最近 10 多年农机科研存在政策缺位现象。四是政策制定缺乏连续性。如湖北省于 1998 年出台了《湖北省农机化科技发展纲要（1998—2005）》，但 2005 年以后再无新的纲要出炉，即使是在农业部颁布了《全国农业机械化科技发展"十二五"规划》以后。五是政策少见废止条款。政策中的废止条款一般表明它们已经不再适应社会经济及国家战略的发展需要。因此，废止条款对某项政策制定的环境变迁具有较强的解释力。样本统计表明，10 项专项政策中仅有一项有废止条款，说明政府未及时因科研环境的改变而对科研管理进行调整与修正。如 2003 年出台的《湖北省农机化科技进步奖励办法》、2009 年出台的《湖北省农业机械科技项目管理办法（暂行）》早已失去存在的基础，但没有及时废除和更替。

8.4.2 政策实施

在上述政策的推动下，湖北省曾一度（1986 年以前）形成了较为完备的分工明确的省地县三级农机科研体系，1985 年研究机构达到 75 家，科技人员 760 人。据不完全统计，从改革开放至 2013 年，全省共取得农机科研成果 557 项，其中 239 项获得国家、部、省级科技成果奖、科技进步奖、星火计划奖和丰收计划奖，93 项科技成果得到转化。一大批具有湖北特色的科技成果如机动插秧机、机耕船、剥皮机、芦苇收割机、拔棉秆机、茶园深翻机、清淤船、黄连烘干机、催芽机、工厂化育秧成套设备等受到农民欢迎，为减轻作业强度、增加农民收入、促进农村发展做出了重要贡献。

同时，政策实施中也存在一些问题。一是政策解读差异大——研究机构遭受重大挫折。第二次科技体制改革后，全省农机系统内部再无科研机构（见表8-2）。不同政府部门在农机科研机构属性的认定上差异较大，如同处一地、业务性质相同的武汉市农业机械研究所被认定为社会公益类机构得以保留。

表 8-2　　　　　　湖北省农机科研机构数量的变化

年度	1985	1997	1998	1999	2000	2001	2002	2003	2004	2005	2006	2007
机构数（个）	75	16	14	10	10	9	7	3	3	3	2	0
人数（人）	760	421	309	257	209	199	179	110	111	111	93	0

数据来源：根据历年《湖北农村统计年鉴》和《湖北省农机机械化志（1979—2005 年）》整理。

二是政策难落实——科研经费严重不足。在经历了 20 世纪 80 年代中后期到 90 年代中期的停滞阶段后，自 90 年代后期开始，国家加大了对农机科技的投入。据农业部科教司《全国农业科技统计资料汇编》显示：政府拨款的全国农机科研经费 1995 年为 0.8 亿元，2005 年为 6.25 亿元，10 年增长了 7.8 倍。但湖北的农机科研投入却是另一番天地。湖北省的农机科研经费管理经历了以下几个阶段。1979—1987 年，农机科研经费为拨付制；1988—1992 年，由拨付改为切块；1993—2005 年，科研经费随科研项目下达；2006 年至今，省财政将仅有的 350 万元转移支付专项资金并入购机补贴资金，专款专用。至此，全省农机系统内再无财政科研经费拨付。农机企业和农机推广站的科研经费全靠其向掌管科研经费的各级政府部门竞争性申报。由于在学科基础、学科带头人、机构和团队等方面的弱势，全省农机系统申报到的课题和经费很少（见表 8-3）。

表 8-3　　　　　　　近年湖北农机科研经费

年度	2008	2009	2010	2011	2012	2013
经费（万元）	92.3	138.6	61.5	106.6	182.8	74.2

数据来源：相关年度的《湖北农村统计年鉴》。

三是政策导向偏差——重推广轻科研。受部门分割和"农业的根本出路在于机械化"思想的影响，各级农机部门的中心工作大都围绕"化"字展开，即提高农业的机械化率。要提高农机化率就必须加大营销和推广力度。从政策数量上看，1979—2013 年国家和地方共出台科研政策 39 项，而同期的推广政策有 160 多项；从机构数量和从业人数上看，推广机构稳步上升，科研机构逐渐消亡（见表 8-2 和表 8-4）。

表 8-4　　　　　　湖北农机推广机构变化情况

年度	1996	1997	1998	1999	2000	2001	2002	2003	2004	2005	2006	2007
机构数（个）	74	71	77	84	80	83	85	97	89	99	100	102
人数（人）	567	638	783	750	760	767	799	879	913	918	906	879

数据来源：相关年度的《湖北农村统计年鉴》。

在农机科研内部，农机研究方向也受到推广的重大影响。湖北省农机科研机构仅在 1979—1988 年以农业机械、机具的研究为中心（密集获得国家、省部级科技奖项的成果就是在这一时期产生的）。尔后，湖北省提出将农机化科研工作的重点转向推广，湖北省农机局科技处增加了推广职能，农机推广逐渐成为农机科研机构的主要工作。

正是由于上述种种因素的影响，湖北农机科研现状令人担忧：一是机构少。在现有 70 多家涉农科研机构中仅有 2 家农机研究机构，且并入湖北工业大学的原省农机院的业务性质开始转向教学；

二是本领域内缺乏领军人物。湖北有涉农两院院士 12 人，但无人从事农机工程或农机化学科专业；三是科研成果供求脱节，转化率低。据统计湖北农机科研成果的转化率不足 20%；四是科研水平低，没有能在全国产生较大影响的成果。以原省农机院为例，尽管完成重大科研项目 42 项，获得省部级奖 11 项，但产品和技术的先进性、稳定性、实用性很难通过农民的检验。该院没有一个产品（技术）能在市场上存活三年。又以省农机院和武汉市农机所两家科研机构的科技论文为例，通过知网检索，1980—2013 年，两家机构共发表论文 112 篇，但绝大部分是在低级别的刊物上发表，没有一篇进入三大检索源期刊。

9 湖北省农机制造政策回顾及分析

农机制造横跨工农两大部门，是机械工业中相对独立的工业门类，担负着为农业现代化提供先进、适用的农业装备的重任，是现代农业生产的重要手段和农业科学技术转化为生产力的桥梁。农机制造政策是政府为了实现一定的经济和社会目标而对农机制造业的形成和发展进行干预的政策总和。理论上讲，农机制造政策的作用主要有：有利于有效配置资源，弥补市场失灵的缺陷；有利于保护本地、本土企业发展；有利于熨平经济波动给企业带来的震荡；有利于引导行业企业发挥后发优势，实行"弯道超越"。

9.1 农机制造政策概览

通过文献收集、政府网站收索、回溯检索等方法，共获取政策91项（见表9-1）。其中第一阶段25项，第二阶段35项，第三阶段4项，第四阶段27项。综观政策文本，农机制造政策的发布者除了中央和国家部门领导人外，主要有全国人大、国务院、农机部、一机部、机械委、机电部、农业部、农林部、农牧部、水利部、财政部、科技部、工信部、外经部、国家科委、计委、发改委、国家技术监督局、省委、省政府、省经信委、省农机局等多个部门。政策关注的议题非常广泛，"农机工业建立"、"农机工业规划"、"农机制造问题"、"职工队伍建设"、"农机工业调整"、"农机行业及企业管理"、"农机质量鉴定"、"工业布局"、"农机工业组织"、"产品价格"、"技术改造"、"发展指导思想、方针和技术"、"小麦收获机械"、"质量认证"、"重点鼓励产业及产品"、"产业结构调整"、"装备业振兴"、"质量调查"、"农机工业园"、

9.1 农机制造政策概览

"行业准入"等成为不同时期的关注点。政策文本也多种多样，主要有讲话、通知、报告、规划、决定、规定、办法、条例、细则、纲要、目录、法律等。

表 9-1 　　　　　　　农机制造政策概览①

政策阶段	政策数量	联合发布政策数量	政策发布者	关注点	文种
行政主导阶段（第一阶段）	25	2	余秋里、陈永贵、李济寰、黄敬、中央、国务院、农机部、一机部、农林部、省委、省政府、中南军政委	农机工业建立、农机、农机生产、"一五"规划、农机制造问题、职工队伍、农机工业调整、农机工业、企业管理、农机质量鉴定、工业布局、工业组织、制造方针	决定、意见、通知、讲话、报告、规划、条例、细则
体制转轨阶段（第二阶段）	35	4	王任重、杨立功、中央、农机部、农林部、农牧部、林业部、水利部、机械委、机电部、省政府、省农机局	调整、改组、产品价格、技术改造、质量鉴定、规划、发展指导思想、方针和技术、小麦收获机械、拖拉机维护使用标准	讲话、意见、通知、报告、决定、规划、条例、纲要、会议精神等
市场导向阶段（第三阶段）	4	2	国家经贸委、计委、技术监督局、财政部、农业部、外经部	质量认证、重点鼓励产业及产品、"十五"规划、扶持农机工业	办法、目录、规划、通知

① 在作专项政策统计时，如果综合性政策涉及该专项政策即列入统计，因此在讨论各专项政策时，一项综合性政策可能会被重复统计。

续表

政策阶段	政策数量	联合发布政策数量	政策发布者	关注点	文种
协调发展阶段（第四阶段）	27	0	全国人大、中央、国务院、发改委、工信部、科技部、农业部、省政府、省经信委、省农机局	扶持政策、产业结构调整、装备业振兴、产品发展方向、质量鉴定、质量调查、推广目录、农机工业园、规划、行业准入	法律、目录、意见、办法、规划、政策、条件

9.2 湖北农机制造政策的发展历程

9.2.1 萌芽阶段（1949—1959年）

湖北的农机制造业发端于农具制造。1950年1月，农业部在北京召开第一次全国农具会议，决定继续增补旧农具。1951年，湖北省政府召开第一届全省工业会议，贯彻中央关于地方工业为农业服务的方针，随后投资24万元着手建立农机工业。一是直接投资，在武汉、沙市、宜昌、孝感、黄冈和襄阳等地建立一批农具制造厂。湖北农具制造厂（后更名为湖北柴油机厂）就是当时建立的第一个地方国营农机工厂。二是采取红炉下乡，边修、边造、边传授技术的形式扶植专①、县的手工作坊和私营铁工厂（店），实行生产联营，就地取材，就地制造，就地销售。1952年，政务院124次会议要求各大区、省在可能的条件下均应建立农具制造厂，大量制造改良的新式农具。同年，中南军政委会同工业、水利等部门召开了中南区农业机械会议，讨论排灌机械的生产、使用问题；研究新式农具制造和推广工作、农业药械的生产等问题；要求从

---

① 相当于现在的地级市。

1953年起，大量制造和推广抽水机、杀虫药械以及各种新式农具；变个体经营为集体经营，使地方工业为农业服务。1954年，湖北省省委、省政府分别对农机产品生产提出要求。省政府在全省第三次工矿会议上要求重点生产7英寸、8英寸步犁、解放牌水车和198型6—8马力柴油机；省委在《加强对地方工业的领导的决定》中要求多生产物美价廉的新式农具、农业机械、水利机械、杀虫药械和运输机械。1958年，中央成都会议确立了农机制造的基本方针：农业机器以小型为主，农机制造以地方工业为主。

1959年9月20日，农机部在向中央、毛主席的第一次报告中提出了"农业机械工业的生产应该坚决执行两条腿走路的方针，要加强对企业的改造，扩大农业机械的生产"；"应该面向地方、依靠地方，以大部分的力量组织和指导地方农业机械工业生产"；"以拖拉机为纲"；"充分利用军工生产潜力"。

9.2.2 形成阶段（1960—1978年）

1959年前，农机工业主要由一机部领导，基本完成了农机工业的布局。1959年农机部成立以后，相对系统的农机工业政策逐步出台。1960年，时任农机部长的陈正人提出了"有计划地逐步建成具有现代技术水平的农业机械工业体系"的目标和"大型企业和中小型企业并举以中小型企业为主"、"中央和地方并举"、"土洋并举"、"加强同其他工业部门合作"的农机工业建设方针。同年4月，农机部编制了《1960—1962年农机工业发展规划》。这是首次以农业技术改造为目的的、全面的发展规划。规划的总目标是在最近的三至五年内基本建成全国性的比较完整的具有现代化技术的农机工业体系。规划确定的投资重点是"以拖拉机为纲"。针对50年代后期在"大跃进"期间农机工业开始的规模庞大的基本建设造成的资源浪费，1961年，中共八届九中全会通过了"调整、巩固、充实、提高"的国民经济全面调整"八字"方针，决定缩短基本建设战线，压缩重工业生产，有计划地降低冶金、机械、建材等工业部门的发展速度，对工业企业实行关停并转。农机工业系统当即确立了缩短基本建设战线，压缩基本建设规模的原则：缩减

"主机、制造、一般、数量"① 四个方面的基本建设投资,保证"配套、维修、关键、质量"四个方面的建设。为了将"八字"方针落到实处,中央于同年起草并颁布了著名的也一直存有争议的《国营工业企业工作条例(草案)》(以下简称《工业七十条》)。《工业七十条》就"计划管理"、"技术管理"、"劳动管理"、"工资、奖金、生活福利"、"经济核算和财务管理"、"协作"、"责任制度"、"党委领导下的厂长负责制"、"工会和职工代表大会"、"党的工作"等十个方面作了规定。为了贯彻落实《工业七十条》,1961年下半年,时任农机部长陈正人带领相关人员深入基层调研,制定了《农业机械工业管理条例(草案)》(以下简称《农机工业八十条》)和《农业机械工业企业管理条例(草案)》(以下简称《农机企业六十条》)。《农机企业六十条》对农机企业管理的基本要求、制度和体制、计划管理、生产管理、技术管理、经济核算、基本建设管理、劳动工资和生活福利、职工代表大会、政治工作等作了详尽和明确的规定,是《工业七十条》在农机工业的细化和应用。从题目来看,《农机工业八十条》应该是农机工业第一份行业管理规范,尽管我们不知道其具体内容。《1960—1962年农机工业发展规划》《农业机械工业管理条例(草案)》《农业机械工业企业管理条例(草案)》三份文件的发布标志着农机工业政策的形成,这些政策保障了企业生产所遵循的基本路径和生产的基本稳定。尽管后面还有系列文件,但都是对这三份文件的完善、补充和细化。如1966年湖北省制定的《湖北省地方机械工业调整草案》中确定的以地方工业为主、本着修造并举的原则,合理布局,定点生产,以及以拖拉机为龙头,以柴油机为重点,抓拖拉机、内燃机零配件与主机的配套的调整方案;1971年召开的第二次全国农业机械化会议通过的《全国农业机械化发展规划(草案)》对农机工业产业结构提出的要求;1978年余秋里在第三次全国农业机械化会议上的总结报告中对农机产品、专业化协作、农

---

① "主机"相对"配套"而言,"制造"相对"维修"而言,"一般"相对"关键"而言,"数量"相对"质量"而言。

机企业管理、质量管理等方面的要求；同年国务院在《一九八零年基本上实现农业机械化规划》中提出的农机企业整顿、农机工业改组、专业化协作等方面的要求都是如此。

9.2.3 调整改革阶段（1979—1989年）

1979年4月，中共中央召开工作会议。针对国民经济比例严重失调的情况，会议决定对国民经济实行"调整、改革、整顿、提高"。同年9月，党的十一届四中全会通过《关于加快农业发展若干问题的决定》，要求切实搞好农机工业的调整、改革、整顿、提高，改进产品质量，降低生产成本，逐步做到"三化"。同年9月，《农机部关于农业机械化几个问题向国务院、中央的请示报告》中就如何贯彻"调整、改革、整顿、提高"的"八字方针"对农业工业现状进行了分析，认为农机工业存在内部比例失调、生产分散批量小、农机产品型号杂乱、品种繁多、重复投资浪费大等问题，并就此提出了调整的原则。如"按专业化协作生产的原则，合理布局，择优发展，调整企业的产品发展方向"，"按经济管理办法，把农机工业组织起来，分别组织全国性或地区性的专业制造公司"，"认真整顿企业管理，加强科研工作"，"把解决农村运输问题作为调整重点项目进行规划安排，大力发展农村运输机械和装卸机具"等。同年11月，杨立功在全国农机工作会议上的总结发言中，对农机工业现状作了与上述"报告"基本相同的分析，同时提出农机工业调整要"在调整中前进，在调整中提高"，"调整必须和改革相结合"，"要下工夫搞好企业整顿"等指导意见。1980年4月17日，国务院批转了《农机部关于全国农机工作会议的报告》，该"报告"对农机工业调整提出了较为具体的方案。如在"改组拖拉机、内燃机、排灌机械工业"一项中，规划将大中型拖拉机厂由65个调整为35个，湖北拖拉机厂作为"第二类"（第一次全国农业机械化会议后建起来、已经基本形成生产能力）厂被保留下来。手扶拖拉机厂由143个调整为29个，武汉手扶拖拉机厂作为"第一类"（工程装备和产品质量都比较好，批量比较大）厂被保留下来。在"调整改造提高配件和配套农具的生产企业"一项中，要求把"油嘴、活塞环、链轨板等10个短线品种搞上去"，"厂子数目由698个调整为530个，生产能力由年产值35亿元提高到41亿元"。在"提高牧业机械在农业机械中的比例，增加运输机械、收获机械、烘干机械的生产能力"一项中，要求"牧业机械厂由12个增加到27个，三年内增加26个新品种"。在"逐步改革材料供应和产品管理体制"一项中提出由机械制造管理部门管材料供应，79种产品由农机部管理，81种产品由地方管理的办法。1981年，杨立功在《农业机械》杂志发表文章《农机事业要坚决调整》。文章指出农机工业要调整，该下马的基建项目要坚决下马，该关、停、并、转的企业一定要关、停、并、转，扎扎实实进行农机工业改组，进行农机企业的整顿。1982年，中共中央、国务院发布《关于国营工业企业进行全面整顿的决定》（中共中央二号文件），要求用三年时间对企业全面整顿，包括整顿和完善经济责任制、整顿和加强劳动纪律、整顿财经纪律、整顿劳动组织、整顿和建设领导班子等。为落实该文件要求，农机部随后下发了《认真贯彻中共中央二号文件的通知》，要求对200个重点农机企业进行整顿并订出整顿完成时间表。为贯彻落实中央及有关部委的企业整顿精神，1981年，湖北省政府办公厅发出《做好农机工业调整规划的通知》，强调了调整规划的目的、原则、重要性。80年代，湖北省农机化系统实行"六合一"管理，农机工业划归农机局管理。1982年，省农机局接连发布《全面整顿农机工业企业的通知》《湖北省农机工业企业基础工作检查细则（试行）》《农机行业"六五"（1981—1985）计划和十年设想》三个文件：第一个文件提出发展中小型农机具，机械化与半机械化并存，人机畜结合；第二个文件明确了对农机企业生产、技术、质量、管理等工作细化检查项目；第三个文件对农机的出口、企业的技术改造、产品质量、新产品开发、基础件攻关、测试基地、基建、教育培训等进行规划。

　　农机制造业的调整和整顿几乎是与农机制造业的改革同步进行的。针对国家在计划管理上对企业统得过多、过死，企业缺乏自主权而积极性不高的现状，政府开始尝试国有农机工业的体制机制改革。1979年，国务院一下颁布了《关于扩大国营工业企业经营管理自主权的若干规定》《关于国营企业实行利润留成的规定》《关于开征国营工业企业固定资产税的暂行规定》《关于提高国营工业企业固定资产折旧率和改进折旧费使用办法的暂行规定》《关于企业实行流动资金全额信贷的暂行规定》等五个改革企业管理体制的文件，拉开了农机工业体制改革的序幕。1980年，国务院批转《关于国营工业企业留成实行办法》，规定国营企业实行基数利润留成加增长利润留成，要求按产量、质量、利润和供货合同四项指标进行考核决定留成比例和额度。1981年，国务院批转《关于实行工业生产经济责任制若干问题的意见》，提出以"利润或亏损包干，超计划利润或亏损分成"为核心的经济责任制。1983年，国务院批转《关于国营企业利改税试行办法》，企业开始实行以税代利，税利并存，并逐步过渡到完全以税代利的税利制度。1987年，国务院批转农牧渔业部、机械委、水电部、林业部等《关于当前农业机械化问题报告的通知》，要求扶持和加强农机工业，扭转大批农机企业转产改行的局面。同年，湖北省政府批转机械厅、农机局等《贯彻国务院关于当前农业机械化问题意见报告》，要求扶持和加强农机工业，理顺农机产品价格体系。

9.2.4 缄默阶段（1990—1999年）

进入20世纪90年代，农机制造的市场化程度进一步加深直至完全实现市场化的资源配置机制，政府逐步放弃对企业的控制和干预，出台的政策很少，不给力，不合时宜。1990年国务院批转农业部、机电部、水利部等《关于加强农机生产和使用管理工作报告的通知》。该文件要求加强对农机工业的扶持、统筹规划和宏观管理。企业所需的能源原材料要优先保证供应，对计划分配的原材料要按国家规定的价格供应并逐年有所增加。中央和地方要增加对农机企业的投入。逐步理顺农机产品价格。对农机产品及配件减征增值税的优惠继续执行。加强企业改造和联合，发挥规模效益。加强企业技术改造，调整产品结构，提高质量，淘汰耗能、耗材高的产品。动力机械和配套机具、主机与配件要协调发展，提高成套水平和"三化"程度。该项政策中提出的"对计划分配的原材料要按国家规定的价格供应并逐年有所增加"的要求被日后的实践证明是不合时宜的。1994年国务院发出《关于印发〈90年代国家产业政策纲要〉的通知》，要求政府逐年增加对农业的投资，扶持农用工业。该产业政策纲要将机械工业列入了振兴支柱产业，要求以关键的基础机械、基础零部件和重大技术成套设备为重点，促进产品结构优化，提高产业技术水平和竞争力。该项政策泛泛谈到了"农业工业"和"机械工业"，未提到农机工业。1998年国家质量技术监督局发布《中国农机产品质量认证管理办法》，该认证分为安全认证和合格认证，认证的范围为农业机械及其零部件。该办法规定了企业申请认证条件、认证程序、认证证书和标志及管理、投诉和申诉、保密等方面内容。该项政策只涉及产品质量的单项管理，没有触及当时农机工业的痛点，不是行业关注的主流。

9.2.5 发展阶段（2000年至今）

经过10年的政策缄默期，进入21世纪，处于市场经济洗礼中的农机工业重新受到政府关注，引导、扶持、规范农机工业的政策密集出台。2000年，国家计委、国家经贸委发布了《当前国家重点鼓励发展的产业、产品和技术目录（2000年修订）》，农机是该目录重点鼓励的领域之一。该目录提出鼓励先进、适用的农业机械设备制造；鼓励农、渔、畜、糖蔗产品深加工及资源综合利用设备制造；鼓励生态农业设备制造；鼓励农业收获机械及农机具制造。2001年9月温家宝指示，认真研究农机制造业长远规划和扶持政策。2001年10月全国人大常委会启动《农业机械化促进法》立法工作。同年，国家经贸委办公厅发布《关于发布机械工业分行业"十五"规划的通知》，指出需要重点发展的7个领域及相关产品，提出通过经济政策、校企结合、企业改组、购机补贴等措施推动企业发展。2002年6月李岚清、温家宝批示，对保护性耕作机具研发给予支持。同年，国务院转发经贸委、计委、财政部、农业部、外经部等《关于进一步扶持农业机械工业发展若干意见的通知》，要求将农机工业作为重点支持行业之一。2004年,《农业机械化促进法》以法律条文规定,国家应鼓励和支持农业机械生产者增加新产品、新技术、新工艺的研究开发投入,对农业机械的科研开发和制造实施税收优惠政策。2005年,国家发改委颁布《产业结构调整指导目录(2005年本)》,农机装备制造产品依然放在机械鼓励类中。2006年,国务院发布《关于加快振兴装备制造业的若干意见》,要求发展新型、大马力农业装备,提高大马力拖拉机、半喂入式水稻联合收割机、玉米联合收割机、采棉机等国产化水平和技术档次,改变125马力以上拖拉机、新型农业装备主要依赖进口的状况。2009年,国务院发布《装备制造业调整和振兴规划》,进一步表示要大力发展大功率拖拉机及配套农机具、节能环保中型拖拉机等耕作机械,通用型谷物联合收割机、新型半喂入式水稻联合收割机、高效玉米联合收割机、自走式采棉机等收获机械,免耕播种机,节水型喷灌设备等。2010年,在国务院颁布的《关于促进农业机械化和农机工业又好又快发展的意见》中提到了农机工业发展的主要任务在于推进农机工业行业改革、解决农机产品结构性矛盾、增强农机工业科技创新能力、提升农机工业制造水平和产品质量、扩大农机工业国际合作。2011年,国家发改委发布的《产业结构调整指导目录(2011年本)》,相较《产业结构调整指导目录(2005年本)》该目录更为具体,比较详尽地列出了鼓励发展的农机产品类别,如100马力以上拖拉机、100马力以上拖拉机配套农机具等。同年,工业和信息化部发布了《农机工业发展规划(2011—2015年)》,提出了制定产业政策、继续实施并完善农机具购置补贴、建立多元化投融资机制、实施优惠税收、整合创新资源完善农机技术创新体系、完善标准体系、实施以人为本的聚才战略等政策措施。按照该规划要求,工业和信息化部迅速制定并发布了《农机工业发展政策》,分别从技术政策、产品开发、组织结构、准入管理、市场建设、金融财税政策、进出口管理等方面提出了相关政策指导意见,并明确提出要建立市场配置资源和政府宏观调控相结合的产业发展机制,推进农机工业规范化、科学化管理;要推动产业结构调整和企业兼并重组,加快集团化、集约化进程,以产业链为纽带，构建符合国情、布局合理、专业化协作、集中度高的产业格局，形成以大型企业为龙头、中小企业相配套的产业体系和产业集群。2011 年，工业和信息化部发布《联合收割（获）机和拖拉机行业准入条件》，规定了生产企业应具备的条件、产品要求、质量保证体系、安全生产和节能环保、销售和售后服务、监督管理等方面的要求。2012 年科技部发布《农业装备产业科技发展"十二五"重点专项规划》，提出要突破先进制造与智能化技术、高性能拖拉机与多功能作业机具等一批农业装备制造核心关键技术。

湖北省在这个阶段也相继出台一些政策。2010 年省政府发出《关于印发湖北省现代农业发展规划（2013—2017 年）的通知》，表示要支持建设一批区域性的农机工业园和农机物流中心，引进一批农机制造企业。2011 年省经信委发布《湖北省装备制造业"十二五"发展规划》，该规划将粮机列入了支持的产业集群。2012 年，省政府发布《关于促进农业机械化和农机工业又好又快发展的实施意见》，要求增强金融支持力度，实行产业准入制度，加强标准体系、试验检测条件建设，强化质量监督，提升产品水平。此外，2008 年湖北省委省政府一号文件、2010 年湖北省委省政府一号文件、2010 年湖北省农业厅一号文件、2012 年鄂政发 55 号文件均简略表示要加快农机工业发展。

9.3 农机制造政策类型

9.3.1 产业政策

1. 产业结构政策

农机工业产业结构政策是农机工业产业政策的重要组成部分，是政府根据一定时期内农机产业结构的现状，遵循农机产业结构演进的一般规律和变化趋势，制定并实施的有关农机产业部门之间资源配置方式、比例关系，通过影响与推动农机产业结构的调整和优化，以促进农机产业结构向协调化和高度化方向发展的一系列政策措施的总和，它是旨在促进农机产业结构优化，推动经济增长的政策体系。

1952年，中南区农业机械计划会议重点讨论了排灌机械的生产，要求大量制造和推广抽水机。1954年，湖北省第三次工矿会议要求重点生产7英寸、8英寸步犁。整个50年代，湖北的农机企业基本以农具生产为主。1960年，农机部编制了1960—1962年的《农机工业发展规划》。规划确定的投资重点是"以拖拉机为纲"。1966年，湖北省先后制定了《湖北省"三五"计划时期农业发展规划提纲》《湖北省地方机械工业调整草案》，第一次较为系统地提出了湖北的农机工业产业结构政策。如坚持修配与制造结合的原则，合理布局，定点生产，实行专业化协作，采用专用设备和专业生产线；发展小型农用机械动力；强调地方工业应为农业生产服务，正确处理好动力机械与中小农机具、农机具制造与修配、主机与配套以及农机与民机之间的关系。此外，还要求做好机械工业的调整工作，以动力为中心，重点发展小型拖拉机和小型动力机；对零部件的生产统筹兼顾，全面安排，做到既要加强农机行业直接为农业生产服务，又要把民机行业带动起来。从1966年到1976年，湖北省农机工业抓了"两个配套"。一是以拖拉机为龙头，以柴油机为重点，抓拖拉机、内燃机零配件与主机的配套；二是抓机引农具与拖拉机的配套，推动农机工业全面发展。80年代初，农机工业进入调整时期，省农业机械局召开农机工业调整座谈会，会议提出了"在相当长的一段时间内，发展中、小型农机具是比较合适的"，"机械化与半机械化同时并举"，"与人力、畜力配套的农具一定不可忽视"，"人、机、畜相结合"等切合实际的产业结构设想。经过调整，湖北省的拖拉机、内燃机和"水田三机"工业总产值下降，而农村急需的粮、棉、油、茶等加工机械和半机械化农机具的产值比重得到提升。80年代中期以后，湖北农机工业以体制机制改革为主，较少涉及产业结构议题。1991年，湖北省政府把调整优化工业结构作为经济工作的重点工作，并把农机工业作为"八五"发展的重点行业之一，将小马力柴油机列为

12条龙之一。1996年,湖北将拖拉机、内燃机配附件、总成件系列、小缸径、多缸、高速内燃机系列、农用运输车作为重点发展行业之一。2000年以后,国家层面的农机产业结构政策较多。2000年,《当前国家重点鼓励发展的产业、产品和技术目录(2000年修订)》提出要鼓励先进、适用的农业机械设备制造;要鼓励农、渔、畜、糖蔗产品深加工及资源综合利用设备制造;要鼓励生态农业设备制造;要鼓励农业(棉花、水稻、玉米、豆类、青饲料等)收获机械及农机具制造。2001年,《关于发布机械工业分行业"十五"规划的通知》指出了田间作业机械、节水农业装备、农副产品精深加工成套技术装备、草业技术装备、无公害集约化养殖装备、农用配套动力及关键配件、农用运输车等七个重点发展领域。以后的《产业结构调整指导目录(2005年本)》《关于加快振兴装备制造业的若干意见》《装备制造业调整和振兴规划》《产业结构调整指导目录(2011年本)》等政策文本也有类似表述,尤其强调了大马力农业装备的制造。

2. 产业组织政策

产业组织是指同一产业内部各企业间在进行经济活动时所形成的相互联系及其组合形式。各产业及企业间相互联系机制和形式的不同,对资源利用效率及产出效益都有直接的影响,因而利用经济政策改善产业组织,实现产业组织的合理化,并借此达到资源有效利用,收益公平分配等经济政策一般目标,便成为产业组织政策的首要任务。产业组织政策是政府为实现这一目标而对某一产业或企业采取的鼓励或限制性的政策措施。

新中国成立后,湖北农机工业通过改造旧中国遗留下来的修配式企业为制造企业开始起步,"一五"时期通过国家投资改建或扩建一批企业形成基础,"二五"时期尤其是中央成都会议后,农机工业开始了"大跃进",出现了摊子过大、战线过长、产品质量差等问题。从1961年起,农机工业开始贯彻"调整、巩固、充实、提高"的方针和《工业七十条》,加强配套农具厂、配件厂、农机修理网的建设;调整主机厂的规模,按已形成的能力组织小成套、小批量生产；变"大而全"为"小而专"，组成以拖拉机和内燃机为中心的专业协作网。在这种环境下，一批农机新建项目下马，一些研究能力较弱的地县级研究所被撤销，一批规模小、质量差的农机企业被关停并转。1966年，湖北省制定了《湖北省地方机械工业调整草案》，提出了坚持修配与制造结合的原则，合理布局，定点生产，实行专业化协作，采用专用设备和专业生产线；正确处理好动力机械与中小农机具、农机具制造与修配、主机与配套以及农机与民机之间的关系；以动力为中心，重点发展小型拖拉机和小型动力机。1971年，全国农业机械化会通过《全国农业机械化发展规划（草案）》，政策方向再次发生转变。该规划要求利用当时的企业基础，进行技术改建或扩建。大型或技术复杂的少数产品由有关部门和经济协作区统一安排；一般农机，地方应建立比较独立的成套的加工制造能力。同年，《全国农业机械化发展纲要（1971—1980年）（讨论稿）》也提出农业机械制造以地方为主的方针，即从原材料到制造，从制造到维修，从主机到配套配件，基本上做到自行成套。1978国务院发布《一九八零年基本上实现农业机械化规划》，政策方向再次转向，强调农机工业和支农工业要有一个大改组，要求把大而全或小而全的全能厂改成专业厂，由小批量改成大批量。专业化协作要搞好标准化、系列化和通用化，企业实行包括"定协作关系"在内的"五定"工作。1979年农业机械部在《关于农业机械化几个问题向国务院、中央的请示报告》中要求按专业化协作生产的原则，合理布局，择优发展，调整企业的产品方向；按经济管理的办法，把农机工业组织起来，组建全国性和地区性专业公司。1980年，国务院批转《农业机械部关于全国农机工作会议的报告》，指出改组拖拉机、内燃机、排灌机械工业，调整改造提高配件和配套农具的生产企业是调整改组的几大要点。1981年，杨立功发表文章《农机事业要坚决调整》，强调该下马的基建项目要坚决下马，该关停并转的企业一定要关停并转，扎扎实实进行农机工业改组。2001年，国家经贸委办公厅发布《机械工业分行业"十五"规划的通知》，提出从经济政策、校企结合、企业改组、购机补贴等方面推动农机工业发展。2011年，我国第一部农机产业《农机工业发展政策》出台，该文件第四章专门提到产业组织问题。要求依托现有产业布局，结合国内农业机械化发展需求，加大产业结构调整的力度，逐步形成布局合理、适合国情、专业化协作、产业集中度较高的产业新格局；鼓励符合本产业政策的农机工业科技创新联盟等组织建设；鼓励农机制造企业向集团化方向发展，在市场竞争和宏观调控相结合的基础上，通过兼并、收购、重组等方式，建立具有国际竞争力的综合性大型企业集团；支持中小型农机制造企业向"专、精、特、新"方向发展，培育具有比较优势的零部件企业，进入国际农机零部件采购体系，参与国际竞争。

3. 产业技术政策

农机产业技术政策是指政府制定的用以引导、促进和干预农机工业产业技术进步的政策总和，包括农机产业技术进步的指导性政策，即政府确定的农机工业技术的发展目标、规划和指导各技术进步主体行为的相关政策；农机工业技术进步的组织政策，即政府主持或参与制定的旨在加速推进农机工业技术进步的各种组织制度与组织形式的安排；农机工业技术进步的奖惩政策，即为了建立起有效的技术进步激励机制，使农机制造企业成为技术创新主体，政府制定的直接或间接的经济刺激和制裁政策。

1949年9月29日中国人民政治协商会议第一届全体会议通过的《中国人民政治协商会议共同纲领》第34条中提出"应注意兴修水利、防洪防旱，恢复和发展畜力，增加肥料，改良农具和种子"，这成为新中国成立初期农机技术工作的指针，农机产业技术发展的帷幕由此拉开。1956年，《1956—1967年科学技术发展远景规划纲要》颁布，该纲要确定了57项重大科学技术任务，"农业机械化、电气化和农业机械的制造问题"位列其中。纲要还对科技工作体制、研究机构的设置以及科技干部的使用等做了规定，要求研究人员绝大部分应安排在产业部门的研究机构里。1962年12月，《农机部关于农业机械科学会议报告》较为系统地总结了农机科研工作现状，提出了农机科研工作的十条方针和原则，明确了以后10年的20项主要任务，并对改进科研工作方法、完善科研体制、设置科研机构等问题作出了具体要求。1971年，《国务院关于加速实现农业机械化问题给毛主席、中共中央的报告》要求各地建立一个精干的研究机构，要坚持科技人员和工人、贫下中农相结合，坚持科研、制造、使用相结合，坚持为农业生产服务的总体要求。1978年，全国科学大会召开，大会通过了《1978—1985年全国科学技术发展规划纲要》，要求"发展与机械化相适应的耕作制度和栽培技术"，"研制各种高质量高效率的农业械具"。1983年12月，农牧渔业部主持召开了全国农业机械化科研工作座谈会，并于1984年发布了《全国农业机械化科研工作座谈会纪要》。这次会议从10个方面探讨了农机化科研领域、对象和作用，明确了农机化科研的六大主攻方向，提出了六条促进科研的有效措施。1985年颁布的《中共中央关于科学技术体制改革的决定》要求改革农业科学技术体制，使之有利于农村经济结构的调整。1995年国务院颁布《"九五"期间深化科学技术体制改革的决定》，要求按照"稳住一头，放开一片"的原则，加强基础性研究、应用研究、高技术研究和重大科技攻关活动。大多数研究开发机构直接进入市场，加速了科技成果转化。2009年，《湖北省农业机械科技项目管理办法（暂行）》列出了优先安排的7大类项目，就项目申报与立项、项目计划与管理、项目经费的管理、项目的成果管理等方面作出了详细规定。2011年8月，工信部出台《农机工业发展政策》，第一次完整系统地提出了农机产业技术政策。如第7条"鼓励研发适合国情、先进适用、与农艺相结合的农业机械，支持引进、消化吸收新型高效农业机械设计制造技术"；第8条"积极发展以信息技术为支撑的自动化、智能化技术在农机产品的应用，大幅提升农机产品自动化技术水平"；第9条"优先支持研究粮棉油糖作物全程作业装备技术。持续支持研究节能减排、资源节约、本质安全与高效利用技术，为农业资源的高效安全利用和降本增效提供装备技术支撑"；第10条"鼓励和支持发动机、电控、传动、液压等关键零部件的开发、制造，增强创新能力和核心竞争力"；第11条"加强农机特殊型材、耐磨材料、表面工程技术等研究"；

第 12 条"支持企业广泛应用柔性生产技术、现代监测技术、数字化技术、清洁生产技术、虚拟制造技术、网络制造技术等现代制造和管理技术进行技术改造";第 13 条"建立健全适合我国国情并与国际接轨的农机标准体系";第 14 条"规范新产品、新技术鉴定验收工作";第 15 条"完善农机制造企业质量保证体系,建立农机产品质量跟踪追溯制度";第 16 条"建立高耗能、高排放、低性能、安全性差的落后农机产品淘汰和老旧农机产品更新制度"等。

4. 行业准入政策

改革开放前,农机工业基本上是"大干快上","有条件要上,没有条件也要上"。1977 年至 1984 年,国家对农机工业进行整顿。为了扭转严重下滑的农机产品质量,1983 年,国家经贸委和机械工业部颁布了《机电产品生产许可证条例》。机械部农机局根据这一条例作出规定:从手扶拖拉机和 195 型柴油机开始试点,以后凡是没有获得生产许可证的企业不得再生产。通过试点,实现生产许可证的产品逐步扩大到油泵油嘴、脱粒机、潜水电泵等产品,这是我国历史上在农机行业第一次实行生产许可证制度。但由于当时我国的经济体制改革刚刚起步,宏观政策措施不完善,缺乏必要的监督检查,这一制度没有起到应有的作用。1994 年以后,农机行业完全进入市场,市场成为对农机生产资源进行配置的看不见的手。2000 年以后,受农机具购置补贴政策的拉动,农机市场容量迅速膨胀,导致大量短期渔利性拼装类企业进入,企业间低水平同质化恶性竞争激烈,产品质量无法保证,行业技术创新动力不足,暴露出行业进入门槛低等问题,制约了行业的健康发展。在这种情况下,工信部于 2011 年制定了《联合收割机和拖拉机行业准入标准》,详细规定了生产这两类产品的生产企业应具备的条件、产品要求、质量保证体系、安全生产和节能环保、销售和售后服务、监督管理等方面的要求。这也是我国农机工业第一份正式的行业准入文件。

9.3.2 农机企业管理政策

1. 行政主导时期的全面管理政策

在计划经济阶段，国家对农机企业实行微观的计划管理，生产、供应、销售、人权、财权、物权全部由各级政策直接管理。如在"一五"时期，一机部直接负责编制直属企业的年度生产技术财务计划，专业局审批直属企业的年度和季度生产技术财务计划。地方国营企业的计划由地方农机主管部门组织编制。在物质供应体制上，企业生产所需的原材料，按照企业所属的隶属关系申请、分配和供应。在财务体制上，核定直属企业的固定资产和流动资金，固定成本开支范围，实行统一税法，把企业的利润和折旧纳入国家预算，建立了基建投资、流动资金和四项费用（技术组织措施费、新产品试制费、劳动保护措施费、零星固定资产购置费）等的资金供应渠道和拨款办法。实行企业奖励基金制度和超计划留成制度。在企业管理上主要推行了作业计划、生产技术准备和经济核算制度。

1958 年开始的"大跃进"运动破坏了企业各项制度，用搞运动的办法来管理企业，企业专业管理受到削弱，企业管理陷入混乱，产品质量严重下降。在这种情况下，按照中央"调整、巩固、充实、提高"的八字方针精神，农机部于 1961 年制定《农机工业企业管理条例（草案）》，对农机企业管理的基本要求、制度和体制、计划管理、生产管理、技术管理、经济核算、基本建设管理、劳动工资和生活福利、职工代表大会、政治工作等作了较为全面的规定。在质量管理上，贯彻"一丝不苟，质量第一"的方针。同年召开的农机厅（局长）会议研究制定了整顿产品质量的纲要。在设备管理上，贯彻"三级保养"制度。在物质管理上，原材料的供应采用"归口安排，统一下达，分户记账、分头订货，地方调剂"的办法。在财务管理和经济核算上，则依照《农机部直属工业企业财务计划编审办法（草案）》《农机部直属工业企业成本计划编审办法（草案）》等制度执行。

2. 转轨时期的改革政策

十一届三中全会以后，在继续关注企业生产运营管理的同时，国家也开始关注企业运行机制的改革。1979 年，国务院一下颁布了《关于扩大国营工业企业经营管理自主权的若干规定》等五个改革企业管理体制的文件，拉开了农机工业体制改革的序幕。《关于国营工业企业留成实行办法》，《关于实行工业生产经济责任制若干问题的意见》等文件分别于 1980 年、1981 年发布。1982 年，中央发布《国务院关于国营工业企业进行全面整顿的决定》，要求从"经济责任制""计划管理""质量管理""经济核算""劳动纪律""奖惩制度""会计制度""劳动组织""领导班子"等诸多方面对企业进行全面整顿。《关于国营企业利改税试行办法》《关于当前农业机械化问题报告的通知》等文件也分别于 1983 年、1987 年发布。1987 年，湖北省政府批转机械厅、农机局等《贯彻国务院关于当前农业机械化问题意见报告》，要求扶持和加强农机工业，理顺农机产品价格体系。

3. 农机鉴定政策

进入市场经济体制后，国家退出了对企业的微观管理，属企业自主经营范围内的事项由企业自行决策，国家不再干预。但作为对农机产品质量管理的一种方式——农机产品鉴定工作，政府一直没有放弃，政策的连续性较好。

1954 年，《农业机械试验鉴定办法（草案）》和《农机具试验站工作规程（草案）》在全国农机具工作会议上讨论通过，这是我国最早的农机鉴定规章。1957 年，国家经委、水利部、农业部、一机部、全国供销合作总社等部门联合召开全国农田排灌机械、农业机械化会议，会上发布了《加强农业机械试验鉴定工作的意见》和《农机鉴定网点建设规划》。这两个文件出台后，至 1957 年底，全国共成立了 69 个农机试验鉴定站。1962 年，国家推行机构精简，大部分农机鉴定站被撤销。1963 年，周恩来在相关报告上批示："鉴定工很重要，应该加强，人员编制要精。"根据周总理的指示要求，农业部农机局召开了第一次全国农机鉴定工作会议，会议明确了农业机械试验鉴定站的基本任务和要求，制定了《农业机械试验鉴定通则》和一些农业机械试验标准。此后，各地相继恢复了一些鉴定机构，农机鉴定工作得到加强。文化大革命期间，在"左"的思想干扰下，农机试验鉴定工作被削弱，至文化大革命后期，全国仅保留了三省的农机试验鉴定站。

80年代初，农民个人购机限制逐渐取消，农机增长迅速，但农机产品质量较低，全国每年因此造成的伤亡人数过万人，财产损失达15亿元。针对这种严峻局面，时任总书记胡耀邦作出了"必要时要采取纪律措施"、"因质量太差，操作伤了人的工厂要负责赔偿损失才好，没有经济手段制裁不行"的两次批示。时任国务院副总理的李鹏也作出了"要从改进小型脱粒机入手，改进产品质量"、"要求各省农机制造厂生产优质、耐用、操作方便、价格合理、便于维修、有足够配件供应的合格产品供应农村市场"的批示。为了落实中央领导的批示精神，加强农机产品质量管理，1982年8月上旬，农牧渔业部主持召开全国农机鉴定工作座谈会，会议回顾了32年来农机鉴定工作的曲折过程，确立了"鉴定是为了推广"的指导思想，达成了必须加强鉴定基础建设的共识，并于1983年发布了《中华人民共和国农牧渔业部农业机械鉴定工作条例（试行）》，建立了农业机械推广鉴定制度，对农机产品性能和质量进行检测和鉴定，合格者发放农业机械推广许可证，并在产品上粘贴相应标志。这一制度在实施过程中得到了有关部委的合作和支持。1983年农牧渔业部与机械工业部发布了《关于严格控制产品质量，加强农机鉴定工作的联合通知》，要求各级农机鉴定站对生产量大、使用面广的农机产品进行鉴定，鉴定合格者发给《农业机械推广许可证》。为了与后来实施的生产许可证制度相协调，两部决定对小型柴油机、小四轮拖拉机、小手扶拖拉机、小型脱粒机等"四小机"实施联合检测，检查合格者由农业部、机械部分别颁发推广许可证和生产许可证。1988年，农业部、公安部联合发布了《获得农机推广许可证的小型拖拉机配套柴油机生产企业及产品目录》，规定了只有获得推广许可证的小型拖拉机才准予上户。

进入 90 年代，随着市场经济的深入发展，推广鉴定制度也在不断改革与完善，由原来的强制性认证逐步变为一种政府引导、企业自愿对产品性能与质量进行鉴定的认证制度。其内容也从产品质量是否符合标准为主向农机产品的先进性、适用性、可靠性、安全性，售后服务等综合性能鉴定转变。如 1983 年颁布的《中华人民共和国农牧渔业部农业机械鉴定工作条例（试行）》分别于 1997 年 12 月 25 日、2004 年 7 月 1 日两次被修订。2005 年农业部又以 54 号令的形式发布《农机实验鉴定办法》，同时宣布 1982 年的版本废止。新的《农机实验鉴定办法》也分别于 2013 年 12 月 31 日以农业部令第 5 号的形式进行修订和 2015 年 7 月 15 日以农业部令第 2 号的形式进行修订。在此期间的 2006 年 8 月，农业部第 69 号令发布《农业机械质量调查办法》，对在用特定种类的农机产品适用性、安全性、可靠性和售后服务状态进行调查监督。2007 年 1 月，农业部针对全国或区域性产品发布了《农业机械部级推广鉴定设施办法（试行）》。2008 年 1 月，为了强化对农业机械质量的监督管理，提高农业机械质量和售后服务水平，农业部印发《农业机械质量投诉监督管理办法》，旨在根据投诉者的质量信息，有针对性地采取质量督导、质量调查、公布投诉结果等措施，解决纠纷，促进农机质量提高。

为了贯彻上述相关鉴定规章，部和省还相应出台了一些配套政策。如《农业机械推广鉴定实施办法》《农业机械推广鉴定证书和标志管理办法》《农业机械试验鉴定机构鉴定能力认定办法》《农业机械试验鉴定机构部级鉴定能力认定实施细则（试行）》《农业部农业机械试验鉴定大纲管理办法》等 5 个配套办法，鉴定总站制定了《农业机械部级推广鉴定实施细则》、《农业部部级推广鉴定审查员和检验员管理办法》等具体操作办法，湖北省农机局制定了《湖北省农业机械新产品鉴定程序和内容》《湖北省农业机械推广鉴定程序》《湖北省农业机械推广鉴定实施办法》《湖北省农业机械定型鉴定实施办法》等地方实施办法。这些政策、法规构建了农机试验鉴定的制度框架，体现了政府对农机鉴定工作的高度重视。

9.3.3 投入、税收政策

改革开放前,农机工业由国家举办,湖北农机工业基本由政府投入,形成了清一色的国营农机企业。1950—1965年,国家共向湖北农机工业投资7540万元,1966—1975年,国家向湖北农机工业投资16277万元,是新中国成立初期到1965年投资总额的2.58倍。80年代,农机工业进行整顿、改组和协作,国家投资大幅减少。90年代后,农机工业进行重组、改制,民营资本逐渐介入,国家资本基本退出了这一领域。

为了支援农业,国家对农机生产企业一直给予税收扶持政策。1983年前国家对农机企业实行税收减免政策,税率为3%,低于民机税率。1983年,国家开征增值税,农机企业税率为6%,而民机为10%。1984年,民机税率提高到14%,而农机仍执行6%。1987年,财政部和国家税务总局发出通知,将农机产品的增值税税率提升到12%,但按照"征12%扣14%再优惠20%"执行。1994年,为实现公平税负,增强税收的宏观调控能力,国家实施了税制改革。在此次改革中,农机企业被确定执行13%的增值税税率,比一般企业低4%。该政策一直沿用至今。

1983年以前,政府直接管理企业,企业盈利上交国家,亏损由国家兜着,盈利或亏损与企业无关,企业没有积极性。1983年,国家推行第一步"利改税",规定从1983年1月1日起,对国有大中型企业征收55%的所得税,剩下的利润再在国家、集体和个人三者之间分配。1984年,实施第二步"利改税",利税并轨,规定国有大中型企业适用55%的比例税率,国营小型企业适用8级超额累进税率,最低税率为10%,最高税率为55%。1994年,国家税制改革,统一了内资企业所得税,统一实行33%的所得税税率。2008年,新的国家所得税法实施,一般企业所得税税率定为25%,沿用至今。关于集体企业所得税,它是国家对从事工业的集体所有制企业的生产经营所得和其他所得征收的一种税。1950年,集体企业所得税实行21级全额累进税率,最低一级税率为5%,最高一级税率为30%。1985年，国务院颁布了《中华人民共和国集体企业所得税暂行条例》，规定从1985年度起，集体企业所得税实行统一的8级超额累进税率，最低一级税率为10%，最高一级税率为55%。1994年，集体企业所得税与国营企业所得税、私营企业所得税合并，统一征收内资企业所得税。

此外，国家对企业开展产品、技术研发方面也有一定的税收优惠。如规定企业研究开发新产品、新技术所发生的费用，如果增幅在10%以上就可抵扣应税所得额的50%；企业用于科研、试验所购买的的仪器、设备等均免增值税及关税；企业对外技术转让过程中产生的咨询、服务、培训等年净收入在30万元以上的免征所得税。

9.4 湖北农机制造政策评价

9.4.1 政策设计

通过梳理政策文献发现，湖北省农机工业政策具有以下特点。一是政策体系较为完善。从政策层次上看，既有国家层面的宏观政策，也有部委层面的中观政策，还有地方部门的微观政策；从文本种类上看，讲话、通知、意见、报告、决定、规划、条例、细则、纲要、办法、目录、法律、政策等，形式多样；从政策的内容上看，有农机工业建立、农机生产、职工队伍建设、农机工业调整、企业管理、农机质量鉴定、农机工业布局、制造方针、产品价格、技术改造、发展指导思想、机械维护使用标准、质量认证、重点鼓励产业及产品、产业规划、产业结构调整、质量调查、推广目录、农机工业园、行业准入等内容，几乎覆盖到农机工业的方方面面。二是政策变迁顺应了时代的变化。农机化发展的第一个阶段，实行计划经济体制，从行业到企业，由政府直接统一管理，政策文件大多以"讲话""通知""意见""决定"等形式为主，"统"的色彩浓厚。第二个阶段，随着经济体制转轨，政策走了一个"渐变模式"，前紧后松，从"调整"到"改革"再到"放手"。这个阶段，农机工业政策扮演了一个过渡角色。到了90年代，由于对市场经济认识不深，过度依赖市场机制作用，农机工业政策进入长达十年的静默期。没有政策也是一种"政策"，这种政策的特点就是"放"或"放而不管"。2000年以后，我国经济管理形成"政府引导+市场机制"模式，农机工业的法规性、经济性政策出现并开始走向科学化。三是政策主体的变化反映了行业管理体制的多变。不同时期政策主体的"登场"顺序表明农机工业经历了一长串的行政主管机构：一机部、农机部、八机部、农机部、机械部、机械委、机电部、工信委。

政策设计也存在一些不容忽视的问题。一是国家政策多，地方政策少。在表9.1列举的政策中，国家和部委出台的政策76项，湖北地方出台的政策仅15项。出现了政策倒挂现象，说明很多政策没有配套、细化和落实。如国家出台行业规划和行业政策已经好几年了，但湖北仍无地方规划和政策落地。二是政策不均衡。在农机化发展的第一个阶段出台政策25项，第二个阶段出台35项，第三个阶段出台4项，第四个阶段出台27项。很明显，在市场化时期，出台的政策太少。农机工业第一次经历市场化，业内普遍感到忐忑、很茫然，更需要政策的引导和规范。三是政策缺失严重。1991年省政府出台的《关于加强农业机械化工作的通知》、1997年省政府出台的《关于加快农业机械化发展的决定》、2009年省政府办公厅出台的《关于进一步促进农业机械化发展的意见》等政府文件中压根就没有提到农机工业，把农机化和农机工业分割开来。2000年以后，国家层面的农机工业政策密集出台，被业内普遍认为非常重要的文件有：国家经贸委专门针对农机工业发出的《关于发布机械工业分行业"十五"规划的通知》、国务院转发经贸委、计委、财政部、农业部、外经部等《关于进一步扶持农业机械工业发展若干意见的通知》、工业和信息化部颁布的《农机工业发展规划（2011—2015年）》和《农机工业发展政策》。但这些文件均没有在湖北落地，湖北没有跟进、细化从而制定湖北的地方政策。在另外一些文件中，出现了"一句话政策"。如2008年湖北省委省政府一号文件《中共湖北省委、湖北省人民政府关于切实加强农业基础建设促进农村经济社会又好又快发展的意见》中提出"加快发展农机工业"。在2009年湖北省农业厅1号文件《关于2009年保持农业平稳较快发展的意见》（鄂农办发〔2009〕1号）中提出"通过加强农业机械装备，减轻农民劳动强度"。在2010年湖北省委省政府一号文件《中共湖北省委湖北省人民政府关于加大统筹城乡发展力度促进农村经济社会又好又快发展的意见》中提出"要提高现代农业装备水平，要加快发展农机工业"。在2013年湖北省人民政府办公厅《关于印发湖北省现代农业发展规划（2013—2017年）的通知》中提出"支持建设一批区域性的农机工业园和农机物流中心，引进一批农机制造企业，构建农机监管服务体系"。此外，还出现了复述中央文件的情况。在2010年国务院颁布《关于促进农业机械化和农机工业又好又快发展的意见》后，湖北省政府于2012年颁布《关于促进农业机械化和农机工业又好又快发展的实施意见（鄂政发〔2012〕55号）》。在湖北省的意见中，出台了两条扶持政策："对企业研发投入采取税前扣除政策，对生产国家支持发展的新型大马力农机装备和产品，确有必要进口的关键零部件及原材料，免征关税和进口环节增值税。属于国家重点扶持高新技术企业中的农机制造企业，按照企业所得税法的规定，减按15%的税率征收企业所得税"；"对符合产业政策和信贷原则的农机制造企业技术改造、新产品开发和农机流通设施建设，给予信贷支持。中小农机制造企业可享受国家和省关于扶持中小企业发展的相关政策。创新型企业试点向基础好、有实力的农机制造企业倾斜，加大支持力度"。这两条措施几乎和国务院的措施一模一样。

9.4.2 政策实践

9.4.2.1 成效

1. 湖北农机制造业曲折发展

湖北省是粮、棉、油重要产区。新中国成立前，省内除了为数众多的手工作坊和少数私营铁工厂从事锄头、镰刀、犁和人力水车等传统旧式农具生产外，还生产少量的碾米机、轧花机等农副产品加工机械。中华人民共和国成立后，湖北农机工业取得长足发展，形成了较为基础的工业体系。以国家投入为标志，从 1950 年第一个地方国营农机工厂——湖北农具制造厂（后改名湖北柴油机厂）建厂开始，至 1978 年全省农机行业进行恢复性整顿、广泛开展群众性的"质量月"活动结束，全省共有县营以上企业 176 家，完成工业总产值 4.2 亿元，形成了以拖拉机为龙头，以中、小型农用机械为主体，门类较为齐全的农机工业体系。1980—1985 年，全省农机企业贯彻执行"调整、改革、整顿、提高"的方针，对农机产品重复布点、产业结构不合理的状态进行了调整，生产布局渐趋合理。调整的同时，湖北农机企业经历了一系列改革探索历程：减少指令性计划、试行厂长负责制、适当分离企业所有权与经营权、小型企业租赁或集体经营，大企业学习现代企业管理等。1985 年，全省共有农机企业 140 家，完成工业总产值 5.55 亿元。1985 年以后，湖北农村进一步增长的购买力、强烈的致富愿望掀起了一波延续数年的购买小型拖拉机、农用运输车的热潮。强劲的购买热情将湖北农机工业产值不断推向新高度，直到 1996 年的 16.59 亿元的阶段新高。不过，这一波行情是以少数几个龙头品种的集中爆发为特征的，整个湖北农机工业的形势依然严峻。1994 年，在全省机械工业工作会议上，"如何制止农机行业逐步萎缩的问题"成为讨论的重点之一。1996 年，湖北省农机工业又提出了"分兵突围，整体搞活"口号，由此可见一斑。除了小型拖拉机、运输车及相关配件厂家的日子相对红火外，其他子行业纷纷转产、关闭、清盘，到 1995 年仅剩 94 家，见图 9-1。尔后，农机工业继续低迷甚至全行业亏损。2003 年，农机工业企业只剩 51 家，其中全民所有制企业 7 家，集体所有制企业 4 家，其他大都改为民营企业。农机工业总产值降至 11.13 亿元，销售收入降至 11.05 亿元，主要农机产品销量全面下降。2004 年，农机工业继续惯性下沉，全省企业仅存 36 家，产值仅为 7.77 亿元，仅相当于 1987 年的水平。80 年代的十大农机企业有 8 家消失，2 家改换门庭。2005 年后，我国农机工业在一系列扶持政策呵护下走出十年黄金行情,湖北农机工业开始走出报复性增长行情。2009 年产值 28.4 亿元,2010 年产值 41.73 元,2011 年产值 52 亿元,2012 年产值 59.9 亿元,企业数量也增长到 144 家,形成了以小型拖拉机、机耕船、油菜直播机为主体,微耕机、旋耕机、棉田管理机械、工厂化育秧设备、沼液沼渣抽排机、机械化养鸡、采摘机、揉捻机、烘干机、水果清洗打蜡称重包装等成套设备为辅助的计 14 个门类、543 个型号的产品体系。

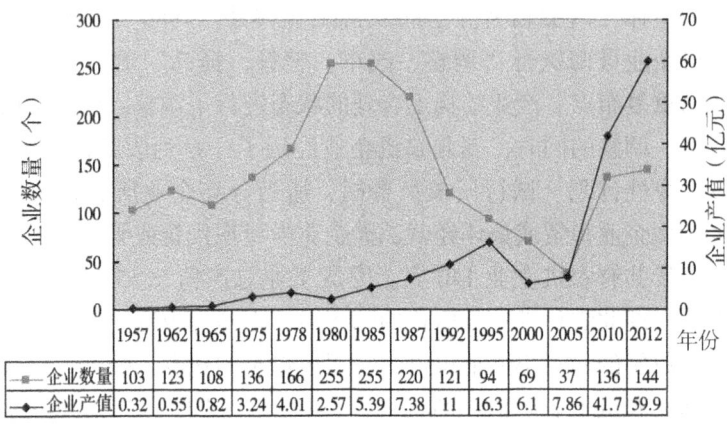

图 9-1 湖北农机制造业发展情况

2. 产生了具有湖北特色的农机产品

湖北—12 型机耕船。该船是从 20 世纪 60 年代开始由当时的洪湖农机厂、红安农机厂、湖北省机械研究所和湖北农机学院等单位联合攻关,于 1974 年鉴定投产,于 1978 年、1979 年分别获全国科学大会奖和国家科委三等发明奖的一款农机产品,散见于当时和以后相当长一段时间内国内各类文献中。该机突破了传统拖拉机形态,结构简单,适合在深泥脚的水田作业,解决了拖拉机难下水田操作的问题。与轮式拖拉机相比,它一般不破坏水田硬底层且耕田效率高,油耗低,实验证明,湖北—12 型机耕船较同等功率的手扶拖拉机牵引力大 40%,生产率高 25%~30%,亩油耗降低

10%～20%，颇受农民欢迎，被誉为"水田飞舟"。该产品除供湖北农村使用外，同期，还远销朝鲜、马来西亚、泰国、刚果、扎依尔等国家，并受到日本和东南亚国家和地区的重视和引进。因其卓越的性能和广泛的适用性，该机不断演绎着其惊人的生命力，是迄今为止湖北农机工业史上为数不多的拥有40多年的生命周期却依然奔腾在田野上的一款经典农机。

2BFQ-6型油菜少耕精量联合直播机。该机由华中农业大学研发，武汉黄鹤拖拉机公司生产，于2008年通过省级科技成果鉴定。该机面市以来，获得国家发明专利三项，被农业部列为《国家农业机械推广目录》，被省农机局指定在全省45个县市重点推广，是湖北省进入21世纪以来代表产业发展方向的环境友好、资源节约型新产品。油菜少耕精量联合直播机，主要用于稻茬田和棉田的油菜免耕精量直播。该机以气力式精量播种技术为核心，一次完成开沟、破茬、种床旋耕、气力精量播种、施肥、少耕等联合作业，具有种子无破损、型孔无堵塞，播种精度高，不需间苗、定苗，且后期主根系发达等技术优势，能满足油菜免耕精量播种的农艺要求。长期以来，人们采用洒播、移栽等传统的油料种植方式，费工费时，劳动强度大，导致一些地区部分农田冬季闲置。油菜机械直播的问世不仅有利于降低生产成本、降低劳动强度、提高经济效益，提高农民油菜种植意愿，也有利于提高油菜收水平，全面提高油菜生产机械化水平，加快油菜产业发展。同时，该机也可配置不同排种器，播种芝麻、谷子、大豆、玉米、棉花等其他农作物，一机多用，为农民省下不少购机资金。

9.4.2.2 不足

1. 政策大起大合，行业元气难凝

50年代后期，湖北机械工业受到"高指标""高速度"的严重影响，干了一些违背科学规律的蠢事。如在大搞"设计革命"时，把当时重点支农产品8马力柴油机上诸如机油泵等约六分之一的关键性零部件当做"盲肠"给割掉了，造成该机的大量返工。

1961年，湖北遵照"调整、巩固、充实、提高"的八字方针对企业进行调整，一下关、停、并、转企业84家。1962年，湖北省根据把工业部门的工作转移到以农业为基础的轨道上来的中央精神，以发展农业机械为重点，实行修、造并举的方针，增加对农机工业的投资，并将一些其他机械企业转为农机生产厂，企业数量再度膨胀。1980—1986年，全省农机工业再度贯彻"调整、改革、整顿、提高"的方针，对农机工业大幅瘦身：拖拉机厂由8个减少到2个，手扶拖拉机厂由14个减少到3个，割晒机厂由14个减少到2个，柴油机厂由44个减少为16个。90年代，农机行业抓大放小，改制改革，一批较有影响的企业或转产或转制或清盘，农机行业跌入低谷。2005年以后，购机补贴政策推动市场容量提前释放，圈内外企业不分良莠，纷纷搭乘政策快车，分享政策红利，农机工业又出现了相当程度的繁荣。

2. 部分政策成为水中花、镜中月，看得见、够不着

国家虽然出台了不少针对农机工业的利好政策，如"国家技术改造投资要对农机工业技术改造给予倾斜和重点扶持，地方政府也要按照一定比例落实配套资金"；"对符合产业政策和信贷原则的农机制造企业技术改造、新产品开发和农机流通设施建设，给予信贷支持。中小农机制造企业可享受国家扶持中小企业发展的相关政策。创新型企业试点向农机制造企业倾斜，加大支持力度"；"进一步落实关于企业研发投入税前扣除政策。对生产国家支持发展的新型、大马力农机装备和产品，确有必要进口的关键零部件及原材料，免征关税和进口环节增值税。属于国家重点扶持高新技术企业中的农机制造企业，按照企业所得税法的规定，减按15%的税率征收企业所得税"；"将农机科研开发基础设施建设纳入国家工程（技术）实验室、国家工程研究中心、国家级企业技术中心等项目建设范围，加大投资支持力度，在高新技术产业化示范项目安排中，对农机科研新技术和新产品予以倾斜"；根据《中国制造2025》规划，农机行业将实施智能制造试点，试点企业主要资金来源包括国家智能制造专项资金等。但湖北农机工业过于"小、散、乱",面对这些"高、大、上"的政策,只能遥望,不可触及。

3. 政策问题觉察迟缓,贻误发展良机

农机工业问题觉察是指某一农机工业问题被人们发现并扩散,逐渐引起社会公众和政府有关部门关注的过程。在这个过程中,人们普遍认为应该采取行动做点什么,以改变当前的某种状态。问题觉察迟缓,必然导致问题界定、问题描述、政策议程、政策方案规划和政策的合法化等相关政策制定程序延迟,从而影响政策效力。湖北省在面对农用车这个产品时就出现了此问题。

由于载重汽车价格较高,在相当一段时间内,农民多用拖拉机从事农村运输。1979年底,农用三轮车在安徽省宁国柴油机厂诞生。1983年,农用四轮车在福建省龙马农用车制造有限公司诞生。这个既不同于汽车、也不同于拖拉机的产品,由于价格低廉,适应性好,深受农民欢迎。1993年,农用运输车产量、产值、利润超过了拖拉机,成为农机制造业的第一大行业。

湖北的农用车于80年代后期开始起步,90年代进入爆发期。1992年全省农用车产量1900辆,1998年年产量达到3.9万辆,较大的企业就有8家。但从1999年开始,农用车产量出现下滑,2003年降至2567辆,尔后更是一蹶不振。湖北的农用车行业为何盛极而衰?政策跟不上行业的发展节奏是原因之一。1996年,湖北农用车产量达到24401辆,省机械部门才将农用运输车作为"重点发展的特色产品之一"。1999年,农用车产量已经下滑,省机械厅才组织召开湖北省支持农用车发展政策研讨会,提出了较有力度的发展政策:按照"依托东风、集中集成、抓大放小"的原则,大力推进农用车行业机构调整和联合重组,力争经过3年的努力,形成以"东风"品牌农用车为龙头的1~2家有较强实力的企业集团;明确农用车产品发展方向,即按照中低速度、中小吨位、中小功率和柴油动力的技术要求,把开发生产0.5~1吨的小吨位车型、变型车、家庭用车、农用客车和多用途车作为主要发展方向。并有重点地发展适用于特殊用途和局部市场需要的大吨位车型;出台促进省产农用车销售的措施，扩大省产农用车的销售；改善企业外部环境；各农用车企业要加强营销力量，采取更加灵活的营销策略，大力推行"买断销售制"、"五费包干制"等销售承包制，积极发展代理制等销售业务，为用户提供办理牌照、送车上门和现场维修等系列服务，特别要在农用车生产薄弱的省（区）扎下根来，千方百计扩大农用车的省外市场占有率。但为时已晚，已然失去政策引导和规范的农用车行业在市场需求下降和外省同类品牌的冲击下显得微弱无力，难现昔日辉煌。

10 湖北省农机营销政策回顾及分析

学术界对营销的定义有很多种，企业界对营销的理解也多种多样。较有影响的是美国市场营销协会 1960 年的定义，即市场营销是引导货物和劳务从生产者流转到消费者或用户手中所进行的一切企业活动。后来在 1985 年，该组织对营销的内涵进一步扩充，认为营销是组织或个人对理念、货物和劳务的构想、定价、促销和分销的计划和执行过程，以达到组织或个人的目标的交换。参照美国市场营销协会和其他学者的定义，结合农机市场的营销实践及发展，本研究认为农机营销是农机生产或分销组织对农机产品或技术的设计、定价、促销和分销的计划与执行过程，目的在于满足农机（技术）购买者的欲望与需要。按照这个定义，本研究将农机营销政策分为产品政策、价格政策、分销政策和促销政策。

10.1 湖北农机营销政策概览

经过归纳整理发现（见表 10-1），在行政主导阶段，共出台营销类政策 56 项，其中产品政策数量 27 项，价格政策 9 项，分销政策 6 项，促销政策 14 项，联合颁文 17 项，湖北省颁布 10 项。在这个阶段，政策发布主体较多，领导人的讲话较多，关注点较为均衡。在体制转轨阶段，共出台政策 40 项，其中产品 6 项、价格 6 项、分销 5 项、促销 23 项；联合颁布 13 项，湖北省颁布 6 项。在这个阶段，政策主体依然较多，但与前一阶段相比，产品政策明显减少，促销政策明显增多。在市场导向阶段，共出台政策 10 项，其中产品政策 1 项，分销政策 2 项，促销政策 7 项；联合颁布 2 项，湖北省颁布 2 项。由于这一时期较短，政策总量大为减少。由于彼时已经实行市场经济体制，农机价格放开，没有了价格政策。在协调发展阶段，共出台政策 51 项，其中产品政策 5 项，分销政策 5 项，促销政策 41 项，联合颁布 9 项，湖北省颁布 12 项。在这一阶段，促销政策数量进一步增加，湖北省颁布的政策有所增加。

表 10-1　　　　　　　　农机营销政策概览①

政策阶段	政策数量	政策发布者	关注点	文种
行政主导阶段（第一阶段）	产品政策数量 27 项，价格政策 9 项，分销政策 6 项，促销政策 14 项；联合颁文 17 项；湖北省文件 10 项。	中央、全国政协、政务院、中南军政委员会、东北人民政府、全国物价委员会、国家科委、农业部、一机部、三机部、供销总社、手工联社、农机部、农林部、省委、省人委、省政府、省计委、财政局、农机局、物价局、周恩来、李书成、张林池、李济寰	抽水机、杀虫药械、步犁、水车、柴油机、水利机械、运输机械、锅驼机、产品方针（小型机械为主，大中型为辅）、滚珠轴承工具、以拖拉机为纲、农机具系列化、产品质量及成本、灌溉机械、产品标准化、通用化及系列化、多种经营机具、多能源产品、农机降价、农机供销体制、农具推广、双铧犁推广、绳索牵引机推广、农机化试点、"水田三机"推广	纲领、报告、讲话、会议、决定、纲要、意见、指示、方案
体制转轨阶段（第二阶段）	产品 6 项、价格 6 项、分销 5 项、促销 23 项；联合颁布 13 项，湖北省颁布 6 项	全国人大、中央、国务院、国务院批转农牧渔业部等、农机部、农业部、国家物价局、国家税务局、机电部、物资部、财政部、国家科委、机械委、人事部、农业银行、余秋里、杨立功、马毅民、省政府	产品标准化、系列化、通用化；增加中小型、节能型和农林牧副渔各类产品；产品大中小并举，以小型为主；发展小型、多用、质优、价廉的农机；大力发展林业机械；发展林业、畜牧业、水产机械；部分农机产品试行浮动价格；逐步分类提高农机产品价格；农机商品经营试行"合理计费，	报告、会议、问题、通知、办法、讲话、细则、决定、法律

①　在做专项政策统计时，如果综合性政策涉及该专项政策即列入统计。因此在讨论各专项政策时，一项综合性政策可能会被重复统计。

续表

政策阶段	政策数量	政策发布者	关注点	文种
		批转机械厅等、省物价局、省农机局、省财政局	保本经营"原则；销售价格管理；农机产品进入国际市场；出口产品以质取胜；销售农机及配件按批发征税；发挥农机公司主渠道作用；农机化技术推广方针、任务、内容、方法；农机化技术推广管理办法；项目推广；县级农机推广站任务；林业机械推广、农业丰收计划实施、资金管理、验收；农机化推广工作细则；农机科技成果推广；农机推广体系建设；农机推广人员编制、技术职称；农机推广法律；节本增效工程	
市场导向阶段（第三阶段）	产品政策1项，分销政策2项，促销政策7项；联合颁布2项；湖北省颁布2项	国家经贸委、发改委、农业部、财政部、路明、省人大、省农机局	发展7个领域及相关重点产品（田间作业机械、节水农业装备、农副产品精深加工成套技术装备、草业技术装备、无公害集约化养殖装备、农用配套动力及关键配件、农用运输车）；对农机等货物的批发和零售免征增值税；对不带动力的手扶拖拉机和三轮农用运输车免征增值税；健全农技推广体系；乡镇推广机构"三定"；财政支持农技推广的对象、重点、主要环节；发展增产增收、节本降耗作业项目；湖北农机管理条例；农机与农艺相结合；农业科技跨越计划	通知、目录、决定、意见、规划、条例、讲话

续表

政策阶段	政策数量	政策发布者	关注点	文种
协调发展阶段（第四阶段）	产品政策5项，分销政策5项，促销政策41项；联合颁布9项；湖北省颁布12项	全国人大、中央、国务院、发改委、农业部、财政部、国税总局、工信部、商务部、省人大、省政府、财政厅、农业厅、农机局、农机办	发展种、肥、水、药高效施用和保护性耕作等农机具，种子加工成套设备，禽、畜类自动化养殖成套设备，设施农业设备，农、林、渔、畜产品深加工及资源综合利用设备，秸秆综合利用关键设备，农业收获机械；发展新型、大马力农业装备，提高大马力拖拉机、半喂入式水稻联合收割机、玉米联合收割机、采棉机等国产化水平和技术档次，发展大功率拖拉机及配套农机具、节能环保中型拖拉机等耕作机械，通用型谷物联合收割机、新型半喂入式水稻联合收割机、高效玉米联合收割机、自走式采棉机等收获机械，免耕播种机，节水型喷灌设备等；发展100马力以上的拖拉机、100马力以上拖拉机配套农机具、100马力以上拖拉机关键零部件、农作物移栽机械、配套动力50马力以上的棉田中耕型拖拉机、果园用高地隙拖拉机、牧草收获机械、农业收获机械与节水灌溉设备；发展设施农业、畜牧水产养殖等机械装备；农机出口退税率；销售、进口农机产品增值税；农机流通体系建设；农机化促进法；购机补贴实施、资金使用；	目录、意见、规划、通知、条例、政策、法律、方案、细则

续表

政策阶段	政策数量	政策发布者	关注点	文种
			湖北购机补贴专项；基层农机推广体系建设；省农机管理条例修订；省农机化促进条例；农机化示范区建设；重点作物关键环节农机化技术推广；"以机代牛"项目；国家支持推广农机目录；省支持推广农机目录；精量播种、化肥深施、保护性耕作等技术推广	

10.2 湖北农机营销政策的发展历程

10.2.1 生产观念阶段（1949—1978年）

生产观念是一种古老的营销观念，认为消费者总是接受任何能够买得到和买得起的产品。因此，企业的中心任务是提高生产率和扩大分销范围，以便增加产量和降低成本。其典型口号是"我们生产什么就卖什么"。在1949—1978年的计划经济时期，湖北的农机工业基础较为薄弱，加之"1980年实现机械化"的目标要求，整个湖北农机市场需求旺盛，农机产品供应相对不足。在这种环境下，湖北实行"统购包销"政策，即物资管理部门负责原材料的供应，生产企业负责生产，分销企业负责向国营农场和生产队（社）供应农机产品。生产观念是一种重生产、轻市场的观念，由于绝大部分生产企业和全部的分销企业（各级农机公司）属国有企业，盈利上交，亏损由国家兜底，企业无经营和市场压力，导致相当数量的生产企业生产的产品价高质低，分销企业供应的产品或脱销或积压，给国家造成了一定的损失。但总体来看，在营销主体基本属于国有及产品相对紧缺的情况下，"生产观念"是基本适应当时的省情的。

10.2.2 "产品观念+推销观念"阶段（1979—1993年）

产品观念认为，购买者会喜欢高质量、多功能或具有某种特色的产品。因此，企业管理的基本任务是致力于生产优质产品，并不断更新改进。推销观念认为，用户会有一种购买惰性或与厂家抗衡的心理，一般不会主动、大量购买本企业的产品，营销工作的重心是积极推销和大力促销。在推销观念主导下，企业相信其产品是"被卖出去的"，而不是"被买去的"。因而，企业会专注于产品的推广和广告活动，以说服使用者购买。"产品观念"、"推销观念"和前面的生产观念一样，都是以企业为中心，"以产定销"，企业的经营不是建立在满足客户真正的需要的基础上。在1979—2003年，正是我国农机化运营体制从计划经济向市场经济过渡时期，农机营销经历了一个"计划经济+双轨制+市场经济"的"连续带"。在80年代初"计划经济"被"解冻"的几年里，农机主管部门及湖北农机生产企业汲取了"生产观念"阶段的教训，十分重视产品的质量工作，出台了大量的质量管理政策和规章制度，奉行"产品观念"营销理念，产品质量得到一定程度的提高，涌现出一批"优秀质量班组"和"名优产品"、"免检产品"。随着时间的推移，政府对农机生产企业和分销企业的管制越来越松，指令性计划越来越少，企业逐步向独立的市场主体过渡。在这样的背景下，企业显得有点不知所措，不知如何分析市场、了解客户，生产的产品常常不能满足用户需要，加之农民的购买力有限，销售不畅、产品积压是非常普遍的现象。在巨大的经营压力下，各类营销主体祭出"推销观念"大旗，参加各种农机订货会、产品演示会、走村串户、刷墙体广告等等，不一而足，为消化库存和货款回笼起到了积极作用，也改变了过去几十年农机经销企业的官商面孔，农机用户逐步回归到"上帝"本位。

10.2.3 市场营销观念阶段（1994年至今）

以用户为中心的观念就是市场营销观念。市场营销观念认为企业的一切计划和策略都应以用户为中心,准确了解目标市场的需要与欲望,能够比竞争对手更有效地为满足用户需求而提供有价值的产品和服务。"用户需要什么,我们就供应什么"是该观念的座右铭。该观念进一步认为,得到用户关注和满足用户需求是企业获利的根本,因此,旧观念下企业"由内向外"的逻辑需转到"由外向内"。它要求企业贯彻用户至上的原则,把营销工作的中心放在了解外部目标用户的需要,尔后再协调企业的各类活动并设法满足它,让用户满意,从而实现组织目标。因此,企业在决定其生产运营前,必须进行市场调研,根据市场需求及本企业的自身条件选择目标市场,组织企业资源,始终坚持产品设计、生产、定价、分销和促销等活动都要以用户需求为出发点的原则。并且,在产品销售出去后,还应了解用户的意见和建议,以进一步改进营销工作,尽量提高用户的满意度。总之,该观念相信生产和销售什么的决定权不在企业、不在政府,而在用户,确立"一切从用户出发"的观念,摒弃"一切从企业出发"的老观念。

在西方,市场营销观念形成于20世纪50年代。在我国,市场营销观念始于1994年。1994年,我国正式实施市场经济体制,政府退出了对农机企业的微观管理,也取消了对企业的各类扶持政策,企业完全成为市场经济主体。同时,我国农村经济和社会也发生了深刻的变化,乡镇企业蓬勃发展,农民进城务工方兴未艾,农民可支配收入增加,对农业劳作质量要求提高,需求更为多样,选择更为精明,要求也更为苛刻。这种形势迫使农机企业改变了以卖方为中心的思维模式,将营销工作中心转向研究用户需求上来,选择为之服务的目标市场,满足目标用户的需要。

10.3 湖北农机营销政策类型、内容

10.3.1 产品政策

关于产品的概念,传统的理解往往局限在某种物质形态和具体用途上,即由劳动创造、具有使用价值和价值并能满足人们需要的

有形产品。但在现代市场营销学中，产品的内涵和外延得到极大拓展，即凡是能够满足用户或消费者某种欲望和需求的任何有形产品和无形服务均称为产品。产品是一个整体概念，包括核心产品、形式产品和延伸产品三个层次。核心产品即向用户提供的基本效用或者利益。形式产品是指产品的基本形式，包括品质、式样、特征、品牌和包装，是核心产品效用实现的途径。延伸产品是指顾客在购买形式产品时，附带获取的各种利益的总和，如产品说明书、送货、安装、维修、培训等。

产品政策是指政府有关部门或行业组织在一定的历史时期内以权威形式标准化地规定在农机产品管理上应该达到的奋斗目标、遵循的行动原则、完成的明确任务、实行的工作方式、采取的一般步骤和具体措施等。

在行政主导阶段，农机产品政策主要是围绕农具和农机展开的。1949年，政协第一届会议确立的《中国人民政治协商会议共同纲领》中提出的"应注意兴修水利、防洪防旱，恢复和发展畜力，增加肥料，改良农具和种子"的方针拉开了农具增补和改良的序幕。1950年，《农业部关于中南海新式农具展览初步报告》中记录了各参观首长提出的指导意见：以各地原有农具为主，加以改良研究，以期逐步提高；改良农具须顾及农村动力问题；须着重于小农具；要大量制造和推广抽水机、杀虫药械以及各种新式农具；要求重点生产7英寸、8英寸步犁，解放牌水车和198型6-8马力柴油机；多生产物美价廉的新式农具、农业机械、水利机械、杀虫药械和运输机械，以迎接农业合作化高潮的到来；农业机器以小型为主，配合以适当数量的大型和中型的。农业机器的性能，应该力求便于综合利用；农机制造，除了大型的和技术要求较高的机器外，一般的应该以地方工业为主；开展以滚珠轴承为中心的工具改革运动；进一步明确在最近三四年内必须实行以改良农具和半机械化农具为主，同时不放松发展机械化农具生产的两者并举方针；以拖拉机为纲，综合利用，系列化、标准化、因地制宜地设计新产品；在农业机械的设计、创型、选型上，应该确定以中、小型为主，大中小型相结合的方针；农业机械的设计和制造工艺的采用，都必须保证达到产品性能好、效率高、成本低和寿命长的全面要求；坚持机械化半机械化并举、在相当长的时期内以半机械化为主的方针。把半机械化农机具研究、制造、推广、供应、使用、修理等有关方面的力量统一组织起来，切实解决工作中的实际问题。农业机械产品以中小型为主；要保证产品质量，搞好标准化、通用化和系列化；要注意发展大牲畜，发展半机械化农机具和改良农具；农村用的动力，要综合利用，要以发展柴油机和小水电为主；农机产品要实行低价薄利政策；农业机械要努力做到重量轻、体积小、成本低、效率高、结构简单，使用方便，坚固耐用，便于综合利用；要把农业机械的标准化、通用化、系列化工作做好。简化机型、搞好农机产品的标准化、系列化、通用化。尔后，国家出台了系列政策。

改革开放以后，农机产品向"小和全"方向发展。"六五"期间提出"农机产品发展重点是增加中小型、节能型和农林牧副渔各方面需要的产品"；农机工业在相当长的时间内必须实行大中小并举，以小型为主，机械化与半机械化并举，既要发展田间作业机具，又要发展多种经营机具，动力机械与作业机具配套发展，积极研制多能源和节能产品；应着重发展小型、多用、质优、价廉的农业机械。大力发展林业机械，抓好造林、育林、种子采集加工、森林保护、木材生产和加工机械的研制、推广；大力发展林业、畜牧业、水产养殖机械。

2000年以后，农机产品向"高大上"方向发展。2001年，国家经贸委提出了7个领域的重点发展产品，如田间作业机械、节水农业装备、农副产品精深加工成套技术装备、草业技术装备、无公害集约化养殖装备、农用配套动力及关键配件、农用运输车等。2005年，国家发改委在《产业结构调整指导目录（2005年本）》将种、肥、水、药高效施用和保护性耕作等农机具制造；5吨/时以上种子加工成套设备开发制造；禽、畜类自动化养殖成套设备制造；设施农业设备制造；农、林、渔、畜产品深加工及资源综合利用设备制造；秸秆综合利用关键设备制造；农业收获机械列为鼓励类发展产品。2006年，国务院在《关于加快振兴装备制造业的若干意见》中将新型、大马力农业装备，大马力拖拉机、半喂入式水稻联合收割机、玉米联合收割机、采棉机列为重点关注领域。2009 年，《装备制造业调整和振兴规划》提出大力发展大功率拖拉机及配套农机具、节能环保中型拖拉机等耕作机械，通用型谷物联合收割机、新型半喂入式水稻联合收割机、高效玉米联合收割机、自走式采棉机等收获机械、免耕播种机、节水型喷灌设备等。2011 年，《产业结构调整指导目录（2011 年本）》将"100 马力以上的拖拉机、100 马力以上拖拉机配套农机具、100 马力以上拖拉机关键零部件、农作物移栽机械、配套动力 50 马力以上的棉田中耕型拖拉机、果园用高地隙拖拉机、牧草收获机械、农业收获机械与节水灌溉设备"列入鼓励类产品类别。

10.3.2 价格政策

在日常应用中，价格一般指交易时买方所需要付出的代价或付款。按照经济学的定义，价格是商品同货币交换比例的指数，是价值的货币表现，是商品的交换价值在流通过程中的转化形式，是一项以货币为表现形式对商品、服务及资产所订立的价值数字。价值是价格形成的基础，但是，由于商品的价格既是由商品本身的价值决定的，也受货币本身价值的影响，商品价格的变动不一定反映其价值的变动。因此，虽然商品的价值决定商品的价格，但仍然存在着商品价值与价格不一致的情况。在简单商品经济条件下，价格随着市场供求关系的变化而围绕价值上下波动，在资本主义商品经济条件下，由于存在部门间的竞争和利润的平均化，价值就转化为生产价格，价格会随着供求关系的变化而围绕生产价格波动。因此，价格同时由供给与需求的关系及商品自身价值决定。

农机价格政策是指为达到一定的宏观目标，政府在农机价格上所采取的一系列方针、措施的总和。一般情况下，农机价格由价值规律和供求关系决定，但在一定的社会历史条件下，政府也制定价格政策，对农机产品价格进行干预，以调节国民收入的分配和再分配。我国的农机价格政策是根据社会主义基本经济规律、国民经济有计划按比例发展规律和价值规律的要求，按照社会主义建设各个历史时期的具体情况及路线、方针制定的。

湖北省农机价格运行的历史可分为三个阶段：1980年前为价格管制阶段，1980年至1993年为价格放松阶段，1994年后为价格放开阶段。

在价格管制阶段，价格由政府制定，农机产品的出厂价经历了十次降价，价格一路走低。1950年东北人民政府在《关于推广新式农具的决定》中规定"农具要廉价出售"，奠定了农机具降价的基调。1955年，农业部、财政部等七部委发出《关于新式农具降低价格的通知》，将双轮双铧犁、播种机、收割机等13种新式农具的零售价格降低15%~40%。1971年，国务院发布《关于1971年物价调整方案》，将内燃机、齿轮箱、联合收割机、水泵、汽车及配件的出厂价格降低15.7%，地方企业产品降低18.8%。在分销领域，农机分销企业基本遵循保本经营原则。1971年省计委、财政局、农林局在《关于农机供销价格的规定通知》中，将农机价格分为四类，实行综合差价率，要求"免征零售环节工商税"，"不计利税，发生亏损，纳入统计财政预算"。1973年，省物价局发出《关于农机供销价格调整的通知》，将农机产品的价格由原来四类改为三类，并压低进销综合差率。一类进销综合差率为3%，二类为6%，三类为12%。到了1978年甚至出现了进销价倒挂的情况。1978年，省农机局、省物价局发出《关于降低全省农机销售价格的通知》，要求降低115个规格品种的农机具销售基价。销售基价比统一出厂价平均低16%左右。价格倒挂亏损部分由省财政补贴给各级农机公司。

在价格放松阶段，生产企业产品价格放松要先于分销企业。1980年农机部、国家物价总局发布《关于部分农机产品试行浮动价格的通知》，将浮动产品暂定为手扶拖拉机、12马力以下小柴油机、10马力以下汽油机、手动喷雾器四种。同年十月，农机部又发布了《关于部分农机产品试行浮动价格的补充通知》，增加了一部分试行浮动价格的产品。湖北省于当年将手扶拖拉机、小型柴油机、轮式拖拉机等部分产品实行价格浮动制。1983年，鉴于农机和民机产品价格的巨大差异，杨立功在"机械工业为农村经济发展服务工作会议"上呼吁逐步分类提高农机产品价格。不过,国家并没有提高农机产品价格,而是坚持了"价格由政府说了算逐步向市场说了算"过渡的改革方向。由湖北地方管理的产品率先实行价格松绑,国家管理的产品也逐步跟进。在分销领域,政府对价格的介入较深,直到1994年。1984年湖北省财政厅、物资局和机械厅颁布《湖北省农机商品销售价格暂行管理办法》,该文件要求各级销售企业"合理计费、保本经营",农机价格形成三种模式:固定价、浮动价、协商价,统一价格就此打破。1991年12月,湖北省物价局转发了国家物价局等三部门颁布的《关于农业机械商品销售价格管理办法》,该办法规定农机销售价格按照"合理计费、保本经营"的原则制定,农机商品价格由购进价格、管理费、运杂费和税金四个部分构成,还规定1984年的农机商品销售价格暂行管理办法即行废止。该文件终止了农机销售"无利无税"的历史。

10.3.3 分销政策

分销是指产品从制造商到消费者的传递过程中涉及的一系列活动。在西方经济学中,分销的含义是建立销售渠道的意思,是指某种商品或服务从生产者向用户(消费者)转移的过程,从这个角度看,任何一种销售方式都可以称为分销。分销具有传递供求信息、实现商品所有权转移、完成商品的实体分配、提供流通金融等功能。现代企业要想在市场竞争中保持优势,就必须研究分销及分销政策。

农机分销政策是指政府为实现农机分销的稳定发展而制定的方针或原则,以及政府对商品分销活动的干预行为,主要包括有关商品分销的法律、法规、规划、计划、对策等。农机分销政策具有公共物品性质,体现了社会公共机构的价值判断,包含自动变迁的机制或者说具有动态可变性、系统性等特征。

新中国成立后,农机产品分类较为混乱,农机产品的销售隶属多个政府主管部门,没有形成统一的营销政策。1965年,中共中央 国务院批转国务院农林办公室、八机部、农业部《关于改进农业机械化工作管理体制的报告》，成立统一的农机销售公司，实行全国统一领导，分级管理，各自核算。湖北省于1966年成立了全省农业机械公司，统一全省农业机械供应业务。全省农机供销业务网点按照行政区划设置，形成了省、地、县三级营销网络。

国家对农机分销的政策支持主要体现在流通环节的税收优惠方面。如在农机经销业务统一后，各级农机公司实行"以收抵支、收支平衡"政策，销售产品"免征零售环节工商税"，销售价格"不计利税"，发生亏损，纳入财政预算。进入20世纪80年代，农机经营遵循"合理计费、保本经营"的原则，农机商品价格由购进价格、管理费、运杂费和税金四个部分构成。1990年，国家税务局发出《关于对销售化肥、农机等资料一律按批发征税的通知》，规定对销售给农业生产者的农机产品及其零配件等一律按批发征税。1993年，国家税务局发布《国家税务局关于认真贯彻国务院提高商品零售营业税税率有关问题的通知》，规定对各级农机公司销售农机产品及其零配件的业务，供销社系统销售化肥、农药、农膜、中小农具、农机产品及其零配件、柴油的业务，农技、农垦系统销售化肥、农药、农膜和农机管理服务站销售柴油的业务，仍按"商品批发"计税，并在1993年内继续给予免征"商品批发"营业税的照顾。2001年，财政部、国家税务总局发出《关于若干农业生产资料征免增值税政策的通知》，对种子、种苗、化肥、农药、农机、农膜等货物的批发和零售实行免征增值税，这个政策一直延续至今。

我国对农机产品进出口也出台了一些扶持政策。如为了鼓励我国自主生产的农用机械走出国门，按照先征后退的原则，对农业机械主机及零部件的出口，实行全额退税；推出农机出口贷款政策，为出口企业提供一定的资金保障；对农机零部件的进口税税率和增值税税率分别实行11.53%和14.80%、联合收割机等实行8%的优惠进口关税税率和13%的增值税税率；通过授予部分农机生产企业的进出口经营权，促进农机出口和国内短缺的大型机械进口，配套采取出口退税、出口信贷、设立中小企业国际市场开拓资金等措施鼓励中小企业参与国际市场竞争，降低企业经营风险。

此后，相当一段时间内，农机分销政策进入空档期，直到2010年《国务院关于促进农机化和农机工业又好又快发展的意见》出台。该文件在"扶持政策"第五条中要求将农机流通纳入农村市场体系建设规划，支持农机流通基础设施建设。2011年，工信部为落实上一年的"意见"，颁布了《农机工业发展政策》，"政策"提出"建立健全制造企业营销网络和专业流通企业销售网络相结合的农机市场体系，形成多种机制和方式的市场营销格局"，可谓一语中的。同年，商务部出台《关于加快农机现代流通体系建设的意见》，提出了"培育大型农机流通企业"、"引导社会资本通过参股、控股、兼并、收购等多种方式投入农机流通业，推动农机流通企业优化重组和跨区域发展，提升农机流通市场集中度；支持大型农机流通企业拓展农机经销服务网点，对县、乡镇个体经销网点进行连锁化、标准化改造，发展连锁经营、物流配送、电子商务等现代流通方式，提升农机流通业的组织化、规模化、标准化水平；鼓励农机生产企业向流通领域延伸，形成农机产销一体化企业集团"的发展思路，称得上是史上第一份专业性农机分销政策文件。

10.3.4 促销政策

促销是促进销售的意思，即企业如何通过人员推销、广告、公共关系和营业推广等各种促销方式，向用户传递产品信息，引起他们的注意和兴趣，激发他们的购买欲望和购买行为，以达到扩大销售的目的。促销是企业营销活动中的重要环节，其具有传递信息、强化认知，突出特点、诱导需求，指导消费、扩大销售，滋生偏爱、稳定销售的作用。

农机促销政策是指政府为实现农机销售的有效促进而制定的方针或原则，以及政府对促销活动的干预行为，主要包括有关促销的法律、法规、规划、计划、对策等。农机推广政策、购机补贴政策是促销政策的两个方面。

湖北省农机化推广始终沿着两条主线推进，一是农机产品的推广，二是农机化技术的推广。两者虽然不能截然分开，但在不同时期的侧重点不一样，政策的着力点也不一样。计划经济时期，农机化推广侧重在农机具，主要靠行政推动，使农业从业者认识机具，使用机具。双轨时期，推广重点还是在产品，但推广方式靠取消需求限制。市场导向时期，两者均推广。不过手段不一样，技术推广主要靠推广机构通过试用、示范、宣传、培训、指导等方式帮助农业生产者认识和掌握农机使用技能，产品的推广主要靠开发新产品，迎合市场热点。依法促进阶段，两者均推广，产品推广主要靠价格补贴，技术推广主要靠项目拉动。

1. 技术推广政策

一是组织政策。1953年，湖北省农林厅设立农具推广站和马拉农具站，这是新中国成立后湖北省最早的农机具推广机构。尔后，在毛泽东"每省每地每县都要设一个农具研究所，集中一批科学技术人员和农村有经验的铁匠、木匠，收集全省、全地、全县各种比较进步的农具，加以比较，加以实验，加以改进，试制新式农具。试制成功，在田里实验，确实有效，然后才能成批制造，加以推广"的指示下，全省各地迅速成立了农机具研究推广机构。这些机构在"大跃进"后经历了一次调整，文革时又受到一定程度的冲击。改革开放后，有关推广组织政策才逐步完善。1986年，农牧部发出《农牧部关于县农机化所改为农机化技术推广服务站的通知》，省农机局随即跟进，发出《县级农机化所改为推广站的通知》，明确规定县农机化技术推广服务站的主要任务是承担农机化技术推广项目，开展技术引进、示范和推广工作。这一政策的实施，壮大了农机推广力量。1992—1997年，湖北省农机局接连发布《乡镇农技推广机构人员编制标准》《关于进一步加强基层农机服务体系建设的意见》《关于抓紧乡镇农机推广机构人员定编工作的函》《关于乡镇农技机构补充人员有关问题的通知》《农业技术推广研究员职务任职资格评审工作实施意见》《关于乡镇推广机构"三定"工作的通知》《县级农机化推广机构建设规范》等关于县乡机构建设的管理文件，这些政策文件明确了机构定位、地位和建设规范，稳定了员工队伍。二是一般性推广政策。1983年，《农机化技术推广工作管理办法》《农机化推广工作实施细则》颁布，奠定了农机化技术推广政策的基础。1991年，省农机局转发农业部《农机化综合试点工作管理试行办法》，这是一般政策环境下的重点政策突破。1993年，《国家农业技术推广法》颁布，为农机化技术推广披上了法律的护身符。1996年，湖北省农机局发布的《关于加强农机化技术推广体系若干意见》，是结合湖北农机化技术推广的实际制定的针对性强的指导意见。财政部《关于财政支持农技推广的若干意见》为农机化技术推广注入澎湃动力。1997年，《农机化技术推广项目验收办法》出台，这是对政策评估的有益探索。2012年农业部发布《关于加强农业机械化技术推广工作的意见》，强调了"坚持政府主导，社会参与；坚持试验示范，农民自愿；坚持机制创新，提高效率；坚持因地制宜，注重效益；坚持突出重点，全面推进"的总体推广原则，这是在对过去农机化推广工作进行全面总结的基础上的一次新的起航。三是项目推广政策。通过示范项目推动农机化技术和产品应用是我国农机化推广的特色和成功路径。1980年国务院批转《关于发展小麦机械化的报告》，拉开了项目示范推广的序幕。1987—1993年，农业部出台了五个"丰收计划"的管理政策。1995年，农业部发布《关于大力推广农业节本增效工程技术的通知》《机械深施化肥技术实施要点》，1996年发布《农业节本增效工程示范区管理办法》《关于严禁焚烧秸秆做好秸秆综合利用的通知》，2006年发布《全国水稻机械化育插秧技术要点（试行）》，2007年发布《关于开展全国农业机械化示范区建设的通知》《关于大力发展保护性耕作的意见》，2008年发布《关于促进设施农业的意见》《关于加快推进植保机械化的通知》《今秋和今后一段时期油菜机械化工作指导意见》。2007年，湖北省委、省政府发布《关于认真做好全省水稻机械插秧工作的通知》，同年省农机局连续发布"以机代牛"项目实施方案。

2. 产品推广政策

不同时期湖北省推广的产品重点不一样。20世纪50年代推广的重点是新式农具和改良旧式农具，60年代重点推广排管机械和加工机械，70 年代推广"水田三机"和棉田机械，80 年代推广小型运输机械和加工机械，90 年代推广农用汽车和联合收割机，2000 年以后，重点推广多功能、大功率、环保节能机械。不同时期的推广方式也不一样。行政主导阶段是以"拖拉机大会战"、"饲料粉碎机大会战"、"水田三机大会战"为典型代表的运动式的推动方式，转轨时期是以释放需求为特征的用户拉动方式，市场导向时期是以迎合消费需求为特点的挖掘方式，协调发展时期是以国家价格补贴为标志的促进方式。

价格补贴是目前应用最多、最广、最持久的政策手段。该项政策的总体目标是：为实现农业现代化，鼓励农民和农机服务组织购买先进适用的农业机械，提高资源利用率、劳动生产率和土地产出率，加快推进农业机械化进程，稳步提升农业综合生产能力，实现农业增产增效、促进农民节本增收；基本原则是：分类指导、统分结合、因地制宜、务求实效、兼顾区域特色、突出重点，向重点作物、优势农产品集中区、畜牧养殖关键环节和农机服务组织倾斜，充分尊重农民购机的自主选择权，操作程序科学、简便、高效；补贴对象和实施范围：有购机意愿并符合条件的农民、地方农场职工、牧民、渔民和直接从事农业生产的农民专业合作组织。当人数众多时，采用公开"摇号"的方式确定补贴对象；补贴机具：2004 年，中央专项资金用于小麦、玉米、水稻、大豆四大粮食作物所需"六机"，即拖拉机、免耕精量播种机、深松机、收获机、水稻插秧机、稻秆综合利用机械等 6 大类农机具。2008 年中央专项资金用于补贴动力机械、种植机械、耕作机械、植保机械、排灌机械、粮食干燥机械、收获机械、水产品生产机械、畜产品生产机械等 9 大类 33 小类农机具。2012 年中央专项资金用于农机具补贴的种类更是扩大到 12 大类 46 个小类 180 个品目，并且在此基础上各地可再自行增加 30 个品目。补贴标准：按照国家农机购置补贴政策的相关规定，2004 年补贴标准是中央财政资金按不超过机具单价的 30%、最高补贴额不超过 3 万元。原则上单机补贴额不超过 5 万元，部分大型农机可以提高到 12 万元或 30 万元。补贴政策的具体操作要求：补贴机具实行竞争性择优筛选制，受益对象实行公示制，补贴资金实行省级集中支付制，执行过程实行监督制，执行结果实行考核制。这种政策模式一直执行到2012年。2013年，湖北省发布《2013年农机购置补贴"全价购机、县级结算、直补到卡"试点实施方案》，部分县市开始试点。到了2014年，"全价购机、县级结算、直补到卡"的补贴模式在全省全面推行。新方法和老方法的主要区别在于：湖北省财政厅直接将资金拨付到县（市、区），采取"资金到县、县级结算、直补到卡"方式；经销商的资质条件、确定程序严格按照《农业部办公厅关于进一步规范农机购置补贴产品经营行为的通知》的有关规定执行；补贴机具必须是已列入2012—2014年国家和湖北省支持推广的农机产品目录的产品。县级农机主管部门不得随意缩小补贴机具种类范围，在全省范围内年度补贴品目应保持一致；中央财政农机购置补贴资金实行定额补贴，即同一种类、同一档次农业机械在全省实行统一补贴标准。

10.4 湖北农机营销政策评价

10.4.1 政策设计

通过梳理政策文献发现，湖北省农机营销政策具有以下几个特点。一是政策体系较为完善。从政策层次上看，既有国家层面的宏观政策，也有部委层面的中观政策，还有地方部门的微观政策；从文本种类上看，包括讲话、通知、意见、报告、决定、规划、条例、细则、纲要、办法、目录、法律、政策等，形式多样；从政策的内容上看，涉及范围很广。产品政策如各个时期的产品方向、方针，产品类型，产品系列化、标准化、通用化及系列化，产品质量及成本等政策；价格政策如低价、降价政策，"合理计费，保本经营"，浮动价格政策，放开价格政策；分销政策如农机公司主渠道政策，农机产品出口政策、退税率，农机及配件批发、零售税收政策，农机流通体系建设政策等；促销政策如农机化技术推广方针、任务、内容、方法，具体产品如双铧犁、绳索牵引机、"水田三机"等推广政策,项目推广如"农业丰收"、节本增效工程、"以机代牛"项目、农机化示范区建设等的实施、资金管理、验收政策,农机推广体系如推广站任务、农机推广人员编制、推广工作细则等政策,购机补贴及购机补贴专项的实施、资金使用等政策。这些政策几乎覆盖农机营销的方方面面。二是政策变迁顺应了时代的变化。农机化发展的第一个阶段,实行计划经济体制,从行业到企业,由政府直接统一管理,政策文件大多以"讲话""通知""意见""决定"等形式为主,"统"的色彩浓厚。第二个阶段,随着经济体制转轨,政策体现为"渐变模式",前紧后松,从"调整"到"改革"再到"放手"。这个阶段,农机产品出厂价格、分销价格管制逐渐放开,各级国营农机公司主导农机经营的格局被逐渐打破。90年代中期,市场机制对资源配置起主导作用,政府不再对农机价格实施微观管理,对农机产品的管理也基本处于"放任"状态。2000年以后,我国农机化管理形成了"市场机制+政府引导"模式,农机营销政策尤其是促销政策受到高度重视,并开始走向机制化、科学化。三是政策规格高、力度大。1955年,为了推广双铧犁,一机部、农业部和供销合作总社签订了一份关于1955年推广制造和供应双轮双铧犁、双轮一铧犁的协议书,并得到国务院的批转,堪称史上执行力最大的一项政策。为了推广绳索牵引机,1958年,时任中共中央书记处书记的谭震林在全国绳索牵引机现场会议上赞扬"绳索牵引机是深耕的有效武器,有远大的发展前途",号召在一个月的时间内,把绳索牵引机推广到全国所有社队。1960年11月12日,农业部、农机部党组继续跟进,联合给刘少奇、周恩来、谭震林并中央打了报告,中央于11月22日将这份报告批转至各省有关部门。绳索牵引机的推广政策堪称史上规格最高的推广政策。在湖北,也有类似情况出现。1977年,为了推广一项农机节油技术,湖北省计委、机械局、农机局、商业局曾联合发出《对汽车和拖拉机推广使用"锯末纸浆机油滤芯"的通知》,要求对该项节油技术进行推广,称得上是湖北省最高规格的单项技术推广政策。又如,在湖北省实施了15年的购机补贴政策,补贴资金多,覆盖面广,持续时间长,是历史上最高含金量的促销政策。四是政策主体的变化反映了农机营销管理体制的复杂和多变。农机营销涉及的国家和省级主管机构多达 41 个，是农机化内部各部门涉及主管机构最多的。

政策设计也存在一些不容忽视的问题。一是国家政策多，地方政策少。在表 10-1 列举的政策中，国家和部委出台的政策 123 项，湖北地方出台的政策仅 31 项（见表 10-2），出现了政策倒挂现象，如在第四个阶段，中央出台产品和分销政策各 5 项，而湖北一项也没有，说明很多政策没有配套、细化和落实，存在政策缺位现象。如 2011 年商务部发布的《关于加快农机现代流通体系建设的意见》被认为是我国第一个较为系统的农机营销政策，但好多年过去了，湖北地方政策依然不见出台。二是政策不均衡。在农机化发展的第一个阶段出台政策 54 项，第二个阶段出台 39 项，从发展阶段上看，第三个阶段出台 10 项，第四个阶段出台 51 项。很明显，在市场化时期，出台的政策太少。从分工上看，产品政策 38 项，价格政策 15 项，分销政策 17 项，促销政策 84 项。促销政策多，分销和价格政策少。

表 10-2　　　　　　　　**湖北省农机营销政策统计**　　　　单位：项

		产品	价格	分销	促销	合计
第一阶段	中央	21	6	4	13	44
	湖北	5	3	1	1	10
第二阶段	中央	5	3	5	20	33
	湖北	1	3	0	2	6
第三阶段	中央	1	0	2	5	8
	湖北	0	0	0	2	2
第四阶段	中央	5	0	5	28	38
	湖北	0	0	0	13	13
合计		38	15	17	84	154

10.4.2 政策实践

1. 湖北农机营销体系的历史演变

20世纪50年代,湖北省农机营销主体隶属多个部门,湖北省商业厅、农业厅、供销合作社所辖机构都在经营农机具,造成经营主体弱小、分散,相互脱节。1966年,湖北省委、省人委决定成立全省农机公司,建立了省地县农机营销网络,统一了全省农机营销业务。此后,各级农机公司的产品经营一直实行计划管理,即供销计划由下级单位层层申报,上级单位层层汇总,最后向生产企业下达;在管理上实行分级管理,各自核算;在经营方针上实行"以收抵支、收支平衡""保本不亏,略有盈余";农机产品价格体系由政府统一制定。1980年以后,湖北省改变了坚持多年的农机经营政策,提出了"合理计费、保本经营"的原则,农机公司的经营状况有所改善。尔后,省政府取消了农机物资供应计划,各级农机公司自主经销农机产品并脱离了农机管理部门的行业指导。1990年以后,全省农机经销企业普遍实行经营机制改革,由责任制、承包制向股份制转变。2000年以后,国有农机公司淡出历史舞台,大量中小型民营企业成为农机营销主体。

2. 政策实践成效

一是建立了主体多元、覆盖城乡的农机分销网络。改革开放以来,农机分销领域逐步放开,形成了以国有农机公司为主导、民营农机企业为主体、生产企业为补充的分销体系,分销网络覆盖绝大部分偏远乡镇,基本能够满足广大农民选机、购机及售后需要。二是新型农机营销业态开始出现。除了传统的农机大市场,农机超市、农机4S店、厂家专卖店等新渠道正在各地试水,农民搜索信息、选机购机、获得售后服务更方便、快捷。三是农机营销模式不断创新。从计划经济时期的供给制、分配制,到80年代的代理制、90年代的经销制,再到今天的经销、代理、直销、租赁共存,极大地优化了农机营销资源,充分发挥了农机营销效能。

3. 政策实践存在的问题

一是前期政策限制、后期政策力度不足。在计划经济时期，为了支持农业生产，农机经营企业（各级农机公司）长期实行"以收抵支、收支平衡"的经营方针，不允许企业盈利。甚至到了改革开放以后相当长一段时间，农机营销企业仍被要求"合理计费、保本经营"，限制企业盈利。农机分销行业放开后，国家把农机分销业当竞争性行业对待，很少考虑该行业面对"三农"所承担的培训、推广、服务、维修等公益性功能和社会责任，除了享受免征增值税外，没有其他政策扶持。这导致了湖北农机经营主体普遍规模小、实力弱，组织化程度低，基本上是散兵游勇，各自为战，难以适应现代市场的需要。大量的农机经销企业，经营条件简陋，经营方式落后，专业化素质不高，很难承担中间商的责任和义务。中间商效益普遍不高，效益较好的企业大都兼营汽车、工程机械、家电等其他产品。

二是缺乏权威的准入政策，流通秩序有失规范。中国农业机械流通协会曾经牵头制定了《农业机械营销企业开业条件、等级划分及市场行为要求》和《农业机械营销企业服务质量规定》，但政策主体规格不高，政策很难执行，导致农机营销甚至是整机营销不设门槛，中间商鱼龙混杂、参差不齐的现象较为普遍。部分企业忽视服务、忽视品牌、忽视质量、忽视零配件供应，导致市场秩序较为混乱。

三是政策出台晚、落实难。新中国成立以来，国家没有一项有关农机营销业的行业政策，直到2011年商务部发布《关于加快农机现代流通体系建设的意见》。该意见首次较为全面地提出了一些较有价值的指导意见。但湖北省并没有细化的政策配套，导致农机市场缺乏合理规划和指导，重复建设和市场缺失并存。有的地方市场分布过多、浪费严重，导致"有场无市"、"空壳市场"；有的地方市场建设不足，沿街为市、占道为市的现象较为普遍。

11 湖北省农机使用政策回顾及分析

农业机械的使用直接关系到劳动生产率、作业质量、作业成本、作业安全和作业经济社会效益,是农业机械化的重要环节。农机使用政策对农机的使用具有规范和导向作用,是农机化的重要影响因素之一。根据农机使用的时空顺序,本研究将农机使用政策分为用前政策、用中政策和用后政策。用前政策包括培训政策、基础设施政策等;用中政策包括作业政策、维修政策、监管政策等;用后政策包括转让和更新、报废政策等。

11.1 湖北农机使用政策概览

经过归纳整理发现,在行政主导阶段,共出台使用类政策65项,其中用前政策9项,用中政策55项,用后政策1项。联合颁布15项,湖北省颁布31项(见表11-1)。在这个阶段,政策发布主体较多,领导人的讲话较多,关注重点集中在用中政策。在体制转轨阶段,共出台政策55项,其中用前政策7项,用中政策47项,用后政策2项。联合颁布10项,湖北省颁布29项。这个阶段,用中政策依然占据绝对多数,但政策主体明显减少,用前政策明显减少。在市场导向阶段,共出台政策29项,其中用前政策1项,用中政策28项,没有用后政策。联合颁布8项,湖北省颁布15项。由于这一时期较短,政策总量大为减少,政策主体数量也大为减少。政策主体规格大为降低,国家层面的政策均为国务院各部委出台的政策。用中政策数量优势进一步凸显,用前和用后政策几乎到了可以忽略的程度。在协调发展阶段,共出台政策45项,其中用前政策8项,用中政策38项,用后政策3项。联合颁布10

项，湖北省颁布 13 项。在这一阶段，用前和用后政策数量有一定程度增加，但湖北省颁布的政策有减少趋势。

表 11-1　　　　　　　　农机使用政策概览①

政策阶段	政策数量	政策发布者	关注点	文种
行政主导阶段（第一阶段）	共出台使用类政策 65 项，其中用前政策数量 9 项，用中政策 55 项，用后政策 1 项。联合颁布 15 项，湖北省颁布 31 项	中央、全国政协、政务院、国务院、国务院农林办、国家计委、农业部、一机部、三机部、八机部、供销总社、手工联社、农机部、农林部、交通部、人民银行、省委、省人委、省计委、财政局、农机局、农机厅、农业厅、工业厅、省财政局、省社队局、周恩来、李富春、谭震林、李济寰、余秋里、赵辛初、张体学	兴修水利；农具修理；试办拖拉机站；农具修配；拖拉机站机务规程；训练农具手；开办收割机、播种机训练班；新式农具修配；整顿拖拉机站；充实修配厂、修配站和流动修配队；扭转拖拉机站经营亏损；建立专、县、社三级修理网、油料供应网；国营拖拉机站管理；拖拉机站自身修理问题；农机经营四项规定；收回下放的国营拖拉机站；修理收费、作业收费标准；农机报废；拖拉机站职工配备；农机冬修；拖拉机、动力机检验、修理规程；机务事故；拖拉机免征养路费；社队健全农具管理制度；农田作业质量标准；收缴拖拉机站作业费；试行国社合营农机经营体制；国营两站"亦工亦农"；降低机耕收费标准；修理工时定额；集体为主的农机购置和使用；"两站"转卖给公社；加速农机三级修造网；长远和年度培训计划方案；公社农机站属性及经营原则	纲领、纲要、报告、汇报、讲话、会议、决定、意见、批示、办法、标准、定额、规章、规定、规程

---

① 在作专项政策统计时，如果综合性政策涉及该专项政策即列入统计。因此在讨论各专项政策时，一项综合性政策可能会被重复统计。

续表

政策阶段	政策数量	政策发布者	关注点	文种
体制转轨阶段（第二阶段）	共出台政策55项，其中用前政策7项，用中政策47项，用后政策2项。联合颁布10项，湖北省颁布29项	中央、国务院、农牧部、农机部、农业部、国家税务局、机电部、机械委、水利部、公安部、国家工商局、省政府、机械厅、物价局、农机局、工商局、财政厅	农机使用管理、维护保养和人员培训工作；单机核算；培训、检修、油运油储工作；大中小型农机分层经营；英山县农机作业、保养、油耗等标准定额；暂缓拖拉机"三统"规定；农机使用管理责任制；农机经营集体为主和多种经营形式；农民购买拖拉机从事运输问题；缩小农用柴油补贴范围；拖拉机技术状态标准和检查维护规范；机耕面积计划；柴油供应办法；农机更新换代计划；拖拉机及驾驶员牌证颁发；农机安全监理；农机维修点管理办法；安全监理收费；整顿、调整农机维修价格；县农机化服务组织建设；拖拉机道路交通；修造企业质量管理；维修网点管理办法；代农机耕减免营业税；农机事故处理程序、规定及违章处罚规定；农用车道路交通；农机成人教育；农机维修工人技术考核	决定、意见、报告、条例、标准、规定、纪要、问题、通知、规范、规章、办法、细则、规划
市场导向阶段（第三阶段）	共出台政策29项，其中用前政策1项，用中政策28项，没有用后政策。联合	国家经计委、财政部、农业部、公安部、交通部、中国石化、机械部、国家经贸委、国家质监局、国家工商局、内贸部、国家	"九二"拖拉机牌证收费标准；拖拉机驾驶员管理；公路设卡收费；农机服务收费办法、标准；联合收割机跨区收割小麦；农机经营体制改革；农机手培训；农机安全监理办法；农机集体经营；减轻农机手负担；农机事故损害赔偿标准；农机事故处理收费标准；治理公路"三乱"；农机安全监理细则；农机产品	通知、决定、标准、规划、办法、细则、条例、计划、法律

续表

政策阶段	政策数量	政策发布者	关注点	文种
	颁布8项,湖北省颁布15项	机械局、省人大、省农机局、交通厅、财政厅、省物价局、省农机办	修理、更换、退货责任规定;湖北农机管理条例;联合收割机及驾驶员安全监理;玉米跨区机收;湖北农机管理条例实施细则;联合收割机跨区作业管理办法;机械化水平;道路交通安全	
协调发展阶段(第四阶段)	共出台政策45项,其中用前政策8项,用中政策38项,用后政策3项。联合颁布10项,湖北省颁布13项	全国人大、中央、国务院、发改委、农业部、财政部、国税总局、工信部、商务部、国家安监局、省人大、省政府、农业厅、农机局、工商局、农机办	农机化促进法;拖拉机登记规定;拖拉机驾驶培训管理;农机成人教育;跨区作业中介组织管理;农机维修管理;创建平安农机;联合收割机及驾驶员安全管理;湖北农机化率目标;湖北省农机管理条例;加强农机安全监理;联合收割机登记工作规范;湖北省农机化促进条例;完善农机化税费优惠政策;扶持农机大户、农机合作社和农机专业服务公司;农民专业合作社税收政策;冬季农机安全生产;拖拉机联合收割机牌证制发监督管理;"三夏"柴油供应;机耕道建设;维修网点等级审定条件;湖北农村维修经营许可审批程序;农机职业技能鉴定管理;农机维修、更换、退货责任规定;发展农机合作社;教育培训"十二五"规划;农机事故应急管理;农机报废更新补贴;道路交通安全;百万机手大培训;百万机具大检修	法律、规定、意见、规划、通知、条例、规范、程序、细则、办法

11.2 湖北农机使用政策的发展历程

湖北的农业机械是由不同所有制农机经营单位和农民个人使用经营的，不同所有制农机经营单位和农民个人的农机所有权和经营权的统一和分离，构成了不同的农机经营形式。采用何种经营形式，主要由农村的生产条件、经济发展水平、机具类型和国家对农村、农业的政策等因素决定。湖北的农机经营形式多种多样。如农业机械所有权与经营权统一的形式（国有国营、社有社营和户有户营等）、农业机械所有权与经营权分离的形式（国有社营、社有队营和承包经营等）、所有权不同经营权统一的形式（联合经营、合作经营等）。总体来看，国有国营—集体所有集体经营—多种形式经营是湖北省农机使用经营体制发展的总体脉络。不同的农机具的使用经营形式，具有不同的内在运行机理，需要具有不同特征的政策的引导、促进和规范。因此，本章对农机使用政策的划分主要以农机所有制及其使用经营形式为依据。

11.2.1 国家使用经营阶段（1952—1965年）

1951年12月，中央发出了第一个《关于农业生产互助合作的决议（草案）》，农业互助合作开始发展。为了促进农业互助合作的巩固和发展，探索在农村推广农业机械化的经验，农业部根据中央关于农业机器拖拉机站要"重点试办，只准办好，不准办坏"的指示，于1952年秋开始在全国少数地方试办了11个国营拖拉机站。湖北省农业厅于1953年在当时的沔阳县建立了全省第一批国营抽水机站，于1954年在当时的襄阳县的鄠营建立了全省第一个拖拉机站，即姜沟农业机器拖拉机站（后更名为伙牌拖拉机站）。至1956年，全省建立拖拉机站7个、排灌站19个。1965年是拖拉机站发展的鼎盛时期，全省共有拖拉机站123个。国营拖拉机站的性质属国有企业，其主要任务有三点。一是用先进的农业科技为集体农民的生产服务，促进农业增产增收和农业社的巩固和发展。二是提高机具的使用效能，降低生产费用，积累办机械化的经验。三是培养农机化干部。

国营拖拉机站的经营体制经历了一个漫长的探索过程。建站初期，根据国务院的规定，湖北省拖拉机台数、机耕面积计划等均由农业部统一安排，拖拉机的地区布局由省安排并报农业部审批。1957年前后，拖拉机站的经营权逐渐下放到县，由县主要领导兼任拖拉机站站长。1958年1月，农业部在北京召开了全国拖拉机站站长会议，总结了一些地方把拖拉机站下放给农业社经营使用的经验，认为农业社经营拖拉机有很大的优越性。1958年3月，中央成都会议通过的《关于农业机械化问题的意见》指出：实现农业机械化，只有靠农业合作社自己的力量，只有这样，才能使农业机械化的事业办得更多、更快、更好、更省。中央的这个文件，肯定了农业合作社办机械化的方向。根据这两个会议精神，不少地方决定将国营拖拉机站下放给人民公社经营。有的地方将拖拉机平均分配，一社一台，有的县，上午开个动员会，下午就将拖拉机开到了人民公社。拖拉机大量仓促下放，而管理干部和技术员却并未同步下放，造成县里没人管、社里不会管的混乱局面。有的地方要求"人闲机不闲"、"轻伤不下火线"，拖拉机昼夜不停机，造成机车事故甚至报废。1960年至1961年，人民公社经济十分困难，无钱买油、无钱维修，不少人民公社要求国家把下放的机具回收。1962年3月，财政部、农业部、中国人民银行联合向国务院上书《关于社、队拖拉机站改为国营后资产处理的意见》，4月23日，国务院批转了这个意见，决定把社队拖拉机收归国营。1962年11月，中央、国务院发出《关于整顿和改进拖拉机站工作的决定》，对拖拉机收归国有后的工作整顿和资产处理作了具体规定。至年底，除了一些零星的拖拉机未收回外，绝大部分拖拉机已收归国营拖拉机站经营。

关于拖拉机站的经营管理探索始于1959年。1959年前后，汉阳、襄阳创造了以机组为单位的"包定"责任制；1960年，湖北省委农办发出了《关于农业机械经营管理的几项规定（草案）》，对拖拉机站的计划管理、机务管理、财务管理和生产责任制作出了规定；同年，沔阳总结出拖拉机站一级经营、两级管理，固定作业区的管理办法；1961年，湖北省委确定拖拉机站实行国家、公社合营，单独核算；1963年，省委、省政府召开全省农业机械化工作会议，制定了《关于加强拖拉机站机务管理工作的几项规定》、《关于建立区农业机械站的若干规定》、《关于国营农业机械作业收费的若干规定》等一系列较为完整的国营机械经营管理条例；1965年，省委、省人委制定了《关于农业机械经营管理工作的若干具体政策问题的意见》，对降低成本、收缴费用、降低修理费用、"两站"亦工亦农、拖拉机农村运输、人员培训等作出规定。

11.2.2 集体使用经营阶段（1966—1978年）

在国营农机下放又收回后，农机重新下放的呼声再次响起。1965年7月，八机部主持召开全国农业机械经营管理工作会议，提出"对于集体经济办农业机械化事业，各级农业机械经营管理部门必须采取积极态度，在物质供应、技术传授、机具修理、人员培训和经营管理等方面，予以积极支持和帮助"，对国营农业机械和集体农业机械，要"一视同仁，不许有亲疏之分"。1966年6月，湖北省农机厅批转孝感地委农业机械办公室《关于大队统一经营机械的调查报告》，其基本精神是提倡大队经营机械，主张"现有耕作、排灌、加工、脱粒等集体机械，原则上都要由大队统一经营"。1966年7月底8月初，国务院在湖北召开第一次全国农业机械化会议，会上介绍了孝感金星大队和新洲刘集公社集体办机械的情况。会议最后形成的文件认为"办机械化主要依靠集体"。此后，全省停止发展国营拖拉机站。1968年4月，八机部在湖北省召开八省、市农机工作会议，讨论将"两站"机械折价转卖给公社，机械由公社所有，公社经营。1968年12月，周恩来总理在国务院召开的一次会议上指示："国营拖拉机站应该下放，由贫下中农管理。"此后，全省各地开始将国营机械折价转卖给各公社，这一过程持续了较长时间。

在国有机械转卖完成后，湖北省加强了对集体机械的管理。1972年4月，湖北省计划委员会发布《关于加强人民公社农业机械管理工作的意见》，规定大型农机具由队经营。6月省农机管理局发布《人民公社农业机械管理工作十条试行意见》。11月，又颁布了《湖北省人民公社农业机械管理办法》，提出农业机械购买以集体为主，国家扶持为辅的方针。1974年，省农机管理局发布了《湖北省农业机械机务规章》。1975年，又发布了《湖北省农村人民公社农业机械站财务管理办法》，明确了农村人民公社农业机械站是社办企业，实行单独核算，社负盈亏，对集体经营的农机站的资金、管理、报酬、作业成本、财会人员职责等问题作出规定。

11.2.3 多种形式使用经营阶段（1979年至今）

1978年十一届三中全会以后，在农村推行联产承包责任制的初期，一些社队将拖拉机等农业机械卖给或承包给农户经营使用。这种新的农机经营形式让农民有经营自主权、利益直接，调动了农民经营农业机械的积极性，农机效率和经营收入较高，对农民有很大的吸引力。1982年6月底，全省农户联合或个人购买拖拉机占到全省农机总动力的1.15%。面对这种局面，湖北省政府批转了湖北省农机局《关于社员购买农业机械有关问题的报告》，提出"允许社员联户或独户购买包括拖拉机、柴油机在内的中小型农业机械"，要求农机管理部门"积极引导和组织有机械的社员为生产服务、为社员生活服务，为发展商品生产服务，教育他们自觉遵守政策、法令，服从有关部门管理，从事正当的经营活动"。1983年1月，中央《当前农村经济政策的若干问题》对经营范围和机械种类的把控尺度进一步放宽，指出"农民个人或联户购买农副产品加工机具、小型拖拉机和小型机动船，从事生产和运输，对发展农村商品生产，活跃农村经济是有利的，应当允许；大中型拖拉机和汽车，在现阶段原则上也不必禁止私人购买"。至此，湖北省农户购置经营农机在全省迅速发展。到1985年，户营农机总动力占全省总动力的76%，户营农机在全省居于主导地位。

户有户营的农业机械，大多是独户经营，资金、技术条件差，管理水平低，承担风险能力弱，局限性非常明显。90年代以后，为了弥补户有户营的不足，联合经营的形式应运而生。所谓联合经营是指产权不变，自愿参加，单机核算，各负盈亏。农机联营组织的任务是：分配作业任务，代签作业合同，代供油料、零配件，代收作业报酬，代缴税费，以及调配机具和组织协调等工作。这种松散的联合经营组织，减少了机手的很多麻烦，有利于提高机具效率，方便用户，很受农机户欢迎。同时，机具配套问题容易得到解决，服务项目较多，服务范围较广，有利于农村经济的发展。在湖北省不同时期出现的机手协会、农机经营者协会、机耕服务队等联营组织均属此类。

联合经营虽有很多优点，但其劣势也显而易见，即组织不稳定。2000年以后，一种新的合作组织即农机合作社诞生。农机合作社是按照《农民专业合作社法》、《农民专业合作社登记管理条例》、《农民专业合作社示范章程》和有关法律、法规依法成立的以农机服务为主的农民专业合作社。它是以服务成员为宗旨，遵循"入社自愿、退社自由"的原则，为合作社成员和其他个人或团体提供服务的组织。这种组织形式最大的优势是依法成立，运作规范，享受国家政策支持。

11.3 湖北农机使用政策类型、内容

11.3.1 用前政策

1. 培训政策

培训是一种有计划、有组织的知识传递、技能传递、标准传递、信息传递、管理训诫等一系列活动，农机培训以技能传递为主，时间上有岗前岗中培训，但岗前培训尤为重要。新中国成立以来，我国政府一直重视农机培训，从未中断。1956年农业部、三机部、供销合作总社、人民银行等部门在《关于第三次全国农具工作会议情况向国务院、国家计委和中央的汇报》中提出"训练农民农具手，有计划地开办收割机和播种机训练班"。1960年农业部、农机部党组在《关于晋、冀、鲁、豫、辽和北京市农业机械工作会议上的报告》中提出"及时训练驾驶员、修理工和机务管

理干部"。会议商定采用分级负责培训技术队伍的办法。公社负责培训农具手，县负责训练驾驶员，专负责训练修理工，省负责机务管理干部。1966年湖北省委批转农业厅党组《关于培训人民公社农业机械技术人员的请示报告》，标志着湖北的农机培训受到省委的重视。1973年，农林部在《农机管理工作座谈会纪要》中提出"必须把农机技术人员和管理干部的培训工作抓紧抓好"。为了落实这一政策主张，农林部同年出台了较为完善的《农机人员培训工作意见》。意见对农机使用培训作出规定。一是做好各种农机人员的需要量和长远的、年度的培训计划方案。切实做到机器未到，培训先行。凡未经训练、未取得驾驶、操作证的，一律不准操作机器。二是培训工作由省（直辖市、自治区）、地、县、社四级分级负责进行。县和公社培训拖拉机驾驶员、动力机手、农机具操作手、社队修理工，省和地区负责培训技术员、修理工和公社以上的各级农机管理干部。三是应招收政治思想好，身体健康，热爱农机事业，具有农业生产实践经验和一定文化程度的男女青年。四是经过训练的农机人员，在技术上应达到相关要求。五是各地应根据不同工种的技术要求，制定出必要的技术考核制度。六是训练的时间应根据不同工种的技术要求和课程的繁简来确定。同时还对培训方式、培训教材、经费作出了规定。

进入体制转轨阶段，农机培训工作依然没有放松。1979年中央在《关于加快农业发展若干问题的决定》中提出要做好"农业机械的科学研究、设计制造、使用管理、维护保养、供销服务和人员培训等工作"，把农机培训作为农机化事业的六大工作之一。1980年，国务院批转了《农业机械部关于全国农机工作会议的报告》，强调"冬春季要抓好培训、检修工作"。1982年，湖北省农机局在制订《湖北省农机化"六五"规划》时首次制订了农机教育培训规划。1984年，农牧部在《关于县级农机校的改革意见》中要求学校"开展多种形式办学、实行培训推广服务相结合"。1987年农牧部在《关于贯彻国务院批转农牧渔业部等四部委关于当前农业机械化问题报告的通知》中强调"继续加强农机教育和岗位培训"。1993年、2004年农业部两次颁布《农机成人教育暂行规定》，两个文件均规定"县（市）农机管理部门主要负责组织拖拉机、农用汽车和其他农业机械的使用、修理、经营管理人员和农民农机技术员的培训及其他人员的培训"。

市场导向阶段，湖北的农机培训主要分为两类。一类是"阳光工程"农机手培训。主要是指在农村劳动力转移"阳光工程"培训项目中，安排一定额度的资金用于新购机农民操作培训、新机具新技术使用培训、农机维修能手和经营能手培训等。另一类是农机职业技能鉴定和金蓝领计划试点培训项目。农机职业技能开发是针对农机行业的职业劳动者开展的国家职业技能开发工作。"金蓝领计划"主要目的是通过试点，探索农业高技能人才培养的有效途径和方法，完善体制机制，提升高技能人才的总量和素质，农机是其中的培训项目之一。

1996年，农业部发出《关于组织开展送教下乡开展千万农机手培训活动的通知》，决定1997、1998年集中组织农机管理系统的干部和全国2000多所农机学校送农机科技知识下乡，对1000万名拖拉机、联合收割机驾驶员和其他农机手开展培训。1998年，湖北省人大以地方法规的形式，将农机培训与农机科研、生产、鉴定、销售、推广、使用、维修等工作并列，成为农机化事业的八大任务之一。2004年，农业部出台《拖拉机驾驶培训管理办法》，从培训机构条件、许可程序、培训业务管理、监督检查、罚则等方面做出了相应规定。这是我国第一个农机化单项培训政策，标志着培训政策向精细化方向发展。2009年，湖北省农机局发布《阳光工程农机手培训实施方案》，要求部分农机户和维修人员参加农机使用和维修培训。2011年9月，农业部发布《全国农业机械化教育培训"十二五"规划（2011—2015年）》，提出了"继续实施农业机械化教育培训大行动，加大农业机械化教育培训政策扶持力度，完善农机化教育培训管理制度，营造农机化教育培训良好氛围，加强农机化教育培训组织领导"的保障措施。这是我国第一份完整的农机教育培训规划。2012年，农业部再次发布《关于深入开展农业机械化教育培训大行动的通知》，要求建设一支致富能力强、服务到位的农机实用人才队伍，提高农业综合生产能力。每年培训450万人次以上,其中培训新购机农民100万人次以上。2013年,湖北省农机局发出《湖北省2013年百万机手大培训、百万机具大检修和百万农机闹春耕活动方案》的通知,"通知"提出四点要求,一是各级农机部门要组织开展对现有农机手的培训;二是对新购机农民开展培训;三是结合阳光工程继续开展基层农机人员知识更新培训和农民创业培训;四是组织开展农机职业技能鉴定培训和农机工业质量管理培训。全省全年要培训各类农机人员100万人以上,春耕备耕期间主要对技术人员、操作人员和机插秧人员进行培训。2014年,农业部发布《关于做好2014年农机化培训工作的通知》,要求积极实施阳光工程农机培训,重点加强农机合作社带头人、农机驾驶操作和维护修理人员等实用人才的培训,进一步推进农机职业技能培训与维修管理、安全监理、技术推广等工作的结合,创新农机职业技能培训、鉴定模式,加强拖拉机驾驶培训管理。除了这些针对农机用户使用的政策以外,我国还出台了一些针对管理人员的培训政策,如《农机管理人员培训工程规划》,根据规划要求,要分期分批对各级农机管理、试验鉴定、技术推广、安全监理人员进行培训,这些政策提高了农机管理干部和科研人员的综合素质。

2. 基础设施政策

农机化基础设施是为农机化事业科学发展提供承载条件的一切设施的统称,应包括试验室(场、车间)、试验跑道、安全检测场、实验设备设施、培训学校、推广示范基地、信息网络设备及运行、运输车辆和样机库(场、站、棚)等。本研究将这一命题聚焦在基层的机耕道路、机棚机库、供油网点等关键性设施上。

相对而言,基础设施政策数量较少,也不连贯。1949年,政协第一届会议在《中国人民政治协商会议共同纲领》中前瞻性地提出"应注意兴修水利、防洪防旱"的建议,称得上是最早的农机化基础设施建设政策。1960年,农业部、农机部党组在《关于晋、冀、鲁、豫、辽和北京市农业机械工作会议上的报告》中将"建立油料供应网"列入议事日程。1980年,国务院批转的《农机部关于全国农机工作会议的报告》中再次提到"加强油料的管理，下决心搞好运油、储油设备，搞好油料净化"。1987年，国务院批转的《农牧渔业部 国家机械委 水电部 林业部关于当前农业机械化问题报告的通知》中要求"机电排灌设施应当结合农田水利工程的建设和修复，更新设备，进行技术改造"，提出了对排灌设施的改善。但历史上多次将排灌划出农机范畴之外。2004年，《农业机械化促进法》规定，"地方各级人民政府应当采取措施加强农村机耕道路等农业机械化基础设施的建设和维护，为农业机械化创造条件"，首次将农机设施建设列为政府的法定责任。2009年，《中共中央国务院关于2009年促进农业稳定发展农民持续增收的若干意见》中提出"重点加强示范基地、机耕道建设，提高农机推广服务和安全监理能力"。2010年，《国务院关于促进农业机械化和农机工业又好又快发展的意见》中指出"支持基础设施建设，将基层农机推广体系、机耕道路、排灌及抗旱设施等建设的内容纳入相应规划，与规划的项目同步实施"。这两个文件是对《农业机械化促进法》任务的分解和落实。2012年，湖北省政府在《关于促进农业机械化和农机工业又好又快发展的实施意见》中提出"加大基础设施建设支持力度"，这是省政府在《农业机械化促进法》颁布以来在这一问题上的表态。

11.3.2 用中政策

1. 作业政策

农机作业是农业机械化的核心环节，农机作业政策是农机化政策的重点。政策对象包括作业收费、作业标准、作业管理、作业优惠、跨区作业等等，内容非常广泛。

1963年，农业部、财政部发出通知，规定湖北省拖拉机站农业收费标准为1.3元/亩。1965年，省委、省人委召开全省农业机械工作会议，贯彻全国农机经营管理会议，研究农机作业收费标准及供应体制。同年，农机厅召开全省拖拉机站站长会议，贯彻国务院降低机耕收费标准的决定，研究改善拖拉机站经营管理。1973

年，省农机局发布《湖北省农业机械作业收费标准（试行方案）》，对拖拉机作业、机电排灌、农副产品加工等方面的作业项目收费标准予以公布及说明。1984年，省物价局发布《关于下放农田机械作业收费和农机修理收费管理权限的通知》，废除以前省颁的两项收费规定，标志着政府放弃对农用机械作业收费价格的管理，收费标准由农机经营者与雇佣农机的农户协商确定。农机作业收费政策至此告终。

1964年，湖北省农机厅发布《拖拉机站农田作业质量标准草案》，要求全面执行《农业部拖拉机作业标准工作量折合系数和地块、土质差别系数的通知》中的相关规定。1965年，省农机厅发布《湖北省拖拉机站农田作业质量标准》，对耕地（田）质量、耙地（田）质量、播种质量、中耕作业质量、棉花治虫质量、脱粒质量等作了相关规定。拖拉机集体经营和使用后，政府较少制定相关农田作业标准，主要由各公社、生产大队自行规定。农民个人经营农机后，田间作业变成了农民私人的事情。

关于农机作业管理。1978年，余秋里在第三次全国农业机械化会议上作总结报告，要求建立严格的经济核算制度，积极推广单机核算成本，消耗要有定额。1979年，省农机局发布《关于农机作业实行单机核算的试行意见》，要求将成本核算落实到单台机器。1980年，国务院批转《农业机械部关于全国农机工作会议的报告》，要求"制定油耗定额、节油指标和节油措施，加强油料的管理"。1980年，省农机局转发《英山县农机作业、维修、保养等定额标准》，要求各地比照执行。1982年以后，湖北的农机使用主体逐渐变成了农民个人，政府放弃了对农机作业的管理。

关于跨区作业。跨区作业是指农机户或农机中介组织组织各类联合收割机跨区域进行小麦、水稻、玉米等农作物收获作业的活动，是农机社会化、市场化服务的表现形式之一，对抢收、抢种、保农时，促进农业增效、农民增收具有重要作用，深受农民和农机手欢迎。作为新事物的农机跨区作业始于1996年，一出现就受到政府的关注，并出台了系列政策进行扶持和引导。1996年，农业部、公安部、交通部、国家计委、中国石化等五部门发出《做好联合收割机跨区收获小麦工作的通知》。1997年又增加一个部门由六部委联合发出《关于做好今年联合收割机跨区收获小麦工作的通知》，要求各地"切实加强跨区机收的组织管理；做好供需协调和服务工作；解决随意拦截联合收割机问题；跨区机收的组织服务经费可少量收取"。省农机局、省公安厅、省交通厅迅速联合转发了六部委的通知，要求对参加跨区作业的联合收割机免费发放跨区作业证，对持跨区作业证的联合收割机，优先安排作业任务，及时提供信息服务，提供通行便利，免收过路过桥费，优先保质保量供应作业用油。2000年农业部出台《联合收割机跨区作业暂行管理办法》，并于2003年进行修订。省农机局也于2000年制定了《联合收割机跨区作业暂行管理办法》，2003年，又将2000年的"暂行办法"正式确定为"管理办法"。跨区作业政策上升到部门规章的高度。此后，跨区作业政策热度依然不减。2001年，湖北省农业厅等三部门发出《做好联合收割机跨区作业的通知》；2004年，湖北省农机办制定《湖北省农机跨区作业中介组织管理暂行办法》；2007年，农业部等四部委发布《关于做好农机跨区作业工作的意见》；2009年，农业部发出《关于做好2009年农机跨区作业的通知》；2010年，省政府办公厅发布《关于做好夏季作物农机跨区抢收抢种的紧急通知》等等。

  关于作业扶持政策。1964年，交通部、财政部、农业部规定，从事田间作业、运送公粮及送修的胶轮拖拉机免征养路费，履带拖拉机一律免征养路费。这可能是最早的农机作业扶持政策。1989年，省税务局发出《对县以下农机系统免征营业税的通知》，规定对县以下农机站、农机化服务站（中心）、农机化技术推广站等单位，经过审查批准后给予定期减免营业税的优惠。2004年，国务院颁布《收费公路管理条例》，明确规定对联合收割机及运送插秧机的交通工具免收过路过桥费。2008年，《中共中央国务院关于切实加强农业基础建设进一步促进农业发展农民增收的若干意见》明确要求完善农业机械化税费优惠政策，对农机作业服务实行减免税，对从事田间作业的拖拉机免征养路费，继续落实农机跨区作业免费通行政策。国家对服务组织和个人开展机收、机耕、机播等农机作业服务实行免征所得税、营业税的政策,降低农机作业经营服务成本,鼓励应用农业机械。此外,政府还先后采取平价柴油、设立油料价格调节基金、救灾柴油补贴等手段对农机作业用油进行补贴,以降低农用柴油使用成本,鼓励农业机械的使用。2006年,国家设立对种粮农民农业生产资料增支综合直补资金,对农用柴油等生产资料进行直接补贴,这是当前农机作业用油价格补贴的主要手段。有些地方政府还对特定机械作业进行价格补贴,如对机械秸秆还田、深松、机收等作业进行补贴,以降低作业收费价格,促进特定作业环节的机械作业。

2. 维修政策

农机维修是保持和恢复农机技术状态,延长机械使用寿命,保障机械正常运转的重要环节,是农机化事业的重要组成部分,党和政府历来十分重视农机维修工作。无论在什么时期,实行什么体制,农机维修政策一直是各级政府引导、促进、管理农机维修的重要手段,从未中断。

国家办拖拉机站时期的农机维修政策。早在1950年,政务院在《农业部关于中南海新式农具展览初步报告》中就提出"农具坏了要有办法修理"。1955年,一机部、三机部、农业部、供销总社、手工联社联合召开第二次全国农具工作会议,会议提出要重视旧式农具的增补和修配。1956年农业部、三机部、供销合作总社、人民银行在《关于第三次全国农具工作会议情况向国务院、国家计委和中央的汇报》中较为系统地提出了加强新式农具修配工作的方案:以县为单位建立中心修配站,以区为单位建立基层修配站,一个站应有3~5名技工承担修配任务。1957年,黄敬在人民日报发表《我国农业机械化问题》一文,提出按照大中小修的需要,省专区、县、社各级分工,组织和充实必要的机械修配厂、修配站和流动修理工作队。1959年10月,农机部召开第一次全国厅局长会议,提出"制造与维修并重"的方针,并根据中共中央(成都会议)《中共中央关于农业机械化问题的意见》中提出的"应当在若干县、乡建立农机修配站"的指示,拟定了《关于建立农业机械修配网的意见》，要求有步骤、有计划地在一些地区、县、社分别建立中心修配厂和修理车间。在随后的《关于召开全国第一次农业机械厅（局）长会议的情况向中央、主席的报告》中进一步提出"建立专、县、人民公社三级修造厂，逐步做到大修不出县，中小修不出社"的目标。

1960年，农机部召开第三次全国农业机械厅局长会议，强调贯彻"小农具第一，维修第一，补配套第一"的方针。1961年，中央在《关于调整农业机具经营体制问题的批示》中要求"拖拉机站应有自己健全的修理设备和修理网"。同年，湖北省委发出《对当前小农具修制及农业机械修理配套急需抓紧解决的几个问题的通知》，针对当时的修理配套问题提出指导意见。1964年，李济寰在《全国半机械化农具工作会议上的报告》中提出要坚持"一修、二配、三制造"的方针，严格实行"三包"制度。实行场内修理与厂外修理相结合、定点修理与流动修理相结合的方法。

此外，农机维修管理制度和修理制度也被政府列入政策管理范畴。1952年，农业部制定了《农业机器拖拉机站暂行机务规章》，对机器修理和拖拉机修理厂的技术安全规程作了规定。1962年，湖北省颁布了《关于农业机械修理及半机械化农具生产的管理办法》和《农业机械修理收费办法》。1963年，农业部制定了《农业机器修理技术管理试行办法》，湖北省工业厅颁发《拖拉机、动力机械检验修理安装暂行规程（草案）》。1954年，湖北省再次颁发农机修理各工种价格标准。1965年，省农机厅颁发《湖北省拖拉机、排灌动力修理工时定额》。这些规定和制度，对改善修理企业经营管理，提高修理质量，推动农机修理工作发展发挥了一定作用。

集体经营农机时期的农机维修政策。为了加强农机维修工作，提高农机完好率，经国务院批准，1969年，一机部和八机部联合召开了第一次全国建设县农机修造厂工作会议。会议提出县农机修造厂要"平战结合，修造结合，目前以修为主"，"还要有计划地为社队农机修配站培养技术力量和提供必要的设备"。周恩来接见了这次会议的代表，传达毛泽东"每个县都要有农机修理厂"的指示，强调各类物资要分配到各级修造厂。同年，农林部、一机部在《全国农业机械化发展纲要（1971—1980年）（讨论稿）》中提出加速建设三级农机修造网。1972年，省农机局召开全省农机冬修会议，提出农机冬修意见。省委转发了《全省农机冬修会议纪要》。1975年，省农机局发布了适应集体经营的新的《湖北省农业机械修理收费规定》。1978年，余秋里在《第三次全国农业机械化会议上的总结报告》中提出"搞好维修配件的生产供应和修旧利废"。

农民个人经营为主时期的维修政策。1980年，国务院批转《农业机械部关于全国农机工作会议的报告》，要求冬春季要抓好检修工作，努力提高农机使用率和完好率，力争把完好率提高到80%以上。1982年农牧渔业部专门召开农机维修工作会议并在《全国农机维修工作座谈会纪要》中要求"建立健全农机维修规章制度，逐步实行法规管理；大力提高农机维修质量，积极开展技术状态升级赛；不断完善和提高农机维修责任制；讲究维修效果，开展修旧利废、降低修理费用；搞好农机维修网点规划布局；加强农机维修科研和技术推广工作，加强维修工作的组织领导"的指导方针。1984年，为了规范如雨后春笋般出现的个体维修点的发展，农牧渔业部、国家工商行政管理局联合颁布《全国农村机械维修点管理办法》，对维修点的开业条件、修理工的考核发证、营业证照审批及修理质量要求等方面作了具体规定。1984年省农机局对农机维修收费发布指导性政策——《整顿、调整我省农机修理价格的参考意见》，对农机修理市场格局及价格提出建议。1986年省政府发出《关于抓好农机具检修、柴油分配保证春耕的通知》，要求各级计划、财贸等部门对农机具维修、配套所必需的原材料和资金要及时安排、优先供应。1987年省农机局发布《关于加强农机修造企业质量管理意见（试行）》，省工商局发布《湖北省农村机械维修点管理办法实施细则（试行）》，这两个文件对全省修理机构和个人进一步进行了引导和规范。1994年农业部发布《农业机械维修工人技术考核办法》，对1984年的《全国农村机械维修点管理办法》和1988年的《关于农村机械维修行业工人技术考核的补充规定》进行修改，规定了成立农业机械维修工人技术考核委员会负责考核工作的具体实施。1998年经贸委、质监局、工商局、内贸部、机械局、农业部等部委联合出台《农业机械产品修理、更换、退货责任规定》，共30条，规定农业机械产品实行谁销售谁负责的"三包"原则以及相应三包期限问题，明确销售者、修理者、生产者应该履行的责任与义务。2006年，农业部、国家工商总局发布《农业机械维修管理规定》，明确了农业机械维修范围，从维修资格、质量管理、监督检查和罚则等方面做出了详细规定，并宣布1984年发布的《全国农业机械维修点管理办法》同时废止。农业部办公厅随即发布《关于认真贯彻实施〈农业机械维修管理规定〉的通知》，要求落实。省农业厅、工商局也随即发出《关于认真贯彻实施〈农业机械维修管理规定〉的通知》，要求贯彻落实上述维修管理规定。2009年，湖北省发布《湖北省农业机械维修网点等级审定条件》《湖北省农业机械维修经营许可审批程序》，要求对农机维修企业实施行业许可。2010年，国家质检总局、工商总局、农业部、工信部发布《农业机械产品修理、更换、退货责任规定》，规定了农机产品生产者、销售者及修理者的修理、更换、退货等三包责任内容，同时废止1998年的《农业机械产品修理、更换、退货责任规定》。

3. 安全监理政策

行政主导阶段，农机安全管理属于机务管理范畴，该项管理主要是通过各级机务管理组织对农机安全作业进行管理，对拖拉机及驾驶员进行检验、考核、核发牌证，没有独立的安全监理组织机构。

1955年，农业部制定《农业机器拖拉机站暂行机务规程》，对农业机械特别是拖拉机的使用、保养作出了一系列规定。1965年，省农机厅发文要求全省试行中国农业机械化科学研究院和江苏农业机械公司淮阴分公司编制的《农业机械使用技术状态检查规范》。1966年，八机部制定了《农业机械站机务管理规章》，对农业机械特别是拖拉机的使用、保养作出了一系列规定。1974年，省农机局发布《湖北省农业机械机务规章》，对农业机械特别是拖拉机的使用、保养作出了一系列规定。1982年省农机局发布《拖拉机使用技术状态标准和检查维护规范》，以拖拉机的整洁性、可靠性、动力性、经济性为纲，规定了拖拉机使用时各部分的技术标准，该标准使得农业机械管理的要求具体化、系列化，成为全省拖拉机机务管理的重要依据。

1978年以来，农村家庭联产承包责任制得到普遍推行，农机保有量迅速上升，加强农机监理和技术监督成为改革农机管理的重要任务。1981年，农机部颁发了《农用拖拉机及驾驶员安全监督管理规章》。1982年机构改革时，《国务院各部门主要任务和职责》规定，农牧渔业部负责拖拉机在田间、场院和乡村道路上的安全管理工作，确立了其农机安全监理的地位。

根据1984年《国务院关于农民个人或联户购置机动车船和拖拉机经营运输业的若干规定》，农牧渔业部制定了第一个拖拉机安全监管规章——《农用拖拉机及驾驶员安全监理规章》，对农用拖拉机和驾驶员作出了管理规定。1986年，国务院颁布《国务院关于改革道路交通管理体制的通知》，提出"农用拖拉机道路行驶安全技术检验、驾驶员考核、核发牌证等工作，公安机关可委托农机部门负责"。1987年，公安部、农牧渔业部《关于农用拖拉机道路交通管理问题的通知》、农牧部《关于进一步加强农机安全监理工作意见》、1988年国务院《关于加强交通运输安全工作的决定》、1988年农业部《农用拖拉机及驾驶员安全监理规定》、1989年湖北省政府《农用拖拉机道路交通管理通知》、1993年湖北省政府《关于全省农用拖拉机道路交通管理问题的通知》等文件都是对1986年《国务院关于改革道路交通管理体制的通知》的细化和强调。1995年，湖北省公安厅和省农机局发出《关于加强拖拉机、驾驶员管理的通知》，这是对原有政策的进一步完善。1996年湖北省政府颁布《湖北省农业机械安全监督管理办法》（省政府104号令），提出加强对农业机械及其驾驶、操作人员的安全监督管理，预防农机事故发生，共7章45条，监管对象和范围扩大。1997年省农机局发出《湖北省农机安全监督管理办法实施细则》，这是一个操作性强的文件。2004 年我国相继颁布实施了《中华人民共和国道路交通安全法》和《道路交通安全法实施条例》，最终确立了农机监理部门的执法主体地位和安全监管职能。2004 年，农业部发布《拖拉机登记工作规范》，同时宣布 1998 年 1 月 5 日发布的《农用拖拉机及驾驶员安全监理规定》废止。随着农村经济社会的发展和农机技术的进步，联合收割机的使用越来越广泛。1999 年，农业部制定《联合收割机及驾驶员安全监理规定》，湖北省农机局制定《联合收割机及驾驶员安全监理规定》，2006 年，农业部制定《联合收割机及驾驶人安全管理规定》，2008 年农业部制定《拖拉机联合收割机牌证制发监督管理办法》，2009 年，农业部制定《联合收割机登记工作规范》，2010 年，农业部制定《联合收割机及驾驶员安全监理规定》。这些政策的颁布和实施，有效引导和规范了农机的应用。

针对农机安全事故，湖北省农机局于 1992 年出台《湖北省农机事故处理规定》、《湖北省农机事故处理程序》、《湖北省农机作业违章处罚规定》，1997 年，省农机局又出台了《湖北省农机事故有关损害赔偿的费用标准》、《湖北省农机事故处理收费标准》，这些文件是处理农机事故的基本政策依据。

此外，政府还从技术层面来加强对农机安全的管理。1996 年，由农业部提出经国家技术监督局批准发布、实施《农业机械运行安全技术条件》，该标准规定了轮式拖拉机、履带式拖拉机、手扶式拖拉机、固定式柴油机、农用挂车、伴式犁、旋耕机、圆盘耙、播种机、脱粒机等 13 种（类）农业机械有关作业安全的技术要求，制定了适用于农业机械安全技术检验的新程序。国家强制性标准属于技术法规范畴，是农机政策的重要补充，是依法履行农机安全管理工作的重要依据，有利于提高农机安全技术性能、作业质量和经济效益。2008 年，农业部对 1996 年《农业机械运行安全技术条件》进行了修订。国家标准化委决定新标准自 2009 年 7 月 1 日起正式实施。

4. 农机化组织政策

1979 年，湖北省农机属集体所有，集体经营，管理组织是乡镇农机服务站。1980 年，随着各地农机使用责任制的推行，乡镇农机站逐步放弃了对农机的管理。1982 年，湖北省政府批转了省农机局《关于社员购买农业机械的有关问题的报告》，湖北省逐渐开始出现农机户、农机合作组织和农机作业服务队。为了管理、规范、扶持这些农机化组织，国家和湖北省出台了系列政策。最早出现、较为完整的政策是 1992 年农业部颁布的《关于进一步加强基层农机服务体系建设的意见》，该意见首次明确肯定"农机服务专业户是农机服务组织的有益补充"。2006 年，第一部《中华人民共和国农民专业合作社法》颁布，确立了农机化组织的法律地位，并就产业政策、财政扶持、税收优惠等问题作出专门规定，提出国家鼓励、支持农民发展专业合作社，中央和地方财政每年安排资金，支持农民专业合作社开展信息、培训、农产品质量标准与认证、农业生产基础设施建设、市场营销和技术推广等服务。专业合作社可以向当地农业行政主管部门申报专业合作社示范项目，也可以申请承担农业和农村经济建设项目。为了落实这部关于农民组织的法律，财政部、国家税务总局于 2008 年颁布细化政策——《关于农民专业合作社有关税收政策的通知》。"通知"要求：对农民专业合作社销售本社成员生产的农业产品，视同农业生产者销售自产农业产品免征增值税；增值税一般纳税人从农民专业合作社购进的免税农业产品，可按 13% 的扣除率计算抵扣增值税进项税额；对农民专业合作社向本社成员销售的农膜、种子、种苗、化肥、农药、农机，免征增值税；对农民专业合作社与本社成员签订的农业产品和农业生产资料购销合同，免征印花税。2010 年，湖北省农业厅发布了以"明确指导思想，确立总体目标，选择发展重点，推动示范典型，加大扶持力度"为主要内容的关于加快发展农机合作社的意见。2013 年，农业部颁布《关于大力推进农机社会化服务的意见》，强调以财政资金为引导，农民个人、农业生产经营服务组织投资为主体，扶持发展新型农机社会化服务主体；以农机户为基础，农机服务组织为主体，农机中介服务为纽带，政府支持服务为保障，建立起"覆盖全程、服务全面，机制灵活、运转高效，综合配套、保障有力"的新型农机社会化服务体系；按照服务专业化、运行市场化、服务品牌化的要求，通过市场机制合理配置生产要素，建立起"产权清晰、权责明确、管理科学、诚信高效"的运行机制，充分发挥农机服务组织的生产潜力和经营活力。政策内涵更为丰富，指导更为明确，支持力度更大。2014年，湖北省农机局发布《湖北省关于切实加强农机社会化服务体系建设的通知》，提出以农机户为基础，农机服务组织为主体，农机中介服务为纽带，农机作业、维修、供应、中介、租赁服务为主要内容，政府支持服务为保障，培育农机作业市场、农机维修市场、农机供应市场，建立起"覆盖全程、服务全面，机制灵活、运转高效，综合配套、保障有力"的新型农机社会化服务体系。该"通知"是对上述农业部"意见"的细化和延伸。

11.3.3 用后政策

1. 报废、更新、回收政策

最早的出现的报废政策是1963年国务院农林办公室、国家计委、农业部联合发布的《关于国营拖拉机站拖拉机报废处理的暂行规定》，该规定主要从财务管理的角度对拖拉机站的拖拉机报废作出了规定。该文件按照国务院国办发（83）83号文对过去颁布的法规进行清理的要求，由原国家计委于1988年宣布作废。1987年，农业部发布《国营农场农业机械设备报废更新暂行规定》，对国营农场使用的农机设备报废作出了较详细的规定。如出现了"农机设备无配件来源，技术状态恶化，不宜修复的"、"农机设备长期使用，虽经检修或更换零部件，在正常作业条件下，耗油量仍超过国家定型车出厂标准规定值15%或功率降低15%者"、"由于事故或各种原因造成农机设备主要零部件严重损坏，经测定，一次修理费超过新机现行价格的50%以上"等情况的均要报废。该文件的标题虽然是"报废更新"，但通篇内容还是"报废"。该文件还提出了"集体和个人所有农机设备的报废、更新，可参照本规定执行"的建议。1992年，原物质部等8部委联合制定《大中型拖拉机的法定报废标准》，从使用年限、油耗、损坏程度等方面规定了报废标准。1997年，国家技术监督局发布《拖拉机禁用与报废》国家标准，规定了拖拉机禁用与报废的技术要求及经济指标。2008年，国家质监总局和国家标准化委对该文件规定的相关标准进行了修订，形成了2008年的《拖拉机禁用与报废》国家标准。2001年3月，原国家经贸委、国家计委、公安部、国家环保总局联合颁布《农用运输车的法定报废标准》，对三轮农用运输车、装配单缸柴油机的农用运输车、装配多缸柴油机的四轮农用运输车等使用年限作了规定。2003年，全国人大通过《中华人民共和国道路交通安全法》，该法要求根据安全技术状况和不同用途规定不同的技术标准，对机动车实行强制报废制度，达到报废标准的机动车不得上道路行驶。2004年，农业部令43号《拖拉机登记规定》规定"已达到国家强制报废标准的拖拉机，拖拉机所有人申请报废注销时，应当填写《拖拉机停驶、复驶/注销登记申请表》，向农机监理机构提交拖拉机号牌、拖拉机行驶证、拖拉机登记证书"等。2009年，国务院颁布《农业机械安全监督管理条例》，该条例要求"建立落后农业机械淘汰制度和危及人身财产安全的农业机械报废制度，并对淘汰和报废的农业机械依法实行回收。危及人身财产安全的农业机械达到报废条件的，应当停止使用，予以报废。农业机械的报废条件由国务院农业机械化主管部门会同国务院质量监督部门、工业主管部门规定"。2010年，国务院发布了《关于促进农业机械化和农机工业又好又快发展的意见》，提出"建立农机报废更新制度，抓紧研究以旧换新办法，加快淘汰老旧及高耗能农机，促进安全、节能、环保型农机的推广应用"。同年发布的《联合收割机禁用和报废技术条件》规定：自走式联合收割机报废年限为12年，悬挂式玉米联合收割机报废年限为10年。

国家实行机动车强制报废制度的根本目的是保持机动车良好的技术状态，保证人民群众生命财产安全。但一直以来，由于强制报废的强制手段有限，老旧农机报废工作不尽如人意，政府部门试图采用经济的手段推动该项工作。2012 年，农业部　财政部　商务部印发《2012 年农机报废更新补贴试点工作实施指导意见》，提出中央财政在继续实施农机购置补贴的同时，根据农业机械报废更新需求情况，选取 11 地开展农机报废更新补贴试点工作。"意见"规定了实施范围、补贴对象、机具种类、补贴标准、操作程序和工作要求。农民最为关注的补贴标准为：手扶拖拉机类 500～800 元；轮式拖拉机类 1000～11000 元；履带拖拉机 10000 元；稻麦联合收割机类 3000～16000 元；玉米收割机类 3000～18000 元等。但遗憾的是，湖北省未被列入该政策实施的试点范围。

为了规范报废农机回收活动，保障人民生命财产安全，促进资源综合利用，2013 年，农业部制定了《报废农业机械回收办法（征求意见稿）》（以下简称《办法》）。《办法》共分 6 章 33 条，对报废农业机械回收、拆解、监督管理等方面提出了明确要求。《办法》主要针对拖拉机、联合收割机、机动脱粒机、饲料粉碎机、插秧机等 7 种危及人身财产安全的农机产品的报废回收办法作出了相应规定。《办法》提出回收制度设计尽量方便农民，减少环节，便于操作，易于监管。为防止报废机械回流市场，《办法》要求回收单位对发动机、方向机、变速器、前后桥、车架等五大总成进行破坏性处理，同时建立回收拆解档案和数据库，如实记录回收、拆解、废弃物处理情况及拆解后零部件、材料和废弃物的流向。

2. 过户政策

1984 年，农牧渔业部《农用拖拉机及驾驶员安全监理规定》中关于过户是这样规定的：拖拉机在本辖区内调动时，凭调出单位证明、行驶证到农机监理机关办理过户手续，填写《拖拉机异动登记表》，调出调入单位在表上盖章后交农机监理机关；农机监理机关在行驶证和《拖拉机检验登记表》的异动栏内签注并盖章。可以看出，那时的过户是"单位"而不是个人。1997 年，农业部发布《农用拖拉机及驾驶员安全监理规定》，该文件的第十九条载明，拖拉机在本辖区内所有权改变时，凭行驶证及其他有效证件，到农机监理机构办理过户手续。农机监理机构在行驶证和检验表的异动栏内签注盖章。农机过户不再限于机构。2004年，农业部发布《拖拉机登记规定》，在"第三节转移登记"中有较详细的表述：拖拉机所有权发生转移，申请转移登记的，转移后的拖拉机所有人应当于拖拉机交付之日起30日内填写《拖拉机转移登记申请表》，提交法定证明、凭证，交验拖拉机。农机监理机构应当自受理之日起3日内确认拖拉机。转移后的拖拉机所有人住所在原登记地农机监理机构管辖区内的，收回拖拉机行驶证，重新核发拖拉机行驶证。需要改变拖拉机登记编号的，收回原号牌、行驶证，确定新的拖拉机登记编号，重新核发拖拉机号牌、行驶证和检验合格标志。转移后的拖拉机所有人住所不在原登记地农机监理机构管辖区内的，按照本规定第12条第2款和第13条规定办理。同时规定了不予办理转移登记的五种情形。2010年，农业部对2004年的规定进行了修订。但有关"拖拉机所有权发生转移"的相关规定变化不大。

联合收割机的应用大大晚于拖拉机，在早期的联合收割机过户管理中直接采用了拖拉机的过户方法。如1999年农业部发布的《联合收割机及驾驶员安全监理规定》规定：联合收割机的牌证管理、异动、封存、报废，按照《农用拖拉机及驾驶员安全监理规定》的规定执行。到了2006年，再次发布的《联合收割机及驾驶人安全监理规定》对联合收割机过户有了新的要求。如其第十一条规定，联合收割机所有权发生转移的，应当向登记地的农机监理机构申请转移登记，交验联合收割机，提交联合收割机转移登记申请表、所有人身份证明、所有权转移的证明、行驶证等材料。农机监理机构应当自受理之日起三日内办理转移手续。转移后的联合收割机所有人住所在原登记地农机监理机构管辖区内的，收回原行驶证，核发新行驶证；转移后的联合收割机所有人住所不在原登记地农机监理机构管辖区内的，按照本规定第十条办理。2010年，农业部对2006年的规定进行了修订，但有关联合收割机过户的条款变化不大。

11.4 湖北农机使用政策评价

11.4.1 政策设计

通过梳理政策文献发现，湖北省农机使用政策具有两个特点。一是政策体系较为完善。从政策层次上看，有全国人大、中央、国务院颁布的宏观政策，有各个部委颁发的中观政策，有湖北地方制定的实施和配套政策；从文本种类上看，有讲话、通知、意见、报告、决定、规划、条例、细则、纲要、办法、目录、法律、政策等，还有一系列的技术标准，形式多样；从政策的内容上看，涉及范围很广。第一阶段的如兴修水利、农具修理、试办拖拉机站、农具修配、拖拉机站机务规程、训练农具手、开办机手训练班、整顿拖拉机站、建立专、县、社三级修理网、油料供应网、拖拉机站自身修理问题、农机经营四项规定、国营拖拉机收回、修理及作业收费标准、农机报废、拖拉机站职工配备、农机冬修、机务事故、拖拉机养路费、社队农机具管理制度、农田作业质量标准、国社合营农机经营体制、修理工时定额、公社农机站属性及经营原则等问题。第二个阶段的如单机核算、油运油储工作、大中小型农机分层经营、暂缓拖拉机"三统"、农机使用管理责任制、农机经营多种经营形式、农民购买拖拉机从事运输问题、农用柴油补贴范围、拖拉机技术状态标准和检查维护规范、柴油供应办法、农机更新换代计划、拖拉机及驾驶员牌证发放、农机安全监理、农机维修点管理办法、安全监理收费、农机维修价格整顿、拖拉机道路交通、修造企业质量管理、维修网点管理办法、农机事故处理程序、规定及违章处罚规定、农机成人教育、农机维修工人技术考核等主题。第三阶段如拖拉机驾驶员管理、公路设卡收费、农机服务收费办法、标准、联合收割机跨区收割小麦、农机经营体制改革、农机集体经营、减轻农机手负担、农机事故损害赔偿标准、农机事故处理收费标准、公路"三乱"、农机安全监理细则、农机产品修理、更换、退货责任规定、湖北农机管理条例、联合收割机及驾驶员安全监理、湖北农机管理条例实施细则、联合收割机跨区作业管理办法等主题。第四阶段如拖拉机登记规定、跨区作业中介组织管理、创建平安农机、联合收割机及驾驶员安全管理、湖北省农机管理条例、联合收割机登记工作规范、湖北省农机化促进条例、农机化税费优惠政策、农民专业合作社税收政策、"三夏"柴油供应、机耕道建设、维修网点等级审定条件、湖北农村维修经营许可审批程序、农机职业技能鉴定管理、教育培训规划、农机事故应急管理、农机报废更新补贴等主题。这些政策基本覆盖农机使用的方方面面。二是政策变迁顺应了农机使用主体和经营方式的变化。1966年以前，农机使用的主体是拖拉机站和农场，实行国有国营（中途有短暂的下放），政府包揽对机构和经营的全面管理。从这个时期的政策来看，"统"的色彩非常浓厚，拖拉机站或农场经营自主权很小。农机集体经营后，政策的刚性有所减弱，但政府的介入程度仍然很深。这个时期的政策表明政府对集体农机经营有较强的干预，尽管已经明确农村人民公社农业机械站是社办企业，实行单独核算，社负盈亏。农民个人为主的农机经营阶段，政府放弃了对农机使用、经营的直接管理，把主要精力放在了服务和安全监管上。如机手培训、跨区作业、合作组织、安全监理等方面的政策是与这一阶段的农机经营体制相适应的。

但是政策设计也存在一些不容忽视的问题，突出表现在政策分布不均衡。一是层次分布不均衡。政策层次不均衡主要体现在协调发展阶段，该阶段共出台政策45项，但湖北出台的地方政策只有13项，出现了政策倒挂现象，说明湖北在这个阶段对农机使用政策的管理有所松懈。二是时段分布不均衡。在行政主导阶段，共出台使用类政策65项，湖北省出台政策31项。在体制转轨阶段，共出台政策55项，湖北省出台29项。在市场导向阶段，共出台政策29项，湖北省出台15项。在协调发展阶段，共出台政策45项，湖北省出台13项。可以看出，在最需要政策引导和扶持的市场导向阶段政策降至最少，在地方政策需求呈上升趋势的背景下湖北省出台的政策却有明显减少的趋势。三是分工政策分布不均衡。在行政主导阶段，用前政策9项，用中政策55项，用后政策1项。在体制转轨阶段，用前政策 7 项，用中政策 47 项，用后政策 2 项。在市场导向阶段，用前政策 1 件，用中政策 28 件，没有用后政策。在协调发展阶段，用前政策 8 件，用中政策 38 项，用后政策 3 项。可见，不论是哪个时期，用中政策都占据绝对主导地位，用后政策受到严重忽视。就是在用中政策内部，政策分布也不均衡；维修政策一直占据主流，组织、服务等政策显得不足。

11.4.2 使用政策实践

1. 政策实践成效

在漫长的农机化发展历程中，农机应用多次经历波折和起伏，但总体趋势是不断向前发展的。从农机装备拥有量来看，农机化政策对农机装备水平的影响非常明显。1950 年，湖北省农机总动力只有区区 970 千瓦，经过农业机械化运动，到 1978 年，全省农机总动力达到 588 万千瓦。1989 年，农机总动力为 660 万千瓦，到 1994 年达到 1136 万千瓦。这期间，增长期主要是 1980 年至 1986 年，增长原因主要是农业机械购买第一次对农民放开，被压抑的购机热情和脱贫致富的愿望被集中释放，小型拖拉机呈井喷式增长。1988 年到 1994 年，总量几乎没有增长，1989 年、1990 年还出现了负增长，1992 年、1993 年出现了零增长。2000 年以后，在购机补贴政策的拉动下，农机总动力出现快速增长。湖北省拖拉机的拥有量和总动力的趋势基本一致。1955 年，全省有大中小拖拉机 190 台，1970 年有 1 万多台，这一阶段增长较为缓慢。从 1970 年到 1990 年，这个阶段快速增长，1990 年达到 25.6 万台，是 1970 年的 25 倍左右。但在 1995 年前后，拖拉机数量出现下降，似乎与农机总动力的走势相悖。其实，这一现象并不矛盾，彼时农机市场正进行动力结构的调整，小型拖拉机购买量下降，而大中型拖拉机的购买量上升。2000 年以后，两者都是非常吻合，都呈井喷式上扬，到了 2013 年，全省农机总量突破 1000 万台（套），农机总动力达到 4081 万千瓦，均达到历史高点，是"十一五"时期的 1.21 倍，是"十五"时期的 1.98 倍，是"九五"时期末的 2.88 倍。其中，高性能插秧机保有量4.5万台，居全国第三位，是"十一五"时期的2.72倍，是"十五"时期的133.91倍，是"九五"时期的833倍。联合收割机保有量7.4万台，居全国第七位，是"十一五"时期的1.46倍，是"十五"时期的4.6倍，是"九五"时期的27.34倍。配套农机具达到243.41万部，是"十一五"时期的1.09倍，是"十五"时期的2.3倍，是"九五"时期的6.73倍。此外，由农机系统筹建的农用航空服务站于2006年建成，拥有农用飞机9架，湖北省农机总动力和拖拉机保有量见图11-1。

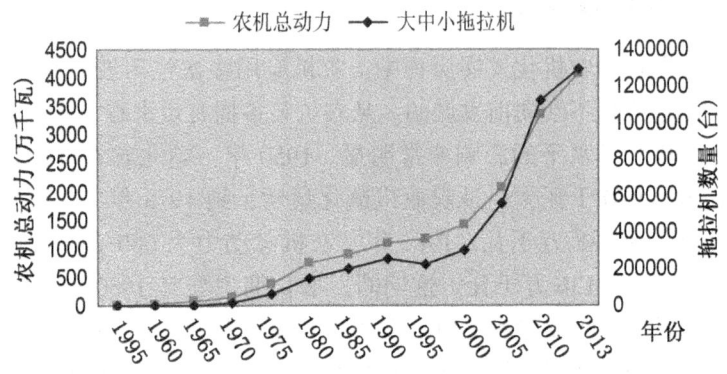

图11-1 湖北省农机总动力和拖拉机保有量

从农机作业水平来看，湖北省农机耕种收的水平是上升的，而且上升的幅度巨大。机耕是农机化的核心问题之一。1979年，在"1980年基本实现农业机械化"目标导向下，全省机耕面积达到1227千公顷，这在当时拖拉机拥有量不大的情况下是一个较大的数字。1982年至1988年，农村家庭联产承包责任制逐步落实，田块面积划小，机耕面积明显回落。1989年后，农民可支配收入逐渐增加，购机数量增加，机耕面积又逐年增长，到2000年达到一个小峰值并延续到2004年。2005年开始，在国家购机补贴政策和其他促进政策的推动下，机耕面积爆发式增长，从2005年的2015.9千公顷增加到2010年的4195.8千公顷，增加了2180千公顷，增加了一倍，是新中国成立以来前56年的总和。2010年以后，增速略有减缓，但 2013 年的机耕面积 4753 千公顷依然是回溯历史的最高点。湖北省农机耕播收作业情况见图 11-2。

湖北省的机收作物主要是小麦和水稻。湖北省的机收在 20 世纪 70 年代增长，80 年代回落。与机耕走势不同的是，其在 80 年代后期并未出现恢复性增长，而是一致蛰伏到 1995 年。1972 年，湖北省机收面积是 88.6 千公顷，1995 年是 83.4 千公顷，也就是 20 多年没有增加。田块碎片化和机器价格高是主要原因。1995 年以后，湖北机收走势比机耕走势更为健康、顺畅，一路强劲上扬，至今没有歇息迹象。2013 年，机收面积达到 3615 千公顷，是 1995 年的 43 倍。这种持续稳定增长背后的原因有三点，一是在 90 年代后期，市场需求和政策的保驾护航催生了联合收割机"跨区作业"这个新事物，使其至今都是收割市场的一道风景；二是 2000 年以后，土地流转力度加大，连片土地更适合联合收割机运作；三是购机补贴政策推行并向高端农业装备倾斜，联合收割机的销售成为经久不衰的热点。

机械播种，分为旱田机播和水田机插。旱田主要是播种小麦和玉米，水田则是机械插秧。70 年代在湖北省党政发动的"水田三机"大会战推动下，湖北的机播面积于 1979 年达到 238.7 千公顷的最高纪录，尔后开始回落，1985 年至 1995 年处于谷底，比机收面积还低。1995 年至 2005 年处于恢复阶段，2005 年达到 233.77 千公顷，与 1979 年的数字基本持平。2005 年以后，真正迎来了机播的春天，2013 年达到 1720.9 千公顷，是 2005 年的 7.4 倍。从图 11-2 可知，机播面积小于其他两项，启动时间也晚于其他两项，主要原因还是技术原因。长期以来，插秧机技术不过关，70 年代强行推广造成巨大经济损失，人们记忆犹新。另外，农机与农艺不融合。湖北省地形、土壤复杂，农作物繁多，农艺复杂，播种机与农艺的融合需要一个漫长的过程。2005 年前后，在国家和省科技攻关政策引导下，在有关农业产业化、标准化政策指导下，农机和农艺达到一定程度的融合。

综合三项指标，湖北省主要农作物综合机械化水平也是迭创新高，非常接近 60 年代提出的农业机械化的目标。1979 年，全省农机化率 14.6%，迎来第一个农机化高潮；2008 年达到 52.8%，意味着全省历史上第一次机器代替人类完成了大部分农业劳动；2013 年，包括稻、麦、油、棉在内的主要农作物机耕、机播和机收水平分别超过 74%、34% 和 73%，综合机械化水平达到 61.5%，再次缩短了农机化目标，与"十一五"时期相比，提高了 5%，与"十五"时期相比，提高了 20%。值得一提的是，湖北是水稻和油菜大省，水稻机械化和油菜机械化一直是全国农机作业的两大亮点。2013 年，油菜机播、机收面积达到 32.5 万 hm^2 和 51 万 hm^2，机播、机收水平分别达 26.5% 和 41.6%，居全国第 1 位。水稻机插和机直播面积 80. 万 hm^2，机械插（播）水平达 38.5%，居全国第 3 位。

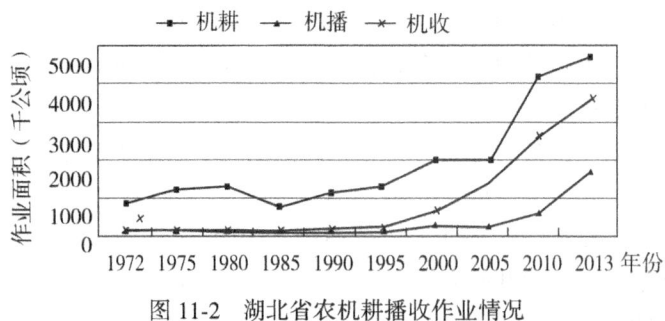

图 11-2 湖北省农机耕播收作业情况

改革开放前，农机化应用主要依靠国营拖拉机站、公社农机站、社队机务组等组织。改革开放后，这些组织解体，少量拥有机械的农户失去了组织，同时，各级农机管理部门在从事农机化管理和服务时也失去了着力点，农机运用的效力和效用大大降低。

1985 年，个人购机发展迅猛，各类农机户、农机大户相继出现，湖北省户营农机总动力占全省农机总动力的 76%。为了发挥组织效力，湖北各乡镇农机管理服务站开始引导和推动这些农机户、农机大户成立各种松散的组织为自身或无机户服务，如农机手协会、机耕服务队等。1986 年，全省共有农机手协会 321 个，代耕组织 103 个，运输组织 925 个，灌溉组织 1050 个，加工组织

1950 个。这组织在农机信息传递、教育培训、维修、跨区作业等方面扮演了重要角色、发挥了重要作用。2001—2004 年,农机购置补贴实施初期的政策,有效地培育了农机化服务主体,促进了农机大户和农机化服务组织的进一步发展。至 2004 年底,湖北省共有农机专业服务组织 7245 个,农机中介服务组织 130 个,农机手协会 76 个。2006 年,第一部《中华人民共和国农民专业合作社法》颁布,湖北各类较为松散的农机组织开始升级,农机合作社成为升级后的主要组织形式。2010 年,湖北省农业厅发布了以"明确指导思想,确立总体目标,选择发展重点,推动示范典型,加大扶持力度"为主要内容的《关于加快发展农机合作社的意见》,进一步推动了湖北农机合作社的发展。2012 年,湖北省在项目安排、购机补贴、技术服务、检验检审上继续对农机合作社予以优惠、优先扶持。如省农机局安排专项资金 440 万元、争取农合项目资金 144 万元扶持示范农机合作社建设。

截至 2013 年,全省共有农机户 163.8 万户,原值 20 万~50 万元的农机大户 10349 户,原值 50 万元以上的 1581 户;农机专业户 32.5 万户;农机化中介组织 209 个;农机专业合作社 1576 家,比上年新增 280 户。合作社注册资金 11 亿元,资产总额 15.8 亿元,从业人员 2.9 万人,拥有各类机具 8.5 万台,机具配置以大型、高性能为主。农机合作社管理日趋规范,运行机制更加灵活,服务方式日渐多样,服务领域不断拓宽。全省农机合作社开展耕、种、收、植保等机械作业服务面积累计达到 5000 万亩,流转土地 80 万亩,服务农户 100 多万户,服务纯收入 10 亿多元,合作社社员人均收益比一般农机户高 30%以上。

就在本研究接近尾声的时候,"十二五"的数据即将出炉。据 2015 年 11 月 16 日《湖北日报》报道,"十二五"末,全省农机总动力预计可达 4450 万千瓦,农机原值达到 420 亿元,分别比"十一五"时期增长 33%和 59%。拖拉机保有量达 132 万台,比"十一五"时期增长 16%,其中大中型拖拉机和小型拖拉机的保有量分别比"十一五"时期增长 34%和 14%,大小比值从 1∶7.8 增长到 1∶6.6。水稻插秧机保有量达 6 万台,是"十一五"时期的 3

倍；播种机保有量达5.5万台，比"十一五"时期增长64%；联合收获机保有量达9万台，比"十一五"时期增长77%，其中油菜收获机保有量达0.7万台，是"十一五"时期的3.5倍，青饲料收获机保有量达0.6万台，是"十一五"时期的20倍；烘干机械设备达1877台（套），比"十一五"时期增长33%。畜牧养殖机械保有量达47.5万台，比"十一五"时期增长32%；渔业机械保有量达48万台，比"十一五"时期增长67%；林果业机械保有量达17万台，是"十一五"时期的44倍。

"十二五"期间，全省水稻、油菜、小麦、玉米、棉花、马铃薯、花生和大豆八大农作物的耕种收综合机械化水平及各环节的机械化水平进一步提高。八大农作物耕种收综合机械化水平超过65%，其中机耕水平89%、机播水平38%、机收水平68.5%。水稻耕种收综合机械化水平比全国平均水平高10个百分点；油菜耕种收综合机械化水平比全国平均水平高15个百分点。

全省从事农机作业服务的组织有8000多个，人数达12万人，分别比"十一五"时期增长19%和126%。尤其是农机专业合作社发展迅速，数量达2300多个，从业人数达7.5万人，分别比"十一五"时期增长了96%和249%。全省40个农机专业合作社被列为全国农机合作示范社。

2. 政策实践存在的问题

农机安全监理问题。拖拉机、联合收割机上牌率、安全技术检验率和驾驶人持证率俗称"三率"，是衡量农机安全监理工作的基本指标，也是反映农机安全的重要指标。2013年，农业部发布的全国拖拉机"三率"情况通报表明，湖北省拖拉机"三率"平均值为65.85%，居全国第22位，三率水平与国家要求存在一定差距，存在一定农机安全隐患。据湖北农机监理站站长任耀武在2014年《中国农机监理》发表的《关于湖北农机监理"三率"问题的专题调研》一文介绍，湖北全省每年农机事故有万余起，受伤人数在3000人左右，死亡人数在300人左右。导致这一局面的原因有政策衔接和政策执行的问题。如《中华人民共和国道路交通安全法》颁布以后，原来由农机监管部门路检的监管行为行不通了，出现了路上拖拉机农机监理部门管不了，交警不愿管的现象，造成牌证管理与监督管理脱节。又如，1997年我国就制定了《拖拉机禁用与报废》国家标准（2008进行了修订），2011年制定了《联合收割机禁用与报废技术条件》行业标准，但缺乏切实可行的拖拉机、联合收割机报废的强制报废手段和优惠政策，全省有近26万台拖拉机已达到报废标准但仍在"带病"作业或处在闲置状态。

农机维修问题。湖北省在计划经济时期建立了较为完善的农机维修体系，在农机市场化以后，国有农机维修体系逐渐解体，技术力量逐渐流失，以民营和个体为主的农机维修网点承载了农机维修的主要任务，但存在许多问题。据湖北省农机局局长刘长华2015年在《湖北农机化》杂志发表的《突破维修难题，促进农机化稳健发展》一文介绍，截至2015年上半年，全省农机维修网点共3420个，较2004年的5810个下降了41.14%，居全国第22位。农机维修从业人员9364人，较2004年的1.58万人下降了40.73%。而全省各类农机装备总量较2004年的365.74万台增加了54.2%，相当于每个维修网点承担的任务量是原来的6.42倍。从维修资质来看，全省3420家农机维修网点中，一级维修点35个，占1%，二级维修点211个，占6%，两者加起来不足8%，即90%的网点属于三级和专项维修网点，只能从事一般性故障排除和局部性换件维修，很难解决相对复杂的维修问题。从业人员中，取得农机修理工"职业资格证书"的有2198人，占总人数的23.47%。同时取得"农机维修技术合格证"和"工商营业执照"的网点有433个，"有证无照"的有281个，"无证无照"的有1052个。这表明，达到有关资质要求的正规农机维修网点仅占总量的12.7%，全省80%以上的农机维修网点属无证经营，这严重影响了农机维修质量和农机安全生产。

12 湖北省农机化政策综合分析

12.1 政策要素分析

农机化政策要素包括政策的主体、客体、政策目标、政策工具、政策变迁和政策环境。

12.1.1 政策主体

政策过程是一个为解决问题而采取行动的过程,发起或参与这一行动过程的行动者即为政策主体。政策主体是政策系统的核心成分。农机化政策主体是指在农机化政策制定、实施与评估等阶段对政策问题、政策过程、政策目标群体主动施加影响的组织和所属机构的人员,一般分为官方主体和非官方主体。官方主体是政治体制内的、行使公共权力的政策过程的参与者,一般包括国家机构、执政党、政治家、官员等。非官方主体是指,政治体制外的、不直接行使公共权力的政策过程的参与者,如各类利益集团、媒体、公民个人以及各类智库等。农机化政策的官方主体主要包括执政党、各级人大、各级政府和各级主管部门。非官方主体包括农机制造企业、研究机构、农机学会(协会)、农机媒体等。在计划经济时期,执政党、领导人、中央政府和国家各部委是农机化政策的主要制定者,国家部委、地方政府、地方主管部门是农机化政策的制定者和执行者。除媒体担当了政策执行的鼓动者外(媒体也是政府主办、主管),几乎没有非官方主体。在市场经济时期,农机化政策的制定和监督主体扩展到了立法机构,利益集团、公民、大众传媒、鉴定和推广组织等非官方主体不断扩展,为政策制定、执行和监控等机关提供了有益的建议和意见。农机化政策主体扮演着政策行动的责任者角色（如法定义务）、政策行动的组织者角色（如协调各类组织的行动）、资源提供者的角色（如财政资源、人力资源）、社会服务的直接提供者角色（如农机鉴定和推广）。

12.1.2 政策客体

政策的客体，是指政策发生作用的对象及所要处理的社会问题。

政策最基本的功能和作用是进行社会控制和调整人与人之间的利益关系。农机化政策客体就是要解决的农机化发展问题。政策研究者通常将政策问题看作是一种引起社会某一部分人的需求或不满足的条件，是人们主观判断的产物，它不能脱离那些试图界定该问题的利害关系人。农机化政策问题则是引起有关机构和个人对农机化发展不满的利益发展状况。农机化发展问题是一类比复杂的社会问题，问题种类很多。如农机化基础设施投入问题、农机化队伍建设问题、农机使用培训问题，等等。一个社会问题能够引起公众普遍关注和讨论，专家、学者和研究机构对它也加以了探讨，但如果不具备解决条件，就不一定能列入政府议程而成为政策客体。有些问题虽然已经进入政府议程，最终也不一定能够出台政策加以解决。如各级人大代表或政协委员所提议案，很多没有列入政策议程。专家和学者认为农机化发展存在的许多问题，也不能都进入政策程序，如地市级农机科研机构恢复问题、农机制造企业税负过高等问题仍然没有进入政策程序的迹象。问题过于复杂政府无力解决、政策制定的准备工作不充分、政策制定的时机不成熟、政策制定的成本过高等可能是政策未能制定的原因。还有一些问题可以通过民间渠道加以解决，政府也不会对其制定相关政策。农机化问题是确定政策内容的重要依据。农机化政策客体众多，不同时期有不同的关注点。如第一阶段的农具恢复和改良问题，农机工业建设问题，水田三机问题，农机维修问题，等等。第二阶段的农机化目标调整问题，农机工业调整问题，农机经营体制改革问题，等等。第三阶段的科技兴农问题，农机社会化服务问题等。第四阶段的农机化政策扶持问题等。

政策对象即政策的目标群体，是那些基于政策的规定而必须遵守政策的群体，如相关经营主体、从业人员、消费者等，政策对这些群体的影响可能是使其受益或利益受损。政策对象对政策有接受和不接受两种选择，接受政策又分为完全接受和部分接受。对政策的不接受行为会影响政策效力的发挥。政策对象接受和服从政策的原因是多方面的，政治社会化的影响、传统思想观念和行为习惯的制约、政策是否合理、服从政策的成本与收益等都可能是影响因素。一般情况下，能够使政策对象获利的政策容易被接受；反之，容易受到抵制。不同的政策对象对不同政策的服从和接受程度不同，为避免受到处罚，不同对象对强制性政策基本接受和服从；因与自己没有利害关系，对宏观引导性政策可能怠于接受和服从；因可能获得利益或享受优惠，对于扶持性政策则会积极响应。如果一个国家或地区的政治社会化程度低、某些政策对象法律政策意识薄弱、对农机化政策认识有偏见等，那么，即便是优惠扶持性政策也很难受到政策对象的接受和服从。如果政策对象在获得政策所带来的利益小于成本时，相关群体也可能不接受政策的扶持，如购机补贴程序、贷款程序、保险程序等过于繁琐，可能会吓跑部分目标对象。

农机化政策的政策对象包括农机研究者、生产者、推广者、经营者、使用者等，不同时期的政策对象不完全相同。第一阶段政策对象包括制造企业、科研机构、流通组织、修理组织、拖拉机站、国营农场、社队等。第二阶段政策对象包括制造企业、科研机构、流通组织、修理组织、农机户（手）等。第三阶段政策对象包括制造企业、科研机构、流通组织、修理组织、农机社会化服务组织等。第四阶段政策对象包括制造企业、流通组织、修理组织、农机专业合作社等。

12.1.3 政策环境分析

政策环境是影响政策产生、存在和发展的一切因素的总和。任何一项农机化政策都不是孤立的，都是与其所处的环境相互作用的结果,这个环境就是农机化政策环境。农机化政策环境是农机化政策作用对象及周围环境的状况,决定着农机化政策目标的制定和调整,决定着农机化政策工具的选择、应用和实施效果。环境是农机化政策工具赖以发挥作用的基础,不同的政策工具在不同的环境中被赋予的目标不同,实施效果迥异。湖北农机化政策环境因素很多,包括政治、经济、文化、技术、自然等外部环境,也包括农机化行业内部环境,如行业格局、竞争结构、习惯传统等。

在农机化发展的第一个阶段,湖北农业经济逐步恢复,生产条件逐步改善,农用工业体系逐步建立。湖北社会经历了土地改革、合作化、大跃进、文革等多项群众性、政治性运动,"以粮为纲"、"以阶级斗争为纲"影响深远,实行计划经济体制。第二阶段,以经济建设为中心,"调整、改革、整顿、提高",实施改革开放。农村实行家庭联产承包经营责任制,农业实行以粮为主、多种经营的方针,经济实行计划经济与市场经济相结合的双轨体制。第三阶段,政府关注"三农"问题,实施科教兴农战略,大力发展高产、优质、高效农业,增加农产品供给,提高农民收入。市场体系建设逐步完善,农业社会化服务体系逐步形成。国家实行有中国特色的社会主义市场经济体制。第四阶段,我国进入工业化中期阶段,"工业反哺农业,城市带动农村"成为支农政策导向,财政投入力度加大,农村基础设施建设改善,农业增产增效、农民增收。以上所列因素是不同阶段湖北农机化政策的基本环境。

12.1.4 政策目标分析

农机化政策目标是政府为解决农机化问题要采取的行动所欲达到的目标、指标和效果,体现了政府的调控意图和政策取向,是农机化政策的核心要素之一,也是选择政策工具和实施政策评估的基本依据。农机化政策目标具有多元性、层次性和阶段性等特征。

经历了 60 多年的农机化理论与实践活动,湖北农机化政策可谓汗牛充栋。每一项政策都有其特定的目标,但每一项目标都是为"农机化"这个总目标服务的。在湖北农机化历史上,有关部门多次提出农机化目标。1966 年 2 月,湖北省委制定了曾获毛泽东高度赞许的《关于逐步实现农业机械化的设想》,"设想"提出了湖北省发展农业机械化的具体计划——"从当年起,力争在五年、七年、十年内,在全省实现农业机械化"。从当时的时间推算,湖北提出了1979年实现机械化的目标,这个目标比起毛泽东提出的全国实现机械化的目标还提前了一年。由于众所周知的原因,湖北的机械化目标远没有实现,1980年,湖北的农作物综合机械化率只有20%左右,离70%的目标相去甚远。鉴于对农机化目标的严重误判,1980年4月,原农机部部长杨立功向新闻界宣布,今后不再提"1980年基本实现农业机械化"的口号。湖北省也不再确定农机化的具体目标,而是根据各地耕作制度、劳动力、经济发展水平等具体情况确立了有步骤、有选择地发展农业机械化的方针,认为实行机械化、半机械化、手工工具并举,人力、畜力、机电动力并用的作业制度是今后较长时期内的必然选择。这说明政府在制定农机化发展目标时趋于谨慎。湖北第二次提出农机化目标是1997年。时任省长蒋祝平在与全省农机专家座谈时提出了2005全省基本实现机械化的目标,随后省政府发文《关于加快农业机械化发展的决定》,文件提出2005年全省基本实现机械化。这一次农机化目标的提出和实施有点虎头蛇尾,在知名度和影响上都远不及第一次,自然也没有实现。2005年时,农机化率只有44.6%。尔后,湖北省农机化目标又出现了两次,但不再以省政府的名义发布,而是以行业主管部门的"五年"规划的形式发布。2006年,湖北省农机办在《湖北省农机化发展第十一个五年规划(2006—2010年)》中提出三阶段目标,"到2010年,稻麦生产的综合机械化程度达到60%;到2015年,稻麦生产综合机械化程度达到70%,全省基本实现农业机械化;到2020年,种植业生产综合机械化程度达到80%以上,全面实现农业机械化"。实际情况是,2010年全省稻麦生产综合机械化率达到了56%,非常接近第一阶段的规划目标,只相差4个百分点。但从目前统计数据来看,第二阶段"基本实现机械化"的目标仍难实现。2011年,湖北省农机局在《湖北省"十二五"农业机械化发展规划》中提出"'十二五'末期全省农业生产综合机械化水平提高到65%"。这个目标已经实现。据 2015 年 11 月 16 日《湖北日报》报道，湖北省八大农作物耕种收综合机械化水平超过 65%，其中机耕水平 89%、机播水平 38%、机收水平 68.5%。

12.1.5 政策工具分析

政策工具是"一个行动者能够使用或潜在地加以使用，以便达成一个或更多目的的任何事物"，或者说，政策工具是达成政策目标的手段。选择政策手段是确定政策方案的一个重要环节，一个完整的政策设计方案必须包含能够达到政策目的的方法和措施，缺乏政策工具的政策方案是无法进行政策的实际操作的。宏观引导、行政审批、规范和约束、调控税费、财政补贴等是政策常用的政策手段，也往往被称为政策工具[1]。

霍莱特和拉梅什[2]按照政策工具的强制程度将政策工具分为自愿性工具、混合性工具和强制性工具三种类型。这种分类方法具有较强的解释力，也显得更为合理。自愿性政策工具是指通过家庭、个人、社会组织或市场发挥作用，在自愿的基础上解决公共问题的手段、途径和方法。这类手段和方法不受或很少受政府部门的影响。如宏观引导性政策多以纲要、规划、意见等文种形式出现，号召或规劝政策执行者和政策目标群体调整他们的政策行为。对这类政策的执行往往是自愿的，对政策执行者没有强制性要求。强制性政策工具又称直接政策工具，它借助于国家或政府的权威和强制力迫使目标群体或个人采取或不采取某种行为，以此来实施政策，解决政策问题。强制性政策工具体现了政府在处理社会公共问题、提供公共服务时具有较高的强制性，几乎不给政策标的个人、团体及组织留下自由裁量的余地。常见的强制性政策工具有规制、公共企业和直接提供。政府规制工具的形式多种多样，如规定行为、颁布禁令，颁布和实施特定的标准，审批发放许可证，规定配额等都是

---

[1] 王满船. 公共政策手段的类型及其比较分析. 国家行政学院学报, 2004 (5)：34-37.

[2] 加拿大公共政策学者。

规制工具的具体应用。公共企业是由政府控制的企业，可以把它看成是政府规制的极端形式。政府可以运用控制的公共权力对隶属于自己的公共企业发号施令。直接提供是指政府为解决公共问题，满足公众需要，直接运用政府的公共权力，由政府机构及其雇员直接为社会提供公共物品与服务。行政审批是一种典型的强制性政策手段，直接规定某些行为必须通过行政机关的批准，否则是严格禁止的。如企业生产许可证、产品推广证、准入证等等就属于这类政策工具。混合性政策工具兼有自愿性工具和强制性工具的特征。混合性政策工具在允许政府将最终决策权留给私人部门的同时，还可以不同程度地介入非政府部门的决策过程。政府的低程度介入，可以发布导向信息；高程度介入，可以对部分行为进行惩罚性课税；中等程度介入，可以对需要鼓励的行为采取补贴措施，也可以在一些领域建立价格机制。混合性政策工具有信息与劝诫、补贴、产权拍卖、征税与收费等多种形式。

湖北省农机化发展的第一阶段，政府的政策工具主要为强制性，规制、公共企业和直接提供都有应用。如农机化各类机构的审批、原材料的配额等属于规制工具的具体运用。国有农机制造企业的十次降价行为，经销公司的"平进平销"等属于公共企业工具的运用。政府无偿划拨农机具给拖拉机站、社队农机站等行为属于直接提供工具的运用。第二阶段既有强制性政策，也有自愿性政策。在双轨制的初期，以强制性为主，在末期则以自愿性政策为主。如农机制造企业的原材，既有计划内的低价原材料，也有"市场价"的原材料。农机销售价格既有国家牌价，也有自由定价。农机科研经费既有国家下拨，也有市场化竞争和横向课题。第三阶段，自愿性、强制性和混合性政策均有，以自愿性政策为主。随着我国整体市场经济制度和法律制度的完善，行政审批已不是农机化政策使用的主要手段。规范或约束性政策手段是一种自愿性和强制性相混合的政策手段。第四阶段，自愿性、强制性和混合性政策均有，以混合性政策为主。2003年《行政许可法》颁布后，一大批行政许可事项被清理后，在市场机制作用的基础上，强制性政策手段进一步弱化，购机补贴、税费优惠等混合性政策得到大量运用。

12.1.6 政策变迁分析

根据学者林毅夫的研究，如果按照制度变迁的发生机制划分，可以将制度变迁分为诱致性制度变迁和强制性制度变迁。[①]诱致性制度变迁是一种自发变迁，是人们在响应由制度不均衡引致的获利机会时自发进行的。这种变迁是行为主体在权衡制度成本与制度收益的基础上、在给定的约束条件下追求利益最大化时做出的。诱致性制度变迁主体来自于基层，程序自下而上，具有边际革命和增量调整性质。将改革成本分摊向后推移，先易后难、先试点后推广、先经济体制改革后政治体制改革、先外围后核心是诱致性变迁的主要特征。强制性制度变迁实际上是供给主导型制度变迁，制度变迁的主导因素是权力中心提供新的制度安排的能力和意愿，这类变迁一般由政府的法令引起。强制性制度变迁以政府（中央政府或地方政府）为变迁主体，按自上而下的顺序推行，是具有激进性质的一种制度变迁类型。政府命令和法律的引入是强制性制度变迁实现的基本途径，在变迁过程中，国家是变迁的主体。由于政府的特殊政治地位，强制性制度变迁下制度安排的力量比较大。变迁时间短、制度实施时推动力大、在政府权威影响下制度安排一般能顺利实施是强制性制度变迁的主要特征。但是，由于强制性制度变迁方式不是由相关利益主体在重复博弈的过程中形成的，那么，在信息不对称的情况下"搭便车"行为将无法避免。另外，强制性制度变迁也可能出现制度与现实环境不相适应的低效率现象，这主要是因为政府的制度安排有时候可能仅仅是基于经验而并非根据现实的需要进行。一般情况下，强制性制度变迁以制度供给为主导，而诱致性制度变迁则通常以制度需求为主导。

在湖北农机化政策运行的第一阶段，农机化制度的主要内容集

[①] 林毅夫. 再论制度、技术与中国农业发展. 北京：北京大学出版社，2000.

中在农机具改良、农机工业体系建立及农机经营、运用等方面。此时的农民是社队组织的成员,没有独立的生产经营权,在整个国民经济实行计划管理的体制下,政府既是农机化制度的需求主体,同时也是农机化制度的供给主体,政府供给主导型的强制性制度变迁成为农机化制度的变迁的不二选择。这样的制度安排缩短了制度的导入期,一定意义上节省了制度变迁的成本。但其缺点也是显而易见的,即当制度供给者的偏好与生产者不一致时,生产者的劳动积极性会大大降低,从而导致了制度变迁中的效率损失。第二阶段,农机化制度安排的内容向农机科研和推广转移,相关制度不断出台。经过第一个阶段的发展,农机化政策的践行者们发现,改良、仿制的农机具一定程度上能够促进农业生产的发展,但效率和效果有限,只有依靠革命式的技术创新,才能从根本上促进农机化的发展。按照技术发展规律,技术创新必须以制度创新为前提。因此,从第二阶段开始,农机化制度变迁的方式发生了变化,由强制性制度变迁向强制性与诱致性变迁相结合的方向转化,新旧制度互相重合,逐渐替代。这种转化发生的原因,主要是传统的计划经济体制被打破,农民逐渐成为自主经营的农业生产主体,在制度需求中有了一定的发言权。虽然在第三、第四阶段农机化制度供给主体和农机化制度需求主体都是"政府+农民"的双主体模式,但在不同的阶段二者的主体地位不同。第三阶段,市场经济体制完全确立,政府减少了对农机化发展的干预,农业机械化的制度安排呈现出明显的渐进式和诱致性制度变迁的特点。从制度需求的主体来看,国家和农民仍然是制度需求的双主体,但农民的主体地位明显上升。这是国家的各项经济政策中,把提高农民收入、缩小城乡差距上升到中心地位、政治高度的结果。政府也不再是唯一的制度供给主体,其作用被显著弱化,凭借市场调节和技术进步需求的自发式、渐进式制度变迁的特征越来越明显。但后来的实践证明,因单个农户生产规模小,农业合作组织发育滞后,把农业全部推向市场,造成农机化发展速度一度放缓。因此,到了21世纪初,政府重新调整了对农业机械化制度的重心,湖北的农业机械化进入了一个新的发展时期。

第四阶段，国家经济实力不断增强，"两个趋向"的判断成为共识，政府适时调整了农机化制度内容，制度供给能力及投入水平进一步提高。从制度需求的主体来看，农民和国家双主体特征没有变化。但从制度供给的主体来看，政府作为供给主体的地位十分突出，供给能力明显增强。与第一阶段不同的是，制度安排更具科学性和系统性，引导和促进是各项制度实施的常用手段。新的农机化制度强调了政府的宏观管理与服务职能，增强了规范性，突出了灵活性，提高了适用性。

表 12-1 是新中国成立以来不同阶段湖北省农机化政策特征的比较分析，分别从政策主体、客体、对象、环境、目标、变迁等方面总结分析了湖北省不同阶段农机化政策的主要特征。

表 12-1　不同阶段湖北省农机化政策特征的比较分析

政策特征＼政策阶段	第一阶段（1949—1978年）	第二阶段（1979—1994年）	第三阶段（1995—2004年）	第四阶段（2005年至今）
政策主体	领导人、执政党、各级政府、主管部门、媒体	执政党、各级政府、主管部门、媒体	立法机关、执政党、各级政府、主管部门、媒体、咨询机构	立法机关、执政党、各级政府、各主管部门、媒体、咨询机构
政策客体	农机具改良、农机工业体系建设、农机维修体系、农机经营及运用	农机工业调整、农机经营使用改革、农机科研、农机推广鉴定、农机安全监理	农机科技兴农、农机科研改革、农机社会化服务体系	农机维修、农机流通、购机用机补贴、农机安全监理、农机市场准入
政策对象	制造企业、科研机构、流通组织、修理组织、拖拉机站、国营农场、社队	制造企业、科研机构、流通组织、修理组织、农机户（手）	制造企业、科研机构、流通组织、修理组织、农机社会化服务组织	制造企业、流通组织、修理组织、农机专业合作社、中介组织

续表

政策特征 \ 政策阶段	第一阶段（1949—1978年）	第二阶段（1979—1994年）	第三阶段（1995—2004年）	第四阶段（2005年至今）
政策目标	1980年基本实现机械化，农作物综合机械化率达到70%	有选择、有步骤地发展农业机械化（不提具体的目标）	2005年全省基本实现农机化	2010年，综合机械化程度达到60%；2015年，综合机械化程度达到70%，全省基本实现农业机械化；2020年，综合机械化程度达到80%，全面实现农业机械化
政策环境	湖北社会经历了土地改革、合作化、大跃进、文化大革命等多项群众性、政治性运动，"以粮为纲"、"以阶级斗争为纲"影响深远，实行计划经济体制	以经济建设为中心，实施改革开放。农村实行家庭联产承包经营责任制，农业以粮为主、多种经营，经济实行双轨体制	实施科教兴农战略，市场体系建设逐步完善，农业社会化服务体系逐步形成。实行市场经济体制	进入工业化中期阶段，财政投入力度加大，农村基础设施建设改善、农业增产增效、农民增收
政策工具	强制性政策工具（规制、公共企业、直接提供）	强制性政策与自愿性政策相结合，前期强制性为主，后期自愿性为主	自愿性、强制性和混合性相结合，以自愿性工具为主	自愿性、强制性和混合性相结合，以混合性工具为主
政策变迁	强制性、供给主导型变迁	以强制性、供给主导型变迁为主，以诱致性、需求主导型变迁为辅	以强制性、供给主导型变迁为辅，以诱致性、需求主导型变迁为主	制度供给主体与需求主体利益一致基础上的制度需求引导与制度供给引导并重的诱致性制度变迁为主，强制性制度变迁为辅

12.2 政策绩效分析

12.2.1 评价方法

构建包含农机科研、制造、营销和使用四个层面的政策绩效综合评价指标体系，对湖北省农机化政策绩效进行多层面的综合评价，可以对在政策变迁中由于政策目标、重点的不同而导致的整体绩效和现有政策变迁的政策目标、重点的合理性进行研究，为未来农机化政策的制定与实施提供较为全面的理论依据。

根据需要，本研究采用层次分析法（AHP）对农机化政策变迁绩效进行研究与评价。层次分析法是美国著名运筹学家T. L. Satty 等人在20 世纪70 年代提出的一种定性与定量相结合的多准则决策方法，广泛用于管理与决策的多目标决策。该方法是在对复杂决策问题的本质、影响因素以及内在关系进行深入分析后，构建一个层次结构模型，然后利用较少的定量信息，把决策的思维过程数字化，从而为求解多目标、多准则或无结构特性的复杂决策问题提出一种简便的决策方法。层次分析法一般先将评价因素划分为目标层、准则层、方案层等几个层级，再利用矩阵把要解决的问题通过要实现的目标、判断标准、可供选择的方案联系起来，进行求解以获得定量结果。为保证评价的合理性、准确性和科学性，在建立评价指标体系时，在准则层，构建了科研、制造、营销和使用四个一级指标，在方案层，构建了行业集中度等12 个二级指标。通过专家评分得到二级指标的分值，按照AHP 法计算各二级指标的权重，再累加计算出农机化政策变迁绩效的总分值。

12.2.2 评价指标构建及说明

按照已选取的评价方法，全面考察农机科研、制造、营销和使用四个层面的利益联系，构建湖北省农机化政策变迁评价指标体系，见表12-2。

表 12-2　　湖北省农机化政策绩效评价体系

目标层	准则层	方案层
湖北省农机化政策 A	科研政策 B_1	科研机构及人才 C_{11}
		科技成果产出 C_{12}
		科技成果转化 C_{13}
	制造政策 B_2	行业集中度 C_{21}
		科技投入 C_{22}
		企业竞争力 C_{23}
	营销政策 B_3	行业集中度 C_{31}
		营销渠道 C_{32}
		营销方式 C_{33}
	使用政策 B_4	配套服务体系 C_{41}
		农机安全生产水平 C_{42}
		农机化水平 C_{43}

农机科研层面的评价指标主要包括科研机构和科研人才数量和质量、科技成果产出数量和质量、科技成果转化效率和效果；农机制造层面的评价指标包括行业集中度、科技投入、企业竞争力；营销层面的评价指标包括行业集中度、营销渠道建设、营销方式及效果；农机使用层面的评价指标包括农机使用配套服务体系建设、农机安全生产水平及农机化水平。

12.2.3　评价指标数据的获取与处理方法

本研究的评价指标体系是针对整个政策体系变迁的综合评价，所有指标的评价均通过行业专家以打分的方式进行。实施过程为：界定相关概念，制定评分标准，设计调查问卷。根据各位专家的研究领域及意愿，共选择 26 专家参与本次评价。共发放问卷 26 份，回收 25 份，有效答卷 21 份（见表 12-3）。本研究将专家评价数据的平均值作为定量分析的原始数据。

表 12-3　　湖北省农机化政策绩效专家评分表

指标 专家	C_{11}	C_{12}	C_{13}	C_{21}	C_{22}	C_{23}	C_{31}	C_{32}	C_{33}	C_{41}	C_{42}	C_{43}
1	60	50	40	75	60	65	70	85	90	80	88	90
2	60	58	45	78	60	63	77	80	92	81	82	91
3	40	40	50	50	50	60	60	70	70	80	90	90
4	45	48	50	53	58	58	65	68	65	80	88	90
5	48	50	50	52	60	61	65	70	70	80	90	90
6	50	52	52	55	65	70	70	75	78	78	88	89
7	55	53	53	56	65	70	75	70	75	70	80	80
8	50	50	45	60	65	72	65	70	73	72	85	89
9	62	58	51	68	60	65	72	88	98	81	86	91
10	68	60	58	66	50	60	73	83	92	78	80	91
11	70	60	55	68	55	60	69	85	91	82	78	88
12	63	58	50	70	56	65	72	76	89	79	84	89
13	69	58	50	73	58	60	68	75	90	78	80	90
14	68	55	48	71	59	60	67	75	88	79	79	89
15	66	50	40	73	50	64	69	70	85	75	80	89
16	68	50	50	70	60	61	70	75	90	70	78	88
17	72	58	55	68	60	62	60	80	90	78	80	90
18	70	65	50	70	50	40	65	78	89	70	82	91
19	65	50	46	69	56	50	70	80	92	77	80	90
20	63	51	50	70	56	50	75	85	90	79	82	91
21	66	52	48	68	60	51	68	89	92	70	81	89
平均分	60	51	49	64	53	48	71	82	91	77	83	89

12.2.4　评价过程

1. 构造判断矩阵

建立层次分析模型后,就可以在各层元素中进行两两比较,构造出比较判断矩阵。层次分析法主要是人们对每一层次中各因素的相对重要性给出判断,即针对上一层次因素,本层次与之有关的因素之间相对重要性的比较。这些判断通过引入合适的标度用数值表示出来,就可建立起一个 n 阶判断矩阵,再计算最大特征值和其对应的特征向量。为了使决策判断定量化,形成数值判断矩阵,通常取 1,2,…,9 及它们的倒数作为标度,其标度含义见表 12-4。

表 12-4 　　　　　　　判断矩阵标度及含义

序号	重要性等级	C_{ij} 赋值
1	i、j 两个元素同等重要	1
2	i 元素比 j 元素稍重要	3
3	i 元素比 j 元素明显重要	5
4	i 元素比 j 元素强烈重要	7
5	i 元素比 j 元素极端重要	9
6	i 元素比 j 元素稍不重要	1/3
7	i 元素比 j 元素明显不重要	1/5
8	i 元素比 j 元素强烈不重要	1/7
9	i 元素比 j 元素极端不重要	1/9

注:C_{ij} = {2,4,6,8,1/2,1/4,1/8} 表示重要性等级介于 C_{ij} = {1,3,5,7,9,1/3,1/5,1/7,1/9} 。这些数字是根据人们进行定性分析的直觉和判断力而定的。

2. 对判断矩阵进行一致性检验

建立判断矩使得判断思维数字化,简化了问题的分析,使得复杂问题的定量分析成为可能。但由于受各种主观因素的影响,建立的判断矩阵往往满足不了一致性要求,因此,需要对矩阵的一致性进行检验。层次分析法的一致性指标为 CI,即判断矩阵最大特征根以外的其余特征根的负平均值。

CI = (Xmax-n) / (n-1),其中 Xmax-n 为矩阵最大特征值。CI 值越大,表明判断矩阵偏离完全一致性的程度越大,判断矩阵的一致性越差。CI 值越小（接近于零），表明判断矩阵的一致性越好。当 CI = 0 时，判断矩阵具有完全一致性，反之亦然。衡量不同矩阵是否具有满意的一致性，还需引入判断矩阵的平均随机一致性指标 RI（Random Index）。对于 1-9 阶判断矩阵，RI 的取值见表 12-5。

表 12-5　　　　　　　平均随机一致性指标

阶数 n	1	2	3	4	5	6	7	8	9
RI	0.00	0.00	0.58	0.9	1.12	1.24	1.32	1.41	1.45

判断矩阵的一致性指标 CI 与同阶随机一致性指标 RI 之比称为随机一致性比率，记为 CR。当 CR = CI/RI < 0.1 时，即认为判断矩阵具有满意的一致性，否则就需要调整判断矩阵，使之具有满意的一致性。

3. 构造判断矩阵

依据以上理论，构造判断矩阵，进行权重计算和一致性检验，结果如表 12-6 至表 12-10 所示。

表 12-6　　　　　　　准则层判断矩阵

A	B_1	B_2	B_3	B_4	重要性排序值 ω_A
B_1	1	2	3	1/3	0.2211
B_2	1/2	1	3	1/5	0.1376
B_3	1/3	1/3	1	1/6	0.0686
B_4	3	5	6	1	0.5727

一致性检验：$\lambda_{max} = 4.095735$　　CI = 0.031912　　RI = 0.89　　CR = 0.035856

表 12-7　　　　科研层面指标判断矩阵及权重

B_1	C_{11}	C_{12}	C_{13}	ω_{B1}
C_{11}	1	1/3	1/5	0.104729
C_{12}	3	1	1/3	0.258285
C_{13}	5	3	1	0.636986

一致性检验：$\lambda_{max} = 3.038511$，$CI = 0.019256$，$RI = 0.51491$，$CR = 0.0374$

表 12-8　　　　制造层面指标判断矩阵及权重

B_2	C_{21}	C_{22}	C_{23}	ω_{B2}
C_{21}	1	3	1/5	0.183433
C_{22}	1/3	1	1/7	0.080961
C_{23}	5	7	1	0.730645

一致性检验：$\lambda_{max} = 3.064888$，$CI = 0.032444$，$RI = 0.51491$，$CR = 0.06301$

表 12-9　　　　营销层面指标判断矩阵及权重

B_3	C_{31}	C_{32}	C_{33}	ω_{B3}
C_{31}	1	1/6	1/4	0.08522
C_{32}	6	1	3	0.64422
C_{33}	4	1/3	1	0.27056

一致性检验：$\lambda_{max} = 3.053622$，$CI = 0.026811$，$RI = 0.51491$，$CR = 0.05207$

表 12-10　　使用层面指标判断矩阵及权重

B_4	C_{41}	C_{42}	C_{43}	ω_{B_4}
C_{41}	1	3	1/5	0.194688
C_{42}	1/3	1	1/6	0.088077
C_{43}	5	6	1	0.717235

一致性检验：λ_{max} = 3.094015，CI = 0.0470525，RI = 0.51491，CR = 0.09138

最后，可以得到层次总排序结果，见表 12-11。

表 12-11　　层次总排序权值

指标	权数 WB_i	子指标	权数 WC_{ij}	W_{ij}
科研政策	0.2211	科研机构及人才	0.1047	0.0232
科研政策	0.2211	科技成果产出	0.2583	0.0572
科研政策	0.2211	科技成果转化	0.6370	0.1409
制造政策	0.1376	行业集中度	0.1834	0.0253
制造政策	0.1376	科技投入	0.0810	0.0112
制造政策	0.1376	企业竞争力	0.7306	0.1006
营销政策	0.0686	行业集中度	0.0852	0.0059
营销政策	0.0686	营销渠道	0.6442	0.0443
营销政策	0.0686	营销方式	0.2706	0.0186
使用政策	0.5727	配套服务体系	0.1947	0.1115
使用政策	0.5727	农机安全生产水平	0.0881	0.0506
使用政策	0.5727	农机化水平	0.7172	0.4107

由此可知，上述各项指标的重要性程度依次为：农机化水平、科技成果转化、农机使用配套服务体系建设、农机制造企业竞争力、科技成果产出、农机安全生产水平、营销渠道建设、农机制造

业集中度、科研机构及人才建设、农机产品和技术营销方式、农机制造企业的科技投入、农机营销业行业集中度。

12.2.5 评价结果

定义评价结果 v = （优，良，中，差） = （100，80，60，40）。根据专家打分，分别确定 C_{11} ~ C_{43} 评价指标评分为（60，51，49，64，53，48，71，82，91，77，83，89）。根据上述指标的权重及评分，可计算出湖北省农机化政策绩效综合评分为 V = 73.3366，评价等级介于良好和中等之间，说明湖北省农机化政策的总体绩效尚可。从专家单项打分来看，湖北农机营销及使用得分较高，均达到良好水平，稍显不足的是营销企业的集中度有待提高以及农机应用配套服务体系有待完善。对农机化政策绩效总体得分影响较大的指标有 C_{12} 科技成果产出、C_{13} 科技成果转化、C_{22} 科技投入、C_{23} 企业竞争力等四项指标，这四项指标均不及格，且均分别集中在农机科研和制造领域。从最终政策综合绩效来看，科研得分 11.2133，制造得分 7.0416，营销得分 5.7441，使用得分 49.3376，这一现象表明湖北农机化政策绩效分布极不平衡，科研、制造、营销得分均较低，而使用一项得分占总体绩效的 67.28%。

12.3 政策问题分析

回顾 60 多年来湖北农机化政策的发展历程，政策体系日趋完善。从政策主体层面看，计划经济时代，国家和部委颁布的政策较多，省及地方颁布的政策较少，体现了集中统一的特点。改革开放后，省及地方颁布的政策越来越多，体现了分权和"放"的特点。从政策结构看，早期颁布的宏观政策多，改革开放以后，中观和微观政策逐渐增多，形成了宏观、中观和微观协调作用的态势，说明政策得到细化和落实，地方发展农机化的积极性得到提高。从政策文本种类上看，从早期的"讲话""批示""通知""纪要"等初级文本形式逐步过渡到"纲要""规划""规章""法律"等高级文本形式，政策的规范性、科学性和权威性得到体现。从政策工具

12.3 政策问题分析

看,计划经济时期几乎全是供给型政策,到了市场导向时期,环境型政策居多,到了协调发展时期,供给型政策、环境型政策、需求型政策兼而有之,说明政府的政策工具应用日趋娴熟。从政策的内容上看,政策覆盖范围日趋广泛。50年代,大部分政策是关于农具改革和增补的;60年代出现了有关农机科研、制造、价格和目标的政策;70年代出现有关农机化教育、农机化推广、流通的政策;80年代对农机化发展方向、步骤、结构进行调整,出台了压缩规模、放松个人需求限制、改革企业管理方式等系列政策。这一时期,还首次出现了农机安全监理、农机产品试验鉴定、农机公路运输等政策。90年代,出台了农机事故处理办法、农机化培训政策、以跨区作业为代表的农机化社会服务促进政策、农机化科技成果和科技人员职称评定管理办法以及农机化地方法规;2000年后,出台了第一部农机化法律《农业机械化促进法》,出台了史上力度最大、持续时间最长的购机补贴政策,出台了第一项农机产业政策,出台了联合收割机监理政策;2010年后,出台了第一个农机合作组织——农机合作社管理办法、第一个农机现代流通体系建设意见、第一个农机产品准入政策、第一个农机报废更新政策。湖北农机化事业不断发展,湖北的农机化政策不断推陈出新,几乎覆盖农机化业务的每一个环节。

虽然湖北省农机化政策理论和实践取得了不菲的成绩,但上述的绩效分析及第13章的实证分析结果均显示湖北省农机化政策运行仍然存在不少问题,还有许多方面有待改进和加强。

12.3.1 政策设计

政策设计是政府及相关主管部门为了解决政策问题,采取科学的方法、广泛收集各种信息,设定一套未来行动选择方案的动态过程。政策设计包括政策问题的提出、分析、议程和政策制定的过程。政策设计直接影响政策的执行和绩效。湖北省农机化政策设计的问题主要体现在政策的匹配性、协同性和政策导向性等几个方面。

1. 政策匹配性不强

国家政策多，地方政策少。从表 12-12 可知，不管是按发展阶段统计还是按政策类型统计，国家和部委出台的政策都要多于湖北出台的地方政策。更令人担忧的是，相对国家政策数量，湖北地方政策有越少的趋向。按常理，上级政策少，下级政策多；宏观政策少，中观和微观政策多；纲领性政策少，操作性政策多。第四阶段，湖北省出台的政策 39 件，国家出台的政策 92 件，出现了政策"倒挂"现象，说明很多政策没有配套、细化和落实。

表 12-12　　各阶段、各部门农机化政策汇总①　　单位：项

	科研政策	制造政策	营销政策	使用政策	总计
行政主导阶段（第一阶段）	国家政策 9 项，联合颁布 1 项，湖北政策 1 项	国家政策 18 项，湖北政策 3 项，联合颁布 2 项	国家政策 17 项，联合颁布 17 项，湖北政策 10 项	国家政策 34 项，联合颁布 15 项，湖北政策 31 项	国家政策 95 项，湖北政策 44 项，联合颁布 30 项
转轨阶段（第二阶段）	国家政策 9 项，联合颁布 1 项，湖北政策 4 项	国家政策 29 项，湖北政策 6 项，联合颁布 6 项	国家政策 34 项，联合颁布 13 项，湖北政策 6 项	国家政策 26 项，联合颁布 10 项，湖北政策 29 项	国家政策 101 项，湖北政策 53 项，联合颁布 24 项
市场导向阶段（第三阶段）	国家政策 5 项，联合颁布 3 项，湖北政策 4 项	国家政策 4 项，湖北政策 0 项，联合颁布 2 项	国家政策 8 项，联合颁布 2 项，湖北政策 2 项	国家政策 14 项，联合颁布 8 项，湖北政策 15 项	国家政策 35 项，湖北政策 25 项，联合颁布 14 项

---

① 在作部门政策统计时，如果一项综合性政策涉及该部门所涉事物即列入统计，因此在讨论部门政策时，一项综合性政策可能会被重复统计。

续表

	科研政策	制造政策	营销政策	使用政策	总计
协调发展阶段（第四阶段）	国家政策8项，联合颁布3项，湖北政策5项	国家政策22项，湖北政策5项，联合颁布0项	国家政策39项，联合颁布9项，湖北政策12项	国家政策32项，联合颁布10项，湖北政策13项	国家政策92项，湖北政策39项，联合颁布28项
总计	国家政策31项，湖北政策14项，联合颁布8项	国家政策56项，湖北政策15项，联合颁布10项	国家政策98项，湖北政策30项，联合颁布41项	国家政策106项，湖北政策88项，联合颁布43项	

一般性政策多，法规性政策少。政策法律化，就是政策向法律转化，是指享有立法权的国家机关依照立法权限和程序，将成熟、稳定而有立法必要的政策转化为法律，法律是定型化、规范化、条文化的政策。我国的法律是全国人大制定并出台的，法规是省、较大市的人大制定并出台的，具有地方性。法律是政策的重要形式，对政策有制约作用。政策法律化后，既具有政策属性，又具有法律属性，这样就可以通过两个渠道同时贯彻实施。实现政策的形式有很多种，但通过制定、执行法律的形式去实现的政策具有稳定性、权威性和严肃性。从文种类型看（见表12-13），第一阶段开会（会议纪要多）和"报告"较多，第二、三阶段"通知"较多，第四阶段"意见"较多。但不论哪个阶段，法律和条例都很少。1993年以前，没有法律文种形式，1993年至今，20多年来仅有5部法律，而且这些法律中还包括农民合作社法、农业技术推广法、交通安全法等与农机化间接相关的法规。从条例来看，新中国成立以来共颁布14项，但这些条例大部分失效，仅有《湖北省农业机械管理条例（修订草案）》《湖北省农业机械化促进条例》在发挥时效。这从一个侧面说明湖北省农机化政策的权威性和稳定性偏低。

表 12-13　　湖北省农机化政策效力① (N=465)

	适用范围		文种类型															合计
	综合	单一	法律	条例	决定	规章	规定	办法	通知	意见	规划	细则	讲话	纪要	报告	纲要	标准	其他	
第一阶段(1949—1978年)	40	89	0	4	4	6	4	10	9	10	5	0	6	20	31	6	1	15	131
第二阶段(1979—1994年)	33	116	1	5	5	11	2	22	36	18	5	5	12	10	9	0	5	4	150
第三阶段(1995—2003年)	5	49	1	1	3	4	0	8	22	3	4	3	3	1	0	1	1	3	58
第四阶段(2004—2013年)	20	110	3	4	1	7	0	20	21	34	15	2	0	0	0	0	1	18	126
合计	98	364	5	14	13	28	6	60	88	65	29	10	21	31	40	7	8	40	465

农机使用政策、推广政策多，科研和制造政策少。经统计(见表12-14)，农机化使用政策在每个阶段都是最多的。2000年以后，推广和使用政策要大大多于科研和制造政策。农机化的关键在于农机技术和产品的运用，所以使用政策多是不足为奇的。但推广政策供给很多是值得商榷的。我们有相对完善的四级推广机构，大量的推广项目和政策，但效果并不太好，很多东西推而不广，或广而不久，重要原因是农机流通和制造政策太少，农机流通和制造主体太弱。在工业品市场，产品的推广和售后主要是中间商的责任，产品销得越多，中间商的利益就越大。所以中间商是有做产品和技术推广的动机的。当下湖北省农机流通企业散、乱、小现象严重，实力弱小，有愿望没能力。如果湖北的流通企业强大，何需设置那

---

① 纲要、纲领合并成一项；规章、规程合并成一项；政策名称不详的文件未列入本项统计。

么多政府推广机构？此外，湖北的农机制造企业生产的精品太少。好东西不推自广，孬东西推而不广。70年代的插秧机和90年代的联合收割机就是反正两方面的例子。湖北的农机化应用途径主要靠拉动而不是靠推动，即增加农机的购买力和农民认为的好产品。因此，在政策供给上，应改上细下粗的"啤酒瓶"形为两头粗中间细的"哑铃"形政策结构。

表 12-14　　　　　不同时期四类政策数量统计　　　　单位：项

	科研	制造	推广	使用
第一阶段（1949—1978年）	10	21	14	65
第二阶段（1979—1994年）	13	35	23	55
第三阶段（1995—2003年）	9	4	7	29
第四阶段（2004—2013年）	13	27	41	45

2. 政策协同性不强

政策运行效果在很大程度上受政策各要素内部及其之间相互作用、相互制约和相互协作程度的影响，这种制约与协作的关系就是政策的协同性。要提高农机化政策绩效，就需要在完善各项政策的同时提高政策的协同性。本研究认为，从政策设计和制定的角度看，政策的协同性主要体现在两个方面：一是"综合型"政策与"单一型"政策的比例。二是单独颁布政策与联合颁布政策的比例。如果一项政策只是针对农机化产业链中的某一环节或农机化工作的某一个方面，那么这项政策具有单一性，反之具有综合性。从表12-12得知，第一阶段，综合型政策40项，单一型政策89项；第二阶段，综合型政策33项，单一型政策116项；第三阶段，综合型政策5项，单一型政策49项；第四阶段，综合型政策20项，单一型政策110项。这表明，第一阶段政策的协同性是最强的，那时各级党政一把手亲自抓农机化，党和政府均设有农机化管理办公室，统一协调各主管部门。尔后，随着社会分工细化及行政管理职能条块分割，综合型政策越来越少，到第四阶段只有20项，综/单比由近1/2下降到近1/6，政策的普适性进一步降低。

农机化工作是一项系统工程，每一项工作都与其他工作有关。因此，涉及较多领域的农机化政策，最好得到相关政策供给主体的认可并联合发布。联合发布政策的主体数量越多，政策实施障碍越小，协同性越高。根据表12-11所显示的数据计算，从第一到第四阶段联合颁布的政策数量占比分别为21.6%、15.6%、23.3%、21.4%。从部门分工看，联合颁布的科研政策占比17.8%、制造政策占比14.1%、营销政策占比32%、使用政策占比22%。不论从哪个角度看，湖北省由多部门联合制定的政策数量不足，协同性有待加强。

3. 政策目标设定不理性、不科学、不全面

政策目标科学、合理是农业机械化政策取得成功的前提条件。但长期以来，湖北农机化政策目标的设定不科学、不合理、不全面，对湖北农机化事业的发展带来一定负面影响。由上所述，计划经济时期的湖北提出的政策目标与全国保持一致，即"1980年基本实现农业机械化"，但最终结果事与愿违：湖北的农作物综合机械化率只有20%左右，离70%的目标相距甚远。对第一次农机化政策目标未能实现，学界有基本一致的归因：工农业基础薄弱，农耕农艺复杂，没有认清我国的基本国情；农机化是一个复杂的社会经济技术系统，没有认清其发展规律；过分夸大农业机械化在社会发展中的政治作用。鉴于前一次政策目标的失误，在体制转轨时期，湖北没有提出具体的政策目标，只提出了一些方针和原则。其实，这一阶段不设目标也是不合理的，不设目标，政策目标的导向作用、凝聚作用、激励作用难以发挥，更谈不上考核作用了。计划经济时期，湖北省第二次提出了农机化目标。1997年湖北省政府

发布的《关于加快农业机械化发展的决定》中，提出了"以增加农产品有效供给和农民收入为目的，加强行业管理，健全服务体系，完善投入机制，走以社会化、产业化服务为主的发展路子，大幅度提高农业机械化水平"，"到2005年，全省基本实现农业机械化，即在可机耕地面积中综合机械化水平达到70%以上，农业机械总动力达到2000万千瓦，拖拉机拥有量达到35万台，机具配套比达到1∶3.5。其中到2000年，全省农业综合机械化水平要达到50%以上。经济发达地区、商品粮基地和国营农场要先行一步，力争用更短的时间基本实现农业机械化"。这次的目标较前次有较大的不同，在提出农机化率的基础上首次提出了增加农产品有效供给和农民收入的目标，既有速度目标也有效益目标。但由于依然对省情缺乏客观的认识和评估，加之缺少强有力的政策措施，农机化目标仍然没能实现，规划期内只完成了目标的60%左右。2000年以后，湖北省农机化目标又出现了两次，但均不再以省政府的名义提出，而是由行业主管部门以"五年"规划的形式发布。2006年，湖北省农机办在《湖北省农机化发展第十一个五年规划（2006—2010年）》中提出了三阶段目标，"到2010年，稻麦生产的综合机械化程度达到60%；到2015年，稻麦生产综合机械化程度达到70%，全省基本实现农业机械化；到2020年，种植业生产综合机械化程度达到80%以上，全面实现农业机械化"。应该说，第三次提出的农机化目标有所倒退，又回到了只注重农机化率的老路上了。尽管如此，该阶段较为单一的农机化目标还是没能实现。2010年全省稻麦生产综合机械化率达到了56%，第一阶段的规划目标没有实现。2015年，全省八大作物生产综合机械化率达到了65%，第二阶段的规划目标也没能实现。农机化目标屡次制定屡次失败，严重挫伤了农机政策实践者的积极性，也损害了政策的权威性和严肃性。

12.3.2 政策实施

政策实施是指政策执行者通过建立组织机构，运用各种政治资源，采取解释、宣传、实验、协调与控制等各种行动，将政策观念的内容转化为实际效果，从而实现政策目标的过程。这个过程主要包括政策宣传、政策分解、物质准备、组织准备、政策实验、全面实施、协调与监控等诸多环节。在整个政策的生命周期之中，政策执行是一个关键的环节，它决定了政策产生的直接而又实际的效果。回顾湖北省农机化政策执行状况，我们发现在政策执行过程中存在一些问题。

1. 政策不落实

农机化政策执行过程中的"不落实"带有一定的主观故意，是指农机化政策执行主体有义务、有能力将已制定的政策予以贯彻落实的情况下而不予落实的行为，反映的是"行政主体或工作人员有积极实施行政行为的职责和义务，应当履行而未履行或拖延履行其法定职责的状态"。表现形式有两种，一是不制定、颁布相关配套政策。《湖北省农机化科技发展纲要（1998—2005）》只规划到2005年，但2005年以后再无新的农机科技规划。2011年农业部颁布了《全国农业机械化科技发展"十二五"规划》，湖北却无配套规划。农机工业政策也面临这种情况。2011年，工信部连续出台了《农机工业发展规划（2011—2015年）》和《农机工业发展政策》，多年过去了，农机制造企业翘首以盼的湖北农机工业发展规划和湖北农机工业发展政策依然不见踪影。二是不履行、拖延履行已颁布政策的法定义务和职责。如农机管理部门不履行农机具和农机手的监管和服务职责，不履行农机产品质量鉴定和市场监管责任，不履行农机新技术、新产品的宣传推广责任，农机企业不履行"三包"等售后责任，农机手不履行安全操作规程的责任等等。

2. 政策难落实

国家和省出台的支持政策可以说俯拾皆是，但很多支持政策并未落实。如湖北省政府《关于加快农业机械化发展的决定》要求"省财政除每年用于农机化的专项资金不变外，农机化科技推广经费从今年起每年增加200万元；农业综合开发、粮食自给工程建设等项资金用于农机的比例，在编报下一期实施计划时，农机项目的资金比重要增加五个百分点。省计委对农机系统的基建项目要优先安排；省科委对农机科研攻关推广项目要重点支持；省水利厅也应从水利建设基金中对农机给予支持"；《湖北省科学技术进步条例（修订）》提出"省级财政用于科学技术经费的增长幅度，应当高于省级财政经常性收入的增长幅度，省级财政一般预算支出中科学技术经费支出所占比例应当高于全国平均水平"；湖北省委、省政府出台的《关于加快农业科技创新推进农业强省建设的意见》提出"保证财政农业科技投入增幅明显高于经常性收入增幅，逐步提高农业研发投入的比重"。这些政策文件规定的经费总量和比例大多没有兑现。

3. 政策解读差异大

由于政策的供给主体、实施主体较多，各自的利益、视角各不相同，往往对同一项政策有不同的理解和解读，造成政策实施结果的巨大差异。以湖北省农机科研机构改革为例，2000年前后启动的第二次科技体制改革主要分两步，首先对现有科研机构进行定性，接着确定不同类型的科研机构因循不同的改革路径。湖北省在启动省属研究机构的改革时将全省唯一省级农机研究机构——湖北省农机工程研究设计院定性为技术开发类机构列入了第一批改制机构名单中。其他地市级农机研究所也于90年代后期陆续并入当地农机推广站。但同处一地、业务性质相似的武汉市农业机械研究所却被武汉市政府认定为社会公益类机构而得以保留至今。

12.3.3 政策评估

政策评估是采用一定的方法和技术，按照一定的价值标准和事实标准，通过一定的程序、步骤，对政策实施中的价值因素、事实因素进行分析，目的在于利用这些政策相关信息，对政策的未来走向进行基本判断，从而调整、修正政策和制定新政策。政策评估是由是各种组织或个人针对一项政策的各个方面所进行的各种评价，如政策方案的评估、政策执行的评估、政策结果的评估等。当前，湖北省农机化政策评估问题主要表现在两个方面。

1. 没有政策评估环节

农机化政策过程是一个动态的过程，受许多不确定的因素影响，因此，农机化政策过程的评估和监控是一个必不可少的过程。农机化政策评估的好处在于：政策评估是调整、修正、延续和终止政策的重要依据；政策评估有利于政策资源的配置；政策评估是政策过程科学化、民主化的必要途径。但遗憾的是，纵览现阶段的农机化政策过程，我们发现绝大多数农机化政策并未经历评估环节。由于缺少这个环节，一些供给主体只管政策发布，不管政策绩效，少了一份政策管理的压力；造成一些政策"试行"了多年而未有定论；造成了一些政策"已经死了但还活着"（本该废止的政策）。如2003年出台的《湖北省农机化科技进步奖励办法》、2009年出台的《湖北省农业机械科技项目管理办法（暂行）》早已失去存在的基础，但没有及时废除和更替。

2. 政策评价的单一化、简单化和线性化

农机化政策体系本身的不完善，特别是相关主体责任不明确、政策运行机制不健全等问题造成在农机化政策评价过程中出现了评价模式简单化和评价路径线性化的问题，使政策评价的公正性与准确性受到影响。农机化政策评价主体的单一化指在政策评价过程中，政府既是规则制定者，又是规则评价者，既是"裁判员"，又是"运动员"。政策评价模式的"简单化"是指政策评价者在对政策的效果、效益、效率及其价值进行判断时所选用的切入点、所采用的方法较为简单，没有考虑政策的综合效应，没有考虑政策的综合影响因素，没有考虑各政策评价主体之间的相互作用。政策评价的线性化是指在政策评价过程中，评价权由上而下传递，各部门之间、各机构之间并没有相互地参与评价，下级机构和部门也没有权力对上级进行评价，这种线性的评价方式无疑会导致政策评价的片面化。例如，湖北省农机购置补贴政策是少有的经历评估环节的政策之一，但评价主体是农机各级管理部门，评价方式自上而下，评价指标注重事实评价,且评价指标单一,很少关注价值评价。

12.4 政策缺陷归因分析

12.4.1 偏离正确的农机化政策理念

1. 偏离正确的价值理念

农机化政策体系中的各种缺陷,一部分是价值观念问题带来的。通常来讲,政策制定是从政策问题的界定到方案选择及其合法化的整个过程。在这个过程中,决策主体要充分考虑各种可能存在的问题,提出各种可行的方案并加以比较,最终选择并确立一个最满意方案。这个最满意方案的确立,不但需要政策制定者有良好的政策设计与决策能力,还需要政策制定者具有正确的政策理念,并将这一理念融入政策内容中。一般而言,公共政策应以"维护公共利益"为宗旨,其基本内涵包括"生命至尊""民生为天""民主为用""以人为本""公平至上""法治优先"等思想。但是,在具体的农机化政策制定过程中,相关政策制定主体的思想与行为却背离了这些基本的政策理念,从而导致政策体系中诸多问题的产生。如民主理念的缺失导致政策决策模式的"集权化",带来政策决策风险;发展理念的淡薄引发政策价值选择的冲突;共享理念的欠缺招致政策主体间的利益博弈。

2. 偏离政策学的基本原理和方法

政策学是一门综合地运用各种知识和方法来研究政策系统和政策过程,探求政策的实质、原因和结果的学科,以提供政策相关知识,改善公共决策系统,提高政策质量。当前,湖北省农机化政策体系中的许多问题如政策问题来源不清晰,政策目标不明确,政策决策不科学,政策实施无监督,无政策评价或评价简单化等问题是不了解、不熟悉有关政策学的基本概念、原理、流程造成的。如果我们的各级各类政策制定者能够理解、掌握一些政策学的基本知识和技能，就可以大大避免现行农机化政策中的一些常识性缺憾。

12.4.2 农机化管理体制不顺

湖北省农机化管理体制在历史上有过多次变更，除了在80年代有过一段时间是集产、供、销、用于省农机局统一管理外，其余时间都是条块管理。现阶段，农机科研无专门管理机构，农机工业由工信委主管，农机流通由商务厅主管，农机部分监管职责由交通厅主管，农机化推广鉴定和使用由农机局管理。这种管理体制适应了专业化分工的需要，但政策协同性较差。农机化工程是一个整体，农机科研、制造、流通和使用相互依存，共同发展。为这些子产业出台支持政策的主管部门的联系疏松，往往各自为政，造成政策缺位、不平衡、冲突等现象。如农机科研无专门的主管部门，从2005年来，一直没有科研支持政策；农机制造归属机械工业，在工信委管理的众多产业中，农机块头太小，分量太轻，其存在和发展往往被忽视，至今没有一份产业发展规划和产业政策；农机流通虽然问题不少，但农机产品的销售和配送没有大的问题，似乎对农机化发展影响较小，国家层面就一项"免增值税"政策持续多年，湖北省也没有具体政策举措；农机推广、鉴定和监理一直归属农机局管理，国家和省出台的政策最多、最连续、最稳定，也一直是农机化工作的重点，所以，这一块的政策绩效也最突出。

12.4.3 农机化政策执行的监督制度不健全

在农机化政策实施过程中，政策制定者与政策执行者的利益诉求不一致，政策执行者主观认识上的偏差等问题往往导致政策结果偏离了原来的政策目标。为了防止和减少这种现象发生，需要建立相应的监督机制，对政策执行进行监督。然而，当前湖北省农机化政策监督机制并不健全。常常是遇到了需要解决的问题，就发一个文件，做出一些规定，很少关心政策的执行情况和需要进一步完善的地方。虽然一些政策中明确规定了要加强对农机化政策的监督，如对农机推进项目、购机补贴程序、农机手培训资金等的监督，但是，在具体的农机化政策实施过程中，相当一部分监督工作流于形式，如听听汇报，看看材料，更多表现出内部监督多于外部监督，考核监督多于舆论监督，事后追责多于事前预防和事中督查的问题。由于法律、法规或政策的落实缺乏监督保障体系，执不执行都是一个样，时间一久，令不行、禁不止，"上有政策、下有对策"的事件便时有发生。外部的监督更难以实现。新闻媒体的舆论监督因受行政干扰而无法充分发挥作用；社会监督因投诉不畅，缺乏保障而难以发挥作用。农机化工作"化"在农村，农民对地方官员实施监督，常常言路不通，有的投诉即便被受理也往往无果而终。

12.4.4 农机化各政策执行主体的素质有待提高

任何一项政策最终都要靠执行主体来实施，农机化政策实践中政策执行偏误在很大程度上是由于政策执行主体的原因造成的。主要表现在两个方面。一是政策执行主体的素质不高。由于种种原因，一些政策执行者文化水平较低、业务技能较弱、职业道德较差导致行政决策能力低、行政道德不高、官本位思想严重。少数领导干部没有系统接受政策科学知识的训练，很难形成科学行政必备的系统观念、战略远见、迎接挑战的心理素质以及自觉接受监督的民主意识。这些问题难免对政策执行产生不良影响。二是执行主体法制观念淡薄。从行政的角度看，我国政府机构的规范化、法制化程度不高，政策的随意性很大，人治色彩依然浓厚。政策执行中官僚主义的"任性专断"时有发生，不依法行政是造成农机化政策执行效率降低的重要原因。

13 湖北农机化终端政策（基于农机户）满意度实证分析

政策对农机化的促进作用毋庸置疑，但由于各类政策的供给主体、作用对象、政策目标、措施手段各不相同，要对政策实施的综合绩效进行评价是颇为费神的。考虑到各类政策的终极目标是一致的——推动农业机械化发展进程，因此，我们把是否有利于农机的应用作为各类政策的政策目标。由于农机户处于农机化价值链的终端（科研机构→制造企业→流通企业→推广机构→监理机构→鉴定机构→农机服务组织→农机户），是实现农机化的主体，是农机化政策的主要受益者，他们对农机化政策的感受最直接、最深刻、最有发言权。此外，农机化终端是上游各类政策的汇聚点、作用点，也是以需求为导向的政策供给的触发点。因此，研究农机户对终端政策（我们把政策对象为农机户的政策称为终端政策）的评价能够在相当程度上替代对各类农机化政策综合绩效的评价。那么，采用何种方式对终端政策进行绩效评价呢？考虑到农机化政策内部及其他农业政策相互作用的复杂性、农民的文化知识水平及现有研究工具的局限，本研究采用满意度测评作为综合绩效的评价方法。对一项公共政策实施满意度评价，能够客观地定量评价政策实施的效果和效率，能够评价政策对社会和环境的影响，有助于探寻政策成败的原因，有助于对政策各阶段的运行实施控制，有助于政策的反馈和修订。

13.1 数据收集及样本特征

13.1.1 问卷的设计与数据的收集

围绕农机使用政策满意度这一主题,采用李克特(Likert)5级量表设计调查问卷。"1"表示非常不满意,"2"表示不满意,"3"表示一般满意,"4"表示比较满意,"5"表示非常满意。问卷调查内容主要包括以下几个方面:农户家庭基本情况、对购买政策的评价、对使用政策的评价、对用后政策的平价、对管理政策的评价、对基础设施建设政策的评价等。在原始问卷设计过程中,我们先后咨询了农机管理人员、业内专家、厂家代表、销售人员,邀请多位农机户座谈并进行问卷试测。在此基础上,为了使问卷在逻辑上为绝大多数受访者所接受,我们结合大家的意见对问卷进行部分格式和内容的修改,剔除了容易产生混淆的相关词语及项目,调整了问卷的问题顺序。

为了保证调查数据的代表性和科学性,我们参照已有的农机化区划分方法,把湖北分成平原、丘陵、山区三个农机化区,按每区5个县实施分层抽样。然后再按等距抽样的方法从每个县(市、区)中抽取2个乡(镇)(等距抽样可以节省物力和财力,且得到的样本几乎与简单随机抽样得到的样本是相同的,所以,用等距抽样代替简单随机抽样),再在每个乡(镇)中随机抽取4个村,最后在每个村随机抽取10个有机户。这样,共获得了湖北省15个县(市)30个乡(镇)120个行政村1200个有机户样本。

2013年7月至2014年5月,研究组成员采用入户访谈的方式分期分批对1200个样本户进行访谈,共发放问卷1200份,收回1158份,通过问卷整理和逻辑检验,得到1020份有效问卷,问卷有效率达到88.08%。应用SPSS13.0软件对样本数据进行信度和效度分析,发现所有的变量的Cronbach's Alpha均大于0.5,说明数据具有较高的信度。

13.1.2 农户基本特征

男性占 82.4%，女性占 17.6%；文化程度为：小学占 32.4%，初中占 48.1%，中专、高中占 16.7%，大学占 2.9%。年龄结构：偏老，均值接近 44 岁；支付能力：购买力很低，均值为 2200 多元。见表 13-1。

表 13-1　　　　　　　　农机户基本特征

变量	最小值	最大值	均值	标准差
年龄（岁）	20	68	43.68	9.686
家庭经营的土地面积（亩）	1	50	9.23	8.79
家庭人口数（人）	2	10	4.55	1.16
最大支付能力（元）	1000	50000	2200.97	52.49

13.2　数据分析

13.2.1　满意度分析

1. 对所分析数据进行 KMO 检验和 Barlett 球度检验

表 13-2　　　　**KMO 检验和 Barlett 球度检验**

KMO 样本量足够性检验	0.892	
球度检验	近似卡方值	1074.734
	自由度	210
	P 值	0.000

根据表 13-2，KMO = 0.892，P = 0.000，表明本研究所取的样本量是合适的，变量相关矩阵所建立的模型是合适的。

2. 特征值和累计方差贡献率

运用SPSS13.0对调查取得的数据进行主成分分析，得到各个变量的相关系数矩阵的特征值和累计方差贡献率（见表13-3）。

表13-3　　相关系数矩阵的特征值和累计方差贡献率

主成分	初始特征值			旋转后因子方差贡献率		
	Total	%of variance	Cumulative%	Total	%of variance	Cumulative%
1	9.044	43.068	43.068	4.490	21.383	21.383
2	1.293	6.158	49.226	2.652	12.629	34.012
3	1.159	5.521	54.747	2.453	11.682	45.694
4	1.106	5.269	60.016	2.332	11.106	56.800
5	1.014	4.828	64.844	1.689	8.044	64.844
6	0.894	4.258	69.102			
7	0.792	3.771	72.873			
8	0.697	3.321	76.194			
9	0.654	3.112	79.306			
10	0.620	2.953	82.259			
11	0.542	2.580	84.839			
12	0.522	2.488	87.327			
13	0.453	2.159	89.486			
14	0.407	1.937	91.423			
15	0.346	1.647	93.070			
16	0.298	1.419	94.489			
17	0.283	1.348	95.838			
18	0.264	1.257	97.095			
19	0.244	1.161	98.257			
20	0.211	1.006	99.263			
21	0.155	0.737	100.000			

13 湖北农机化终端政策（基于农机户）满意度实证分析

各变量含义设定如下：X1——推广政策、X2——监理政策、X3——购买贷款、X4——事故处理政策、X5——以旧换新、X6——价格政策、X7——培训政策、X8——燃油补贴政策、X9——跨区作业政策、X10——报废政策、X11——购机补贴政策、X12——促销政策、X13——农机保险政策、X14——转让政策、X15——产品政策、X16——售后政策、X17——年审政策、X18——购买便利性政策、X19——公路机耕道建设政策、X20——机库建设政策、X21——加油站建设政策。

从表 13-3 可知，旋转后的因子载荷矩阵各变量的相关系数矩阵的特征值有 5 个大于 1，因此提取 5 个主成分，它们的累计方差贡献率为 64.844%，即这 5 个主成分可以一共解释原始变量信息的 64.844%。由此可知，原始数据的主要特征信息可以由这 5 个主成分来表述。

3. 旋转后的因子载荷矩阵（见表 13-4）

表 13-4　　　　　　　旋转后的因子载荷矩阵

变量	提取的因子				
	1	2	3	4	5
X1	0.475	0.499	0.096	0.222	0.060
X2	0.260	0.211	0.104	0.732	0.090
X3	0.724	0.335	-0.046	0.228	0.144
X4	0.114	0.392	-0.068	0.658	0.372
X5	0.227	0.683	0.293	0.222	0.328
X6	0.540	0.139	0.230	0.129	0.288
X7	0.325	0.114	0.150	0.040	0.777
X8	0.482	0.285	0.253	0.170	0.192
X9	0.325	0.311	0.742	-0.058	-0.063
X10	0.108	0.831	0.148	0.095	0.085
X11	0.751	0.189	0.089	0.082	0.161
X12	0.636	0.055	0.262	0.218	0.125
X13	0.421	0.407	0.275	0.337	-0.309

续表

变量	提取的因子				
	1	2	3	4	5
X14	0.200	-0.001	0.299	0.774	-0.049
X15	0.695	0.113	0.298	0.058	0.248
X16	0.392	0.165	0.583	0.291	0.129
X17	0.494	0.042	0.475	0.303	0.304
X18	0.637	0.158	0.305	0.277	-0.017
X19	0.484	0.553	0.290	0.092	0.077
X20	0.095	0.198	0.724	0.280	0.328
X21	0.384	0.330	0.179	0.206	0.501

表 13-4 中：第一个主成分由 X3、X11、X12、X15 和 X18 构成，主要反映的是农户对农业机械购买过程的评价因子；第二个主成分由 X5 和 X10 构成，主要反映的是农用机械产品使用后处理情况的评价因子；第三个主成分由 X9、X16 和 X20 构成，主要反映的是在农业机械使用过程中的公共服务评价因子；第四个主成分由 X2、X4 和 X14 构成，主要反映的是在农业机械使用过程中政府公共管理评价因子；第五个主成分由 X7 构成，主要反映的是农用机械使用、保养、维修的知识、技能的培训服务评价因子。

4. 计算主成分得分

利用 SPSS13.0 统计分析软件输出结果，可得出因子得分系数矩阵（见表 13-5），进一步可计算出 5 个主成分得分。

表 13-5　　　　　　因子得分系数矩阵

变量	因子				
	1	2	3	4	5
X1	0.102	0.214	-0.139	-0.002	-0.099
X2	-0.043	-0.035	-0.103	0.436	-0.039

续表

变量	因子				
	1	2	3	4	5
X3	0.295	0.056	-0.301	0.003	-0.046
X4	-0.153	0.128	-0.231	0.379	0.222
X5	-0.169	0.342	0.043	-0.035	0.142
X6	0.148	-0.082	-0.007	-0.052	0.118
X7	-0.019	-0.084	-0.029	-0.101	0.585
X8	0.092	0.034	0.009	-0.034	0.027
X9	-0.051	0.083	0.474	-0.221	-0.180
X10	-0.167	0.534	-0.031	-0.100	-0.043
X11	0.321	-0.049	-0.166	-0.099	-0.021
X12	0.225	-0.162	0.003	0.017	-0.037
X13	0.090	0.155	0.036	0.103	-0.413
X14	-0.069	-0.192	0.096	0.493	-0.140
X15	0.239	-0.124	0.020	-0.127	0.060
X16	-0.028	-0.089	0.297	0.050	-0.025
X17	0.049	-0.202	0.189	0.064	0.124
X18	0.210	-0.089	0.025	0.046	-0.175
X19	0.062	0.245	0.020	-0.129	-0.095
X20	-0.269	-0.044	0.471	0.051	0.184
X21	-0.011	0.058	-0.053	-0.011	0.306

根据上述因子得分系数矩阵，应用线性组合可以计算出各因子得分：

F1 = 0.102X1 - 0.043X2 + 0.295X3 - 0.153X4 + … + 0.062X19 - 0.269X20 - 0.011X21

以此类推，可以计算出 F2，F3，F4，F5，其中 5 个主成分得分分别用 F1，F2，F3，F4，F5 表示。

5. 构建回归模型

构建主成分回归模型来测度农机运用政策满意度水平。

$CSI = b_0 + b_1 F1 + b_2 F2 + b_3 F3 + b_4 F4 + b_5 F5$

上式中：CSI 表示因变量，代表原始各变量的均值；F1，F2，F3，F4，F5 表示自变量，代表 5 个主成分得分。

运用 OLS 回归分析法得到回归结果如下：

$CSI = 3.173 + 0.395 F1 + 0.281 F2 + 0.255 F3 + 0.244 F4 + 0.167 F5$
　　　(1994.040)　(247.041)　(175.440)　(159.728)　(152.423)　(104.472)
　　　(0.000)　　 (0.000)　　(0.000)　　(0.000)　　(0.000)　　(0.000)

　　R　Square = 0.999　　　　　F = 30293.724

上述回归方程说明，F1，F2，F3，F4，F5 对 CSI 的影响均为正，且通过显著性水平检验。利用上述满意度模型可以计算出各样本的顾客满意度 CSI_i，然后再进行平均得到目前湖北省农机用户的满意度为：3.17（如果以 100 为标准值，其对应满意度为 63.4）。

13.2.2 用户不满意情况分析

本次调查中，有 58.8% 的用户认为一般满意，还有 11.8% 的用户比较不满意（见表 13-6），对不满意的项目及原因作进一步的分析。

表 13-6　　　　　　　满意度水平百分比分布表

满意度水平	非常不满意	比较不满意	一般满意	比较满意	非常满意
百分比（%）	0	11.80	58.80	28.40	1.00

1. 对农机推广不满意的原因

对农机推广不满意的原因主要是"推广少或没有推广"，占 31%，其余不满意原因依次为："推广机构不健全"占 24%，"推广人员素质差"占22%,"推广的机具不适用"占17%(见图13-1)。

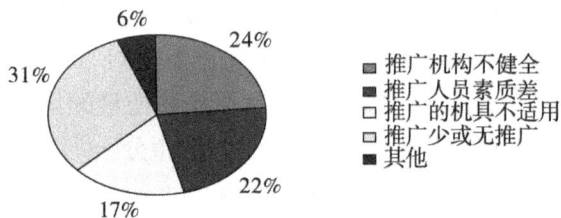

图13-1 对农机推广不满意频次图

2. 对购机补贴不满意原因

对购机补贴不满意的原因主要有三项,"补贴程序复杂"占26%,"办事效率低"占24%,"没有享受补贴"占23%。其他原因依次为:"购机补贴操作不公平"占12%,相关工作人员"吃拿卡要"占8%(见图13-2)。

图13-2 对购机补贴不满意频次图

3. 对购机贷款不满意的原因

对购机贷款不满意的原因主要有四项:"贷款程序复杂"占33%,"贷款发放少"占24%,"贷款条件苛刻"占18%,"贷款周期长"占15%(见图13-3)。

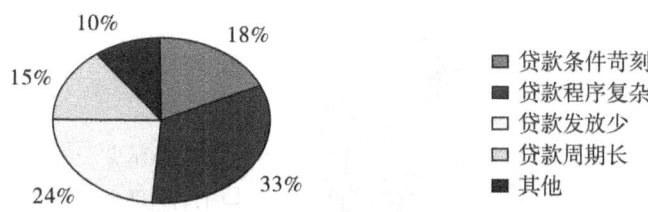

图 13-3　对购机贷款不满意频次图

4. 对购买便利性不满意的原因

对购买便利性不满意的原因主要有四项:"销售网点远"占 29%,"无送货服务"占 24%,"销售网点少"占 23%,"付款不方便"占 15%(见图 13-4)。

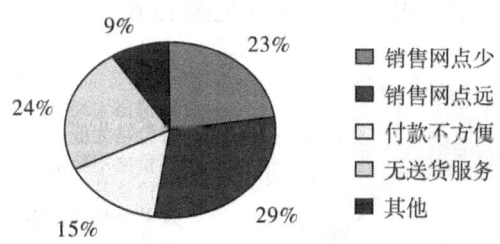

图 13-4　对购买便利性不满意频次图

5. 产品促销不满意的原因

农机户对产品促销不满意的原因主要有四项,依次为:"宣传少"占 26%,"打折力度小"占 25%,"现场演示少"占 24%,"广告投放少"占 19%(见图 13-5)。

13 湖北农机化终端政策(基于农机户)满意度实证分析

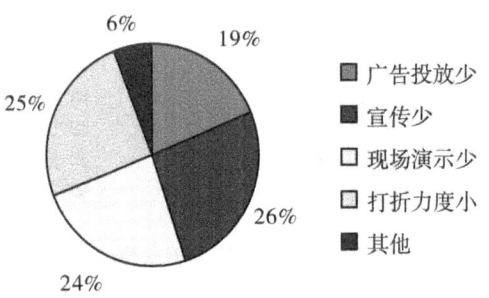

图 13-5 对产品促销不满意频次图

6. 对产品价格不满意的原因

农机户对产品价格不满意的原因主要有两项:"价格太高"占35%,"补贴机具价格被抬高"占20%。其他依次为:"价格不稳定"占19%,"价格乱"占16%(见图13-6)。

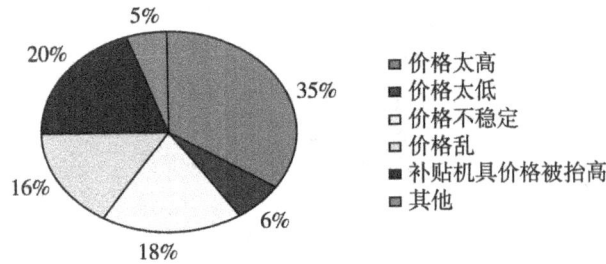

图 13-6 对产品价格不满意频次图

7. 对产品不满意的原因

农机户对产品不满意的原因来自多个方面:"耗能大"占20%,"部件易损坏"占19%,"性能不稳定"占15%,"利用率不高"和"效率不高"各占11%,"排污大"占12%(见图13-7)。

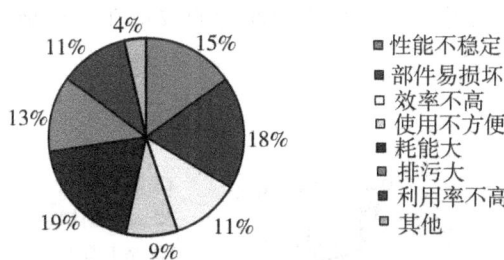

图 13-7　对产品不满意频次图

8. 对燃油补贴不满意的原因

农机户对燃油补贴不满意的原因其实只有一项，即"力度小"占 29%（见图 13-8）。第一项"没有享受到"和第三项"程序复杂"可能是农民不了解。我国现行农用燃油补贴是和农资综合直补捆在一起的，所以，每个有田的农户是享受到了的。程序也不复杂，是直接打到农民个人卡里的。这说明农村一些补贴政策宣传还不到位。

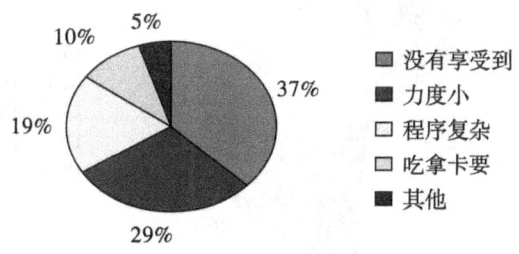

图 13-8　对燃油补贴不满意频次图

9. 对跨区作业服务不满意的原因

农机户对跨区作业服务不满意的原因主要有四项，依次为："缺少信息"占 30%，"缺乏组织"占 25%，"路上收费多"占

22%,"作业收入少"占17%(见图13-9)。有22%的用户反映路上收费问题,说明跨区作业免费通行的政策在一些地方没有执行到位。

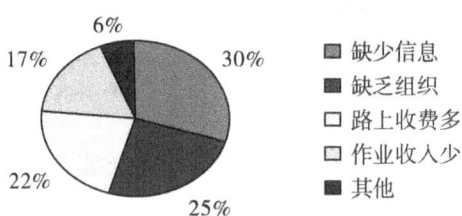

图13-9 对跨区作业服务不满意频次图

10. 对培训服务不满意的原因

农机户对培训不满意的原因主要有三项,"培训少"占26%,"无培训"占23%,"培训水平低"占21%。其他依次为:培训"针对性不强"占18%,培训"收费高"占9%(见图13-10)。

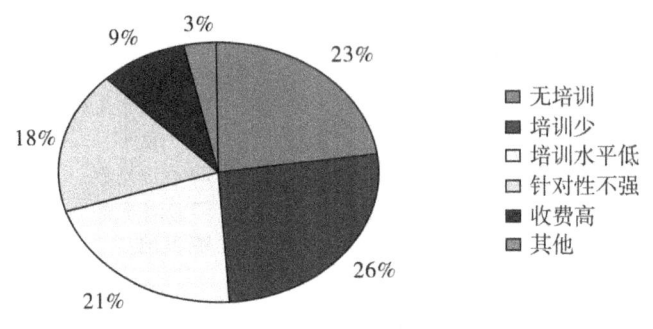

图13-10 对培训不满意频次图

11. 对售后服务不满意的原因

农机户对售后服务不满意的原因有五项,依次为:"维修点少、远"占23%,维修"配件贵"占21%,服务"态度差"和服务"不及时"各占18%,服务"水平差"占15%(见图13-11)。

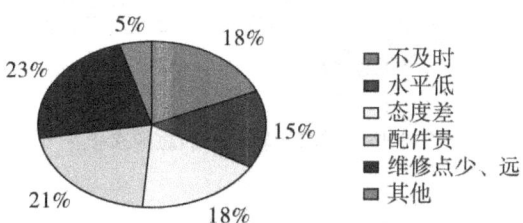

图13-11 对售后服务不满意频次图

12. 对农机保险不满意的原因

农机户对农机参保不满意的原因有:"赔付少"占28%,"承保公司少"占27%,参保"程序复杂"占23%,"赔付周期长"占15%(见图13-12)。

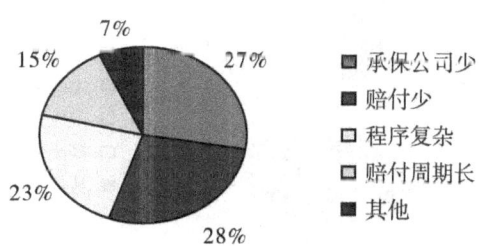

图13-12 对农机保险不满意频次图

13. 对农机转让不满意的原因

农机户对农机转让不满意的原因主要是"无相关制度",占比超过40%,其次是"无转让市场"、"无政府管理",均超过了20%(见图13-13)。其实,农机转让是有相关制度的,农机安全监理制度里面就涉及农机转让条款,这表明该项政策宣传不到位。

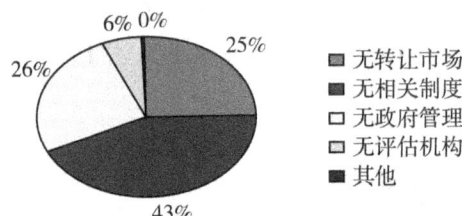

图 13-13 对农机转让不满意频次图

14. 对农机报废不满意的原因

农机户对农机报废不满意的最主要原因也是"无相关制度"和"无政府管理",均超过了30%(见图13-14),其次,"报废点少"、"报废收入少"也占一定比例。需要说明的是,农业部于2015年批准湖北省开展农机报废试点工作,而本次调研在2013—2014年进行。所以,本次调研的农机户并没有赶上该项政策。

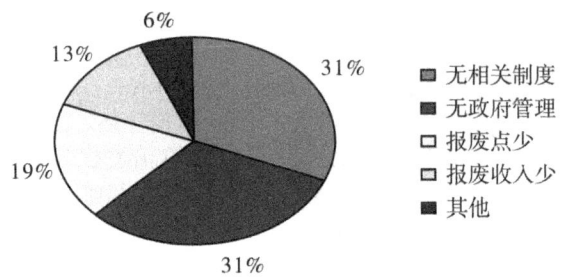

图 13-14 对农机报废不满意频次图

15. 对农机安全监理不满意的原因

农机户对农机监理不满意的原因较多,依次为:"执法粗暴"占26%,"乱罚款"和"乱扣证"各占24%,执法人员"吃拿卡要"占16%(见图13-15)。

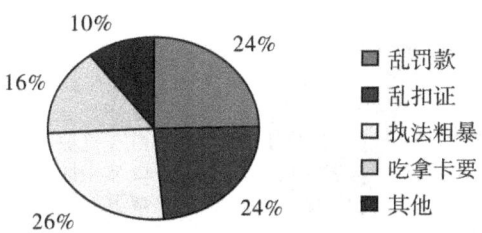

图 13-15 对安全监理不满意频次图

16. 对农机事故处理不满意的原因

农机户对农机事故处理不满意的原因主要有：相关工作人员"不公正"和"不作为"各占 27%，"官僚作风"和"吃拿卡要"各占 18%（见图 13-16）。

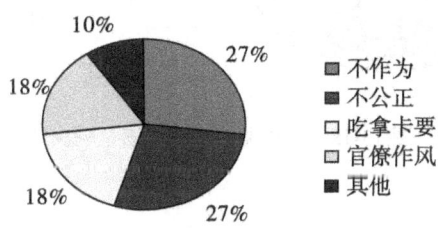

图 13-16 对事故处理不满意频次图

17. 对乡村公路、机耕道不满意的原因

农机户对乡村公路、机耕道最不满意的是：公路、机耕道"无维护"占 30%，公路、机耕道"质量差"占 26%，"没有机耕道或很少"占 20%。公路、机耕道"实用性差"占 19%（见图 13-17）。

18. 对机库、机棚不满意的原因

农机户对机棚、机库不满意的方面有："无机棚、机库"占

371

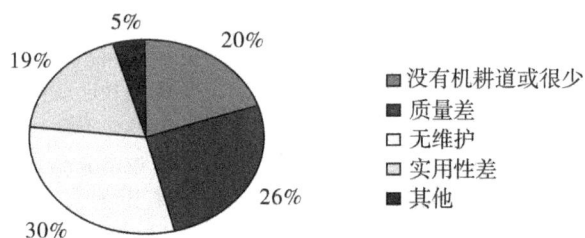

图 13-17　对公路、机耕道不满意频次图

40%，机棚、机库"质量差"占 31%，机棚、机库"不实用"占 18%（见图 13-18）。

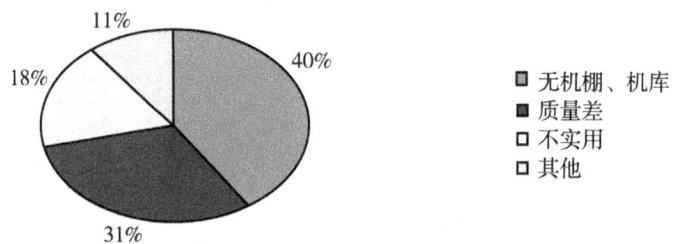

图 13-18　对机棚、机库不满意频次图

19. 对加油站不满意的原因

农机户对加油站不满意的方面有："加油贵"占 31%，加油"网点远"占 28%，加油"网点少"占 24%，工作人员服务"态度差"占 10%，缺油占 7%（见图 13-19）。

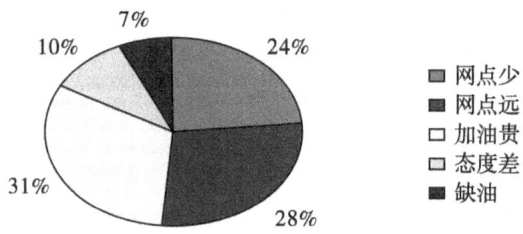

图 13-19　对加油站不满意频次图

13.3 主要结论及启示

13.3.1 结论

农机用户的满意度为 3.17（如果以 100 为标准值，其对应满意度为 63.4），满意度的总体评价较高。若将农机用户满意度得分转换成满意度水平百分比，则农机用户表示非常不满意的为 0%，比较不满意的为 11.80%，一般满意的为 58.80%，比较满意的为 28.4%，非常满意的为 1.00%。即表示满意占总数的 89.2%，接近九成。但满意强度一般，接近 60% 的农机用户表示一般满意，说明湖北省农机用户虽然满意比例较高但大多数处于一般满意层次。不满意的项目分布点很广，主要集中在五个方面："购买前"、"使用中"、"使用后"、"政府管理"和"基础设施"。

13.3.2 启示

从上述 OLS 回归分析的结果及不满意项分布点和频率来看，要提高农机用户的满意度水平，可分别从用前、用中和用后三方面展开政策管理工作。

1. 强化用前政策

（1）产品政策。从本次调研情况看，农机户对产品不满意的原因来自多方面："耗能大"、"部件易损坏"较为突出，抱怨"产品价格太高"的占比也超过了 30%，其余诸如"性能不稳定"、"排污大"、"利用率不高"、"性能不稳定"等问题也占有相当比率。鉴于此，国家应落实和完善农机产业政策，鼓励、引导农机企业生产、销售适销对路、节能环保、质量上乘、一机多用的农业装备；同时，应尽快出台细化、操作性强的政策，支持企业购并、联合，走集群化、产业化、规模化的发展路子，使农机产品价格有一定程度的下降，尽量接近农民的农机购买力水平。

（2）促销政策。农机购机补贴政策是迄今为止我国推行的促销时间最持久、支持力度最大的促销政策。本次调研发现，不满意原因主要有三项，"补贴程序复杂"、"办事效率低"和"没有享受补贴"。这说明，购机补贴政策在执行路径、手段和实施范围等方面仍有改进和完善的必要。当前，一些省份推出的"全价购机、县级结算、直补到卡"的试点方案，在政策设计上做到了职责明确、操作规范、信息公开，值得借鉴。另外，尽管购机补贴政策已经覆盖全国所用的农牧县，但并没有覆盖到所有购机户，抱怨"没有享受补贴"者不在少数。因此，应进一步加大政策覆盖范围，加快购机补贴"普惠制"进程，以增强政策的公平性和普适性。

（3）贷款政策。在购买力较低的背景下，向银行贷款购机是选项之一。但农民贷款购机会遇到诸多困难，"贷款程序复杂"、"贷款少"、"贷款条件苛刻"、"贷款周期长"是农户反映最为集中的四只拦路虎。当前，各地金融机构应在保证资金安全、风险可控的前提下，不断增加农业机械新增贷款的规模，优先为市场急需的农业机械提供贷款；要建立农民购置农业机械小额贷款制度，并扩大贷款范围，贷款额度可控制在购机资金的60%以内，对购机信贷实行低息或免息优惠；允许农民以拟购买的农机作为抵押物向金融机构贷款，同时简化审批手续，贷款期限也可适当延长。这样能有效降低购机者所承担的风险，有利于提高购机者购机与经营的积极性和责任感，支持农民发展农业机械化。同时，要建立相应的农机信贷监管及风险管理制度，对大额农机信贷实行信用评价制度，农机转移后补贴、贷款收回制度，防止农机化发展资金的流失和无序流动。

2. 优化用中政策

（1）培训政策。我国先后出台了《关于开展千万农机手培训活动的通知》《全国农机化教育培训"十二五"规划》《关于深入开展农业机械化教育培训大行动的通知》《关于做好2014年农机化培训工作的通知》等政策文件，实施了"阳光工程"农机手培训项目和农机职业技能鉴定及金蓝领计划。但农机户最不满意的是

"培训少及无培训",其次是"培训水平低"和"针对性不强"、"收费高",这说明培训政策的执行力和执行水平不够,各级农机主管部门应加强对各类项目的监管力度,重点监管培训内容的实施和培训资金的流向。同时,应从根本上建立一支较高水平的农机培训师资队伍,保证培训实效。

(2)作业政策。一是改革农机燃油补贴政策。农机户对燃油补贴不满意的原因有两点,一是"力度小",二是"没享受到"。我国现行农用燃油补贴是按土地承包面积以农资综合补贴的形式发放给农户的,直接从事田间作业服务的农机手没有按作业面积获得燃油补贴,燃油补贴与农田作业用油者脱节。《农业机械化促进法》中明确规定,"燃油补贴应当向直接从事农机作业的农民和农业生产经营组织发放"。现行的补贴方式有违政策的初衷,起不到"鼓励农民使用先进农业机械"的作用。建议改变现行补"有田户"为补"从事田间作业的农机户"。二是加大对农机关键作业环节补贴的力度。如加大对水稻机插、油菜机播、机收和农作物病虫害机械化统防统治、秸秆还田等技术应用环节的作业补贴,以提高农民购买农机、应用农机的积极性。

(3)基础设施建设政策。农村农业基础设施薄弱,机耕道、机棚、机库、加油站等基础设施的建设滞后,制约了农机化的进一步发展。在不满意的人群中,高达40%的人反映"没有机棚、机库",30%的人认为"加油贵",20%的人反映"没有机耕道或很少"。其次,"质量差""实用性差"也是抱怨热点。

《农业机械化促进法》第29条规定,地方各级人民政府应当采取措施加强机耕道路等农业机械化基础设施的建设和维护,为农机化创造条件。因此,应明确机耕道等设施建设由农机部门归口管理,统筹安排。计划、交通、财政、扶贫办等有关部门应积极配合,大力支持,将农机基础设施建设纳入当地新农村建设范畴,融入优质粮食产业工程建设、优势农产品基地建设、农业综合开发、生态环境综合治理、中低产田改造等项目中,统一规划和实施。

(4)监理政策。农机户对农机监理不满意点较多,"执法粗暴"、"乱罚款"、"乱扣证"都超过了20%,执法人员的"吃拿卡要"占 15%。有鉴于此,各级纪检、监察机关要强化执法监督力度。为使监督有法可依,要在立法上完善监督机制,尽快制定统一的监督法规,使监督工作全面走向规范化、制度化、法制化和程序化的轨道。每位农机执法人员应当端正执法指导思想,牢固树立行政须依法,用权须监督的观念。同时,结合农机监理执法工作的特点,积极探索内部监督长效机制,重点加强对执法权力的监督和制约,加强对专项工作的督查考核,强化对基层一线人员的管理,切实规范执法行为,克服执法的随意性,纠正行政不作为、乱作为的现象。

3. 完善用后政策

购机补贴政策实施 10 多年了,农村农机保有量巨大。目前农村不少农民早期购买的农机具处于报废边缘,而这些"超期服役"的旧农机既污染环境、浪费能源、增大了种粮成本,也极易引发安全事故。《全国农业机械化发展"十二五"规划》首次将农机"以旧换新"纳入规划。因此建议,一是国家尽快出台已酝酿时日的"农机以旧换新"、"农机报废"政策。可参考家电、汽车"以旧换新"办法,划拨农机具"以旧换新"专项资金,针对旧机型制定相应合理的回收价格,引导农民以旧换新,同时在购买新机时继续给予适当补贴,尤其要加大对一些高性能、低排放、经济适用的农机的补贴力度。二是及时制定老旧农机具报废更新政策和措施。可参照机动车辆报废标准和实施办法,制定各类农机装备强制报废标准和实施办法。同时,参照机动车辆的排放标准,加强对农机尾气检测和燃油消耗测定。三是加大对农机具报废更新的补贴力度。尽快研究制定旧机具报废更新补贴办法和标准。补贴标准原则上应该高于该种机型二手机平均交易价格,以增加农机报废政策的吸引力。

14 农业发达国家农机化政策借鉴

尽管湖北农业机械化取得了较大的发展，但和发达国家相比差距仍然很大。借鉴发达国家和地区促进农业机械化的经验和措施，对加快湖北农业机械化发展进程具有十分重要的意义。在现有的科技水平条件下，土地规模是影响农业机械化发展的关键因素，土地是农业生产发展的硬性约束条件，尤其对于种植业来说，没有土地，一切都没有可能。农业机械化是依靠农业机械在土地上的作业，完成对人类劳动的替代，因此，土地规模及其自然特点直接影响着农业机械化过程中农机具的种类和组织经营方式。不同土地规模的国家在农业机械化道路的选择和农业机械化制度安排上也是大相径庭。本书根据主要发达国家和地区土地规模及农业机械化制度的特点，将之分为美国模式、欧洲模式、日韩模式三类进行研究。

14.1 美国模式

14.1.1 美国农机化基本情况

美国国土面积9.63亿公顷，其中耕地面积1.97亿公顷，耕地面积占国土面积的20.5%，是耕地面积最大的国家，约占世界耕地面积的13.2%，是典型的地多人少国家。按照速水佑次郎和拉坦的诱导技术变革理论，在美国的要素市场上，劳动力是稀缺资源，劳动力价格相对较高，这种较高的要素价格就会诱导农民选择机械替代劳动的农业技术进步道路，而美国的现代农业发展正是从这条技术革命之路开始的。美国的农业生产高度发达，小麦、玉米、大豆、棉花、肉类等主要农产品产量世界第一，劳动生产率也大大高于世界平均水平。1987年，美国农业劳力的人均产值就已经是其他发达国家的4倍，达到了5.5万美元。美国的农业人口只有区区500多万，但就是这500万农业人口却养活了全国3.15亿人口，而且还使美国成为世界上最大的农产品输出国。美国农业的基本组织形式是农场和牧场，地块面积大，平均每个农场的土地达600英亩，这就为美国的机械化创造了便利条件。早在20世纪40年代，美国就实现了粮食生产的机械化，20年后，美国又成功实现土地耕翻、整地、播种、田间管理、收获和干燥等全过程的农业机械化，又过了几年，完成了棉花、甜菜等经济作物从种植到收获的全程机械化。美国的农业机械化发展得如此之快，不仅得益于美国较高的土地集约化程度，也得益于美国农业政策的扶持和保护。

美国现代农业发展大致经历了三个阶段，每个阶段都有相应的农业支持政策与之配套（见表14-1）。

表14-1　　　　　美国农业现代化发展历程

发展阶段	农业发展程度	重要政策
19世纪50年代至1920年	农业半机械化	1862年颁布《宅地法》，这是一部使农民获得大量土地，促进农场建立的法律；1887年颁布《哈奇法》，这是关于农业部、州农学院、农业试验站进行合作研究的法律制度；1916年颁布《联邦农业贷款法》，这是一项有关农业贷款的法案[1]
1920年至1950年	农业全面机械化	1925年颁布《玻内尔法》，这是关于增加对农业试验站拨款的法律制度
1950年至今	农业现代化	1954年颁布《480公法》，这是有关政府鼓励农民以较低价格出口农产品，政府给予出口补贴的法律制度

[1] 刘肇民，侯尤玲．美国的农业政策和我国农业发展中的选择．国际经济观察，2007（8）：81．

14.1.2 美国农机化发展特点

1. 少量农场控制大量土地，机械化程度高

农场是美国农业的主要组织形式，据美国农业部经济研究所的数据，美国农场趋于集中。1935 年，美国有 680 万个农场，1974 年降至 230 万个，2004 年为 211 万个。现有农场 204 万个，平均土地规模为 193.4 平方千米。现有农场中，90%是中小型农场，其土地拥有量仅占总土地面积的 3.8%，大量土地集中在 10%的大型农场和特大型农场手中。大型农场人员较少，经营规模都在 600 平方千米以上。美国农场都配备了各种型号的拖拉机及配套农机具，大功率拖拉机最为普遍，并且农业生产的各个环节都实现了机械化[①]。

2. 农机科技发达

美国历来重视农机高科技人才，在注重本国培养的同时还采取诸如提供优越条件、简化入境手续、提供优厚待遇等措施吸引世界各地顶尖科技人员加盟农机科研行业，促进了农业机械等高新技术的研究与开发。现在，美国的农业机械已经饱和，其科研方向已转向于技术升级和更新换代方面。随着生物学、化学和遗传学的不断演进和发展，越来越多的如计算机、激光、声控、数控等现代高新技术应用于农业机械化，这也预示着美国农业机械化正孕育着新的技术革命。

3. 农机社会化服务完善

美国农业的社会化分工发达，产生了各种专门性服务公司，为各类客户提供无所不包的周到、细致的服务。美国农机制造商主要

---

① 朱志猛. 黑龙江省农机购置补贴政策实施与优化研究. 哈尔滨：东北农业大学博士学位论文，2013：78.

承担农机研发和制造任务，农机营销一般委托给各地代理商。制造商通常寻找那些推销能力强、信用好、资金足、服务和维修力量雄厚的中间商代理、销售自己的产品。除了主机供应，制造商还要为每台主机提供完善的零配件，并为每件产品购买产品责任险。中间商除了代理农机产品外，还要从事农机维修、保养、租赁、零配件供应、作业演示及其他诸如播种、耕地、培训机手等各类专业服务。

4. 一体化种植，产业化程度高

美国农业规划合理、布局科学，土地连片开发，农作物一体化种植，田间地头机耕道发达，没有树木等障碍物阻挡，便于大型机械和农用飞机作业，大大提高了工作效率和作业效果。

5. 农民的文化和技能素养高

美国教育事业发达，大多数州实行了12年义务教育，农民普遍受到免费教育。美国对大学教育的投入占GDP的比例全球最高，高等教育办学水平和声誉世界第一。世界经合组织《2012年教育展望》显示，发达国家获得大学学位的成年人所占比例在2010年突破30%，美国为40%多，是全世界接受大学教育比例最高的国家之一。美国还针对现代农业发展的需要，在总结过去实施新型职业农民政策措施的经验教训后，于2012年在新农业法草案中系统提出培养新型职业农民的政策，政策内容包括提高从业能力、支持发展相关农业、改善乡村生产生活条件及调整农业补贴政策、发放专项贷款等，每项政策措施都包含一定的财政支持。这些政策的综合作用收到了明显成效，在美国农场，无论是农场主还是一般农民，都能熟练使用各种农业机械，劳动效率很高。

14.1.3 美国农业机械化政策

1. 财政金融支持政策

美国对农业和农机化的支持主要有信贷和税收两种政策。美国有较为完善的信贷体系：联邦土地银行及地方联邦土地银行协会、联邦中央信贷银行、生产信贷公司和合作社银行。根据《国家农业贷款法》的要求，美国在1917年就成立了农业信贷总局，专门负责全国农业信贷合作系统的监督。联邦中央银行为农民购买机械和土地改良设立了专项贷款，一般生产性贷款的期限是一年，而对农业机械的购置贷款期限则可延长到5年。除此之外，农业部的农业信贷管理局、农产品信贷公司等信贷机构也为农业提供专项贷款。1984年，美国政府向那些从农业信贷管理局贷款的人提供财政援助，1985年又通过立法，成立了"资本公司"，该公司为各类贷款者提供资金高效利用的咨询方案。1996年，美国实施《新农业法》，新法律将价格和收入政策改为向农场直接补贴，对农业机械投资和发展的相关政策也作了一些完善，使农业支持政策的受益对象逐渐转向农业生产者，推动了农场主投资农业机械的步伐。

对农业实行补贴是美国政府的长期决策。美国的《新农业法》规定了10年对农业的补贴和财政支出总额为1900亿美元的额度。在农业税收方面，美国实行6级超额累进税制，目的在于保护中小农场。资源缺乏、年销售额在10万美元以下的农场主免缴所得税。此外，美国还设有专门的农业税种，为农业投资和农业生产提供优惠税收。如免税：农用柴油燃油税和销售税免缴；减税：从销售收入中先扣除购买机器设备、生产用房建设等开支后再计提税收；延期纳税：在农产品没有售罄的情况下，余下部分可以来年再纳税。

2. 法律体系

美国的法律体系十分完备。1862年的《宅地法》使农民获得大量土地，促进了农场的建立；1887年的《哈奇法》：推动了农业部、州农学院、农业试验站的合作研究；1916年的《联邦农业贷款法》支持对农业贷款；1925年的《玻内尔法》规定增加对农业试验站的拨款。这些法律奠定了美国农机化发展的基础，在世界农机化发展史上影响深远。1933年的《农业调整法》的核心是通过政府干预来控制农产品价格，以避免谷贱伤农；1954年的《480公法》实施对农产品出口的政府补贴；1996年的《新农业法》将价格和收入政策改为向农场直接补贴，支持政策由流通领域、对外贸易领域转向生产者，推动了农场主投资农业机械的步伐。① 2002年，美国出台《农业安全与农村投资法案》，该法案的核心内容是增加对农业的投入和补贴，尤其是收入和价格补贴。这种补贴的方式属于世界贸易组织反对采用的"黄箱"措施。这意味着美国从1985年开始的以减少补贴和市场化为方向的"自由市场农业"改革发生逆转。美国的农业政策无论是市场化改革还是逆市场化改革，都是出于其农业战略利益的根本考虑而采取的因时循势的战略措施。这是美国农业政策变化的根本。

以上各类法律规定了农民以及农业生产组织的行为，规定了政府干预农业经济发展的行为，也规定了农业机械生产企业对产品质量的法律责任，如果因产品质量问题导致农业机械使用事故，则企业要承担法律责任。

3. 农机化科研政策

美国历来十分重视农业教学、研究及推广工作。1862年，美国颁布《莫里尔法》。该法案要求各地通过建立的"赠地"大学来培养教育青年人，以提高他们解决问题的能力。1887年，美国又颁布《哈奇法》，规定政府必须资助与"赠地"大学有着密切联系的农业试验站的研究工作，将"赠地"大学与农业试验站连接起来，由此推动美国农业教学研究的全国网络的形成，这极大地促进了农业新技术的研发和推广。1914年的《史密斯—利费法》是一部要求联邦政府为农业技术推广提供资金的法律。这些法律明确了政府"赠地"系统的教学、研究和推广三重任务。一般情况下，美国联邦政府和州政府只在基础研究和国防工业上投资，对民用工业的科学研究是不列入财政预算的。但对农业科研则是个例外，政府不仅每年拨出大量经费，而且还建立了庞大的公共科研体系。至20世纪70年代，美国每年的农业科研经费达到了12亿~20亿美

---

① 单爱军，孙先明，于斌. 发达国家农业机械化促进政策对我国的启示. 农机化研究，2007（4）：164.

元，而且还在逐年增加。此外，美国还划出专项农业推广经费，用来推广包括农机在内的新产品、新技术和新工艺。

4. 农业机械化组织政策

第一，制定相关法律。美国虽然没有制定专门的联邦农业合作社法，但联邦收入税法、证券法、反托拉斯法、信贷法等许多法律和各州的有关团体管理法都对有关合作社作了规定，而且各州一般都制定了专门的农业合作法，以支持农业合作社的发展。第二，设立了专门的管理机构，服务农业合作社。如美国在1926年通过的《合作社销售法》中规定在农业部设立合作社销售处，主管合作社的有关工作，并为合作社销售提供指导服务。第三，经济政策扶持。美国政府通过立法给予农业合作社多方面的优惠政策，如有限豁免待遇、税收优惠、信贷优惠和技术协助等。这些政策的实施催生了美国农业合作社的蓬勃发展。作为市场与农场主之间的联系纽带，农业机械协会、农业机械生产企业协会、农业机械经销商协会等中间组织除了供应各种农业所需产品、提供信贷服务外，还开展农业机械的推广工作、农机产品经销及各种农机具的租赁活动。

14.2 法国模式

14.2.1 法国农业机械化总体情况

法国全境地势低平，大部分地区气候温暖，有发展农业的天然条件。法国农业资源较为丰富，国土面积55万余平方千米，森林面积16万平方千米，耕地面积28万平方千米。耕地面积中60%用于粮食生产，35%用于畜牧业，5%用于葡萄及其他水果蔬菜生产。随着农业机械化水平的提高，法国农业人口逐年下降，在5800多万国民中农业人口约95万人。目前法国农业现代化程度很高，农产品不仅能够充分满足本国的需求，而且还能大量出口。2000年前后，在世界农产品市场上，法国的甜菜产量居世界第一，谷物产量居世界第五，肉类和油菜子的产量居世界第四。近几年谷物总产量保持在6000多万吨，是欧盟谷物的主要出口国之一，是仅次于美国的第二大农产品输出国。

法国早在19世纪60年代就开始生产农业机械，但直到第二次世界大战结束，法国农业仍是分散的传统农业，生产率低，粮食不能自给。从1950年开始，法国积极推行农业机械化，经过20多年的奋斗，至70年代，法国农业所需的作业动力几乎全部由机械牵引提供，农业生产从整地、播种、田间管理到收割、运输、加工、储存等环节基本实现了机械化。到了80年代，法国完全拥有内燃机、电动机、拖拉机、割捆机、脱粒机等先进机械的制造能力。如今，在法国农业生产的各个环节中，自动或半自动农业机械被广泛应用，从小麦、玉米等谷物生产到畜禽养殖均已实现全程机械化，并逐步发展成为高效率、集约化的现代农业。

14.2.2 法国农业机械化特点

1. 农机制造业发达

法国是一个农机制造的大国和强国，拥有农机制造企业2000家，从业人员6万余人，年产值350亿法郎，71%用于出口，出口总量中70%销往德国等欧盟国家。法国拥有一批世界著名的跨国农机企业，如库恩、麦赛、福格森。这些企业具备了优秀企业的共同特征。如具有较强的技术创新能力，总能根据市场和用户需要研发技术含量很高的拖拉机和联合收割机，企业将销售收入的6%投入研发；重视产品的质量控制，企业每个车间均设有质量检测机构，严格监督每道工序、工艺的质量；制造装备先进，现代化程度高；生产的社会化程度高，除关键零部件（变速箱）由自己生产外，其余零配件由外协厂生产；普遍重视对员工的培训工作，注重员工安全、卫生、环保的培训和教育。当前，法国的农业装备已逐步吸收现代微电子技术、仪器与控制技术和信息技术，农机装备正向智能化、机电一体化方向发展，田间自动导航系统、机器视觉系统等研究成果已经应用到拖拉机、自走式农机上，提高了农业机械化作业的效率和质量，降低了作业成本，改善了操作者的舒适性与安全性。

2. 农业规模化经营

法国成立了国家控制的土地治理公司，以调整和控制农场的经营规模。国家土地治理公司先购买分散的小块土地及农民愿意出售的土地，经集中整治后再以一定的价格卖给有一定实力和条件的农户，实现了农业经营规模的扩大。同时，国家土地治理公司还为符合一定条件的农户购买土地提供低息贷款，为他们实现农业规模经营提供财力上的支持。这个制度实施后，效果明显，法国农场数量大幅减少，规模不断扩大。20世纪50年代，法国10公顷以下的小农场有127万个，20年后减少到53万个，50公顷以上的农场增加了4万多个，农业人口占总人口的比例由40%减少到10%左右。到2003年，农业人口占总人口的比例已减到2.2%，农民人均占有耕地达10公顷以上。

3. 农业细分行业机械化程度高

法国农业都实现了机械化，在一些细分产业如作物育种和葡萄种植等行业更是显得卓尔不群。法国的作物育种从种床准备、播种、田间管理到收获及收获后清选、分级、包装、包衣等有一整套机械配备，特别是种子加工厂，各种设备配套齐全，自动化程度很高。葡萄种植则从栽植、剪枝、整形、施肥、施药到采收、包装、运输等各环节都有相应机械配备，机械化作业达到了世界先进水平。

4. 农业合作组织发达

法国农机化技术推广不靠政府，农机制造商往往通过各类农业合作组织，利用各类媒体发布信息，向农民进行宣传。同时各类合作组织通过发布技术、市场等信息与农户进行沟通。政府的政策措施也是通过合作组织传达给农户的。各类农业合作组织是政府、企业与农户间的纽带和桥梁，在农机化技术的推广和应用中发挥着重要作用。"居马（CUMA）"是法国最著名的农机合作组织，由农民自发组建。① 据 1983 年统计，全法国共有 1 万多个居马分布在全国各地，约有 25 万农户加入"居马"。在法国，各地组成省级"居马"联盟，省级"居马"组成全国农业生产资料合作联盟，负责管理全国 90%以上的"居马"，并代表全国的"居马"与政府、银行、科研等机构建立工作联系。

5. 重视农机化科研和教育

第一，政府重视农机技术研发。法国政府非常重视农机先进技术研发，研究工作主要由国立农机试验研究中心承担。该研究中心的主要任务是开展农业机械的研究、试验、鉴定和应用；农机专业信息的收集、整理和发布；农机培训；农机教材编辑、出版等。各高等院校也有专门机构从事农业机械化的研究和推广工作。第二，广泛开展农机培训。在法国农业职业和技术中学经常可以见到农民的身影，在农场和企业也经常能见到培训师的身影。第三，院校注重实践教学。农机院校充分利用学校的农场或生产车间，组织学生实习实训，便于理论与实际、专业与就业相结合。同时，政府也制定了相关政策，要求企业和农庄无条件、随时接受学生实习、参观及各种学习需求。

14.2.3 法国农业机械化政策

1. 土地集中化政策

法国在实施农业机械化和现代化过程中遇到的第一个突出问题就是人多地少的矛盾。为了解决这一矛盾，政府于 20 世纪 50 年代中期推出了一系列推动土地规模经营的政策举措。第一，鼓励年龄大的农民脱离农业。政府对年龄在 55 岁以上的农民一次性发放"离农终身补贴"，让这些农民老有所养。对于青年农民则采取两条途径进行安置：鼓励一部分青年进城务工，其余青年由政府出资

---

① 农业部农机标注化体系建设考察团. 法国的农业机械化和农机标准化. 世界农业，2002（9）：151-152.

进行相关技能培训后再务农。第二，规定农场主的合法继承人只允许有一个，以防止土地分散化，同时推出鼓励父子农场、兄弟农场联合经营的税收优惠政策和对农民自发合并土地减免税费的政策，使农场规模不断扩大。第三，各级政府组建土地整治公司并赋予其土地优先购买权。土地整治公司把买进的插花地、低产田整治成标准农场后低价出售给有经营能力的中型农场。

2. 农业合作社组织政策

法国政府鼓励农民加入类似"居马"合作社。按照政府相关规定，"居马"可以免交一切赋税，同时还能获得政府各种优惠贷款支持。如在"居马"成立时政府可为其提供一笔占投资额15%左右的补贴资金，对贫困山区或偏远落后地区的补贴额度可提高到40%~50%；"居马"在购置新设备时还可获得20%~40%的补贴。此外，农业银行可为"居马"进行设备投资提供贷款，贷款利率因地区差别和服务对象的不同而有不同的优惠。据1995年的统计数据，在"居马"的各项资金中，政府补贴占12%左右，优惠贷款占66%，自有资金只占22%。

3. 财税政策

法国建立了农机化发展财政政策，支持的项目非常广泛，如贷款政策、价格补贴政策、投资补贴政策、税收优惠政策等。在20世纪50年代的法国，凡购买新机具者均可按原价的15%购买，购买零配件可按20%的折扣购买，差价部分由国家承担。60年代，政府对购买拖拉机的农场主给予20%~30%的补贴，对作业所用的燃油给予15%的优惠。1996年，法国对农机的补贴额占到了农业总支出额的10%以上。此外，法国还对农村土地整治、基础设施建设、农业电气化等农村建设工程项目给予10%~20%的国家补助金。法国还采取用工业积累支持农机化发展的办法，为购机者优先提供贷款并承担部分利息，购机者从农业信贷合作社获得的贷款额度可达50%以上。

4. 严格的农机制造管理政策

全球农机制造业产值中欧盟所占比例最大,德国、法国、英国为欧盟重要的农机制造国家。法国农业机器的销售额占到了整个农机工业销售额的 60%以上,法国十分重视农机维修和零配件的供应链建设。法国《农业机械法》规定对不能保证农机产品零配件充足供应的企业要追究责任。同时规定,产品停产 10 年后也必须保证零配件供应。该国的一些大农机公司如三大拖拉机制造厂在各地区均设有经销区和经销店,提供零件供应、机器维修和其他技术服务。此外,法国政府还十分重视拖拉机的公共安全问题。法国的公路法规规定,农用拖拉机出售前必须通过国家的公共安全方面的鉴定和验收。

14.3 日本模式

14.3.1 日本农业机械化发展

日本是一个四面环海的多山岛国,位于亚欧大陆东部、太平洋西北部,东部和南部是太平洋,西临日本海、东海,北接鄂霍次克海,陆地面积约 37.78 万平方千米,差不多是两个湖北省的面积。日本境内多山,山地和丘陵占总面积的 71%,少量的平原分布在河流的下游近海一带,以冲积平原居多,规模较小。2008 年 1 月 1 日,日本总务省估计日本人口为 1.28 亿。2010 年 9 月 7 日,日本农林水产省发布的农林业调查报告称,日本农业从业人口为 260 万人,占总人口的 2.04%。日本的耕地面积为 4.99 万平方千米,占国土面积的 13.2%,人均耕地面积是世界平均水平的 18.2%,农业人口人均耕地面积仅 0.274 公顷,[①] 是个典型的

---

① 丁仕华.日韩农业机械化扶持政策.农机质量与监督,2007(6):43-44.

地少人多国家。

日本地处温带，气候潮湿、温和、四季分明，适合农业发展。日本的主要农作物是水稻，其产值占种植业的47%。① 日本农业是一个高补助、高保护产业，特别是对稻米产业，日本制定了一系列高强度的保护政策。如日本采用浮动关税、特惠关税等措施限制大米进口，日本大米进口量只占市场总量的5%，进口关税却一度达到490%~778%，同时还实行严格的配额制。1949年前，日本政府建立了新的价格支持和补贴制度。价格支持的目标是保证农村家庭的收入不低于城市家庭，实现粮食自给。1955年后随着工业的高速发展，日本政府对农业的价格支持力度加大，包括农产品价格补贴、农业机械与设施建设补贴、农业现代化改造贷款利息补贴、农业生产保险补贴等。此后，日本农业补贴制度不断完善，到1965年，日本已成为工业化国家中农业支持水平最高的国家之一。目前，日本仍是主要发达国家中农业补贴最高的国家之一。

按照速水佑次郎和拉坦的诱导技术变革理论，日本土地稀缺，土地价格相对较高，应选择走生物化学技术进步的农业发展道路。因此，日本加大化肥的使用和品种的改良来达到增产目的。同时，日本也没有死守这个理论，为了弥补人多地少、地块碎片化的不足，日本也采用了精密农机、系统化耕作模式，使其粮食单产达到世界第一，创造了在4.99万平方千米的耕地上产出粮食自给率50%的农业奇迹。

日本的农业机械化始于1880年，到了70年代基本上实现了机械化。日本农机化发展大体经历了三个阶段，每个阶段都有政府相应的政策和措施与之匹配（见表14-2）。

---

① 陈进，陈敏. 亚洲发达国家及地区丘陵山区农业机械化发展的经验与启示. 四川农机，2009（5）：33-35.

表 14-2　　　　　　　　　日本农业发展阶段

发展阶段	发展程度	重要政策
1880—1945 年	摆脱旧制度，采用新技术（生物技术）	改良土壤，合理施肥，选育良种，实行轮作，1920 年尝试使用农业机械
1945—1970 年	农村民主化，发展机械化	《农业合作社法》《农业机械化促进法》《机械工业振兴临时措施法》《农作业安全对策事业》《农作业安全基准》等
1970 年至今	全面机械化，栽培科学化	《农业机械安全设备确认对策刚要》等综合的长期的稳定的农业政策

14.3.2　日本农机化发展特点

1. 区域化生产，集约化经营

日本人多地少，耕地紧缺，但是日本的农业发达，粮食自给率达到 50%，这与日本采用的区域化生产、集约化经营模式有密切关系。日本政府非常重视依靠引进和改良农业品种、大力发展堆肥、采用科学的病虫害防治技术等手段来发展农业，同时也十分重视农业机械化耕作和集约化生产，日本的农业机械化作业水平已经达到 90% 以上。其主要做法就是根据不同地区的土地、气候等特点，推行区域化种植，集中投入包括农机在内的各类资源，形成集约化经营，促进劳动生产率的提高和区域农产品优势地位的形成。

2. 农机化阶段性特征明显

根据本国的国情，日本选择了一条有重点、有步骤的农业机械化发展道路。20 世纪 60 年代前，日本经济处于恢复期，农业人口比重较大，国民收入低。这个时期重点发展小型农机，迎合了农民的购买力，替代了大量手工作业，促进了劳动力转移和生产发展。60 年代初至 80 年代末，日本经济飞速发展，大量农村人口转移到城市，农业劳动力紧缺。这时日本重点发展高速插秧机、宽幅联合收割机、大中型拖拉机及其配套农机具,并实现了工厂化育秧。80年代末到现在,日本经济处于稳定发展时期,农村人口老龄化、女性化趋势明显,日本把开发重点放在了小型轻便、操作简单、自动化程度高、适应性好的农机上,并逐步推动农机向智能化、自动化的方向发展。

3. 农业科研推广体系和社会化服务体系完善

日本农业科研体系由大学、科研机构、企业等三大系统组成,科研机构层次分明,分布合理,农业科研成果丰硕,为农机科研创造了便利条件。① 日本的国立研究机构主要负责农机基础技术研究、新产品检测鉴定、与农机企业联合开发产品等,而民办研究机构主要与各农机企业内设研究机构联合开展产品开发、更新换代及新产品创意等工作。日本农业技术推广工作由农协和改良推广所负责。日本农协是一个代表农民基本利益的完善的组织体系,覆盖范围大、涉及面广、工作人员多。1998年,营农指导员近2万名,他们主要围绕产前、产中和产后等生产环节推广种植、病虫防治、食品加工、医疗保健、住宅改建等各种社会化的服务,极大地推动了农业机械化的发展。② 日本现有地区改良推广中心485个,每个中心约有推广员20人,全国有近万推广员负责先进适用农业技术的推广。日本中央政府为此项工作每年拨付约350亿日元专项经费,约占日本农业预算的1.2%。同时,日本各都道府县均有与此规模相当的配套资金用于农业技术推广。日本农业科研体系见图14-1。

4. 农机装备率高,农业组织化程度高

日本每公顷耕地所配备的拖拉机功率比美国、英国、法国等机

---

① 赵蓉蓉. 改革开放以来我国农业机械化政策及其效果分析. 西安:西安建筑科技大学学位论文,2010.
② 邵振润,王国忠,洪志杰. 日本农业的新特点及新挑战. 中国农技推广,2005(1):18-19.

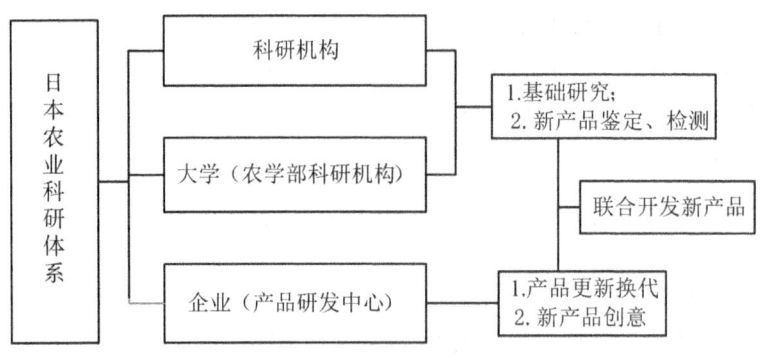

图 14-1　日本农业科研体系

械化高度发达的国家还要高。日本每公顷耕地投入 8 千瓦，而美国、英国、法国、意大利分别是 0.4 千瓦、1 千瓦、1.6 千瓦和 1 千瓦。日本的高配备使得水稻生产全过程机械化水平高，产品质量好，小规模经营适应力强。日本农业人口老龄化严重，65 岁以上的占农业人口的 50%。但是日本农民组织化程度非常高，有效克服了这一劣势。日本建立了全国统一的、遍布乡村的、庞大的农协组织体系，99% 以上的农民加入了农协。日本农协具有强大的社会化服务功能，对入会的农民在生产、生活方面提供几乎无所不包的服务。

5. 民间组织作用巨大

日本农业机械化的民间组织作用巨大，在与政府对话，反映其要求，沟通民间与政府的联系，影响政府决策，推动农机化发展等方面发挥着重要作用。

（1）日本农业机械化协会，1957 年成立，目标是推进农业机械化、设施化，改善农业经营条件，促进农业健康发展。会员包括与农业机械、设施有关的团体、企业、个人，如农机生产厂家、流通企业、进出口公司、保险公司、安全用品生产企业。该协会的主要工作是：与国家有关单位、地方公共团体协作，研究推进农业机械化的对策；收集、处理、提供农业机械化情报信息，发行《农业机械化公报》；制作发行安全生产图书、挂图、录像带及与农业机械、设施等有关的图书；农业机械推广、农机手培训、争取低息贷款和推行分期付款；安全生产统计及避险方法的开发、普及；农机银行工作；举办农业机械现场展示活动；提供减免一些税收的证明等。

（2）全国农业协同组合联合会（简称全农）。全农作为一个全国性的组织，可以说是日本农民利益的代表，在日本的政治、经济生活中具有举足轻重的影响，在农业机械化方面也是非常重要的。主要工作：商定农业机械价格（每年与生产厂家交涉一次，商定全农购入价，市场价格在此基础上形成）；农机产品调查；全农系统农机人才的培训；新机械、新技术试验；共同研究、开发农业生产急需机械、设备；农机销售；对农户进行技术指导；与行政及有关机关的协调；情报收集等。

（3）日本农业机械工业会，1939年成立，1967年政府确认为公益性社会团体，现有会员110社。主要工作：代表农机企业向政府就产业政策、农业政策、税制、中小企业政策提出建议、要求；促进农机产品的规格化、标准化，协助进行型式检查、型式认定和安全鉴定；收集、提供国内外农业机械生产、销售、进出口及安全生产等方面的情报资料；保护技术发明权；督促企业公平竞争，保证零配件供应，发行《农业机械情报》。

（4）全国农业机械商业协同组合联合会，1956年成立，其主要工作是：促进农机销售、维修业务；进行农机技能认定；发行机关报《全农机商报》；指导农机融资事业；对农业机械定期抽查；实施农机事故补偿；推进共同订货业务；协助进行农业机械维修设施认定；火灾互助和福利互助；推进农机流通正常化；推进劳动环境改善工作；推进实施制造物责任法等。

（5）政府针对小而全的农业经营模式成立了"农业机械银行"。"银行"建立的目的是解决农户之间农业机械使用不均衡的问题。它由农户自由组成，农户可选择购买一台收割机、拖拉机、排灌机等农业机械并将其存放在"银行"里，由专门人员统一管理和协调，集中租借，获取租金。这种方式有效地解决了个人独资经营农业机械资金不足的问题，同时个人可获得农业机械设备集中频密使用所带来的收益。这种做法得到了政府的支持，并于 1978 年在东京推广。1993 年加入农机银行的农民已超过 22 万人，作业面积超过了 30 万公顷，作业收入超过了 175 亿日元。现在日本已有 1000 多家这样的"银行"。

14.3.3　日本农业机械化政策

1. 农业机械化法规

随着战后农机化开始发展，日本的农业机械化法规体系日益完善，法律几乎覆盖农机化的每项工作。日本政府于 1946 年发布《日本农业机械器具改良措施方针》，提出了农具改良的支持政策；1949 年设立了农业机械化审议会，从制度层面保证农机化政策的制定和实施；1953 年制定《农业机械化促进法》，为农业机械化的发展奠定了法律基础，这是政府支持农机化发展的法律依据，也是农业机械研究、制造、试验、培训、推广、销售、使用、安全管理等工作的行为准则。为了适应农机化发展，日本政府对其九次修订，并多次修改《农业机械化促进法实施令》，以保障日本农机化始终在法律的框架内正常运行。20 世纪 60 年代，日本颁布了《农业基本法》《农业现代化资金补助法》，修订《农地法》等法律，鼓励农民扩大生产规模和增加对农业的投资。20 世纪 70 年代，日本政府出台了《综合农业政策》，1993 年颁布了《农业经营基础强化促进法》，鼓励投资者增加对农业基础设施的投入。1994 年，日本又制定了旨在降低对农业的保护同时又能进一步强化农业基础设施建设的《乌拉圭回合农业协议关键对策大纲》，该大纲要求将农业事业费的一半以上用于农业基本建设，这是一项有利于农机化技术推广和应用的扶持政策。

2. 财政信贷补贴政策

进入工业化社会后，日本政府开始实施农业补贴和价格支持政策，政府预算拨款成为农业补贴资金的主要来源。50 年代，农民购买农机设备可以获得政府50%的价格补贴,到60年代中期,补贴比例达到80%。1972年至1981年的10年间,政府的补贴额度从491亿日元增长到2439亿日元。1995年至2000年,日本政府投入的补助金高达6万亿日元。在补贴项目上,政府明确规定下列项目中的任何一项都可以获得政府50%的补贴额度。一是为农业机械举办展览和培训使用农机具产生的活动经费;二是用于农业机械合作组织的建设经费;三是培训农民使用农业机械所需的经费;四是农业机械修理厂的建设费用。与此同时,政府还设立了农业机械化基金,为购机者提供贷款服务,农户贷款上限可达600万日元,农协贷款上限可达5000万日元,至1981年,贷款总额达到了4500亿日元。

3. 农机的检验鉴定制度

农机化初期,日本农机市场一度出现了设计和制造水平低劣的机械,产品质量参差不齐。为了消除设计和制造水平低劣的农机产品、激励高性能的农业机械的设计、试验和应用,日本制定了农机产品鉴定制度。从1962年起,日本政府授权日本农业机械研究所为农业机械唯一官方鉴定机构,该机构按照严格、统一标准对农机产品的性能、质量、耐久性、安全性、可靠性、操作性等各项指标进行评估和鉴定。严格的鉴定程序和严苛的鉴定指标,为农业机械化的健康发展提供了保障,使得农机产品质量大幅提升。

14.4 韩国模式

14.4.1 韩国农机化基本情况

韩国位于亚洲大陆东北、朝鲜半岛南部,东、南、西三面环海,属温带季风气候,年均气温13~14℃,年均降水量1300~1500毫米。韩国地形具有多样性,东北高、西南低,低山、丘陵和平原交错。韩国国土面积10.3万平方千米,耕地面积1.76万平方千米,其中水田约占64%,主要种植水稻,旱地及其他地块约占

36%，主要用做蔬菜水果种植及畜牧。韩国人口约5000万，农业人口约占总人口的6.8%。韩国的农业产值较低，约占GDP的2.6%。

韩国农机化起步较晚，但发展速度很快，是继日本之后第二个实现农业机械化的亚洲国家。韩国农业机械化经历了三个发展阶段。1950—1970年为第一阶段，是农业机械化的启动阶段，主要是从国外引进农业机械实现对传统人畜力作业的替代，较为普及的是耕整机械；1971—1980年为第二阶段，该阶段韩国的第一个农业机械化五年计划开始实施，手扶拖拉机、水泵和脱谷机等机械得到大力推广和应用；1981年至今为第三阶段，该阶段水稻栽插、收获机械得到大面积应用，农业全面实现了机械化。韩国的制造业较为发达，拖拉机、插秧机、联合收割机、畜牧机械、园艺设施等的研发和制造都达到了很高的水平。21世纪后，韩国农业机械紧随世界农机科技潮流向省力化、现代化、自动化方向发展，农机作业领域进一步向其他细分行业拓展和延伸。

14.4.2 韩国农机化发展特点

1. 农田规模化经营

韩国人均耕地面积400平方米、户均耕地面积12600平方米。为了促进土地的合理使用和规模化经营，韩国将农用地分为"振兴地"和"保护地"并实施不同的政策。"振兴地"是指那些通过改善农业基础条件就能建成的、有一定规模的、适应机械化作业的优良农用地。"保护地"是指那些保障农业振兴区域的水源和水质等农业环境而必需的地域。为了推进土地规模化和专业化经营，韩国政府将农民所拥有的农用地面积上限扩大了一倍，即每个农户准许拥有的耕地从10平方千米扩大到20平方千米，在"振兴区"内，农户拥有的耕地面积不受任何限制。此外，政府还相应放宽了土地买卖和租赁等方面的限制，进一步为土地集中创造了条件。

2. 农业的组织化经营

韩国农业的各类专业合作组织非常普遍，几乎所有农民都参加了合作组织。1961 年韩国农协成立，1994 年基层单位农协 1359 个，特殊农协 44 个。80 年代，韩国各地成立了旨在共同购机、共同使用机器的机械化营农团，5 户或作业范围 5 公顷内的为小型营农团，10 户或作业范围达到 10 公顷的为大型营农团。政府针对营农团出台了一些优惠政策，如营农团购机可以享受 50%的补贴和 40%的贷款。这些政策使得营农团近几年迅速发展，达到平均每两个村就有一个营农团的普及程度。韩国的农民组织成为联结政府和农民的桥梁，有效提高了农业的组织化程度，是实现农业机械化的生力军。

3. 完备的农机科研体系

韩国建立了较为完备的农机科研体系。1961 年，韩国农业机械化研究所成立，这是韩国唯一的国立研究所，负责国家级的农机化技术业务。其主要任务包括：开发高效农业作业技术、改良农业机械、农产品处理机械化技术开发、农业机械性能评价、试验等。该所研究费用由政府全额拨付。另一家具有较强实力的农业科技研究机构是全罗北道农业技术院，其研究开发的农业技术成果均通过郡的农业技术中心向农户无偿提供。此外，韩国还有 17 所大学设有农机研究专业，农机企业附属的研究机构也有许多从事农机研究和开发。

为了促进农机科技的推广，韩国省级农业技术院和县级农业技术中心均设有农业机械使用培训的职能机构，这些培训机构根据农业生产季节需求，制订相应的培训计划，为农民免费提供培训。这些措施在很大程度上提升了农民农机技能水平，推动了农机的推广和普及。

14.4.3　韩国农机化政策

1. 农业机械化法律

韩国历届政府非常重视农业机械化法律法规建设，通过立法的形式对农业机械化规划、资金、产品质量和售后服务、安全、维修、人员培训、基础设施建设等事关农机化发展的诸多方面做出了具体规定。1967年韩国颁布《农业基本法》，该法对农业机械、农业组织、农产品价格、农业用地等做出了规定；1978年，韩国颁布《农业机械化促进法》，第一次完整、系统地就农业机械化的各个方面做出规定。尔后，韩国又陆续出台了《农渔业村发展特别措施法》《农业机械附加价值税零税率法》《农业机械用油税减免法》《产业标准法》《道路交通法》《兵役法》等相关法律，并将促进农业机械化发展的扶持政策列入了相关条款中。

2. 财政补贴和优惠的贷款政策

20世纪60年代，韩国农民购买喷雾器、水泵、耕作机等农机可获得60%的政府补贴。到了60年代末70年代初，政府将该补贴额调低到40%，但同时规定购机者可申请25%至40%的贷款。70年代中期，农业机械化作业中心和大小型耕作组等农机服务组织相继建立，政府规定通过农机服务组织购买农机可获得40%的政府补贴和60%的银行贷款，而如果农民个人购机，则只能得到1%的补贴和60%的贷款，政府的政策扶持倾向十分明显。90年代，补贴方式又有变化，农机服务组织可获得50%的补贴和40%的贷款，农民购机需首付20%~30%的资金，其余的金额可采用耕地抵押方式向银行低息贷款，贷款利息4.5%左右，比非农贷款低2个百分点左右。韩国对补贴和贷款的财政支持一直持续到1999年，从2000年开始只提供70%至90%的贷款，但贷款利率进一步下降到3%。1962年到2006年的44年间，韩国为购机拨款达11亿美元。

3. 油料免税政策

韩国实行农机用油免税政策，即农民在购买农机后，可向当地农机主管机构提出用油申请，主管机构根据所购农机的功率、油耗、耕种面积等参数、指标核算出该机器该年度的用油总量并发给用油证，购机者凭用油证购买油料时可享受无税的油价优惠。一般无税油比含税油价格低60%左右。①

4. 农机制造政策

在20世纪60年代初，韩国大多数农用工具使用畜力或人力驱动，少有机械动力。1963年，韩国开始生产耕作机，1969年开始生产拖拉机，1972年引进联合收割机，1973年引进水稻插秧机。起初，韩国销售的耕作机、拖拉机、联合收割机和水稻插秧机大多是与外国签订技术协议进口部件而在韩国组装的产品，之后，韩国政府出台进口零部件逐步本地化的政策，农业机械零部件逐步本地化了。为了进一步提高本土农机的质量，政府对农机制造商实行许可证管理：综合类农业机械制造商（IFMM）经许可后可以生产农用发动机和至少两种大型农业机械，如耕作机、拖拉机、插秧机、割捆机或联合收割机。申请IFMM许可证的公司不仅必须满足设施和雇用员工方面的要求，还要保证产品的质量通过国家级检测；特种中小型类农业机械制造商（SSMM）经许可后可以生产至少两种中小型农业机械，如谷物烘干机、电动喷雾器、脱粒机、农用水泵。许可证制度的实施推动了农机产品质量的提高，也避免了制造商之间过度的价格竞争。同时，政府还规定，农机购置补贴资金只针对拥有IFMM和SSMM许可证的生产商制造的产品。许可证制度一直持续到1988年才被另一种新的制度取代。经过多年发展，农机制造业成为韩国的重点制造业之一，年均生产总值约11亿美元。

14.5 发达国家农机化政策特点

14.5.1 建立、完善农业机械化法规

建立、完善法律法规是农业机械化发展的根本保证。发达国家都非常重视农业机械化法律法规的建设，均通过立法的形式对农业

---

① 王丙山. 韩国促进农业机械化发展的扶持政策. 河北农机，2005（1）.

机械化发展的各个方面、各个环节作出了具体规定。

美国的《农业法》中有对农机教育、科研、推广、产品质量鉴定等涉及农机化发展的相关事项的规定，其《农业装备安全》是一部关于农机安全的专门法规。韩国1970年颁布《农村现代化促进法》，其中专设一节"农业机械化事业的实施"，1978年颁布并在90年代中期修订的《农业机械化促进法》作为单行法律实施。此外还有大量的农业机械化扶持政策散落在《农渔业村发展特别措施法》《农业机械附加价值税零税率法》《农业机械用油税减免法》《产业标准法》《道路交通法》《兵役法》等法律中。日本在1953年颁布了《农业机械化促进法》，尔后又分别在1962年、1965年、1978年、1983年、1993年、1999年、2000年和2002年等年度对该法进行多次修订、完善，同时多次修改该法的配套法规《农业机械化促进法实施令》。1961年以后，日本相继出台了《农业现代化资金援助法》《农业机械化促进法实施规则》《农业机械化研究所业务条例》《农机销售、维修的安全指导》等相关法规。

尽管发达国家的农业机械化法规不尽相同，但目的和起的作用基本相同。通过农业机械化法规建设，明确了政府主管部门的职能、对农业机械化发展的支持方式和途径，同时界定了农机生产者、经营者和使用者的权利、责任和义务，并将农机产品质量、农机经营、农业机械化教育与培训、农机使用与维修等内容一并纳入法制轨道，对农业机械化发展起到了引导、推动、规范和保障作用。

14.5.2 将农机化发展纳入国家发展政策体系

将农业机械化发展纳入整个国民经济发展进程以促进本国农业机械化的发展是世界各国推进农业现代化的基本经验和普遍做法，特别是在工业化、城市化过程中，农业劳动力加速转移，人工成本快速上升，以国家的力量推进农业机械化、实现城乡统筹是必然选择。韩国连续实施6个国家农业机械化五年计划，在较短的时期内实现了农业机械化。日本《农业基本法》明确通过合并土地和实行机械化等手段促进农业现代化,并采取了系列措施,推动了农业机械化发展进程。第二次世界大战后的法国在前三个国民经济发展计划中,把农业装备现代化放在突出位置,推行"农业装备现代化和规模化",用15年时间实现了农业机械化。

14.5.3 在农业机械化发展的不同阶段采用不同的政策组合

在农业机械化发展进程中,各国政府制定了大量的农业机械化扶持政策,如土地集中、农业专业化、农业信贷、农业生产价格补贴、农用燃油减税与补贴等政策。根据农业机械化的不同发展阶段,政府有不同的政策取向和组合,但都有一个共同特点,即在农业机械化发展初期以财政补贴政策为主,在基本实现农业机械化时期财税和金融政策并重,在农业机械化发展的后期,以金融政策为主。由于农业的弱势产业地位,即使是在已经实现农业机械化阶段,政府的政策支持仍然是农业发展的重要手段。韩国的农业机械化发展就非常典型。1961—1966年,韩国农机购置实行中央政府补助60%、自筹40%的支援方式;1967—1971年,以国家补助38%、地方政府补助2%、贷款25%~40%、自筹20%~35%的方法支援;1972—1976年,韩国实施第一个农业机械化五年计划,对动力喷粉喷雾机的购置实行政府补助2%、贷款63%、自筹35%的政策,对其他机种发放50%~70%的贷款;1977—1981年,韩国实施第二个五年计划,重点发展插秧机和收获机械,实行补助40%、贷款60%的全额支援方法;1982—1986年,韩国实施第三个五年计划,提出1987年全面实现平原区农业机械化,半山区50%机械化的目标。其主要做法是,允许每个机械化营农团以补助40%、贷款60%的形式购置5台农机;1987—1991年,韩国实施第四个五年计划,对机械化营农团购置农业机械实行补助50%,贷款40%,自筹10%;1992—1996年,韩国实施第六个五年计划,实行农业机械半价供应,即对一般农户,农业机械价格在200万元以下时补助50%,超过200万元补助100万元;对农业机械组织和粮食专业户补贴事业费的50%。

14.5.4 将农机科技作为政策支持的重要内容

发达国家在较短时间内实现了农业机械化和农业现代化，扶持、推动农机科研是一个基本经验。发达国家都建立起了完整的农机科研体系，国家有专门的农机科研机构，农机企业也有专门的科研机构。农机科研机构数量众多，科研设施和手段也相当先进。政府通过多种形式对农机科研实施补助、资助，为科研人员的研究开发工作创造了良好的环境。70 年代，美国农业科研经费达到每年 15 亿~20 亿美元的水平，现在仍在增加。科研经费的分配大致是公共研究系统占一半，种子、农业机械、农业化工和食品等各类私营公司占一半。美国还拨出专门经费用于农业（农机）技术推广。如 1977 年美国资助农业技术推广的经费就高达 2.4 亿美元。韩国国家农业机械化研究所的经费由政府全额拨款，全国的农机化培训也由政府直接出资，韩国各地的训练所、训练院、训练场均对农民实行免费培训政策。日本中央和各道、府、县都设立了农业机械化培训机构，政府对培训机构的建设、活动经费以及培训所使用的农业机械补贴一半经费。

14.5.5 扶持农机社会化服务组织，鼓励农机共同利用

如何提高农机利用率，降低使用成本，一直是各国政府普遍关注的一个问题。发展农机社会化服务组织，提高农民的组织化程度，共同利用农机，是各国推动农业机械化发展的一条重要途径。美、法、日、韩等发达国家除建立了健全的管理体系外，还建立了完善的社会服务体系。这些服务组织不仅为农民提供各类专业化服务，降低了农业机械的使用成本，还代表农民和农机企业利益，在反映农民要求、沟通政府与民间的联系等方面发挥了重要作用。

法国的"居马"是世界上久负盛名的农机社会化服务组织，在推进法国农业机械化过程中发挥了巨大作用。政府对"居马"提供免交一切赋税的优待和贷款优惠。韩国的"营农机械银行"购机时能够获得政府 40% 的补助和 60% 的贷款支持，促进了农业机械共同利用和农机社会化服务发展。日本战后采取一系列政策促

进各种形式的互助形式，推进农业合作化，大力发展"农业机械银行"等农机共同利用组织。美国的社会化服务组织较为发达，除了有农机租赁公司、农机作业公司等专业化公司为农民提供服务外，还有大量的非营利性合作社为农民服务。

15 湖北省农机化政策体系完善

梳理、回顾 60 多年来湖北省农机化政策发生、发展的脉络，分析农机化政策实践环境，结合政策科学的相关原理，我们确立了完善农机化政策体系的总体框架：在确立湖北省农机化政策原则基础上优化政策目标、明晰政策主客体、完善政策内容、合理选择政策工具、完善政策运行机制（见图 15-1）。

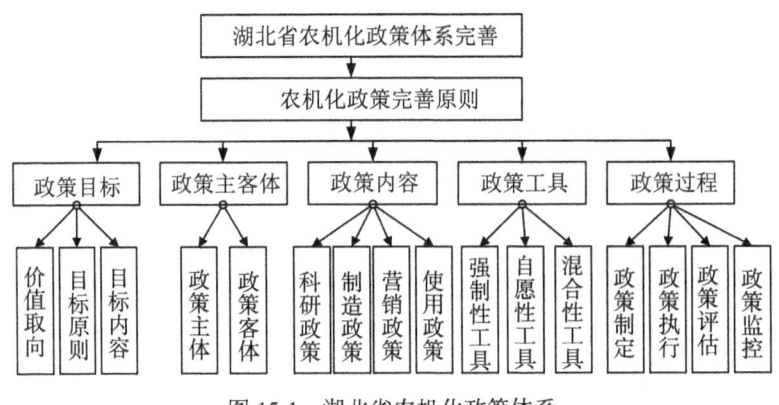

图 15-1 湖北省农机化政策体系

15.1 湖北省农机化政策体系完善原则

15.1.1 符合经济社会发展规律原则

实事求是是制定、完善各种方针、政策的基本原则。经济社会发展有其自身的发展规律，总是由低级向高级发展，不同的发展阶段有不同的发展特点，需要不同的政策制度，这个顺序不能错位。计划经济时期的农机化目标政策就是一次历史教训。美国经济学家罗斯托将一个国家的经济发展分为六个阶段：传统社会阶段、准备起飞阶段、起飞阶段、走向成熟阶段、大众消费阶段和超越大众消费阶段。当前，我国经济处于"走向成熟阶段"。在这个阶段，国家的产业以及出口的产品开始多样化，高附加值的出口产业不断增多，厂家和消费者热衷新的技术和产品，投资的重点从劳动密集型产业转向了资本密集型产业，国民福利、交通和通信设施显著改善，经济增长惠及整个社会，企业开始向国外投资，一些经济增长极开始转变为技术创新极。湖北省也正朝着工业化、城镇化、农业现代化和信息化的方向逐步迈进，农民购买力不断增强，农业劳动力大量转移，农业产业化、集约化不断发展。这就是湖北农村经济社会发展的基本大势，我们制定农机化政策只有看清这个大势，制定政策才能少犯或不犯错误。

15.1.2 遵循农机化发展规律原则

农机化集科研、制造、流通、农业等诸多属性于一体，其发展必然要受到多重因素的影响，有着比一般产业更为复杂的发展规律。好的农机化政策必须建立在对农机化发展规律准确、全面认识的基础上，必须是农机化发展规律的客观反映。第一，需求拉动是农机化兴起和发展的主要动力。农机化发生与发展的主要动力来自于农业（现代农业）生产发展的需要，其发展速度主要取决于经济发展水平和机械使用的效益。农机化发展的基本规律突出表达了农机化的经济属性。只有当劳力短缺或劳畜力难以胜任农业生产的情况下，才需要使用机器来补充或代替劳畜力，机械化才会发生与发展。随着农业科学和工程技术的发展，种植业、养殖业或加工业等均出现了许多非劳畜力所能胜任的增产措施和开发工程，只有通过机器才能实现，进而对机械化提出了需求。同时，随着工业化、城镇化、农业现代化的发展，农村人力资源逐渐从农村、农业向城市和其他产业转移，也提出了对机械化的需求。因此，制定农机化政策，需要对这些需求的数量、质量、结构、变动趋势等特征做出判断，以加强政策的针对性和有效性。第二，适度竞争是产业发展的重要条件。鼓励竞争是农机化政策的基本价值取向之一。但这并不是说竞争越激烈越好。从湖北农机工业和流通业的发展实践来看，过度竞争对产业发展的危害不亚于垄断带来的危害。因为过度竞争、恶性竞争的必然结果就是企业的利润空间被压缩，进而降低整个行业的平均利润率，从而动摇了产业可持续发展的基础。如何才能既鼓励竞争又防止过度竞争，无疑是制定和完善农机化政策的重要课题。第三，国家和政府的扶持能够促进农机化的发展。农机化政策对农机化事业具有扶持和加速作用。农机化是弱势产业，扶持弱势产业成长、加快弱势产业扩张速度、缩短弱势产业结构调整时间、克服市场失灵现象，是政府政策的目标所在。公共政策实践证明，合理的产业政策能够加快促进以上目标的实现。第四，农机化的发展具有周期性。任何产业的发展都要经历兴起、成长、成熟和衰退几个阶段。农机化事业发展的阶段性决定了农机化政策的阶段性。农机化政策只有符合农机化不同阶段的特征和要求才能取得好的绩效。在农机化发展的初期，政策的扶持力度应该大一些，到了成熟阶段，政策的重点就是维护产业（行业）的竞争秩序、促进结构的优化。计划经济时期是湖北的农机化打基础阶段，转轨时期进入调整阶段，1994年进入市场化阶段，今天，湖北的农机化充其量仍处于成长阶段，离成熟阶段还有很长的距离。这就决定了湖北的农机化政策当前和今后相当长一段时间仍然是一种倾斜性的、扶持性的政策。

15.1.3 尊重市场机制原则

农机化政策要取得良好绩效，在政策制定和实施过程中，必须坚持市场配置资源的基础地位，依靠市场机制来发挥农机化政策的作用。第一，尊重市场机制的作用是发挥农机化政策作用的必要条件。计划经济时期，政府靠计划和行政手段来配置资源，代替政策对象决策。在市场经济条件下，农机科研机构、农机制造企业、流通企业、农机服务组织、农机户成了自主经营、自负盈亏的独立的利益主体。作为独立的利益主体，他们的决策取决于价格变动、供求关系、竞争状态、利率变动、盈利预期等市场因素,而不是政府的计划和指令。这种市场逻辑要求政府制定的农机化政策符合市场经济规律。采用的政策手段也不能以行政手段为主,而应以价格、工资、税收、利率等诱导性手段为主,市场仍然是资源配置的主要手段,政策只不过是借助市场机制作用实现它的目标,这是农机化政策成功的关键所在。第二,尊重市场运行机制有助于减少农机化政策的负面效应。农机化政策是一柄双刃剑,有可能促进农机化的发展,也有可能阻碍农机化的发展。比如过多的保护、扶持会导致农机科研、制造企业对政府的过度依赖,导致产业组织合理化进程缓慢,企业竞争力下降,从而导致资源配置的低效。因此,在制定农机化政策时,要充分发挥市场机制的主导作用,善于借助市场的力量去实现农机化政策目标。凡是市场能够做的事就让市场解决好了,即使在像农机科研和农机推广等"市场失灵"领域,政府的适度干预也应建立在对市场机制尊重的基础上。

15.1.4 民主与法制相一致原则

民主与法制一致就是制定和实施农机化政策时既要执行民主性原则,又要执行法制性原则,坚持民主与法制的一致性。坚持民主性原则是指政策主体在制定、实施政策过程中贯彻民主集中制和广泛参与决策的原则。其核心是把农机化政策对象和其他参与者的观点落实到农机化政策运行过程的始终,主要内容有三点。一是尊重和依靠各行各业的专家,听取专家、学术团体、咨询机构、专业研究机构、智囊团、顾问团的意见。二是坚持群众观点和群众路线,即让群众参与到政策运行的全过程中。三是坚持民主集中制,即在民主基础上的集中,在集中指导下的民主。法制性原则就是坚持依法治国,主要内容包括三点。一是把农机化政策运行进程中的相关要求、目的、内容、步骤和方法等内容通过立法程序即用法律的手段来保证其有效运行。二是将成熟的农机化政策,通过实施已经形成的规范性条例,或者需要更强制性的手段时,通过法律形式上升为法律。三是执行农机化政策要有法必依,执法必严,违法必究。

15.1.5 发展与效益统一原则

发展与效益相统一原则是指在制定和实施农机化政策时，既要突出农机化的发展，又要兼顾经济效益、社会效益环保效益等各种效益，是发展性与效益性的统一。发展性是农机化政策的动态反映，农机化政策是一定历史条件下一定阶段的产物。对于这"一定"时期来说，它是相对稳定的，但超出这"一定"时期、阶段就必须变化、发展。因此，农机化政策既是相对稳定的，又总是处于变动发展之中。既有质的稳定性和突变性，又有量的渐进性和飞跃性。这一原则要求既要保持政策的相对稳定性以体现其权威性、规范性，体现政策主体的意志和利益，又要根据农机化事物的发展变化进行政策调整，及时把握政策的动态发展性。这就要求农机化政策必须实时顺应内外部环境的变化，有远见、创造性地制定和实施农机化政策。

绩效是衡量政策活动成功与否的重要标准。政策的根本目的在于实施后能够创造更多、更好的政策效益，实现政策主体的利益和意志。农机化政策效益有政治效益、经济效益、社会效益和生态效益，用尽可能少的人力、物力、财力、时间和信息的消耗完成数量尽可能多、质量尽可能高的政策任务，以最有效的途径实现政策目标。

15.1.6 "扬长避短"与"洋为中用"原则

发达国家经过多年的探索和发展，已经形成了一整套成熟的农机化政策体系，农机化水平较高，农机产品和技术具有较强的国际竞争力。从第十四章的阐述中可以看出，发达国家制定和完善本国农机化政策体系的一些理念和做法是值得我们学习和借鉴的。但由于各国所处的经济、政治和社会发展水平等条件不同，农机化政策的相关要素也应有所不同。因此，应坚持"扬长避短、洋为中用"的原则。一方面要坚持"扬长避短"原则。即进一步发扬湖北省农机化政策优势及经验，同时要规避或解决影响其农机化发展的政策短板问题，如政策设计缺乏整体性、缺乏针对性、取向偏向性、结构失衡等问题，以获得事半功倍的效果。另一方面要坚持"洋为中用"原则。即要借鉴他国的经验，充分汲取有益并适合湖北省省情的做法，准确把握国际农机化产业的发展趋势，积极参与国际农机化市场竞争，使湖北省从农机使用大省向农机科研、制造和使用大省转变。需要注意的是，在制定政策时，需要明确该湖北省与发达国家、发达省份在农机化发展水平上的差异，不能照搬其发展模式。

15.2 优化湖北省农机化政策体系目标

政策目标是政策制定者希望通过政策实施所达到的结果，它规定着政策方案的方向，又为政策方案优劣提供了评价标准。

15.2.1 湖北省农机化政策价值取向

政策目标的选择和确立是有关政策制定者的价值观和整个社会价值观碰撞和协调的结果。政策目标是特定价值观的反映。为什么改变现状？为什么能够到达未来的某种状态？这些问题都需要人们对社会现象及事实的好坏、善恶、满意不满意等作出判断。所以，价值因素是政策目标不可缺少的必要条件，只有将政策价值弄清楚了，政策目标才会明确。任何一项政策，从政策的制定、执行到政策的评价和监督都体现着政策主体的价值取向。

同其他公共政策一样，湖北省农机化政策的价值取向经历了政治理想主义价值取向阶段、功利主义价值取向阶段和"效率优先、兼顾公平"的价值取向阶段。进入2000年以后，湖北的农机化政策应该确立什么价值取向呢？按照公共政策价值阶段理论，结合湖北省农机化政策发展实际，本研究将"公平"和"以人为本"作为湖北省农机化政策的基本价值取向。

15.2.1.1 农机化政策的公平价值取向

公平就是社会的政治利益、经济利益和其他利益在全体社会成员之间合理而平等地分配，它意味着权利的平等、分配的合理、机会的均等和司法的公正。

从本质上讲，公平是给予人所应得到的、剥夺人所不应得的行为和制度。从数量上看，公平是给善的行为和制度以等价的奖赏和回报，给恶的行为和制度以等价的惩罚和报复。从内在性质上看，公平有"公"和"平"两方面的规定性。"公"即公正、正义、公道，它要求在理论上符合理性、服从真理，在实践上守法践约、遵守道德规范。"平"即平等、平均、平衡，它要求在处理各方面关系时遵循对应原则和均衡原则。公平是人们在对待需要与能力、权利与义务、获取与贡献、平等与效率等各种对应关系活动时产生的一种均衡状态。学界将这种对应均衡原则表述为以平等对平等，以不平等对不平等。就社会意义而言，公平是经济、社会发展的重要动力，是社会规范的灵魂，也是现代公共行政所追求的根本价值目标。在现代公共政策中，公平不是一种抽象的符号，其应体现在公共政策的各个环节中，融入公共政策的全过程。在政策实施过程中，人们会自觉、不自觉地用公平理念来衡量某一公共政策，并根据这种公平要求的满足程度决定其对公共政策的态度。因此，要在正确理解公平概念的基础上，合理定位公共政策的价值取向，才能有效发挥公共政策的利益分配功能。

农机化政策是公共政策的分支，公平理应成为农机化政策的基本价值取向。这就要求在农机化政策制定和实施过程中，合理地对待每一个政策对象，营造一种有利于平等竞争的公正环境，保证每个参与者能够平等分享农机化发展所带来的利益。将公平作为农机化政策的基本价值取向，对推动湖北农机化均衡发展具有重要意义。如长期以来湖北省将大量的资源投向了"一分田"，对"七山、两水"关注不够，而这恰恰成了湖北农机化发展的瓶颈。如果我们依然坚持效率优先的价值理念，湖北的农机化全面发展就是一句空话。

15.2.1.2 农机化政策的以人为本价值取向

党的十六届三中全会就曾明确提出以人为本，树立全面、协调、可持续的发展观，促进经济、社会和人的全面发展。"以人为本"这一公共政策价值取向受到党和政府的重视。

以人为本就是指以人的价值为核心和社会本位,把人的生存和发展作为最高价值目标,一切为了人,一切服务于人,一切要有益于促进人的全面发展。以人为本中的"人"是指广大的社会公民(当然包括农机人),以人为本的实质就是坚持以社会公民为本,将其视为推动经济社会发展进步的主体。以人为本,就是一切以人为中心,一切工作措施是为了调动人的积极性和创造性,一切目的是为了人的生存、进步和发展。具体来讲,以人为本就是既要努力推动经济的快速发展,也要重视广大公民物质文化生活水平的提高、综合素质的提高,为其全面发展提供有利的条件;要注重保障广大公民的生存权和发展权,维护其为人的尊严,保障其基本的政治权利、经济权利和文化权利;要为全体社会成员平等发展创造良好的社会环境,为其人生价值实现提供良好的社会条件,保障社会成员尽可能多地分享经济发展和社会进步的成果。

将以人为本作为农机化政策的基本价值取向,就是指在农机化政策的制定、执行、评估、调整等各个方面都要把人作为本原、本体、核心,所制定出的政策应当满足农机人的需求和愿望,尊重其合法权益,促进其全面的发展,推动其社会价值的实现。

15.2.2 湖北省农机化政策目标原则、要求

农机化政策目标具有权变性特征,其内容将会受到多种因素的影响,如前期政策的执行情况、可能争取到的资源、政策制定者本身的素质、上级政府下达的任务、政策运行中遇到的问题等等。因此,为了确保农机化政策目标的科学性和合理性,在进行政策目标设计时必须遵循一定的原则。首先,设计农机化政策目标必须坚持现实性、可行性两大基本原则,必须是在可能选择的时空条件下进行规划,绝不能脱离湖北经济社会发展的特定阶段、产业发展的实际水平和资源禀赋的现实条件而闭门造车、主观臆断。其次,政策目标设计必须建立在对内外部形势趋势、经济发展环境和产业基础现状的客观分析、科学研判的基础上。对现实状态的分析,除了要作出质化的说明外,还要运用一些量化指标进行刻画。对于要达到

的理想状态，除了质的规定性外，同样也要有量的规定性。再次，保持农机化政策目标的相对稳定性。目标具有导向功能，农机化发展方向一旦确定就不能因为体制、机构、领导人的变更而轻易改变，那样会导致前功尽弃，造成大量资源的浪费。最后，保持农机化政策目标的适当弹性。目标的弹性是指在目标设定时，在面对内外部环境发生变化时所具有的可塑性和适应能力。条件变了，目标执行有可能变容易了，也有可能变得更加困难，甚至变得根本不可能完成，这就要求修改目标，以保持其合理性。这一点和政策目标的相对稳定性并不矛盾。

在遵循上述原则的前提下，设置农机化政策目标还有一些具体要求。第一是明确性要求。即有关政策目标要有衡量指标，且指标尽可能地量化，避免全部是定性化的指标。随着绩效考核手段的发展，在以往一些传统的定性化领域也可以定量化，因此，在农机化的一些传统的定性化领域也要尽量采用定量指标。第二是针对性要求。一项合理的政策目标必须是针对具体的政策问题，只有政策问题清晰，明确政策所要解决的具体问题，政策实践中政策才能切实发挥实效。第三是可能性要求。政策目标设定要理性、客观，量力而行。要考虑人力、财力、物力、信息、技术、时间等方面的资源，看看政策目标实现的资源条件。同时还应考虑到社会环境，如社会多元化因素以及国际化因素等是否会为政策目标实现提供可能性。第四是前瞻性要求。确定政策目标时，要充分论证政策本身，了解其成因、自然环境、经济社会背景等因素。同时，政策是面向未来的，只有较为全面、较为准确预判新形势、新情况，政策才能有的放矢。所以，农机化政策目标的确立，既要回顾过去，立足现在，更要展望未来，既要有前瞻性，也要注意时效性和阶段性。第五是目标间的协调性要求。农机化政策问题是包含许多利益矛盾的复合体，要解决政策问题就需要解决问题中包含的不同方面、不同隶属关系的利益矛盾。这就决定了农机化政策目标不是单一的，而是由若干子目标构成的体系。纵向看，这个体系中有不同层次的政策子目标，只有下一层级的子目标实现了，上一层级的目标才能实现。不同层次的子目标构成了手段与目标的关系。

15.2.3 湖北省农机化政策目标内容框架

政策目标体系是在一定的政策基本思想指导下，根据阶段性发展要求，立足发展实际，确定的政策所要实现的各种具体目标的集合，是政策体系的重要内容。作为政策基本思想在某个特定阶段的具体体现，政策目标是各种政策总的行动指南，也是调整优化行业结构，促进农机化又好又快发展的重要依据之一。

一直以来，我们制定的农机化政策目标单一，始终聚焦在"化"上，即农业生产的农机化率。为了提高农业生产机械化率，国家和省出台了大量的农机推广、使用、鉴定、修理、教育培训、监理等政策。在以"化"为中心的政策目标体系中，政策的本意和初衷在某种程度上变得模糊，政策执行过程中难免偏离航道。因此，有必要回顾60多年来农机化政策发展历程，总结政策成长过程中的成功与失败、经验与得失，结合湖北"三农"新形势、新特点，制定新的农机化政策目标体系，使湖北的农机化政策回归本源并肩负时代的使命。

湖北农机化政策的终极目标是：运用先进适用的农业机械替代人畜劳作，将农民从繁重的体力劳动中解放出来，转移到其他产业；从事农事活动的农民职业体面、劳作安全舒适、比较收益高，工作生活有尊严。

湖北农机化政策的具体目标是：加大先进适用农机化技术推广应用力度，促进旱作节水农业发展，提高畜牧、水产养殖关键环节、主要粮食作物、经济作物机械化水平，实行平原、丘陵、山区机械化协同发展；提高农机装备水平、改善农业装备结构，增强粮食等优势农产品集中区农业综合生产能力，促进农业可持续发展；以农机化促动湖北农机工业布局调整、技术进步和产业升级，进一步提高农机农艺和机械化信息化融合度，生产更多先进适用农机；以农机化促进农机科研力量的整合、科研机制的创新、科研方向的调整，进一步加强农机基础技术、关键技术研发力度和水平，促进农机科研技术进步；以农机化引领农机流通业产业布局和营销模式创新，优化流通路径，降低流通费用，缩短流通时间，构筑厂家与农户间安全、高效、便捷的通道。

15.3 明晰湖北省农机化政策主客体

15.3.1 政策主体

政策主体是指政策的制定及执行者。对农机化政策主体进行分析有助于厘清各政策主体的职责范围，使政策得以顺利实施。

15.3.1.1 农机化政策主体分析

政策主体是政策系统的重要组成部分，是政策利益的相关者，直接参与政策的制定、执行、评估、监控等一系列过程。任何政策都有特定的主体，政府和相关的权威机构及有法定权威性的公共部门是政策主体的一般范畴。农机化政策体系的主体包括中央政府和地方政府。政府作为政策主体，承担着制定农机化政策目标，根据目标选择具体的政策工具并组织实施，跟踪观测实施过程，对实施效果进行评估，最后对政策进行调整等工作。可以看出，政策主体对于政策系统具有极其重要的影响，在相当程度上可以决定政策的走向和内容。因此，要探讨政策制定、实施，就要对政策主体进行相关的研究。政府成为农机化政策体系的主体是由其职能所决定的。如政府具有宏观经济调控、市场监管、社会管理等职能，这些职能赋予了政府具有权威性和代表性等特点。政府的权威性保证了政策所反映的主体意志必定会得到客体的遵守，有时会带有强制性。而政府的代表性则表明主体通过对社会的管理，其意志表达了客体的意愿。

15.3.1.2 厘清政策主体的职责

厘清政策主体职责，有利于减少制度性摩擦和效率耗散，提高行政管理的效率。

首先，要厘清中央政府和地方政府的职责。湖北省农机化政策主体是在中央政府和有关主管部门等政策主体的领导、指导下开展

15.3 明晰湖北省农机化政策主客体

地方政策管理工作。中央政府侧重基础性、方向性政策的颁布和监督,湖北地方政府则侧重区域性和引导性的具体政策的发布和执行;中央政府制定统一的政策措施,湖北省政府制定符合地方实际的细化政策措施。全国人大、中央政府制定全国通用的法律法规,地方人大和地方政府制定本地执行的条例、规章。中央政府政策是地方政策的"上位"政策,地方政策必须与中央政策保持一致,不能相互矛盾甚至抵触。

现阶段,除了全国人大、执政党和国务院出台的一些纲领性、全局性的宏观政策法规外,涉及农机化部门事务的主要有农业部、工信部、商务部和科技部等主体。农业部是涉及农机化事务最多、也是出台政策最多的部门,其职能包括农机推广、鉴定、安全监理、农机使用、农机维修、农机培训等。工信部的行业管理职能涵盖了农机工业,出台了农机工业政策及规划等少量政策。商务部的职责涉及农机流通、物流及市场秩序管理,但出台的针对农机营销的政策极少。科技部主管科研,但没有专门针对农机科研出台政策,不过,科技部多次将全国性的农机重大攻关项目列入科技专项予以资金支持。

其次,要厘清湖北省涉及农机化事务的部门的职责。在湖北,涉及农机化事务的部门有省农机局、省经信委、省商务厅及科技厅。省农机局是全省农机化管理的专门机构,其公布的十一项职能均与农机化事务有关,包括农机鉴定、推广、安全监理、农机运用、农机修理等方面的规划和管理,其出台了大量的农机化扶持和管理政策。省经信委的职能涉及湖北农机工业。其职责中包含"拟订并组织实施工业行业规划、计划和产业政策,提出优化产业布局、结构的政策建议,拟订行业技术规范和标准并组织实施,指导行业质量管理工作,负责企业负担监督工作"、"承担振兴装备制造业组织协调的责任"、"提出企业技术进步政策的建议,组织推动企业技术改造、技术创新"、"负责中小企业发展的宏观指导,会同有关部门拟订促进中小企业发展和非公有制经济发展的相关政策和措施,推进中小企业服务体系建设,协调解决有关重大问题""负责编制中小企业发展资金使用计划和中小企业统计工作"、"负责机械等工业行业管理，指导相关行业加强安全生产管理"。省商务厅的职能涉及农机流通。其职责包括"参与拟订全省商贸、物流和服务业的有关地方性法规、省政府规章草案，负责全省内外贸易商品的物流管理与协调工作，负责推进流通产业结构调整，指导全省流通企业改革，提出促进商贸中小企业发展的政策建议，推动流通标准化和连锁经营、商业特许经营、物流配送、电子商务等现代流通方式的发展"、"牵头协调全省整顿和规范市场经济秩序工作，拟定规范市场运行、流通秩序的政策，推动全省商务领域信用建设，指导商业信用销售，建立市场诚信公共服务平台"等等。省科技厅的职能涉及农机科研工作。其职责包括"研究提出全省科技发展战略规划，确定全省科技发展的布局和优先发展领域，组织编制全省中长期科技发展规划，推进全省科技创新体系和科技服务体系建设"、"组织拟订全省科技体制改革的政策措施，制定和组织实施省级科技计划"、"研究提出促进科技型中小企业发展的有关政策措施，组织实施科技型中小企业创新基金项目计划，推进科技创业投资体系的建设"、"负责全省科技成果、科技奖励、科技保密、科技统计和指导全省技术市场管理工作"。从这几个部门的职责表述来看，职责范围似乎都涉及农机化的有关部门，但都没有明确提出"农机"两字。加之农机在相关行业中的块头较小、地位不高，导致有关部门"遗漏"了本该对"农机"履行的职能。2000年以来，上述三个部门没有出台一件针对农机化的政策就是最有力的注解，哪怕是国家的有关政策已经出台在先。这说明，湖北的农机化政策主体存在职责不明确和履行职责"遗漏"的情况，形成了有职能的机构不愿管、无暇管、愿管、能管的机构无职能的状况。如何解决这个问题呢？第一个解决方案是效仿70年代湖北省农机化管理体制，即在省政府下设立农机化领导办公室，统一领导、指挥、协调全省农机化工作，督促相关职能部门明确对农机化的相关职责，承担对农机化的相关主体责任。第二个解决方案是效仿80年代的做法，即把所有农机化的相关管理职能全部集成到湖北省农机局，省农机局成为全省农机化工作的唯一主体责任单位。第三个方案是相关厅局（经信委、科技厅、商务厅等）把有关职能"委托"给省农机局,由省农机局代为履行有关职能,但农机局的力量配备要大大加强。第一个方案符合统一指挥、分工协作的原则,政策效能最高,但农机化发展需上升到省级战略才有可能。第二个方案责任明确、集中管理,政策效力高,但不符合专业化分工原则。第三方案较具可行性。在以客户为中心、以市场为导向的市场经济时代,农机局掌管农机鉴定、推广、运用和监理,尤其对农机用户、农机使用非常熟悉,而农机科研、制造和流通都是为农机用户服务的,可以说,相关职能厅局主管的行业(业务)是为农机局主管的行业(业务)服务的,由农机局接受相关职能"委托",符合市场导向和专业精神,是可行的。当然,这种"委托"不是"甩坨子",相关厅局对其涉及的相关事务要加强领导、指导。如省科技厅可以委托农机局制订全省农机科研规划,协助科技厅做好项目管理、经费管理等工作。这种模式也有弊端,主要存在职责"委托"到何种程度、"委托"以后谁承担主体责任等问题。

15.3.2 政策客体

15.3.2.1 政策客体分析

政策的客体,是指政策发生作用的对象及所要处理的政策问题。

政策最基本的功能和作用是进行社会控制和调整人与人之间的利益关系。农机化政策问题是引起有关机构和个人对农机化发展不满的利益发展状况,是一类比复杂的社会问题,问题种类很多。农机化问题是确定政策内容的重要依据。农机化政策客体众多,不同时期有不同的关注点。如第一阶段的农具恢复和改良问题、农机工业建设问题、水田三机问题、农机维修问题等等。第二阶段的农机化目标调整问题、农机工业调整问题、农机经营体制改革问题,等等。第三阶段的科技兴农问题、农机社会化服务问题等。第四阶段的农机化政策扶持问题等。

农机化政策的对象包括农机研究者、生产者、推广者、经营者、使用者等,不同时期的政策对象不完全相同。第一阶段政策对象包括制造企业、科研机构、流通组织、修理组织、拖拉机站、国营农场、社队等。第二阶段政策对象包括制造企业、科研机构、流通组织、修理组织、农机户（手）等。第三阶段政策对象包括制造企业、科研机构、流通组织、修理组织、农机社会化服务组织等。第四阶段政策对象包括制造企业、流通组织、修理组织、农机专业合作社等。按照第十二章的分析，政策对这些群体的影响可能有利，也可能有弊。群体对政策的态度可能接受，也可能拒绝，政策对象的态度对政策效力有很大影响。．

15.3.2.2 满足政策客体诉求

现阶段，湖北省政策对象普遍呈现"少、小、弱、散"的特征，自身发展能力有限，对农机化的贡献有限。如农机科研机构"少"（第八章已有描述），农机制造企业"小、散"（第九章已有描述），农机流通企业"小、弱、散"，农机户"小、散"，农机合作社"少、弱"等，使得相关客体很难在相关领域发挥导向作用，行业影响力和话语权很小。针对政策对象"少"的现象，政策主体需加强理念创新、制度创新，为培育相关对象诞生和成长创造良好政策环境；针对政策对象"小、弱"的现象，政策主体应弱中选强、小中择大，加大扶优扶强的政策力度，鼓励兼并、重组与合并，打造一批跨地区、跨部门、跨所有制、有一定规模、一定品牌效应的市场主体，推动行业从"自由竞争"向"垄断竞争"转变，改善行业结构。针对政策对象"散"的现象，政策主体可出台产业组织政策，加强主体间信息、技术、资本、市场、人才的联系，推动主体间由"点状结构"向"网状结构"转变。

当前，农机化社会问题很多，一些问题如"农机化基础设施投入问题"、"地市级农机科研机构恢复问题"、"农机制造企业税负过高问题"等引起了公众的普遍关注，一些专家、学者和研究机构对它们进行了较为深入的调研和探讨，相关政策对象要积极争取各级人大代表、政协委员、媒体、行业协会等组织和个人不遗余力地通过各种渠道将上述相关问题列入政府议程而成为政策客体。

15.4 完善湖北省农机化政策的内容

15.4.1 科研政策

15.4.1.1 重构湖北农机科研体系

农机科研具有典型的公益性质。作为直接为农业、农村和农民服务的农机科研机构，理应得到国家对待社会公益类机构政策的支持，人事、编制、财政、科技等部门应优先支持农机科研事业的发展。这一点也可从2012年中央一号文件中得到体现。该文件第9条提出"加强市地级涉农科研机构建设，鼓励有条件的地方纳入省级科研机构直接管理"。市地级涉农科研机构尚要加强，省级涉农科研机构怎能削弱？

拥有人口6000多万的湖北省仅有武汉市两家专业农机研究机构，研究人员近百人，其余科研人员零星分散在华中农业大学、长江大学。湖北的农机科研力量极其微弱，与科教大省和农业大省地位极不相符，恢复、重建农机科研刻不容缓。

第一，恢复部分市地级农机科研机构建制。建立或恢复组织是凝聚科研力量最基础、最重要的工作，建议首先恢复黄冈、恩施、荆州三地农机研究机构，这三地代表了丘陵、山区和平原的地貌特点，体现了不同的农机需求特点，改革前也有一定研究基础。

第二，将全省所有农机科研机构纳入各地农科院管理体系。以前的农机科研机构隶属于农机管理系统，弊端较多：一是受到部门局限，难以与其他学科融合；二是常常受到管理体制变动的影响。新中国成立以来，湖北农机管理机构经历了七次大的变动，每一次变动，都对科研产生了一定程度的影响。三是研究机构的"科学"地位不高。将农机科研纳入农科院体系的好处也是显而易见的：一是不需要大兴土木，基础设施建设任务较小；二是有利于新机构的"长治久安"；三是有利于农机和农艺的结合。

第三，调整科研方向。以前的农机研究机构隶属于农机部门管理，农机管理部门追求农机"化"，农机科研机构的主要任务是农机推广，农机工业缺乏技术支持。新机构既要跳出农机又要服务农机。科研机构要了解推广的需要，但推广不是研究机构的工作任务。湖北有完善的省市县乡推广体系，推广任务主要应由这个体系及部分企业完成。新机构要把注意力聚焦在农机产业价值链"科研、制造、营销、使用"的顶端，主要服务农机制造企业，其研究的内容是产品、技术、工艺、设备等。这样，湖北的农机工业和农机化才能协调发展、又好又快发展。

15.4.1.2 完善湖北农机科研政策的措施

1. 强化政策执行，加大地方财税支持力度

一是加大省级财政支持力度。农机科研成果具有公益属性，不宜实行严格的专利保护，而应通过公共部门进行技术普及和推广，但这样会导致科研活动无法获得足额市场回报，对创新的激励不足。农机科研具有长期性、风险性和公益性，是世界各国公共财政支持和投入的重点领域。《湖北省科学技术进步条例（修订）》明确提出"省级财政用于科学技术经费的增长幅度，应当高于省级财政经常性收入的增长幅度，省级财政一般预算支出中科学技术经费支出所占比例应当高于全国平均水平"。湖北省委、省政府出台的《关于加快农业科技创新推进农业强省建设的意见》提出"保证财政农业科技投入增幅明显高于经常性收入增幅，逐步提高农业研发投入的比重"。

"十一五"期间，湖北省农业科技三项经费投入虽逐年增加，但仅占财政支出的 0.95%，与国家要求地方科技拨款占本级财政支出 3%的要求差距较大，与同处中部的湖南、河南有较大差距，科技总投入在全国排第 27 位。不仅如此，在农业的各个部门中，农机科研往往排在种植、畜牧、渔业、农垦之后，科研经费垫底。鉴于这种情况，参照兄弟省市的做法，建议尽快设立省财政农机科研专项资金，起步资金不少于 500 万元，并逐年稳定增加。该资金主要用于扶持现代农业装备技术的研发，重点支持研发、消化、吸收、创新一批适合湖北农业特色的关键农业机械和配套机具。

二是完善税收优惠政策。湖北现有税收优惠政策存在着优惠对象范围狭窄、优惠方式单一、支持力度不大、没有体现对人力资本的支持等问题，对农机科研的激励作用有限。今后完善的思路是：首先要实现税收优惠从科技型企业向中小企业开放。湖北省现行的科技税收优惠政策主要针对高新企业，而目前湖北的183家农机制造企业中仅有2家获得高新企业认定。也就是说全省农机制造企业基本上享受不到科研税收优惠。鉴于税收的公平原则，建议将进行技术研究开发或技术改造的农机企业纳入税收优惠对象，将税收优惠作为一种普惠激励手段以推动湖北农机科技创新；其次，实现税收优惠方式的多样化。湖北省现行的税收方式过于单一，长期激励效果不明显。可考虑改变以往单纯的税额减免与低税率的政策思路，实行"税额式"与"税基式"相结合的优惠方式，增加加速折旧、投资抵免、费用扣除及提取准备金等方面的优惠，做到税基减免、税额减免与税率优惠三种税收优惠形式协调配合，促进农机科研创新。再次，加大对研究开发的税收优惠力度。研发环节税收激励在整个税收体系中居于核心地位，应逐步增加对科研技术开发与中间实验阶段的税收优惠力度。如将"允许企业按当年实际发生的技术开发费用的150%抵扣当年应纳税所得额"规定中的"150%"调整为"200%"，而在结转抵扣时间上可进一步延长，以降低科研风险；最后，加大对人力资本的支持力度。借鉴意大利、韩国等国家对科技人员或企业提供税收信用额度、减免企业和个人所得税的经验，建议对于农机企业和科研机构的研究人员的工资予以税前足额扣除并对科技人员的薪酬所得税予以全额免除，以降低科技人才教育投资成本，调动科研人员的积极性。

2. 农机科研创新体系建设

湖北省农机科研力量不仅薄弱，而且分离、分割、分散问题严重。高等农业院校、科研院所、涉农企业等创新主体自成体系、自我封闭的现象普遍存在，制约了知识和科技在创新主体间的扩散和流动，阻碍了农机科技创新能力的提高。必须充分发挥市场对科技创新的导向作用，鼓励企业、高等院校、科研院所及农业生产部门之间分工协作，形成联系密切的创新网络体系。首先，作为农业装备科研创新体系主体的政府、企业、高校及科研机构、推广机构应该各司其职，共同推进农业装备的科技创新。政府要增加科技投入，鼓励企业成为科技创新主体并建立必要的对企业科研的监督机制；企业要增加研发投入、重视科技创新及激励机制；高校和科研机构要培养科技创新人才，推进关键技术自主创新；农机推广部门则应建立、完善农机推广体系，发挥推广体系的主渠道作用，缩短科研成果的推广路径。其次，应根据全省农业、农机、农村具体情况，通过跟踪最新农机产品技术领域和终端市场需求，确立新产品研发方向或关键技术攻关重点，形成从市场需求到联合研发到成果共享再到产业化生产的农机科研创新路径。

一是将农机科研融入"农业科技产业链"。针对农科教结合不够紧密、产学研脱节的问题，湖北省委、省政府于2012年出台《关于加快农业科技创新推进农业强省建设的意见》，文件要求重点围绕油菜、小龙虾、生猪、茶叶等优势农产品，每个产业由一位著名专家为领军人物，带领一个科研团队，联合一家龙头企业，提供一笔科研资金，建立一片生产基地，加强产业重大科技攻关，加快成果转化，构建在全国具有竞争力的农业产业链条。这些产业链每一条都离不开农机，为促进农机科研创新与推广，构建产、学、研一体化的科研运行机制提供了非常适宜的土壤。农机科研和生产部门要主动融入产业链，根据产业链的需要来选题、立项、研发、生产和推广。

二是将农机纳入"湖北农业科技创新中心"范畴。2006年，湖北省委、省政府决定依托湖北省农业科学院，建立全省农业科技创新中心，省财政每年给予3000万元专项资金支持，并从2007年起纳入财政预算。该中心跨部门、跨地区整合了省内19个农业科研单位，在32个学科领域设立了300个创新岗位，组建了64支创新团队，逐步形成了涵盖农业应用研究和应用基础研究主要领域的科技创新体系。但遗憾的是，在设置的32个学科领域里，主要以水稻、棉花、油料、畜牧、小麦、蔬菜、果树、茶叶等种养业为主，没有涉及为这些产业提供装备服务的农业工程和农机化学科和专业。建议将农业机械和农机化研究纳入"湖北农业科技创新中心"，统筹安排和考虑。

3. 科学确立具有湖北特色的农机科研方向

各科研机构应合理定位，分层确定研究方向。湖北农机科研的主要问题是科研水平低、科技成果断档、无成果可推。造成这一现象的原因是什么？科研机构的定位偏差是原因之一。长期以来，农机科研机构放弃基础性、共性技术研究，转而以推广研究为主，消化、模仿、改进是通用研发模式，研发的产品和技术工艺落后，可靠性差。《农机化促进法》明确规定：省级以上人民政府及其有关行政主管部门要采取措施，组织基础性、关键型、公益性农业机械科学研究和先进适用的农业机械的推广运用。党的十七大报告提出加快建设国家创新体系，支持基础研究、前沿技术研究、社会公益性技术研究。可见，要高度重视基础理论和应用技术的研究，没有厚实的基础理论和共性技术的研究，应用和推广技术就会成为无本之源。建议国家级科研机构及部委院校以基础理论研究及关键共性技术的研发为主，省级院所、高校及企业以应用技术和一般性技术为主，省级以下农机科技体系以新技术、新成果的推广和应用为主。

根据农业发展布局确定研究方向。湖北地形复杂，境内兼有山地、丘陵和平原，应因地制宜确定农业发展布局，再依据农业布局确定相应的农机化方向和农机科研方向。如对江汉平原粮棉油主产区，应重点研发大中型水稻等粮食生产机械，同时兼顾油菜等经济作物生产机械和水产养殖机械的研发；对鄂北岗地及中部旱粮作物产区，应重点研发耕整、播种、收获机械；对鄂东鄂南及中部低山丘陵地区，在注重粮食作物主要生产环节机械共性技术研发的同时，应重点研发大宗农副林土特产品加工机械；对鄂西北山区，应重点研发林业、土特产、药材生产和饲料生产加工机械，同时兼顾玉米、马铃薯等作物的深加工机械的研发；对大中城市郊区，要做好蔬菜、花卉等都市农业机械的研发。

根据农业优势产业确定研究方向。《国务院关于促进农业机械化和农机工业又好又快发展的意见》提出，整合现有农机院所的科研力量，对重点农作物建立农业机械化实验室，加强农业机械化生产技术研发工作。2011 年底，为集成现有农业科技资源、转变农村经济增长方式，湖北省委省政府根据农业产业特色规划出粮、棉、油、蔬、水产、茶、菌、魔芋等 12 条具有地域特点和优势的农业产业链科技创新计划，未来相当一段时间，要加大对这些产业的投入。湖北农机科研界要抢抓机遇，面向这些优势产业适时研发配套机具和技术。如湖北是油菜第一大省，油菜的种植面积和总产量占全国的 1/6。湖北 2012 年提出油菜机械化水平要达到 60%，这给油菜机械尤其是油菜播种机的研发带来巨大机遇。湖北农机研发机构要在当前已有成果的基础上继续改进和创新，进一步提高播种机的播种精度和出苗率，减少种子破损率。又如，湖北省是水产第一大省，水面面积和淡水鱼产量均居全国第一。为了适应"两型"社会和生态文明的新要求，"湖泊拆围，水库限养"是必然趋势。在养殖水面减少的情况下，规模化、集约化养殖是必然选择方式。这就为渔业机械的研发和使用带来了巨大机遇。可将工厂化养鱼系统技术与装备研究作为主攻方向，包括养殖池塘和水槽等容器结构、材质、加工工艺、进排水系统、自动投饵系统、水处理系统、在线水质自动监测系统等。

15.4.2 制造政策

15.4.2.1 尽快出台湖北农机工业产业政策及规划

制定产业政策促进农机工业持续发展是国家工业化、农业现代化和农业机械化的重要保证，各级政府都应高度重视，研究制定促进农机工业发展的相关产业政策和发展规划。进入 2000 年以来，国家陆续出台了支持农机工业发展的政策。2002 年，国务院转发了国家经贸委等九部委《关于进一步扶持农机工业发展的若干意见》，2010 年国务院出台《国务院关于促进农业机械化和农机工业又好又快发展的意见》，2011 年工信部发布《农机工业发展政策》

15.4 完善湖北省农机化政策的内容

和《农机工业发展规划（2011—2015年）》。但湖北的相关政策严重滞后，仅在2012年配合2010年国务院22号文出台了《关于促进农业机械化和农机工业又好又快发展的实施意见》（鄂政发［2012］55号）。湖北省应按照国务院及相关部委的文件精神，结合湖北的实际，尽快编制出台促进湖北省农机工业发展的政策及规划。

1. 出台湖北农机工业产业集群规划

产业集群是指集中于一定区域内特定产业的众多具有分工合作关系的不同规模等级的企业及与其发展有关的各种机构、组织等行为主体，通过纵横交错的网络关系紧密联系在一起的空间积聚体，代表着介于市场和等级制之间的一种新的空间经济组织形式。湖北农机工业差距巨大，靠散兵游勇、常规思路、常规手段很难追赶。湖北必须着手对农机工业产业进行宏观谋划和布局，方有一定希望。产业的组织形式是产业的重要组成部分，而产业集群被很多行业证明是一种先进的组织形式（产业集群的优越性，美国学者迈克尔·波特已有充分阐述，此处不再赘述）。2012年，山东593家规模以上农机生产企业共完成销售总额681.24亿元，占全国农机销售总额的22.3%。山东生产的大型拖拉机占全国的30%左右，小型拖拉机占全国的40%，三轮汽车占全国的80%，联合收割机占全国的60%。这说明集群效应同样适用农机产业，集群竞争是企业竞争的高级形式。

当前，要加强农机企业对产业集群的认识，清除思想障碍，进一步加强农机工业的专业分工。以大型企业为核心，加强各农机企业的联系，充分利用所在地的社会资源，发挥中小企业的作用，做大做强农机工业。此外，还要加强集群外的社会化合作，围绕农机工业办市场，强化专业市场与农机工业的配套。

现阶段，湖北可以武汉为起点，沿汉十高速和汉宜高速规划两个农机工业产业带，每条产业带上建2~3个农机产业园，各产业园差异化定位，错位发展。如将襄阳产业园定位为高端装备产业园，以东风井关为中心形成卫星式产业集群；将安陆产业园定位为粮机专业产业园,以中小企业为主形成意大利式产业集群;将武汉产业园定位为创新型中小型耕播机械产业园,以大规模地方企业和中小企业为主的轮轴式产业集群。湖北已有三个农机产业园,境遇各不相同:武汉市汉南农机产业园运作并不成功,承诺的大型企业并未入园;武汉市汉口北国泰农机产业园,竣工期一推再推,能否开园,依然存疑;湖北安陆农机工业园虽刚成立,但其是先有企业后有园,园里的企业初步形成聚集。这几个园区的设立,基本是企业自发行为和地方政府的意愿,缺乏宏观规划和总体政策支持。

当前,湖北应该把农机工业带和农机产业园建设纳入省级发展战略,制定统一优惠政策,建设统一公共服务平台,完善配套基础设施,积极吸引国内外知名农机企业入带、入园,投资建厂、合资合作,提升现代农业机械制造水平。选择一批重大农机项目,重点推介,下大力与国际及国内知名农机企业交流与合作,重点引进水稻插秧机、大中型拖拉机、粮食烘干机、保鲜及冷冻储藏设备、茶叶加工设备等国内外骨干龙头农机企业、农机零部件配套企业整体搬迁入园,推动农机产业集聚发展。入园重大农机工业项目建设纳入省重大产业项目绿色通道,其建设用地尽量使用存量土地,确需新增建设用地的,在省预留新增建设用地计划中优先安排。鼓励省内企业采取联合、引进、改造、股权转让等方式,与国内外农机大企业大集团合资合作,做大做强农机企业。

2. 出台农机产业导向政策

一方面,湖北农机工业的好企业、好产品得不到政策的扶持,另一方面,大量的劣质企业、劣质产品又得不到政策的抑制,陷入好企业活不好、劣企业死不了的怪圈。湖北省应参照 2011 年工业和信息化部公告《联合收割(获)机和拖拉机行业准入条件》,对重点农机产品实行产业准入制度,设置大型复杂农机产品和涉及人身安全、环境保护及资源节约等重要农机产品的准入门槛,实行产业准入管理模式,提高产品性能与质量、加快结构调整、促进产业升级、增加企业创新能力和国际市场竞争力,提升农机工业整体素质和技术水平;应根据《湖北省现代农业发展规划(2013—2017

年)》《湖北省装备制造业"十二五"发展规划》《国家支持推广的农机产品目录》《农业装备产业科技发展"十二五"重点专项规划》等文件精神,大力倡导节油、节水、节肥、节种、节药和资源综合利用的节约型农业机械,大力推动秸秆机械化综合利用、高效植保、保护性耕作等节约与环保型机械化技术,限制技术工艺落后、效率低、争资源、争市场的企业发展;应根据湖北省当前农业现代化和农业机械化的实际需求,鼓励茶叶机械、粮食烘干机械、加工机械、水产机械的研发和生产;应大力保护有湖北特色和自主知识产权的技术和产品,如应加大对油菜精量播种机、机耕船的保护和扶持力度。

另一方面,要提高行业集中度。农机制造业是规模效益特点显著的产业之一,但是长期未能按这一经济规律形成规模化生产。近几年由于农机市场形势好,大量企业进入农机行业。如湖北的机耕船市场仅有1亿元的市场容量,全省却有11家生产企业争食。这样不仅造成资源的浪费,低水平重复制造严重,而且易形成低价倾销,造成行业内优势企业新产品研发创新投入难以获得应有的回报,严重挫伤了企业自主创新的积极性。《农机工业发展政策》明确提出:推动产业结构调整和企业兼并重组,加快集团化和集约化进程,并鼓励农机制造企业向集团化方向发展,通过兼并、收购、重组等方式,以建立具有国际竞争力的综合性大型企业集团。按照这个政策导向,湖北的机耕船整机厂一家足矣,湖北的旋耕机整机厂一家足矣,其余厂家走零配件生产的路子,这应该是湖北农机工业未来发展的方向。

15.4.2.2 切实加大对湖北农机制造的扶持力度

纵观2000年以来出台的所有农机工业扶持政策,多是"鼓励、支持、完善、健全"等词汇,很多政策并未突破以往的政策标准和力度。比如《农机工业发展政策》中的9条金融财税支持政策被认为是之前扶持农机发展的财税政策融合,并无太多新意。湖北农机制造企业也普遍反映,除了国家规定的农机产品享受13%的增值税外,基本上没有出台对农机行业的支持政策和实施办法。因此，应切实制定扶持政策，真实润泽湖北农机工业。

1. 制定优惠税收政策

由于农机工业是微利行业，尤其是保证粮食安全的种植业机械利润率更低。建议调整税制，对农机工业实行倾斜的税收政策，减免增值税和所得税。将现行的13%的增值税税率调整为先征后返；将农机生产企业所得税税率由现在的25%，比照高新技术企业和小型微利企业的税率，分类调整为15%和20%；对社会和环境效益好而经济效益差，直接用于粮食生产的农机产品，实行免征增值税并比照化肥、农药等农业生产资料生产企业免收企业所得税等。建议免除农机企业固定资产投资方面调节税。国家应明确规定企业所得减免或返回的税金，必须用于科技投入和技术创新，促进农机产品升级换代。此外，国家应加大支持企业技术开发中心建设的财政补贴力度，建议国家拿出部分像购机补贴那样的专款设立专项基金，支持企业的新产品研发。对研发投入占销售收入的比例高于2%的企业，在新产品开发和技术改造方面应给予更多的支持。进一步落实关于企业研发投入税前扣除政策，建立有效的操作机制。制定鼓励企业自主进行技术改造的政策，全面提升企业竞争力。鼓励企业采用先进制造技术、先进工艺和先进材料，提高农机的质量和技术水平，提升企业的竞争力。建议通过国家设立专项计划，增加预算内资金和国债资金，用于农机制造企业的技术改造项目，对引进国外先进制造技术与国内不能生产的关键设备继续实行免征进口关税和进口环节增值税政策。

2. 支持农机技术创新、新产品开发和技术改造

国家"九五""十五"科技攻关计划安排了专门的农业机械化科研开发项目。国家技术创新基金、农业科技跨越计划、农业科技成果转化基金等计划和项目中也一直重点支持农机开发和技术成果转化。为扶持农机生产企业进行技术改造，国家通过贷款贴息，优先支持拖拉机、联合收获机等重点农机企业进行技术改造，鼓励农机企业采取多种措施广泛吸收各种资金，加快技术改造步伐，不断提高生产技术水平和工装水平。但这些资助项目湖北农机企业很难争取到。建议在"十三五"时期，国家科技支撑计划、农业行业科技计划等重大科技发展计划把湖北农机新技术、新产品列入支持方向。同时，湖北省各级财政要扶持农机工业发展，技术改造投资要对农机工业技术改造给予倾斜和重点扶持，创新型企业试点向农机制造企业倾斜。建议省财政设立起步资金不少于1000万元的农机新产品开发和技改专项资金，并逐年有所增长。

15.4.2.3 强化农机企业管理

湖北的农机企业几乎是清一色民营企业，企业规模小、股权结构单一、管理理念落后、管理制度缺失、管理手段粗放。如果说技术是湖北农机工业的一大短板，那么，管理则是另一大短板，甚至是更短的短板。如果管理先进，就能吸引部分高级人才和投资，技术瓶颈会在一定程度上被攻克。但如果管理落后，再先进的技术也会逐步丧失其技术优势。

湖北农机企业当前要做好两件事。一是实施股权结构多元化改革，增强企业的活力。有些家族企业在规模小的时候发展势头不错，但一旦发展壮大、开始规模盈利后就会出现各种问题，就会产生矛盾，就要分家，企业又变小了，而且又增加了一个竞争对手。在国外，几乎所有的农机企业都是从家族作坊开始，发展到一定阶段后进行改制，然后再迅速发展。那些拒绝改制的企业要么被收购、要么破产。我们耳熟能详的欧美农机制造商都是从家族企业开始的，尔后，通过股份制改造实现了经营权和所有权的分离。东风农机董事长宣碧华表示，过去的8年，东风农机通过改制等措施进入中国农机行业第一方阵，未来8年，东风农机将通过管理提升等措施争取进入世界农机行业第一方阵。可见，不论中外，股权改造是企业发展壮大的有效途径。湖北的农机企业主要转变观念，不要怕稀释股份，蛋糕大了，自己的那一份才会更大。二是要建立现代企业管理制度，推动企业规范化管理。建立完善的现代企业管理制度和运行机制，包括先进的用人机制、分配机制、创新机制、竞争机制和各种激励机制等，采取有效的管理技术及管理手段，推进企业的民主化、科学化和信息化进程，提高企业管理效率和工作效率，提升企业经济效益、社会效益和生态效益。民营企业、私人企业要开阔视野，摒弃落后的家族式管理模式，逐步探索和建立适合本企业的战略管理、营销管理、运营管理、财务管理、人力资源管理等职能管理模式。

15.4.3 营销政策

15.4.3.1 出台湖北农机流通支持政策

长期以来，国家把农机流通行业当完全竞争性行业对待，忽视了农机流通行业面对"三农"所承担的培训、推广、服务、维修等功能的公益性和社会责任，除了享受免增值税，没有得到其他政策扶持。湖北农机流通行业没有一个整体发展规划；农机流通企业小散乱的现象严重；新型流通业态和流通方式推行力度不够；农机有形市场布局不尽合理；投资主体较杂，投资目的不一；农机流通秩序比较混乱等。当前，农机流通业在整个农业机械化产业链中已经落后于管理、科研、生产、使用等环节，急需政策扶持。

1. 完善农机流通企业税费减免政策

建议国家继续免征农机经营增值税，并将3缸以上的农用柴油机、农用水泵、农用拖车、农用电机、农机维修配件纳入免征增值税范围，降低农户购买和维修农机的成本，降低农户负担；建议将农机流通企业所得税税率降低到15%以下，增大流通企业利润空间，以利于农机流通企业有能力开展售后服务和信息服务平台建设；建议对湖北省大型农机流通企业视同农业产业化龙头企业，享受农业产业化龙头企业的税费减免政策；对建设重点农机有形市场和现代化农机物流配送中心的用地，建议享受工业用地政策。

2. 积极扶持区域性农机中心市场

区域性农机中心市场是连接生产与消费的重要桥梁和纽带，在衔接产销、配置资源、调剂余缺、安置就业和繁荣经济等方面有着积极的、不可替代的作用。所以，应当积极引导扶持发展区域性农机中心市场，建设功能更加齐全的有形农机市场。同时，发展农机连锁经营，支持农机流通龙头企业建立售后服务和信息服务平台。要发展区域性农机中心市场，需要政府与企业各个方面的共同努力。首先，需要政府部门的进一步重视，在发展现代物流、连锁经营、电子商务和培育大型农机流通企业集团方面出台相关的扶持政策，进一步规范区域性农机中心市场建设布局，改善农机市场环境，加大整顿和规范市场的力度。其次，作为市场主体的农机流通企业，应根据自身条件和当地市场特点，积极发展总经销、总代理等现代批发方式，并积极建立二三级区域代理和联购分销的自愿连锁组织。中小农机流通企业应积极发展特色化、专业化和品牌化经营，通过参与特许加盟和自愿连锁来持续发展。最后，政府应通过政策及资金等方面积极支持农机流通龙头企业建立售后服务和信息服务平台，逐步完善农机流通体系，解决农户的后顾之忧，加速农机流通步伐。

3. 将农机流通纳入农村市场网络建设工程

目前，国家对农机流通网络建设基本没有投入，主要是依靠农机生产企业建设自己的销售网络，而农机生产企业的规模决定了其不能投入过多的资金，农机市场"大生产、小流通"的情况，已经不适应农机的生产和需求状况，制约了农机工业和农业机械化的发展，急需国家的政策扶持及资金投入。

2009年，商务部等八部委联合发布的《关于完善农业生产资料流通体系的意见》指出，有关部门要按照扶优扶强的原则，将一批规模大、实力强、信誉好的企业纳入万村千乡市场工程、新网工程和国债等支持范围，培育成熟、稳定的经营者。2010年，商务部发布的《关于完善生产资料流通体系的意见》指出，鼓励生产资料流通龙头企业加快发展，实现大宗生产资料组织化、规模化、集约化经营。但这两个文件均没有明确将农机流通纳入农村市场工程建设，湖北更没有细化的、可操作的政策出台。

15.4.3.2 完善湖北农机推广政策

1. 完善购机补贴政策

购机补贴政策是一项力度最大、实施范围最广、持续时间最长、促销效果最好的价格补贴制度,是湖北农机化发展史上一项里程碑式的推广政策,为湖北农机化发展做出了重要贡献。但随着该项政策年复一年的推进,政策的促进效应开始减弱,政策的边际效应开始显现。尽管湖北省在实践中不断总结、调整政策,于2014年实施"全价购机、县级结算、直补到卡"的新政策,但政策的改进和调整是无止境的,当前政策仍有值得完善的地方和必要。

一是扩大机具种类与突出重点相结合。建议扩大补贴机具种类,全面惠及农、林、牧、副及渔业,特别是要将农民急需的农业机械纳入购置补贴范围。同时建议将鄂西、十堰、宜昌等山区和丘陵地区的单机补贴率提高到40%左右。要突出重点,补贴对象要向农机合作社、农机大户、种粮大户等主体倾斜,逐步减少个体农户的补贴数量,补贴机具要向为湖北主要农产品、优势农产品服务的机具倾斜,要向有自主知识产权的装备和技术倾斜。湖北要进一步清理那些技术含量低、产品档次低、售后服务弱的企业和产品,将其剔除出购机补贴目录,将有限资源集中于抓大放小、扶优扶强(每一类机具只补贴1~2个品牌),以利于农机产业升级和集中度提高。

二是注意区域协调发展。省农业厅、省财政厅应以各县(市、区)耕地面积、农村人口数量、机械化发展水平以及农机安全监理水平、政府重视程度作为测算因素,合理制定补贴资金分配计划。补贴数量既要考虑平原地区的需要,也要兼顾丘陵和山区的现状和需要,坚持平衡发展和因地制宜的原则,形成区域发展特色。

三是规范操作程序,完善监督机制。按照《农业部办公厅、财政部办公厅关于印发2013年农业机械购置补贴实施指导意见的通知》《省农业厅、省财政厅关于印发2013年农机购置补贴实施方案的通知》《湖北省2013年农机购置补贴"全价购机、县级结算、直补到卡"试点实施方案》等文件精神，做到职责明确、操作规范、信息公开。积极推进补贴网络化管理，启用《全国农机购置补贴管理系统》软件，实现补贴机具目录管理、经销商管理、申请管理、购机管理、结算管理、信息管理及随机抽查的信息化网络化。方便各级农机化主管部门、补贴机具生产经销企业开展补贴相关工作，加快政策实施进度，提高工作效率和操作透明度，便于强化远程动态监管。

四是明确补贴标准。一是实行定额补贴，即同一种类、同一档次农业机械在全省范围内实行统一的补贴标准。二是提高部分机具的补贴标准，如秸秆还田机、油菜精播机、高性能收割机等。重点推广这些机械，有其现实紧迫性。以秸秆还田机为例，大部分农民在稻麦收获之后，往往将残留秸秆一焚了事，造成环境污染。党和政府多有禁令，但治标不治本，农民往往是群起而为之。如何从根本上杜绝秸秆燃烧？秸秆综合利用是关键。建议将秸秆采撷打捆，并鼓励一些生物电厂收购这些打捆秸秆，政府对打捆秸秆给予一定补贴，让农民收集秸秆有一定的经济效益。对于生物电厂，国家也应制定政策扶持，让电厂舍煤求秸秆，使得秸秆利用形成良性循环。再者，秸秆还田是一个沃土蓝天工程，国家对秸秆还田机械也应加大补贴力度，让秸秆还田工作落实到实处。

2. 完善农机化技术推广政策

国家先后在湖北启动了一批农业"节本增效"工程，发展"两高一优"农业，全面实施"机械化旱作蓄水保墒技术""秸秆粉碎还田技术"等"丰收计划"农机化项目，拉动了农机产品的销售。该项工作由政府主导，相关政策完善思路有三点。

一是创新完善协作机制。突出"一主多元"整体作用发挥，运用行政工作协调、重大项目集聚、市场机制引导等有效手段，努力打破部门、地域、单位界限，统筹配置农机化技术推广服务资源，推进农机推广机构、农机科研教学单位、农机专业合作社、农机企业在农业机械化技术推广中联合协作，形成产学研推紧密结合、公益性推广与经营性推广优势互补、专项服务与综合性服务良性互动的农机化技术推广工作新机制。

二是创新完善运行机制。建立完善工作责任制度,将法定的推广服务职能细化落实到每个岗位人员,明确服务对象、服务内容、服务时间和服务要求。建立完善工作考评制度,以机构职能、岗位职责、工作目标、工作实绩等为依据,量化考核指标,制定考核办法,加强对机构和人员的考评。建立完善激励制度,将推广人员的考评结果作为绩效工资兑现、职务职称晋升和聘任、续签聘任合同、调整岗位、技术指导员补助、学历提升、知识更新培训和评先评优的主要依据。

三是创新推广服务方式。充分利用现代信息技术、人工智能技术,通过广播、电视、网络、农机110、手机短信等现代服务手段,不断探索建立高效、便捷、实用的农业机械化技术推广服务信息平台,推进技术服务信息化、农机化与信息化融合,提高推广服务效率,促进先进农业机械化科研成果和实用技术快速转化应用,尽快形成生产力。

15.4.4 使用政策

15.4.4.1 积极探索购机信贷政策,减轻农机购机资金压力

从本次调研的情况看,农户的农机购买力有限,最低的仅1000元,平均值为2万元。加之湖北实行了"全价购机,补贴到卡"的新操作方式,更加增加了购机农民资金压力,一定程度上抑制了部分农民的购机积极性,如何破解这个难题?对农机购买者实行信贷支持应该是个可行的选项。

吉林省已出台《农民购置农业机械信贷支持合作框架协议》,为购置农业机械的农民提供信贷支持。其他各地也摸索出一些好的信贷操作模式,缓解了农民购机压力。湖北的金融机构在保证资金安全的、风险可控的前提下,要不断增加农业机械新增贷款的规模,优先为市场急需的农业机械的生产提供贷款;要建立农民购置农业机械小额贷款制度,并扩大贷款范围,贷款额度可控制在购机资金的60%以内,对购机信贷实行低息或免息优惠;允许农民以

拟购买的农机具作为抵押物向金融机构贷款,同时要简化审批手续。贷款期限可适当延长(如 8 年)。这样能有效降低购机者所承担的风险,有利于提高购机者购机与生产经营的积极性和责任感,支持农民发展农业机械化。同时,要建立相应的农机信贷监管及风险管理制度,对大额农机信贷实行信用评价制度,农机转移后补贴、贷款收回制度,防止农业机械化发展资金流失和无序流动。湖北的农机管理部门、财政部门、保险机构、农机生产商、经销商等应开阔思路、协同创新,配合金融机构探索出符合湖北农民购买力和购机行为的信贷政策和操作模式,不要因为资金这只拦路虎阻碍了农机化进程。

15.4.4.2 改革燃油补贴政策

2009 年 1 月 1 日实施的燃油税改革,将养路费包含在油料价格中,也就是说,农机户在田间作业不仅享受不到燃油补贴,每吨油料还要多付约 1000 元的养路费。很显然,燃油税改革增加了农机户的负担,挫伤了农民和农机户扩大经营规模的积极性;此外,目前农机燃油补贴是按土地承包面积以农资综合补贴的形式发放给农户的,直接从事田间作业服务的农机手没有按作业面积获得燃油补贴,燃油补贴与农田作业用油者脱节。《中华人民共和国农业机械化促进法》中明确规定,"燃油补贴应当向直接从事农业机械作业的农民和农业生产经营组织发放"。现行的补贴方式有违政策的初衷,起不到"鼓励农民使用先进农业机械"的作用。建议改变现行补"有田户"为补"从事田间作业的农机户"。农机部门可设计"农机作业服务单据"格式文本,文本内容包括服务对象姓名、作业机主姓名、机具型号、作业项目、作业面积、作业服务收费金额等。农机户将经服务农户签字认可的"农机作业服务单据"和购油发票报农机基层管理部门汇总,再上报县农机局,县农机局查验汇总资料,按相关补贴标准确定补贴金额并公示,接受社会监督。公示无异议后,报县财政局,县财政局查验后核准补贴额,确认无误后,通过银行直接将补贴款发给农机户。县纪检部门可对燃油补贴全过程进行监督。上述补贴程序和办法在操作上简捷易行,可保障农机户的合法权益,推动农机化健康发展。此外,湖北省还要加大对农机关键作业环节补贴的力度。如加大对水稻机插、油菜机播、机收和农作物病虫害机械化统防统治、秸秆还田等技术应用环节的作业补贴,以提高农民购买农机、应用农机的积极性。

15.4.4.3 完善农机合作组织建设政策

农机化社会服务系统的完善,是提高农业生产者组织化程度,强化农民主体地位的有效方法。针对湖北省农机专业大户和农机合作组织的发展现状和存在的问题,借鉴国外农业机械化发展的一些扶持政策,提出以下政策建议。

1. 加大政策扶持力度

农机合作社的发展离不开政策的大力扶持,各级政府应将扶持农机合作社政策机制化、长效化,加大政策对农机合作社的扶持力度。一是加大资金扶持力度。农机合作社普遍基础差、底子薄,对资金需求强烈。首先,可考虑整合"惠农"资金,即对各项惠农资金进行整合,解决种粮补贴与种粮农民相分离的矛盾,真正把种子补贴、农用柴油补贴等用到新型农业生产建设主体上来。其次,为农机合作社提供融资便利。土地流转后,为适应规模生产,合作社普遍希望以土地使用权及农机具作抵押获取贷款,但受金融机构的制度限制,这个愿望很难实现。鉴于此,金融部门应加强制度创新,完善资产抵押、贷款担保机制,疏通融资贷款渠道,为合作社发展提供所需资金。二是加大项目倾斜力度。国家及省级农机化项目应进一步依托合作社实施,如油菜机播、机收,玉米机械化收获、水稻机械化育插秧、土地深松深耕等项目向合作社倾斜,以促进合作社通过承接项目获得发展机遇。

2. 提供批量技术服务

一方面,与单个农机户不同,农机合作社机具保有量大,农机作业任务重,对配件供应以及维修要求高。相关部门应协调生产、流通、维修企业建立针对合作社特点的配件供应渠道，为合作社提供细致、周到的售后服务。另一方面，农机与农艺的结合日趋紧密，合作社对耕作技术、田间管理、粮食生产及加工等农艺知识的需求日益迫切，主管部门应加强科技宣传和技术培训，向合作社成员传授先进、实用的农机、农艺知识。

3. 规范制度管理

合作社要以农民为主体，以服务社员为宗旨，谋求全体成员的共同利益为目标，充分发挥合作社的功能和作用，引导和带领社员参与国内外市场竞争；要坚持"入社自愿、退社自由"的原则，允许农民自主选择合作社；要完善股金结构，规范法人治理，完善民主决策制度、生产管理制度和收益分配制度。各级农机管理机构要引导其依法经营、规范运作、诚信服务，做好信息引导和服务，向农机合作社及广大农民发布市场信息，推广农机专业合作社典型经验，带动农机专业合作社发展。

15.4.4.4　落实农机使用配套设施建设政策

湖北省农村基础设施薄弱，机耕道、机棚、机库、排灌设施和育秧大棚等基础设施的建设滞后，制约了农机化的进一步发展。以机耕道建设为例，提出如下建议。

一是归口管理，统筹规划。《中华人民共和国农业机械化促进法》第29条规定，地方各级人民政府应当采取措施加强机耕道路等农业机械化基础设施的建设和维护，为农业机械化创造条件。因此，应明确机耕道建设由农机部门归口管理，统筹安排。计划、交通、财政、扶贫办等有关部门应积极配合，大力支持。各级政府应加强对机耕道建设的领导，将农村机耕道建设列入政府的议事日程，纳入当地新农村建设范畴，融入优质粮食产业工程建设、优势农产品基地建设、农业综合开发、生态环境综合治理、中低产田改造等项目中，统一规划和实施；健全组织机构，明确专人负责，全面加强对当地农村机耕道建设的组织领导和协调监管，在机耕道建设中,坚持"政府引导、民办公助、统筹规划、合理布局、突出重点、适度超前、建养并重"的原则。

二是鼓励土地流转,推行规模化经营。推行土地适度规模经营可以在短时期有效地推动机耕道建设,而机耕道建设反过来又可以促进土地规模经营和农业机械推广。当前,应尽快健全完善土地流转机制,把那些抛荒和闲置的土地集中起来,承包给农机大户,并从政策上给予必要扶持,推进农业专业化和规模化生产经营,促进农业机械推广。

三是广泛宣传动员,多方筹集资金。农民是乡村机耕道建设的主要受益者。因此,应以建设和养护机耕道为中心,着力宣传建设和养护机耕道的重要意义,把建设和养护机耕道宣传教育内容纳入法制宣传和社会治安综合治理宣传工作,充分利用广播、电视、报刊、标语等多种形式,广泛宣传机耕道建设和养护的重要性,调动农村干部群众建设和养护机耕道的积极性。在实施中,本着"谁受益,谁负担"和"一事一议"的原则,构建通过政府投入部分资金作引导,新农村建设"优质粮食产业工程建设""优势农产品基地建设""农业综合开发""中低产田改造"等项目资金为推动,广大农民群众投工投劳为补充的多元化投入机制。同时广泛吸纳社会资金,鼓励民营企业、个体私营企业主、农机大户、农机专业合作组织及外出务工人员、在外工作人员捐资兴建。此外,在农村土地出让金、农业土地开发和新增建设用地有偿使用费用中应明确一定比例用于基本农田整治和农村机耕道建设。

四是健全管护机制,发挥机耕道作用。要制定配套政策,建立长效机制,把机耕道养护管理与乡村公路管理一同纳入当地政府目标管理工作中,实行县与乡镇、乡镇与村、村与村民层层签订机耕道养护管理责任书和管护合同,严格各项考核制度,把机耕道养护管理纳入乡村公路管护之中,从根本上解决机耕道无人管、无钱养的问题,推动机耕道建设管理规范化、制度化,把乡村机耕道建设成为促进农业机械推广、农村经济发展、农民脱贫致富的小康大道。

15.4.4.5 探索农机报废新政策

购机补贴政策实施10多年了,农村农机保有量巨大。目前农村不少农民早期购买的农机具处于报废边缘,而这些"超前服役"的旧农机既污染环境、浪费能源、增大了种粮成本,也极易引发安全事故。《全国农业机械化发展"十二五"规划》首次将农机"以旧换新"纳入规划。目前,农机以旧换新工作正在部分省市试点,从已试点地区的情况来看,报废机具回收的价格低于市场收购价,引起报废更新购机者的不满。而废旧机具回收机构在机具回收后,须等有关部门审核,处理时间长,增加了资金垫付和机具存放的周期,回收费用大于其他的废品收购商,也引发抱怨。因此建议,一是尽快出台已酝酿时日的"农机以旧换新""农机报废"政策。参考家电、汽车"以旧换新"办法,划拨农机具"以旧换新"专项资金,针对旧机型制定相应合理的回收价格,引导农民以旧换新,同时在购买新机时继续给予购机补贴,特别要对一些新型高性能、低排放、经济适用的农机加大补贴力度。二是及时制定老旧农机具报废更新政策和措施。参照机动车辆报废标准和实施办法,制定各类农机强制报废标准和实施办法。同时,参照机动车辆的排放标准,加强农机尾气检测和燃油消耗测定。三是加大对农机具报废更新的补贴力度。尽快研究制定旧机具报废更新补贴办法和标准。补贴标准原则上应该高于该种机型在二手市场的平均交易价格,以增加农机报废政策的吸引力。

15.4.4.6 完善农机培训政策

湖北农机培训市场普遍存在诸如培训设施落后、培训师资力量薄弱、培训经费不足、培训对象积极性不高等问题。当务之急是做好如下工作。一是出台支持政策,改善教学条件。有条件的地方可为农机培训机构提供专项资金,以充实和完善培训所需的各类教学设施、设备,如幻灯机、电视机、投影仪、教练车、解剖车,电化教室、机具解剖室、图书室等,实现农机驾驶、修理培训的直观化、形象化、立体化,保证教学质量。二是加强师资培训,提高教师素质。提高教师的教学水平和能力是农机培训教师队伍建设的核心。首先要抓好培训机构自身教师队伍的建设,如可通过教师再教育体系挖掘农机培训教师的潜力。其次,要加强与农机科研组织、农机厂商、农机高校等的沟通和协调,引入"外脑",提升农机培训工作的深度和广度,相互借鉴,共同提高。三是创新农机培训方式。农机培训应面向基层、面向生产,要调整培训内容、培训方法、培训项目,缩短培训与农业生产之间的距离,更好满足农机手、修理人员等培训对象的需求。同时要注意培训机制的创新。如将阳光工程培训、购机、用机结合起来,即购机者要先申请购机再培训,领取培训合格证后,才有资格享受政策性补贴。将农机维修人员培训与职业技能考试考核、农机科技进村入户结合起来,使学员既取得职业技能资格,方便就业和创业,也方便农民,减轻农民的经济负担。

15.5 合理选择农机化政策工具

15.5.1 农机化政策工具类型

按照第十二章的介绍,我们以政府干预政策的程度为分类标准,将农机化政策工具分为自愿性工具、混合性工具和强制性工具三大类(见表15-1)。

表15-1　　　　　　　农机化政策工具类型

自愿性政策工具	混合性政策工具	强制性政策工具
家庭和社区	信息和劝诫	规制
自愿性组织	补贴	国有企业
市场	产权拍卖	直接提供
	税收和用户收费	
低←	政府干预程度	→高

15.5.2 农机化政策工具选择途径①

1. 政策工具选择的传统途径

这一选择途径从"目标—手段"角度出发，认为"目标—手段"是选择的基础并决定着其使用能力。其主要观点有四点。第一，政策工具是中性的。政策工具没有自身的内在特性，也不具有特定的价值取向。第二，政策工具与环境背景不存在任何关系。政策工具只是来自中央政府的一种指令。中央政府首先决定了政策目标的层次设置，这就意味着政策目标的确定是在政策工具选择之前就发生了的，与政策工具无关。第三，政策工具的选择方式是多样的。工具的运用是机械式的，只要满足既定目标即可，在工具选择上没有任何限制。第四，政策工具是按照政策结果来评价的。工具的好坏主要与政策目标实现的程度有关，能够满足政策目标最大程度实现的工具就是好工具。

可以看出，这种选择途径将问题的焦点放在了工具本身而忽略了环境背景。事实上，政策工具的选择不是政策制定和实施机构一厢情愿的事，它必须得到政策目标群体的认可和支持，这也是政策工具合法性的基础。

2. 政策工具选择的精制途径

要纠正工具选择传统途径的缺陷，必须既要重视环境在工具选择和应用中的重要作用，又要重视工具与政策标的群体的关系。工具选择的精制途径分析了普遍价值、道德和伦理准则在工具选择中的作用，即在政策工具选择的背后起关键作用是社会核心价值规范和决策者的价值取向。工具选择精制途径还注重对政策工具与政策标的群体的关系的研究。在此基础上，信奉政策工具选择精制途径的学者认为，在满足一个条件和两个较好配备的条件下该途径才会

---

① 该工具选择途径参考了由社会科学文献出版社出版、严强主编的《公共政策学》相关章节的内容。

有效。一个条件就是在工具的选择上，政策工具的特性、政策问题的性质、政策环境、政策目标群体的特点，这四个要素必须同时发挥作用。两个较好的配备是指工具的特性之间具有最理想的配备，政策背景、政策目标和政策对象之间具有最佳的配备。

比起传统途径，工具选择精制途径具有明显的进步，但在政策工具选择的实践中，影响政策工具选择的因素远远超出了研究者的设想，要在政策工具效力与工具特性之间建立起某种简明、清晰的关系是十分困难的。

3. 政策工具选择的制度途径

制度是约束和规范人们行为的准则。制度途径将工具选择作为一种制度化过程来研究。制度途径与上述两种途径的区别在于，虽然上述途径都谈到了制度化的政策背景，但都没有涉及制度化的政策工具。制度途径对这两方面均进行了研究。制度途径认为，任何一项政策工具的选择都必须在特定的制度框架下进行。与制度变迁类似，政策工具选择也存在自我强化机制，也具有路径依赖现象，人们过去作出的选择影响甚至决定着未来的工具选择。

工具选择的制度途径从三个方面阐述了工具选择既具有路径依赖性又需要有变革性。第一，这种依赖和变革表现在对过去与现在的看法上。工具选择要受到以前选择的约束，以前的选择甚至限制人们对未来的选择。但终究，工具的选择是在政策工具与环境之间建立一种最理想的配比，但环境变化及制度变迁时，工具的选择也将发生变化。第二，这种依赖和变革表现在对设计及演化的看法上。政策主体通过有目的的行为来设计和选择有效的政策工具，这种设计和选择既部分地遵循历史的路径，同时又是政策活动者决定和控制的一种演化过程。第三，这种依赖和变革表现在对结果和过程的看法上。政策工具选择的传统途径和精制途径都有很强的结果导向性，均认为政策工具是依据政策效力而选择的。工具选择制度途径则认为工具选择与政策主体在政策过程中的活动有关，也就是说，制度途径不再强调政策工具的结果，而是更注重政策工具选择的过程，即根据传统惯例、风俗、思考与行动的固定方式作出选择。

4. 政策工具选择的公共选择途径

该选择途径认为，政策工具的选择与人都是理性的经济人密切相关。在涉及公共利益的问题上，政策行动主体也是从"经济人"理性出发，作出对政策工具的个人选择的。政策工具的选择创造了一个政治"市场"，并在其中形成了一个利益集团、官僚和立法者的"铁三角"。这个"铁三角"均遵循"经济人"理性，追求自身利益的最大化。以公共选择途径视角，政治家的动机主导了政策工具的选择。一些政治家把政策工具作为选举的手段。另一些政治家则把选举作为政策工具选择的手段。在选择工具时，不仅政治家会考虑自己的利益，执行机构和人员也会考虑这些工具的实施对自身利益的影响。因此，他们会对某些工具予以重视，而对另一些工具予以歧视。

15.5.3 优化政策工具

1. 减少强制性政策工具

在湖北农机化领域，强制性政策工具使用最多的是"规制"（"国有企业"很少，在流通领域有一家省农机公司，在科研领域有两家研究机构。"直接提供"不是主流，主要体现在使用领域的国营农场）。规制工具是政府利用公共权力和权威，利用法律和法规，规范各类农机化组织和个人的行为，贯彻农机化政策，解决农机化问题，实现农机化发展目标的手段。其最大特点在于，它以公共权力为后盾，以法律、法规为依据，以限制或剥夺某些机构、人员的某些自由和权利来贯彻农机化政策。

规制作为政策工具有一定的优越性。如制定规制所需要的信息比自愿性和混合性政策工具要少，规制只需要制定标准与希望遵守的规定就可以了；不需要处理可能出现的不确定性因素，规制的管理比其他政策工具的管理更有效率；规制有较强的可预见性，使得政府的政策计划更容易落实；与经济激励措施相比，规制的政策成本更低，它只需要一个管理机构来保证规制得到遵守即可；规制还有政治动员作用。但这种政策工具又有不容忽视的弊端。如规制经常扭曲资源和私人行为并导致经济低效；规制还会遏制技术创新和进步；规制往往缺乏灵活性，不允许随机应变；从管理角度看，不可能对任何不受欢迎的行为都制定规制。所以，在规范强制性政策工具的使用边界的同时（一些领域强制性政策工具的作用是不可替代的，如大型拖拉机、联合收割机的准入条件、机具强制报废条件等），应减少强制性政策工具的使用。如现行的农机推广鉴定规章规定国家已经实施了生产许可和强制性认证的农机产品仍然要取得鉴定推广证书。这些规制明显重复，是不必要的，既增加了生产企业成本，也增加了管理部门的成本。又如农机修理工就业准入制度也应该取消。取消该项制度有利于减轻用人单位和人才的负担，激发各类人才创新、创业活力，降低就业、创业门槛。何况在国务院取消的职业资格许可目录中，"飞机电器修理工""飞机结构修理工""飞机机械附件修理工"均在列，"农机修理工"有什么理由不被取消呢？农机维修网点行政审批制度也应减少强制性范围，如只规定"从事整机维修竣工检验"的应获得行政许可，其他维修业务一律放开，由市场筛选和决定。

2. 加强自愿性政策工具

自愿性政策工具的重要特征是政策对象很少或几乎没有政府的干预，政策对象是在自愿的基础上完成政策目标。自愿性工具既具有成本效益上的优势，又与主张个人自由的文化相吻合，并且有助于维系家庭与社区的关系，因此，它成为解决社会问题首选的政策工具。由于农机化行业特征明显，并非一个纯社会问题，所以，在湖北农机化领域，"家庭和社区"工具不被使用，"自愿性组织"也很薄弱，应用最多的是"市场"。

自愿性组织和公众保持着密切联系，能够促进政府政策的有效实施。湖北省农机学会是"自愿性组织"的代表，成立50年来，主要围绕农机化学术交流、科技咨询和技术服务组织开展活动，为推动湖北农机化科技进步发挥了桥梁和纽带作用。此外，还有湖北省农机安全协会、湖北省农机流通协会以及各地市的农机协会等组织,它们的主要职能是密切会员联系,沟通行业信息,加强行业自律,为当地行业发展献计献策。长期以来,湖北农机化的"自愿性组织"数量少,运作不规范,服务能力弱,政府应出台扶持策,引导农机化各领域成立更多"自愿性组织",激励更多"自愿性组织"增强自身能力,扩大服务职能,节约公共服务成本,减少对政府的依赖。

市场作为政策工具是指政府利用市场机制来解决农机化问题,实现农机化政策目的和目标。市场作为政策工具的基本指导思想是利用市场机制达成资源优化配置,为农机化提供更多、更好的服务。湖北农机化是引入市场机制最早的行业之一,以1994年取消农用柴油优惠为标志,湖北农机领域全面进入市场。市场是农机使用者和农机制造者之间自发互动的场所,农机使用者追求用有限的资金购买最多最好的产品,农机制造者追求的则是利润最大化,双方相互作用的结果是市场为双方提供了需求的满足。市场工具是提供绝大多数物品和配置资源最有效的途径,它能够保证资源按照私人支付意愿所反映的社会价值分配到相应的物品与服务上。如果农机生产商、中间商之间存在竞争,它还能保证将产品、技术与服务以最低的价格提供给农机消费者。农民需求的绝大多数产品和服务具有私有特征,所以,农机制造、流通、维修和使用等领域均依赖市场工具。但是,市场政策工具也有其局限性。如市场失灵使得湖北省的农机科研机构在市场化改革中数量大幅减少,实力削弱,使得农机制造、流通和维修业的市场主体呈现"小、散、乱"状态,鲜有龙头企业引领行业发展方向。基于此,政府不能将市场作为唯一的政策工具,而应用其他工具如混合性工具作为补充。

3. 丰富混合性政策工具

混合性政策工具介于自愿性工具和强制性工具之间,它在允许政府将最终决定权留给私人部门的同时,还允许政府可以不同程度地介入非政府部门的决策过程。当前,混合性政策工具在湖北农机化政策管理中有相当程度的运用,但还不够丰富。

信息和劝诫。信息发布是一种温和型工具，它由政府向企业、个人和社会发布和提供各种信息，希望他们按照政府的意愿行事。信息具有普遍性特征，目的是给予公众更多的知识，使他们能够遵照政府的意愿作出选择。这种政策工具几乎不需要财政支持和官方强制执行，所以成本较低，同时还与民主政治的要求相一致。湖北省农机化相关主管部门在信息发布方面成效差异较大，农机推广、运用方面的信息较为丰富、全面，农机制造方面的信息较为贫乏，而农机科研方面的信息基本缺失。所以，湖北省农机化方面的信息发布亟待加强。一是各部门信息披露、发布要机制化、制度化；二是扩大信息披露范围，要按照政府信息公开的有关要求依法依规披露；三是信息发布渠道多样化，尤其要善于利用新媒体进行信息传播；四是要扩大信息传播的范围，如农机化发展五年规划不能局限在管理部门内部，要向社会广泛传播。

补贴。补贴是指在政府的主导下，由政府、私人、企业或组织向其他私人、企业或组织提供的各种形式的财政转移。补贴是政府对人们做出了它所鼓励的行为的一种奖励，并以此来影响其他社会主体在采取不同行动时对成本、收益的预计。补贴政策工具有很多好处。如补贴在政府愿望与民众偏好一致时易于建立和实施；对管理者而言，补贴具有灵活性。补贴能够引导人们做出决定；因为允许企业和个人自行选择回应方式，所以补贴还可以鼓励创新；补贴政策的成本较低，因为是否领取补贴由潜在的领取者自己决定。湖北当前的补贴不均衡，主要集中在推广和应用领域，如购机补贴属于推广范畴，农机合作社税收减免、农机作业燃油补贴属于应用范畴。另外，补贴形式也较为单一，基本为价格补贴和税收激励，赠款、利率优惠、票证等形式鲜有应用。所以，湖北的农机化政策补贴工具的改善应从补贴范围和补贴形式着手。一是调整补贴范围。当前，补贴额度最大的是购机补贴，集中在推广领域。经过十多年的实施，政策边际效应越来越低，有的地方的补贴额度用不完。今后的补贴重点应从"中间"向"两头"转移，即重点补贴农机科研和农机应用。科研补贴重点补贴研究机构和企业研发部门开发的有自主知识产权、有湖北特色的农机具，应用补贴应从燃油补贴改为专项补贴，如深耕补贴、秸秆回收利用补贴、高速插秧补贴、油菜机械播收补贴等。二是补贴手段多样化。第一，尝试"赠款"。赠款是为了支持政府所鼓励的行为而提供的资金援助，用来肯定成绩、以资鼓励的一种形式。如可以对农机基础研究给予拨款，对新产品、新技术研发取得突出成效的企业给予资金奖励。第二，丰富税收激励手段。税收激励包括税收减免、延期交税、降低税率等，也包括提供信贷。一方面要将针对农机合作社的相关减免政策落实到实处，另一方面，有关部门要解放思想、创新制度，为农机中小企业贷款、农民购机贷款破冰并提供优惠利率。第三，恢复"票证"工具。票证是标有货币面额的纸质凭证，由政府提供给消费者，消费者凭票证自由购买所需商品或服务，再由厂商持票证向政府索取相应金额。这一工具曾经用在20世纪80—90年代的农用柴油的优惠上，实施市场经济体制后取消。但这一工具仍可定向用于贫困、落后地区的农民或农机服务组织。如对鄂西、鄂北的农民和农机合作社发放购机票证、维修票证，以增强这些地区的农机购买力和使用率。

产权拍卖。产权拍卖是一种相当有益的混合性工具。其基本假设是：市场是配置资源最有效的工具，政府通过产权拍卖，在没有市场的公共物品及服务领域建立起市场，以此来创造人为的稀缺，并让价格机制发挥作用。那些想要使用稀缺资源的人必须在拍卖市场为有限的供给竞价。这种政策工具有许多优点。如拍卖机制容易构建。政府只要确定允许存在一定物品或服务的最大数量即可，其他的事情交由市场去处理；具有灵活性。政府可对数量上限进行调整，市场主体也可实时调整自己的行为；将竞争机制引入公共物品与服务的提供过程。这种工具在湖北农机化历史上还从未运用过。可考虑在农机制造领域试用，如对农机排污企业实施排污量产权拍卖，没有竞得排污权的企业不得生产。

税收和用户收费。税收是法律上规定的由企业或个人向政府的强制性支付，对税收的调节可以用来鼓励那些政府希望看到的行为或限制那些政府不希望看到的行为。当前可对农机化产业链上征税的环节不多、空间不大，这一政策工具使用有限，唯一可考虑对那些生产技术含量低、产品质量次、生产环境恶劣的企业提高税负，以迫使他们要么升级、要么退出。用户收费类似于产权拍卖，是兼有规制工具和市场工具特征的政策工具。它是通过政府对某种行为的定价并要求行为者必须按价支付的办法来体现自己的意愿。这种定价是对不受欢迎行为的惩罚。如可考虑对前述的生产国家限制、甚至需淘汰的产品的企业额外收取水电费，对使用环境不达标、甚至须报废的机具的用户加收使用费，以增加这些主体的成本，使得其不得不重新考虑成本与收益的关系。

15.6　完善湖北省农机化政策运行过程

15.6.1　政策制定

1. 完善农机化政策制定机制

运行机制是指"在人类社会有规律的运动中，影响这种运动的因素的结构、功能及其相互关系和这些因素产生影响、发挥功能的作用过程和作用原理及运行方式"。要保证农机化政策目标真正实现，就需建立一套包括政策制定在内的灵活、高效、协调的政策实践运行机制。

农机化政策制定的目标有多个，如农机化政策目标更具体、明确，更有针对性和预测性；规划方案切实可行；政策抉择更民主、科学。要实现这些目标，首先要加强问题分析，提高政策制定的针对性。对问题的准确分析是解决问题的关键。制定出来的农机化政策是否可行，取决于对农机化问题的准确把握。其次是建立信息公开机制，增强政策制定的透明度。信息的畅通是合作的关键。要让包括专家组成员、农机户、农机培训机构等在内的多元主体参加到政策的制定过程中，保证这些群体能够及时、准确地了解到相关信息。最后，要畅通利益表达渠道，真实反映各需求主体的诉求。制定政策的目的在于解决问题。因此，要解决当前政策制定过程中农户、农机手群体的诉求得不到真实反映的问题，就需要建立起畅通的利益表达渠道。

2. 修复农业机械化政策体系失衡

当前，湖北省农机化政策存在不同程度的结构失衡。一是中央政策多，地方政策少，政策呈倒三角形，缺乏细化和落实；二是平行政策多，网状政策少，政策各自为战，缺乏协同效应；三是推广、应用政策多，科研、制造政策少，存在无"机"可推的隐忧；四是经济政策多，技术政策少，技术进步滞后。

针对上述问题，应当强化政策工作力度，建立完善农业机械化政策体系。一是始终坚持贯彻落实《农业机械化促进法》，将中央宏观政策、中观政策转化为可操作的政策措施，丰富完善农业机械化政策。重点是制定完善农机化试点、农业机械购置信贷支持、作业用油补贴、农机质量调查、农机安全监管等方面的配套政策。二是制定加强政策的协同性。农机化是一个复杂的系统工程，涉及众多政策主体，如农业、工业、科技、财政、工商、税务、人力资源、银行、保险等，由于部门属性、利益、视角等不同，这些部门出台的政策往往是独立的、线性性，很难实现"1+1>2"的政策效用。因此，要大力加强涉农机化部门的沟通和协同，多出台相互链接、相互支撑的政策，多出台多部门联合颁布的政策，这些政策的最终节点应该落在农机化的总体目标上。当前，负责全省农机化管理的是湖北省农机管理局。由于经历多轮政府机构改革，该机构的职能被大大削弱，现只负有农机鉴定、推广、监理等几项主要职责，失去了对农机科研、制造和流通的行业管理权。要想实现本研究提出的新的农机化总体目标，单靠省农机管理局是不可行的，须有一个隶属省政府领导的协调部门。1997年，湖北省政府《关于加快农业机械化发展的决定》中提出的"省成立农机化发展领导小组，负责协调解决农机化发展中的重大问题"是非常有远见且切中要害的政策措施。只可惜该领导小组还没开展实质性工作旋即又被撤销。三是加强政策配套工作，主要是加强农机科研和农机制造的细化、分解和落实工作。当前，中央的农机科研政策较多，但缺乏配套政策。中央的农机制造政策较有力度，但湖北还无跟进政策。省农机局可发挥下游业务影响力推动有关部门尽快出台这两方面的政策。另外，国家在农机流通方面的政策也很稀少，行业发展缺少支持，业内较为迷茫。四是加强区域政策和技术政策工作。农业机械化是一个技术过程、一个经济过程，也是一个社会过程。农业机械化政策体系包括经济政策、社会政策、技术政策等多方面、多层面。湖北省应针对不同区域特点制定政策，加快制定机具配套、机具与技术更新、农机环保与节能等方面的技术政策，完善农机化技术标准和规范，加速农业机械化技术进步。

3. 积极推进农业机械化政策法律化

韩日两国的农机化政策法律化是一条成功经验。2004年，国家出台了《农业机械化促进法》，将近年来全国各地比较成熟和行之有效的扶持政策用法律形式确定下来，将发展农业机械化的政策纳入法制轨道，标志着我国农业机械化政策步入了新阶段。湖北省为了做好农业机械化发展工作，已经于2005年出台了《湖北省农业机械管理条例（修订草案）》，2007年湖北省人大修订了《湖北省农业机械化促进条例》等，这些法律法规具有规范性、强制性和稳定性，更有利于调整、控制和管理农业机械化发展过程。为了使湖北省农业机械化事业能够稳定、持续发展，更好地促进经济建设和新农村建设，应继续转变思想观念，深入研究湖北省农业机械化发展特点、趋势及规律，应及时总结实践中成功成熟、对全局有重大影响、适用时间较长、具有长期稳定性的政策措施，通过省市区立法机关上升为法律、法规或规章，使政策定型化、条文化和规范化，纳入法制轨道。当前，应当抓紧建立农机作业服务的法律保障，健全有关法规、规章和法律程序，对农机作业质量进行监督，对作业纠纷进行仲裁，以保证作业服务的有序开展。同时，加强农业机械化标准体系建设、农业机械质量监督体系建设，提高政府对农业机械产品标准、作业质量标准的管理水平，提高农业机械化标准实施单位的执行能力。

15.6.2 政策执行

农机化政策执行的目标是围绕目标不偏离，围绕方案不走样，高效率、低成本推动农机化政策执行。要实现这些目标，首先要加强政策实验，避免政策执行的盲目性。政策实验，作为政策执行过程中的一个重要步骤，既可以验证政策，发现偏差，及时反馈信息，修改和完善政策，又可以从中获得具有普遍指导意义的方法、步骤、注意事项等，为政策的全面实施取得经验。当前，湖北省实施的新购机补贴政策就经历了在部分县市一年的实验，避免了政策的盲目性。其次，要加强政策宣传，增强公众对政策的认同度。农机化政策价值的实现，首先需要取得公众（政策执行者、农机户及其他社会公众）对政策的认同，即要让他们从心理上接受和认可即将实施或正在实施的政策。因此，要通过多介绍、多解释、多宣传政策，以提高公众对农机化政策的认同度。再次，要理清政策执行程序，衔接好各环节。"政策执行是各种政策要素在空间上的分配、重组、展开和运动的过程。任何一个要素的发展变化以及各要素的分配方式、比例、组合结构等变化都会直接影响到政策执行的进程。"政策的执行通常由"政策理解、制订执行计划、组织落实、政策宣传、政策和计划的具体实施、监督与检查、政策执行的调整、政策执行的总结、政策执行的巩固与提高"等多个环节组成，而各环节之间又是相互联系、相互影响的，其协调性影响并决定着政策执行的效果。最后，分清问题难易度，合理选择政策工具。"在政策执行过程中，工具选择是一个政策能否有效执行的核心要素。对于执行工具的选择主要取决于目标和资源的性质以及作为对象的社会行动主体的组织和能力。"只有合理地综合使用多种政策工具，才能保证农机化政策执行的良好效果。

15.6.3 政策评估

有学者指出：制定和实施一项公共政策，目的是实现预期的政策目标，满足目标群体的需要、价值和机会，最终解决政策问题。

随着社会经济条件的不断变化，现行政策可能逐渐变得不再有效，这就要对政策进行分析和评估，以决定是否需要对政策进行改变，是延续、调整还是终结。所以，政策从出台到实施，并不意味着政策过程的完结，要保证政策的有效性和连贯性还必须对已实施的政策进行分析和总结，看是否达到了政策的预期目标。如没达到预期目标，通过政策评估对政策进行分析、调整，为出台新政策提供理论依据。因此，可以说，政策评估既是上一个政策过程的终结，也是新的政策过程的开始。

农机化政策评价目标是：评价指标合理，评价手段科学，评价结果公允。要实现这些目标，首先要将价值评价纳入农机化政策综合评价体系。政策评估的科学性首先要对政策价值评估的标准进行科学的设计和合理的选择。价值实现是政策问题是否被解决的主要检验，政策评价者通常需要从"效果、效率、充足性、公平性、回应性、适当性"六个方面对政策进行评估。"效果"评估是看"政策结果是否有价值"，"效率"评估是看"为得到这个价值的结果付出了多大代价"，"充足性"评估是看"这个有价值的结果的完成在多大程度上解决了目标问题"，"公平性"评估是看"成本和效益在不同集团之间是否等量分配"，"回应性"评估是看"政策运行结果是否符合特定集团的需要、偏好或价值观念"，"适宜性"评估则是看"所需结果（目标）是否有价值或者值得去做"。其次，要将政策评价纳入政策活动的全过程。政策评价不仅仅是对政策结果的评价，而是贯穿整个政策过程的。只有全面掌握整个政策过程，随时进行多维度的正式或非正式的评价，才可能及时发现政策过程中存在的问题，并及时予以调整和纠正，从而保证政策质量和执行效果。最后，要极力避免评价主体非理性因素的负面影响。非理性因素本身具有非逻辑性、非自觉性和突发性等特征，所以在认识事物时很容易产生一些诸如片面化、情绪化、主观化等方面的负面影响。因此，在农机化政策评价过程中，必须尽力避免政策主体非理性因素带来的影响，提高政策评价的客观性、全面性与准确性。

15.6.4 政策监控

农机化政策监控目标是：主体更多元，重点更突出，监控更到位。要实现这些目标，首先要发挥各类监控主体的作用，建立有效的监控体系。一方面，要发挥政策"内部人"（政策制定者、执行者及其相关利益群体）的作用，加强内部监督。同时也要发挥政策"外部人"（人大、政协、学界、咨询机构、公众等）的作用，强化外部监督。另一方面，要在发挥上级职能部门对下级部门监督的基础上，发挥下级职能部门对上级职能部门的监督，发挥同级部门间的相互监督。只有坚持内外协同，上下交互，构建起立体化的政策监控主体，才能保证农机化政策真正地在"阳光"下运行。要抓住两大环节，建立监控程序。一是建立"事前预防机制"，即在农机化政策执行前，除了要对政策价值进行评估、对政策目标进行预测外，还要强化政策风险评估，只有全面、充分地考虑政治的、经济的、社会的、自然的等多方面的风险，才可能在政策制定时通过政策调整等手段来规避或减少风险。二是建立"事中的监控机制"，即要加强农机化政策执行的过程管理。其次，要强化舆论监督。在农机化政策执行过程中，除了运用常用的法制手段、政治手段和经济手段之外，更要发挥民主监督的作用，提倡、鼓励社会舆论监督。当前，要多利用互联网，通过网络论坛、微博、在线视频等方式加强监督。

主要参考文献

[1] 杨敏丽,白人朴.农业机械化与农业国际竞争力的关系研究[J].中国农机化,2004(6).

[2] 白人朴,杨敏丽.我国农业机械化发展的阶段性研究[J].农业机械学报,2005,12(36).

[3] 杜江,王雅鹏.我国农业机械化发展影响因素分析[J].农业经济,2005,3.

[4] 郝庆升.论农业机械化发展的动力机制[J].农业现代化研究,2001,1.

[5] 王姣,肖海峰.我国良种补贴、农机补贴和减免农业税政策效果分析[J].农业经济问题,2007,2.

[6] 杨敏丽,涂志强,沈广树.国外农业机械化法规及支持政策[J].中国农机化,2005,2.

[7] 单爱军,孙先明,于斌.发达国家农业机械化促进政策对我国的启示[J].农机化研究,2007,4.

[8] 米华,黄西莲.论建国初期我国农业机械化政策[J].和田师范专科学校学报,2005,5.

[9] 胡少华.农业发展中的政策、制度和技术因素[M].南京:东南大学出版社,2004.

[10] 张林.凡勃伦的制度变迁理论解读[J].经济学家,2001,9.

[11] 林毅夫.再论制度、技术与中国农业发展[M].北京:北京大学出版社,2000.

[12] 中国机械工业协会.中国机械工业年鉴[M].北京:机械工业出版社,各年度.

［13］湖北农业年鉴编辑委员会．湖北农业年鉴［M］．武汉：湖北辞书出版社，各年度．

［14］郭姝宇．中国农业机械化制度变迁及政策评价［D］．长春：吉林大学博士论文，2011.

［15］朱志猛．黑龙江省农机购置补贴政策实施与优化研究［D］．哈尔滨：东北农业大学博士学位论文，2013.

［16］吴绍雄．农业机械化投资行为与效益研究［D］．武汉：华中农业大学博士学位论文，2013.

［17］Ranjita Nepal, Gopal B. Thapa. Determinants of agricultural commercialization and mechanization in the hinterland of a city in nepal［J］. Applied Geography, 2008, 12: 1-13.

［18］A. G. Rijk. Agricultural mechanization policy and stratagem［J］. Agrieultural Engineering Journal, 1992, 1 (4): 205-215.

［19］S. G. Nwoko. Agricultural mechanization at a crossroad-in Nigeria［J］. Agricultural mechanization in Asia, Africa and Latin Ameriea, 1990, (3): 79-82.

［20］Gerard J. Gill. Mechanised Land Preparation, Productivity and Employment in Bangladesh［J］. The Journal of Development Studies, 1982: 329-348.

后　　记

本书是在完成湖北省科技厅科技支撑计划项目"湖北省农业机械化政策体系研究"（项目编号：2015BDF057）、湖北省人文社科重点研究基地湖北农村社会管理创新研究中心课题"湖北特色农机化政策研究"（项目编号：HNSKY1318）的基础上，经过扩展研究形成的一项研究成果。

之所以选择农机化政策作为研究课题，除了因为农业科研发展之需，也与我的职业经历有关。大学毕业后，我进入农机系统工作，一待几近20年。在这近20年里，我接触了大量的农机人和农机事，耳闻目睹了农机化事业的曲折发展历程，有时也不自觉地思考农机化的运行规律和方向。离开农机系统进入教育系统后，心中的农机情结反而更加浓烈，有了一种回顾、总结、告别过去的强烈冲动。于是，本选题成为这种冲动最为合理的诠释。因此，本书的出版，是我人生20年的一份纪念，也借此表达我对战斗在或曾经战斗在湖北农机战线上的农机人的由衷敬意。

在课题研究和本书的撰写过程中，笔者查阅了大量相关统计数据和文献资料，参阅了国内外一些专家学者的相关研究成果；湖北工业大学工程技术学院及院长曹刚教授对本书的出版给予了大力支持；湖北省农机局原总工程师肖调范正高级工程师对研究选题给予了指导和关怀；湖北省农机鉴定站站长文昌俊教授提出了课题研究架构和研究思路；中南民族大学易兴涛教授、湖北工业大学李伟南教授、李桂陵教授对相关课题申报给予了有益的指导；湖北省农机局质管处副处长吴昭雄博士协调相关机构，为调研提供便利；湖北省农机局产发处副处级调研员刘烈辉提供行业统计数据；湖北省农机研究院高级工程师黄世明对农机科研政策方向提出了有价值的建议；湖北工业大学工程技术学院副教授方娜博士为相关定量研究提供指导；湖北工业大学工程技术学院田姗老师做了大量的文献收集、整理和统计工作；湖北工业大学工程技术学院曹秀实老师为课题开展做了大量的通联工作；武汉大学出版社编辑陈红老师提前规划，对书稿进行编辑、润色；还有我的妻子湖北省农机鉴定站高级工程师廖兴红女士提供了最新行业资讯、承担了大量家务。女儿王宛玥为我进入高校图书馆查阅资料提供了方便，也是我完成书稿的重要精神支柱。在此，对他们一并致以深深谢意！

由于理论准备不足，研究深度不够，获取数据困难，加之课题结题时间紧迫，本研究在内容选定、结构安排、观点表述、文献引用等方面恐有疏漏甚至错误之处，恳请专家学者、业内同仁和广大读者批评指正。

作　者
2016年5月20日于武汉